KB205866

바울과 은혜의 능력

존 M. G. 바클레이 지음

김형태 옮김

바울과 은혜의 능력

초판1쇄 2021.05.18.

지음 존 M. G. 바클레이
옮김 김형태
편집 이영욱, 하늘샘
교정교열 김덕원, 김요셉, 박이삭

발행처 감은사
발행인 이영욱
전화 070-8614-2206
팩스 050-7091-2206
주소 서울시 강동구 암사동 아리수로 66, 401호
이메일 editor@gameun.co.kr

ISBN 9791190389327
정가 24,800원

Paul and the Power of Grace

John M. G. Barclay

루이스 마틴(J. Louis Martyn, 1925-2015)을 기리며

| 목차 |

소개의 글:
『바울과 은혜의 능력』에 관한 소묘

김선용

이 책은 갈라디아서와 로마서에 집중한 존 바클레이의 대작 『바울과 선물』의 고갱이를 그대로 두면서 선명하고 간결하게 풀이하고, 고린도서신도 새롭게 이해된 '바울의 은혜 신학'을 통해 신선하게 해석할 수 있음을 보여준다. 신학의 사회적 측면에 관심을 쏟는 바클레이는 신학과 윤리의 불가분한 관계를 재천명하면서, 하나님의 선물이 교회 구성원 사이에서 순환하는 가운데 서로서로를 살리는 효력을 발생시키고 결국 하나님이 주신 선물에 대한 적절한 감사로 이어짐을 명료하게 그려낸다. 『바울과 선물』의 결론을 바클레이는 이 책에서 아래와 같이 응축해 표현한다.

> 은혜는 이전 상태에 대한 조건 없이, 가치나 능력과는 상관없이 주어진다는 의미에서 '값없이' 주어진다. 그러나 이것은 보답에 대한 기대 없이, 반응에 대한 희망 없이, '아무런 부대 조건 없이' 주어진다

> 는 의미는 결코 아니다. 선물은 한편으로는(가치나 자격과는 상관없이 주어지는 의미에서는) '값없이' 주어지는 것이지만, 다른 한편으로는(반응에 대한 기대 없이 주어지는 의미에서는) 결코 그렇지 않다. 우리가 확인했듯이, 그리스도-선물은 강한 기대를 동반하는데, 이 선물이 변혁적인 것이기 때문이다. 이것은 자아를 새롭게 빚어내고 신자들의 공동체를 재창조한다. 그러므로 인간적 실천 속에서 나타나는 이 신적 선물의 사회적 효과는 은혜의 필수적인 구성 요소다. (본서 281쪽)

이 요약문에서 주목해야 할 표현은 하나님의 선물이 지닌 "변혁성"과 "사회적 효과"다. 그리스도-사건으로 구체화된 하나님의 선물은 그리스도인의 자아를 재창조한다. 그리스도와 합체되어 변화된 삶을 살아가는 개개인은 동료 신자가 "그리스도가 목숨을 내어 준" 최상의 가치를 지닌 존재임을 알아보고 그리스도의 헌신적 행위를 몸으로 표현한다. 바클레이는 이 연구를 통해 발견한 바울 사고 고유의 특징을 "문법"이라고 명명한다.

그는 이 "문법"이 갈라디아서(기존 가치를 전혀 고려하지 않고 선물을 주시는 하나님, 그리고 그에 따른 모든 가치의 재조정)와 로마서(신적 선물의 비상응성과 변혁적 능력)는 물론 고린도전후서를 이해할 때도 큰 도움을 준다는 사실을 잘 보여준다. "은혜가 인간의 무능을 하나님의 능력의 장소로 만드는" 힘을 지녔고, "인간적 가치의 부재 속에서 역사하시는 그 능력"이 **인간 외부**에서 온다는 점이 그 핵심이다. 진정한 가치를 부여하는 최종 근거가 인간 외부에 있다는 사실은 개인의 소유나 자아상(그리고 자존감까지도!)을 새로운 관점으로 이해하는 데 결정적인 도움을 준다.

"내 소유물"이 사실 "내 것"이 아님을, 그리고 자존감의 근거가 자기 자신이 아니라 흔들리지 않는 외부(즉, 하나님)에 있음을 아는 사람의 행동과 자아상은 바뀔 수밖에 없다.

『바울과 선물』에서 충분히 다뤄지지 않은 바울신학의 몇몇 주요 개념이 이 책에서 명료하게 정의되는 부분은 독자의 머리를 맑게 한다. 예를 들어, 바클레이는 "그리스도 안에서"(in Christ)라는 바울의 유명한 표현을 "그리스도와의 동일화 속에서" 혹은 "그리스도와의 연대 속에서"라는 뜻을 압축한 것으로 본다. 이는 "하나님이 이미 행하신 일과 그리스도 안에서 하실 일이 자아와 완전히 결합되고, 의존하고, 새롭게 정렬되는 방식을 표현한다." 그러므로 "그리스도와 완전히 하나가 된 '나'는" "그리스도와 완전히 자기 동일화(self-identification)를 이룬 새로운 사람"이 되어 "새로운 정체성, 새로운 태도와 성향, 새로운 가치와 목표, 새로운 감정과 소망, 하나님 앞에서의 새로운 지위, 그리고 하나님의 목적 안에서 새로운 운명을 가진" 삶을 살게 된다. 전적으로 재조립된 자아가 어떤 사회-윤리적 실천을 하는지 설명하는 지점이 이 책의 하이라이트다. 이를 가장 정확하게 요약한 단락을 인용한다.

> 하나님께 보답으로 드리는 선물(return-gift)은, 이와 동시에, 은혜가 다른 사람을 향하여(forward) 전달되는 것이기도 하다. '보답으로 드리는 것'(paying it back)이 '다른 사람과 선물을 나누는 것'(paying it forward: 은혜에 대한 보답이 당사자가 아닌 다른 사람에게 선행을 베풂을 통해 이뤄지는 것을 뜻함. 즉 '선행 나누기'의 의미로 해석 가능함—역주)을 통해 수행되는 것이다. (본서 282쪽)

바클레이는 "paying forward"의 세 가지 구체적 예를 든다: 첫째, "그리스도의 '몸' 안에서 선물들(gifts: 은사들)을 실천하는 일(고전 12장)." 둘째, "'은혜 안 동역자 관계'로부터 발생하는 상호적 지지(빌 1:7)." 셋째, "바울이 풍부한 신학적인 근거를 가지고 예루살렘을 위해 조성했던 연보-선물(collection-gift; 고후 8-9장)."

『바울과 은혜의 능력』은 바울서신을 엄밀한 학문적 방법론으로 면밀하게 읽을 때 바울신학이 현대의 제반 문제에 풍성한 통찰과 생각의 재료를 제공한다는 사실—바클레이가 『바울과 선물』에서 이미 한 말이지만—을 잘 보여준다. 앞서 말했듯 교회 구성원 사이의 경제적 상호 지지는 물론, 진정한 자존감을 갖는 문제까지 바울의 사고가 적절한 틀을 마련해 줄 수 있다는 사실에 독자는 놀랄 것이다.

이 책을 먼저 읽으면 학자들을 대상으로 집필된 전문 서적인 『바울과 선물』을 읽어나가는 데 훨씬 편안함을 느낄 것이다. 바클레이는 이 책을 통해서 『바울과 선물』의 복잡한 내용을 평이한 언어로 친절하고 정확하게 설명해주는 최고의 길잡이 역할을 한다(당연하게도!). 책 전반부(4-10장)의 갈라디아서와 로마서 해석은 그 자체로 완결성을 갖추어서 좋은 성경공부 교재로 활용될 수 있다. 『바울과 은혜의 능력』은 대학자가 그리스도인에게 선사한 큰 선물이다. 고대의 선물 개념을 잘 아는 바클레이는 독자에게 아마 "선물을 받은 사람의 합당한 반응"을 기대하고 있을 것이다. 이 책을 꼼꼼히 읽고, 현존하는 가치 체계를 거스르며, 아낌없는 헌신을 통해 하나님의 선물을 공동체 안에서 표현하는 삶, 바로 그것이 아닐까.

한국어판을 위한 서문

바울의 은혜 신학은 세월이 흘러도 그 가치가 변하지 않는 소중한 선물과도 같습니다. 모든 시대에 걸쳐서, 그리고 모든 문화적 상황 속에서 바울은 우리의 잘못된 가치 개념에 대해 이의를 제기하고 우리로 하여금 하나님 앞에서 우리의 진정한 가치를 창조해 내는 그리스도의 선물을 지향하도록 인도해 왔지요. 이 그리스도의 선물은 인종과 성별과 사회적 지위와 교육 수준과 지적 능력과 신체적 외모를 가지고 우리가 만들어낸 잘못된 위계구조와는 상관없이 우리를 환영해 줍니다. 역사 속에서 자주 세상은 장벽을 세우고 편견을 굳게 하고 '실패자'라고 낙인찍힌 사람들을 짓밟는 새로운 방법들을 고안해 왔습니다. 그때마다 바울의 은혜 신학은 우리 각 개인을 변화시켜 줄 뿐만 아니라, 우리가 변혁적인 공동체를 창조해 내도록 준비시켜 주는 해방의 메시지가 되어 왔습니다.

이렇게 한국 독자들에게 인사하게 되어 참으로 기쁩니다. 이 책의 출판에 헌신해주었고 이 책이 완성될 수 있도록 많은 수고를 아끼지 않은 감은사에 감사를 표합니다. 그리고 특히 이 책의 정확한 번역을 위해 상당한 시간과 수고를 기울여준 김형태 목사에게도 감사를 표하고 싶습니다. 이 책의 출판을 위해 수고해준 모든 분들의 협력 작업이 그리스도 안에 있는 하나님의 "형언할 수 없는 선물"(고후 9:15)을 증언하는 열매를 맺게 되기를 간절히 소망합니다.

2021년 1월

존 M. G. 바클레이

서문

몇 해 전 저는 갈라디아서와 로마서에 나오는 바울의 은혜 신학을 탐구하는 무거운 책인 『바울과 선물』(*Paul and the Gift*, 2015 [= 새물결플러스, 2019])을 썼습니다. 그 작업을 위해 인류학 분야의 선물에 대한 연구 자료들을 활용했으며, 바울 해석사에서 나타났던 결정적 사건들에 대해 탐구했지요. 그 책은 신약학자들뿐만 아니라 조직신학자들에게도 널리 논의되어 왔고, 많은 사람들은 더 넓은 독자층을 대상으로 그 책의 축약본을 써줄 것을 요청해 왔습니다. 그러한 제안들을 검토하면서, 저는 제 자신 역시 선물의 지형과 관련한 특징들에 대해 더 많이 탐구하기를 원하고 있다는 것을 깨닫게 되었습니다. 동시에 『바울과 선물』에 대한 서평와 논쟁과 논의는 제 주장을 발전시키고 그 범위를 확장시키며, 나아가 은혜라는 주제를 현시대에 더욱 직접적으로 연관시키도록 재촉했습니다. 이로써 탄생하게 된 이 새로운 책은, 바울의 은혜 신학 안에 있는 동력을 보다 완전하게 끄집어내려는 목적과 이 책이 오늘날의 실천을 위해 제공해줄 수 있는 유익을 반영하여 "바울과 은혜의 능력"이라고 부르게 되었습니다.

그리하여 이 책은 두 가지 과제를 수행합니다. 첫째, 1-9장에서는 『바울과 선물』에 나오는 (헬라어와 히브리어를 포함하는) 대부분의 전문적인 측면들을 생략하고 특히 첫 두 부분(『바울과 선물』의 제1부[선물과 은혜의 다양한 의미]와 제2부[제2성전기 유대교에서 하나님의 선물]—역주)의 분량을 과감하게 줄임으로써, 『바울과 선물』의 중요 내용을 축약하고 다듬었습니다. 『바울과 선물』에서 그랬던 것처럼 저는 이 장들의 가장 중요한 초점을 갈라디아서와 로마서에 두고 이 서신들에 대한 개략적인 읽기를 제공하는데, 이는 바울의 그리스도 선물 신학이 가진 급진적인 사회적 함의들을 드러내 줄 것입니다. 둘째, 10-13장에서는 은혜와 선물에 대한 논의를 다른 바울서신들까지 확장시켰고, 이러한 바울 읽기가 다른 바울 해석들과 어떻게 연관될 수 있는지에 대한 내용을 추가했으며, 이 책의 개념들이 어떻게 오늘날의 몇몇 이슈들을 다루기 위한 유용한 자원이 될 수 있는지를 (13장에서) 제안했습니다.

그러므로 전체적으로 이 책 『바울과 은혜의 능력』은 『바울과 선물』에 손쉽게 접근할 수 있도록 돕는 요약본인 동시에 그 책의 내용을 확장하고 발전시킨 확대판입니다. (그러나 이 책은 『바울과 선물』에서 제가 약속했던—선물 교환과 공동체의 형성에 대한—중요 후속작은 아닙니다. 그 책은 현재 계속 집필 중에 있습니다.)

제 글을 반복하는 일, 일부 내용을 다른 방식으로 말하는 일, 새로운 내용을 추가하는 일 사이의 올바른 균형을 맞추는 작업은 쉽지 않았습니다. 이미 『바울과 선물』을 읽은 사람들은 이 책의 첫 아홉 장을 아주 익숙하다고 느끼게 될 것이지만, 저는 이 새 책을 『바울과 선물』을 아직 읽지 않은 사람들 혹은 그 책이 너무 두꺼워서 읽을 엄두조차 못 내었던 사람들을 위해서 썼습니다. (역으로 말하자면, 이 책이 너무 간략하다고 느껴서 실망한 사람들은 『바울과 선물』이라는 더 길고 완전한 판을 읽으면 좋을 것입니다!)

저는 인내심을 가지고 이 책의 집필을 기다려준 어드만스(Eerdmans) 출판사에 감사의 마음을 전합니다. 특히 연속해서 함께 작업했던 담당 편집자들인 마이클 톰슨(Michael Thomson)과 트레버 톰슨(Trevor Thomson), 전문 기획 편집자인 린다 비제(Linda Bieze), 그리고 교열 담당자인 코디 힝클(Cody Hinkle)에게 큰 감사를 전합니다. 또한 이 책을 쓰도록 저를 계속해서 설득한 친구들에게 빚졌는데, 그중에서 폴 트레빌코(Paul Trebilco), 토드 브루어(Todd Brewer), 그리고 조나단 라인보(Jonathan Linebaugh)는 특별히 언급해야 할 것 같습니다. 특히 마지막에 언급한 두 사람은 친절하게도 이 책 전체를 소상히 읽고서 개선을 위한 소중한 제안들을 많이 해주었습니다. 마찬가지로 로간 윌리엄스(Logan Williams)도 이 책의 내용과 문장 속 오류들을 많이 찾아주었습니다. 저는 이들 모두에게 큰 감사의 마음을 전합니다.

저는 걸출한 신약학자이자 은혜에 대해 박식한 신학자인 루이스 마틴(J. Louis Martyn)에게 이 책을 헌정합니다. 그로부터 이 책을 뒷받침하는 많은 내용들을 배울 수 있었습니다.

들어가며: ‘은혜’는 무엇을 의미하는가?

2019년 6월에 영국 글래스톤베리 축제의 피라미드 무대 위에서 놀랄 만한 이벤트가 벌어졌다. 영국 래퍼인 스톰지(Stromzy)가 무대 위에 올라와 거대한 군중들로 하여금 자신의 대표곡인 “당신의 은혜에 눈이 멀어”(Blinded by Your Grace)를 따라 부르도록 인도했다. 이 곡은 자격 없는 사람들에게 주어진 하나님의 은혜에 관한 것이었고, 사람들은 진심을 담아 불렀다.

더욱이 축제에 참여한 열광적인 관객들은 열정을 다해서 그 가사를 불렀다. 놀라운 것은 이 가사가 현대 영국의 세속화된 청년 문화에 속한 청중에게 큰 울림을 주는 것처럼 보였다는 점이다.

들을 귀 있는 자는 여기서 서구 의식 속에 여전히 깊이 새겨져 있는 존 뉴턴(John Newton)의 유명한 찬송가에 대한 반향(echoes)을 감지하게 될 것이다.

Stormzy,
“Blinded by Your Grace,”
Glastonbury, 2019.

놀라운 은혜—얼마나 달콤한 소리인지—
나 같은 몹쓸 놈을 구했네.
한때 길을 잃었지만, 이제는 찾았네.
눈이 멀었었지만, 지금은 볼 수 있네.
(우리말 찬송가 "나 같은 죄인 살리신"에 해당—편주)

스톰지와 뉴턴의 가사에 나오는 이미지는 예수님의 탕자 비유(모든 것을 잃고 파산한 아들, 눅 15:11-32)와 신약 복음서에 나타나는 예수님이 장님을 고쳐주시는 기사들(예, 요 9:1-34)에 대한 반향이다. 그러나 복음서에서 드물게 사용되는 '은혜'라는 용어는 은혜를 가리키는 말로 가득 차 있는 바울서신에 대한 반향이다. 보다 정확히 표현하자면 바울서신은 하나님의 호의, 선물, 혹은 베풂을 가리키는 말들로 가득 차 있는데, 이때 우리가 보통 '은혜'라고 번역하는 '카리스'(*charis*)라는 단어를 포함하여 다양한 헬라어 용어들이 사용된다. 바울은 예수님의 삶과 죽음과 부활의 효과를 "우리 주 예수 그리스도의 은혜('카리스')"라는 말로 요약한다(고후 8:9). 또한 "죄가 넘쳤던 곳에, 은혜('카리스')가 더욱 넘쳤다"(롬 5:20).[1] 죄에 빠진 사람들은 "그리스도 예수 안에 있는 속량으로 말미암아, 하나님의 은혜('카리스')에 의하여, 선물로서 의롭다는 선고를 받는다"(롬 3:24). 바울은 성도들이 "은혜 안에서"(갈 1:6) 부르심을 받았다고 말하는데, 이 사실은 바울 자신에게도 마찬가지였다(갈 1:15). "나의 나 된 것은 하나님의 '카리스'에 의한 것

1. 이 책에 나오는 모든 신약성경의 번역은 내가 직접 번역한 것이다.

입니다. 나를 향한 그의 '카리스'는 헛되지 않았습니다. 오히려 나는 그들 모두보다 더 열심히 일했습니다—그러나 내가 아니라, 나와 함께 한 하나님의 '카리스'가 한 것입니다"(고전 15:10). 이와 대조적으로 그리스도로부터 끊어지는 것은 "'카리스'로부터 떨어지는 것"이다(갈 5:4).

바울은 이 '카리스'라는 단어를 어떤 의미로 사용하는가? 이 단어는 그의 편지들에 흔히 나타나는 선물을 뜻하는 다른 용어들과 (그리고 '주다'라는 동사와) 어떻게 연관되는가? '카리스'는 바울 시대의 헬라어에서 어떤 특별한 신학적인 의미를 담지 않고서도 사용되는 일상 용어다. 그것은 호의나 자비를 나타내는 행위(혹은 태도)를 의미하는데, 어떤 특수한 종류의 선물이 아니라 어떠한 호의나 혜택도 가리킬 수 있다(더 자세한 내용은 본서 제1장을 보라). 앞으로 보게 되겠지만, 고대 세계에서 대부분의 선물과 혜택은 그것에 어울리거나 자격이 있는 수신자들에게 차별적으로 배분되었다. 그러나 기독교 신학에서 '카리스'는 (그리고 '카리스'의 라틴어 번역인 '그라티아'[*gratia*]도 마찬가지로) 독특한 성격을 가지게 되었다. 즉, 이 단어들은 **자격 없는 사람들에게 주어지는** 호의나 선물을 의미하게 되었다. 이것이 우리가 보통 '은혜'라는 용어를 듣게 되는 방식이다. 곧, 은혜는 그것에 어울리지 않거나 의지할 곳 없는 수신자—뉴턴의 용어를 사용하자면, "몹쓸 놈"(wretch)—에게 주어지는 혜택과 선물을 묘사한다. 이것이 바울이 사용한 은혜의 의미일까? 바울은 선물을 뜻하는 일상적인 단어들에 이 특별한 의미를 부여했을까? 만약 그렇다면 어떻게 해서 '카리스'를 비롯한 다른 은혜에 대한 용어들이 받을 자격 없는 이들에게 주어진 선물이라는 의미를 획득하게 되었는가? 그리고 이는 어떤 차이를 만들게 되었는가?

'은혜'는 종종 그 의미를 더 분명하게 하거나 의미의 강도를 최대화하는 형용사나 수식어에 의해서 그 뜻이 보완되어 왔다. 16세기 종교개혁자들은 구원을 '오직 은혜로만' 받게 된다고 주장했다. 이 어구를 통해서 그들은 무엇을 배제하고자 의도했을까? 그리고 그들에게는 이 어구가 왜 중요했을까? 실제로 종교개혁 시대 이전 혹은 이후에도 그리스도인들은 종종 '순전한 은혜', '완전한 은혜', 혹은 '값없는 은혜'와 같은 표현들을 사용해왔다. 그런데 무엇으로부터 '순전한' 은혜란 말인가? 무엇에 대해 '값이 없다'는 말인가? 이런 종류의 강조가 가리키는 의도는 무엇인가?

누군가는 '순전한 은혜'라는 말이 하나님과 세상과의 관계가 오로지 사랑과 자비와 친절만으로 구성되어 있음을 뜻하기에, 어떠한 진노나 심판의 개념들, 곧 하나님이 악을 벌하고 악인을 정죄하신다는 의미까지도 완전히 배제한다고 이해할 것이다. 이러한 해석에 의하면 '순전한 은혜'란 불순물이 전혀 섞이지 않은 완전무결한 사랑을 의미하는데, 이는 하나님이 어떠한 주저함이나 제한도 없이 그리스도 안에서 세상에 대한 이러한 단일한 태도를 취해 오셨다는 이해에 기반한다. 그렇다면 '은혜'를 언급하면서 동시에 심판이나 정죄에 대해 말하는 일은 '은혜'에 대한 위와 같은 해석에 의하면 완전한 자기모순이 된다.

'완전한 은혜' 혹은 '값없는 은혜'는 또 다른 함의를 가질 수 있다. 이 표현들은 어떠한 보상이나 대가(*quid pro quo*) 개념과는 상관없이 주어지는 은혜를 의미할 수도 있다. 이러한 해석에 의하면 은혜는 호혜나 주고받는 모든 개념들로부터 결별한다. 이때 실제로 은혜는 그 개념들과 그저 다른 것이 아니라 완전히 상반된다. 이 해석에서 '값없는 은혜'는 비순환적인, 즉 돌려주거나 교환할 가능성이 전혀 없는 '값없음'을 의미한다. 그저 주기만 하는 (그리고 계속해서 주기만 하는) 은혜다. 앞서 있었던 행위에 대해 '은혜'가 보답의 형식으로 주어진다면, 혹은 '은혜'가 다른 보답을 요구하거나 기대한다면, 어떤 사람들은 그것을 은혜에 대한 정반대 개념이라고 여긴다. 만약 은혜가 '값없는' 것이라면, 그것은 호혜나 보답이라는 일반적인 순환 과정—선물 주는 것을 주저하게 하거나 부담스럽게 만드는—을 벗어나서 일방적이며 무조건적인 것이 되어야 하지 않겠는가?

실제로 은혜는 두 가지 의미에서 '값없는' 것이라고 할 수 있다. 먼저 은혜는 어떤 사전 조건들과 무관하다는 의미에서, 수여자의 가치나 자질과는 상관없이, 즉 받을 자격 없는 사람들에게 주어진다는 의미에서 '값없이' 주어진다. 또는 (이는 앞의 의미와는 다른데) 은혜는 수여자가 그 은혜의 결과로 주어지는 의무, 빚, 혹은 요구로부터 자유롭다는 의미에서, 말하자면 '아무런 부가 조건이 없다는'(with no strings attached) 의미에서 '값없이' 주어진다. 두 번째 의미에 있어서 '은혜'는 어떤 조건의 체계인 법, 규칙, 요구와는 호환될 수 없어 보인다. 실제로 누군가는 '은혜'를 말하고 난 후에, 사람들에게 회개, 사역, 제사, 봉사, 혹은 순종 등을 지시하는 것을—특히 이런 것들을 구원에 어떤 방식으로든 '필요하다'고 여길 경우—모순된다고 여길 것이다. 이러한 해석에 의하면, 은혜는 **사전 조건 없이**(unconditioned)—선행되는 자격과는 상관없이—주어질 뿐만 아니라, **사후 조건 없이**(unconditional)—필요한 반응에 대한 기대 없이—주어진다.

'은혜'는 단순한 개념이 아니라 잠재된 많은 의미를 함축하고 있는 듯하다. 의무, 희생, 혹은 요구없이 주어지는 은혜는 디트리히 본회퍼(Dietrich Bonhoeffer)가 '값싼 은혜'(본회퍼가 1930년대 독일 루터파에 만연했던 죄로 간주했던, 안이하고 느슨한 기독교의 한 양상)로 불렀던 유명한 비판 대상이었다.[2] 그 누구도 본회퍼만큼 은혜에 대해 열정적으로 설교하지는 않았지만, 은혜에 대한 본회퍼의 이해는 '아무런 부가 조건이 없다는'(with no strings attached) 그런 의미를 수반하지는 않았다. 현대 교회에서도 은혜의 의미는 여전히 날카로운 논쟁거리가 되고 있다. 은혜가 '율법주의적'인 도덕주의 내지 신자나 비신자 할 것 없이 짓밟아버리는 정죄주의(judgmentalism)로부터 우리를 해방시켜주는가?[3] 혹은, 그래서 '은혜'는 성령 받음을 통한 변화를 추구하지 않더라도 사람들의 있는 모습 그대로를 허위로 받아주는 무책임하고 도덕률 폐기론적인 주장을 위한 구실이 되는가? '순전한 은혜'의 현대판을 비판하는 사람들은, 그런 방식으로 설교되는 은혜가 과하다고(excessive) 판단하면서, 그 개념에 '극단적인 은혜'(hyper-grace)라는 별명을 부여했다. 그러나 '순전한 은혜'를 옹호하는 사람의 관점에서 보자면, 어

---

2. Dietrich Bonhoeffer, *The Cost of Discipleship* (London: SCM, 1948, with many subsequent reprints) [= 『나를 따르라』, 복있는사람, 2016]; 본래 독일에서 *Nachfolge* (1937)라는 제목으로 출간되었다.
3. Paul Zahl, *Gift in Practice: A Theology of Everyday Life* (Grand Rapids: Eerdmans, 2007)를 참고하라.

떤 식으로든 '순전한 은혜'라는 개념에 이르지 못한 것은 (즉, 율법이나 행위와 혼합되었다는 의미에서) '혼합된 은혜'의 복음이다.[4]

이러한 차이는 은혜의 정도(degrees)에 대한 차이를 나타내는가? 그렇다면 누군가가 은혜를 다른 사람들보다 **더 많이** 믿는다고 할 수 있을까? 아니면 이러한 차이는 은혜를 이해하는 다른 방식으로 인해 생기는 차이인가? 앞으로 우리가 보게 되겠지만, 이런 논쟁들의 반대편에 자리잡고 있는 사람들도 모두 똑같은 정도로 은혜를 믿고 있다고 볼 수 있다. 그들은 단지 은혜를 **다르게** 믿고 있을 뿐이다.

이러한 논란은 전혀 새롭지 않다. 즉, '은혜'의 의미에 대한 논쟁들은 기독교의 시작으로 거슬러 올라간다. 은혜의 중요성에 대해 동의하지 않는 기독교 신학을 찾기란 힘들다. 그러나 그리스도인들은 그 은혜라는 용어가 의미하는 바, 그것을 연관 짓는 방식과 그것의 반대 개념을 고려하는 데 있어 아주 큰 차이를 보여왔다. 실제로 이 주제는 사람들이 과거에 서로 어떤 방식으로 이야기해 왔는가에 대한 좋은 예를 제공해준다. 곧, 그들은 겉보기에는 같은 주제에 대해서 서로 격렬하게 반대한 것으로 보이지만, 실제로—심지어는 그들이 정확히 같은 단어를 사용할 때라도—그들은 서로 다른 개념에 대해 말하고 있었다는 말이다.

이 책은 바울과 은혜에 대한 책으로, 은혜라는 용어가 과연 무엇

---

4. 비판자의 관점을 보려면, Michael L. Brown, *Hyper-Grace* (Lake Mary, FL: Charisma House, 2014)을 참고하라. 이에 대한 응답을 보려면 Paul Ellis, *The Hyper-Grace Gospel* (Birkenhead, New Zealand: KingsPress, 2014)을 참고하라.

을 의미하는가에 대해 질문하고 또 이 용어가 어떻게 그리고 왜 다른 방식으로 이해되어 왔는가를 명확히 하려 함으로써 시작한다. 우리의 초점은 이 주제에 대한 대부분의 기독교 담론의 원천인 바울서신에 있다.[5] 우리는 이 1세기 문서들을 바울이 자신의 사회적·언어적·문화적 맥락 속에서 무엇을 말했는가에 대한 분명한 감각을 가지고 읽을 필요가 있으며, 이 주제와 '열방의 사도'였던 그의 소명과의 관계를 추적할 필요가 있다. (바울은 '비-유대 민족들', 즉 우리가 종종 ['민족'을 뜻하는 라틴어 *gentiles*에서 유래한] '이방인들'[gentiles]이라고 부르는 민족들을 가리켜 '열방'[*ta ethnē*]이라는 용어를 사용한다.) 바울의 이방인 선교는 큰 논란을 일으켰는데, 이는 다른 유대인 신자들이 이방인 개종자들에게도 율법 준수가 중요하다고 생각했던 것과는 달리, 바울은 자신의 이방인 개종자들에게 유대교의 율법을 준수하는 것을 요구하지 않았기 때문이다. 바울이 이방인 선교에 대해서 가장 길게 말하고 있는 서신들(갈라디아서와 로마서)은 '선물'과 '은혜'에 대한 언어들이 가장 집중적으로 사용된 본문들이다. 은혜로서의 복음에 대한 바울의 이해와 이방인을 향한 선교 사이에는 어떤 연결점이 있을까? 그가 그리스도-사건(the Christ-event)을 은혜와 연관시켰던 관점이 인종적 경계를 가로지르는 공동체를 세우는 방식을 형성했을까? 은혜는 (뉴턴의 "나 같은 죄인

---

5. 우리는 '논란의 여지 없이'(undisputed) 바울의 편지로 인정되는, 즉 역사비평 학자들에게 사도 바울이 쓴 것으로 일반적으로 인식되는 일곱 개의 바울서신—로마서, 고린도전서, 고린도후서, 갈라디아서, 빌립보서, 데살로니가전서, 빌레몬서—을 중점적으로 다룰 것이다. 하지만 은혜에 대한 언어들은 바울 전통을 승계하고 있는 서신들(에베소서, 골로새서, 데살로니가후서, 디모데전서, 디모데후서, 디도서)에서 이어지고, 발전되었다.

살리신"과 같이) 개인에 대한 위안에만 연관되는 것이 아니라, 당연하게 여겨지는 규범들에 도전하는 새로운 공동체의 형성에도 연관되는가?

이 책의 첫 번째 단계에서는 여러 시대를 거친 다양한 사회 속에서 선물이 무엇을 의미해 왔고 어떻게 작동해 왔는가에 대해, 오랫동안 연구해온 인류학의 도움을 받아 은혜와 선물에 대한 용어들을 면밀히 살필 것이다(제1장). 이에 근거하여 우리는 신적 선물(혹은 은혜)이 정의되어 온 여러 가지 다른 방식—종종 그것을 어떤 완전한 극단까지 밀어붙임을 통해서 이루어진—을 명료하게 만들 수 있을 것이다. 그러고 나서 우리는 기독교 신학에 있어서 '은혜'의 의미가 왜 다르게 이해되어 왔고, 왜 지금도 다르게 이해되고 있는지를 감지할 것이다(제2장). 또한 우리는 실제로 왜 하나님의 은혜나 자비가 바울의 동시대 유대인들에 의해서 다양하게 이해될 수 있었는지 살펴볼 것이다(제3장). 이 책에서 '바울'을 다루는 부분으로 바로 넘어가기를 원하는 사람들은 인내심을 가지길 강하게 요청한다! 이 책의 첫 몇 장들은 꼭 필요한 토대이며 따라서 바울신학이 급진적인 것이었는지, 그렇다면 어떻게 그러했는지 파악하는 데에 도움이 될 것이다.[6]

이 책의 심장부는 갈라디아서(제4-6장)와 로마서(제7-9장)를 확장하여 읽은 부분이다. 이 바울서신들은 선물 용어가 가장 훌륭하게 그리

6. 이에 대한 더 많은 내용을 원하는 독자들은 이 책의 첫 세 장들에서 개관된 내용들을 훨씬 더 긴 분량으로 다루고 있는 나의 책 *Paul and the Gift* (Grand Rapids: Eerdmans, 2015) [=『바울과 선물』, 새물결플러스, 2019]를 참고하기 바란다.

고 가장 중요하게 집중적으로 사용되고 있는 곳이다. 이 두 서신들은 그들이 가지고 있는 많은 공통점과 더불어 많은 차이점들도 가지고 있으므로, 이 서신들을 구분해서, 그리고 순차적으로 읽는 것이 중요하다. 바울은 상황 신학자(a contextual theologian: 각 바울서신들은 각각 그것들이 쓰인 특정한 공동체의 정황 속에서 기록되었다는 의미에서—역주)이기에 우리는 우선 각각의 고유한 정황에 놓인 편지들에 주의를 기울여야 한다. (헬라어 본문에 근거한, 이 서신들 해석에 대한 자세한 주석적 논의는 『바울과 선물』을 참고하기 바란다. 이 책에서는 본질적인 주안점들만 제공한다.)

그러고 나서 우리는 바울신학에 나타난 고유한 '문법'과 바울 공동체들 속에 있는 은혜의 실제적인 표현들에 주목하면서, 다른 바울서신들을 가로지르는 은혜의 윤곽과 그것의 실천을 추적하도록 우리의 시각을 확장할 것이다(제10-11장). 이 책은 개신교의 전통적인 바울 해석과 '바울에 관한 새 관점' 사이의 최근 논쟁을 넘어서는 바울 읽기를 제시하기 때문에, 제12장에서는 이 책에서 제시하는 바울 읽기가 새 관점 논쟁 및 바울에 대한 현재 논쟁들과 관련하여 어디쯤 위치하고 있는지를 보이고자 한다. 더구나 바울은 단순히 과거의 인물로서 머물지 않고, 현대 문화에 있어서도 중요한 의견을 주는 인물이기 때문에, (이를 제대로 인식하지 못했다면) 우리는 현재의 이슈들에 대해 말하기 위해 바울신학의 잠재력에 대해 제대로 각성해야 한다. 따라서 이 책에서 펼쳐진 바울 해석이 오늘날에 우리에게 주어진 선물과 공동체와 가치에 대한 이슈들에 어떻게 기여할 수 있는지 몇 가지 사항에 주의를 기울이면서 이 책을 마무리할 것이다(제13장).

이 책에서 우리는 바울이 하나님의 은혜를 특별하고, 창조적이며, 사회적 측면에 있어서 급진적으로 이해했음을 보게 될 것이다. 하나님의 은혜는 예수 그리스도라는 선물로부터 비롯되었다. 좋은 선물들은 그 선물과 어울리거나 자격 있는 수신자들에게 배포되는 것이 최선이라고 일반적으로 여겼던 (그리고 지금도 그렇게 여기는) 것과는 달리, 바울은 세상을 향한 하나님의 궁극적인 선물인, 그리스도-선물(the Christ-gift)을 가치와는 상관없이 주어지는, 즉 가치의 부재 속에서 주어지는 무조건적인 혹은 비상응적인—수신자들의 가치와 어울리지 않고, 오히려 가치를 창조해내는—선물로 여겼다. 이는 그의 이방인 선교와 공동체 형성—사회적 경계를 가로지르며 가치에 대한 오래된 계층 구조를 무시하는—의 근간이 되었다. 실제로 하나님의 은혜는 바로 이러한 공동체의 형성과 실현을 통해서 입증된다. 바울의 은혜에 대한 이해에 있어서 윤리적·사회적 변화는 선택적 부가항목이 아니라 필수적인 발현이다. 왜냐하면 그리스도 안에 있는 하나님의 선물은 고대 세계의 모든 가치 체계들에 대해 의문을 제기하면서 단지 마음속에서가 아니라 실제 관계 속에서 나타났기 때문이다. 은혜는 단지 어떤 개념이나 어떤 사물이 아닌, 급진적이고 신적인 동력(dynamic)으로 판명될 것이다. 우리의 목적은 바울서신에서 은혜의 **능력**(power), 즉 자아의 방향을 새롭게 하고, 공동체를 재설정하는 은혜의 역동성을 추적하는 데 있다. 이 목적에 도달하기 위해서 우리는 먼저 '선물'과 '은혜'에 대해 더 깊이 생각하고, 바울의 개념들을 그들이 속한 고대의 문화적 맥락 속에 두는 작업이 필요하다.

제1장
선물로서의 은혜

우리가 진행할 첫 번째 단계는 '은혜'라는 주제를, '선물'이라는 제하에 묶을 수 있는 사회적 관계들의 영역 안에 두는 것이다. 이러한 전략에는 간단한 언어학적 이유가 있다. 이미 주지했듯이, 우리가 보통 "은혜"(*charis*)라고 번역하는 이 헬라어 용어는 "혜택", "호의" 혹은 "선물"을 뜻하는 일반적이고, 비전문적인 단어로서 바울은 이 단어를 다른 일상적인 선물 용어들과 섞어서 사용한다. 그는 우리 주 예수 그리스도의 "은혜"(*charis*)를 찬양하고 나서(고후 8:9), 형언할 수 없는 "선물"(*dōrea*)을 주신 하나님께 감사한다(고후 9:15). 한 본문에서 그는 그리스도의 사건을 묘사하기 위해서 대략적으로 동의어로 취급할 수 있는 네 가지의 선물 용어들을 사용한다(*charis*, *dōrea*, *dōrēma*, *charisma*, 롬 5:15-17). 그가 "나를 사랑하사 자신을 나에게 주신 하나님의 아들"이라고 말할 때(갈 2:20) 그는 다시 한번 이 선물을 지칭하면서,

바로 다음 문장에서 하나님의 '카리스'(*charis*)를 거절하지 않을 것이라고 한다(갈 2:21). 그는 고린도 교회 교인들이 예루살렘에 주기를 원하는 선물을 '카리스'(*charis*)라고 부르며(고후 8:7), 그들이 즐기는 성령의 은사들을 '카리스마타'(*charismata*)라고 지칭한다(고전 12:4). 영어에서 우리는 '선물'과 '은혜'를 구별해서 쓰지만, 이 둘 모두 '선물', '호의', 혹은 '혜택'을 뜻하는 정규 그리스 용어군(pool)의 일부인 '카리스'(*charis*)에 대한 번역어로 자주 사용된다.[1]

'카리스'라는 단어는 실제로 고대의 선물 수여(gift-giving)의 순환적 구조를 반영하는 세 가지의 중요한 의미 집합을 가진다.[2] 첫째로 '카리스'는 매력적인 것이나 주의를 끄는 것, (눅 2:52에 나오는 예수처럼) 어떤 호의를 받는 대상을 뜻할 수 있다. 둘째로 이 단어는 선물, 호의, 혜택, 혹은 선물을 동반하는 어떤 자비로운 태도를 뜻할 수 있다. 때때로 선물과 자비로운 태도는 구분된다. 그러나 종종 이 둘은 겹칠 수도 있는데, 단순히 물건이 아니라 수여자의 태도를 나타내는 봉사나 호의적인 대접을 선물로 줄 수도 있기 때문이다. 그래서 바울의 편지에서 '카리스'는 선물을 묘사할 수도 있고(예, 고전 16:3, "예루살렘을

1. 물론 번역어는 문맥에 따라서 각 단어의 뉘앙스를 살려내야 하는 것이고, '카리스'와 일대일 관계를 가지며 항상 대응되는 어떤 하나의 영어 단어는 존재하지 않는다: '카리스'는 어떤 때는 '선물'로 번역되는 것이 가장 좋고, 어떤 때는 '은혜'로, 어떤 때는 '호의'로, 또 어떤 때는 '감사'로 번역되는 것이 가장 좋다. '카리스'가 선물-관계의 영역 속에 존재한다는 주장은 이것이 항상 '선물'로 번역되는 것이 가장 좋다는 것을 의미하지는 않는다.
2. 세부적 내용을 보려면, 나의 책 *Paul and the Gift* (Grand Rapids: Eerdmans, 2015), 575-82 [= 『바울과 선물』, 새물결플러스, 2019]의 부록을 보라. 연관된 히브리어 용어들과 그것들의 헬라어 번역어들 역시 그곳에서 논의된다.

위한 너희들의 선물"), 호의나 하나님의 관대함을 묘사할 수도 있다(롬 1:7, "우리 아버지 하나님과 주 예수 그리스도로부터 은혜와 평강이 있기를 원하노라"). 셋째로, '카리스'는 (연관된 용어인 '유카리스티아'[*eucharistia*]처럼) 고마움을 담아 무언가 돌려주거나 감사를 표하는 행위를 뜻할 수도 있다(예, 고후 9:15, "말할 수 없는 그의 은사로 말미암아 하나님께 '카리스'[감사]를 드리노라"). '카리스'에 대한 이러한 세 가지 의미들은 선물의 순환적인 움직임을 나타낸다. 즉, 수혜자에게 주어지는 선물은 그에 대한 반응인 감사를 만들어낸다. 그리스인들은 바울이 고린도후서 8-9장 전체에서 그랬듯이 이 상호 연관된 의미들을 중의적으로 사용했다.

그러나 이 책에서 우리의 초점은 '카리스'라는 단어와 이 용어가 사용되는 본문들에만 국한되지 않는다. 바울의 은혜 신학에 대한 연구가 '카리스'에 대한 단어 연구와 동일하지는 않다. 이 단어는 바울 신학에 존재하는 다른 은혜 용어들의 집합과 섞여 사용되기에 우리가 만약 이 한 가지 용어에만 주의를 고정한다면, 우리는 우리 자신을 그릇되게 제한하게 된다. 모든 언어에는 사회적 의미와 그것의 맥락에 따라 선물을 표현하는 많은 단어들이 존재한다. 영어에서 금전적인 선물은 단순하게 선물이라고 명명될 수도 있지만, 우리는 그것을 팁이나 기부, 사례금, 예물, 수당, 혹은 뇌물로도 부를 수 있다. 이 각각의 용어들은 목적과 문맥과 선물의 효과를 반영해서 조금씩 다른 뉘앙스를 가진다. 실제로 어떤 사람이 기부로 간주하는 것을 다른 사람은 뇌물로 폄하할 수도 있다. 이는 우리에게 선물이 복잡하고 다층적인 현상임을 환기시켜준다. 동일한 단어가 미묘하게 다른 것을 뜻할 수도 있고, 그것이 묘사하는 사회 관계에 따라서, 혹은 수사적으로 표상하는 방식의 차이에 따라서, 다른 단어들이 의미상 중첩될 수도 있다. 우리는 단어들의 의미를 분명히 할 필요가 있지만, 동시에 '선물'의 사회적 의미와 그것이 함의하는 사회적 기대를 조사할 필요도 있다. 그래서 우리는 한 가지 용어에 주의를 고정하기보다는 '선물'이라는 제하에 묶여진 단어들의 무리와 이에 연관된 개념들을 탐구할 필요가 있다.

그런데 과연 '선물'이라는 단어는 무엇을 의미하는가? 이제 이 단어를 정의해보자. 나는 '선물'이라는 단어를 자발적인 행위의 영역, 즉 혜택이나 호의를 베풀 때 선의에 의해 특징지어지는 사적인 관계들을 가리키는 데 사용하는데, 이 선물은 일반적으로 그 관계의 지속에 필요한 상호적인 보답이라는 어떤 유형을 이끌어낸다. 여기서 '자발적'이라는 점이 중요하다. 즉, 우리는 지불해야 하는 세금을 선물로 간주하지 않는다. 우리는 법에 따라 세금을 내야 하며, 세금 사정관으로부터 감사편지 받기를 기대하지 않는다! 앞으로 보게 되겠지만 선물이 강제와 자발의 성격을 둘 다 가질 수 있다하더라도, 선물이라는 지위를 계속 유지하기 위해서는 (바울이 고후 9:7에서 강조하듯이) 그것의 수여에 있어서 어떤 자발성이라는 요소가 아주 중요하다. '사적인'이라는 말 또한 중요하다. 즉, 모든 문화에서 선물은 수여자와 수혜자 사이의 사적인 관계를 표현하고, 그런 의미에서 일반적으로 상업적인 교환과는 질적으로 다르게 취급된다.[3] '선의' 역시 중

3. 이 구별은 절대적인 것은 아니며 두 영역들은 중첩될 수 있다. 예컨대, 어떤 점원이 나에게 충성스런 고객이 되어 준 것에 대하여 사적인 할인을 해 줄 수도 있다.

요하다. 즉, 모든 선물은 자비로운 태도의 어떤 면을 표현한다(똑같은 것을 받더라도, 그것이 악의에 의해 주어진다면, 그것은 선물이 아니라 해악의 유형이다). 그리고 잠시 후에 보게 되겠지만, 대부분의 문화와 대부분의 시대에서 선물은 순환적인 교환, 즉 사회적 관계를 창조하거나 유지하려는 의도로 선물을 주는, 계속 진행되는 순환(cycle)의 일부다. 상품이나 서비스에 대해 지불하는 행위는 일반적으로 거래의 종결을 의미하지만, 어떤 선물이나 그에 대한 보답이 관계의 종결을 의미하지는 않는다. (보통은 주고 난 이후에 동일하지 않은 방식으로 받게 되는) 주고받기는 원칙적으로 여러 가능성이 열려 있는(open-ended) 관계를 계속 이어가기 위한 것이다.

이 넓은 정의를 가지고 작업할 때, 이런 질문이 생긴다. 만약 바울이 그리스도 안에 있는 세상에 대한 하나님의 관계를 선물(자발적이고, 사적이고, 선의로 주어지는 선물)로 이해한다면, 그것은 어떤 종류의 선물이며 어떻게 작동하는가?

선물의 인류학

모두 '선물'이라는 제하에 들어가면서도, 호의나 혜택에 있어 상이한 문화적 패턴들은 인류학자들 사이에서 오랫동안 매혹적인 주제였다. 만약 당신이 다른 대륙에 여행을 가봤다면, 혹은 다른 문화로부터 온 사람을 알게 되었다면, 당신은 선물이 다른 문화에서 다른 규칙 아래에서 사용되고 있음을 알게 될 것이다. 누가, 그리고 언제 선물들을 주리라고 기대하게 되는가? 특정 상황에서 어떤 종류의 선물이 적당할 것인가? 나처럼, 당신은 선물에 대한 어떤 상황을 오해함으로써—누군가 선물 받기를 기대하는 상황에서 (내가) 선물을 주지 못했다든지 혹은 (받은 선물에 대해) 적절한 방식으로 화답하는 데 실패했든지—당황했던 적이 있을 수도 있다. 인류학자들은 지금은 단행본으로 번역 출판되어 간단히 『선물』(*The Gift*)이라고[4] 불리는 마르셀 모스(Marcel Mauss)의 유명한 에세이에 자극받아서, 선물의 기능과 사회적 의미에 대해서 오랫동안 연구해왔다. 환태평양 지역 주변의 민족지학적(ethnographical) 연구로부터 시작해서, 모스는 (넓게 정의된) 선물이 어떻게 사회를 밀접하게 결합시켜 왔으며, 시대에 따라 달라지는 문화적, 경제적 조건 속에서 어떻게 변화해 왔는지를 탐구했다. 모스는 선물에 의해 구조화된 사회 속에서 세 가지 핵심적인 의무들을 찾아내었는데, 이는 주어야 하는 의무, 받아야 하는 의무, (종종 다른 형태로 보답되기도 하는) 보답해 주어야 하는 의무이다. 선물은 사적인 것이기에 수여자 개인과 밀접하게 결합되어 있을 수 있고(가보들이나 수작업된 선물을 생각해보라), 또 어떤 경우에는 '양도할 수 없는' 것—이미 주어졌음에도 불구하고 중요성에 있어 그것을 준 개인이나 그룹의 소유물이므로—일 수도 있다.

모스는 특히 무엇이 선물에 대해 보답하고자 하는 의무—하지만 여전히 자발적이고 자유로운 보답으로 남는 의무—를 창출하는가에

---

4. Marcel Mauss, *The Gift*, trans. W. D. Halls (London: Routledge, 1990) [=『증여론』, 한길사, 2002]. 이 책은 원래 프랑스어로 쓰여진 긴 에세이("Essai sur le don")이며 1925년에 출판되었다.

대해 관심을 가진다. 선물의 "정신"(spirit)에 대한 그의 고유한 설명이 모든 사람을 설득해온 것은 아니지만, 그 질문은 여전히 유효하다. 최선의 대답은 선물이 관계를 창출하거나 유지하는 수단이라는 사실에 있을 것이다. 선물 보답에 실패하게 되면 요청되는 관계를 약화시키거나 그 관계를 끝장낼 수도 있다.[5] 심지어는 선물의 영역이 제한되었고 그것의 효력이 줄어든 현대 서구 문화에서도(아래를 참고하라), 우리는 가족 및 친구 관계가 계속적인 호의와 혜택의 교환을 통해서 유지됨을 알 수 있다. 많은 호의를 입으면서도 절대로 보답하지 않는 것은 대개 그 관계가 지속될 수 없음을 의미한다. 예를 들어, 내가 매년 친구에게 생일 선물을 주었지만 그 친구가 어떤 형식으로든지 보답하지 않을 뿐더러 결코 나에게 감사조차 표하지 않는다면, 나는 아마도 그 친구 관계가 별로 소중하지 않다고 결론 내리게 될 것이다.

모스와 그의 계승자들은 전형적인 서구의 양극성을 대부분의 문화에 단순하게 적용할 수 없다는 것을 보여주었다. 우리는 '값없는' 선물을 의무의 개념과 대조시키지만, 역사상 많은 시대와 오늘날의 많은 (아마도 대부분의) 문화 속에서 선물은 의무를 수반할 수도 있고 의무와는 무관할 수도 있다. 우리는 '사익을 추구하지 않는'(disinterested) 선물을 수여자의 이익을 추구하는 선물과 대조하지만, 이러한

5. 중요한 인류학적인 논의들을 참고하려면, Marshall Sahlins, *Stone Age Economics*, 2nd ed. (London: Routledge, 2004)과 Maurice Godelier, *The Enigma of the Gift*, trans. Nora Scott (Chicago: University of Chicago Press, 1999)을 보라.

양극성은 아마도 다른 개념들에 잘못 부과된 현대적인 이해일 것이다. 우리는 의무나 이익의 요소를 가진 선물을 덜 '순전한' 것으로 간주하겠지만, 이런 이해는 우리만의 새로운 문화적 표준이 부과되었음을 보여줄 수도 있다. 또한 다른 사람들이 '실제로는' 무엇인가 보답을 바라면서 선물의 수여자로 자신을 내세우는 것은 스스로를 기만하는 것이라고 판단할 수도 있을 것이다.[6] 실제로 우리는 선물들 대한 **우리의** 가정을 다른 민족이나 다른 시대에 부과하는 것은 아닌지 조심하기 위해서 인류학으로부터 배워야 한다. 또한 우리는 선물에 대한 현대 서구의 해석들이 결코 항상 '옳은' 것은 아니기에 열린 마음을 가져야 한다. 문화적 의식(awareness)은 일반적으로 우리에게 다음과 같은 것들을 가르쳐 준다:

A. '선물들'은 모든 종류의 호의, 혜택, 봉사를 포함한 많은 형식들을 취할 수 있다. 물질적인 선물은 종종 현물이 아니라, 수여자에게 어울리는 존경이나 명성으로 보답되기도 하는데, 이는 특히 수여자와 수혜자가 동등한 관계가 아닐 때 적용된다.

B. 선물로 여겨지는 것은 문화적으로 정의되며, 선물을 어떻게 다른 거래 유형(예, 상업이나 보수)과 연관 지을 것인지는 각 맥락 속에서

6. 보답을 기대하는 선물을 집단적인 자기기만으로 보는 전통적인 분석을 참고하려면, Pierre Bourdieu, *Outline of a Theory of Practice*, trans. Richard Nice (Cambridge: Cambridge University Press, 1977), 171-97을 보라. Alan D. Schrift, ed., *The Logic of the Gift* (London: Routledge, 1997)는 선물에 대한 Bourdieu와 다른 사람들의 견해들을 발췌하여 모은 책이다.

관찰되어야 한다.

C. 강력한 반증이 없는 이상, 우리는 선물이 보답에 대한 기대를 동반한다고 간주해야 한다. 호혜(주고받음)는 규범(norm)이다. 교환과 보답은 상업적 관계의 특징일 뿐 아니라 선물 수여의 특징도 된다. 비록 그 보답이 간접적인 형태로 나타나더라도 말이다.

D. 우리는 선물에 대한 현대의 관념을 함축적으로 나타내지 않도록 '값없는'이나 '순전한' 같은 꼬리표에 유념해야 한다. 심지어는 사전적 정의도 문화적으로 결정되어야 한다. 우리는 선물이 '자발적', '강제적' 혹은 '사익을 추구하지 않는'(disinterested), '사익을 추구하는'(interested) 혹은 '아낌없는', '제한적인' 같이 서로 상반된 의미 둘 다를 의미할 수 있는 가능성에 대해 열려 있어야 한다. 최소한 우리는 과거 시대와 다른 문화로부터 나온 자료들이 그 본연의 용어로 선물을 말할 수 있도록 해야 한다. 바울서신도 포함해서 말이다.

바울의 그리스-로마 배경에 나타나는 선물들

선물은 바울의 문화적 배경 속에서, 즉 그의 그리스-로마 배경과 그의 유대적 문화 속에서 어떻게 작동했는가?[7] 선물을 주고받고 보

7. 이에 대한 더 자세한 묘사는, *Paul and the Gift*, 24-51을 보라. 더 폭넓은 자료들을 참고하려면, James R. Harrison, *Paul's Language of Grace in its Graeco-Roman Context* (Tübingen: Mohr Siebeck, 2003)을 보라. 또한 다음 두 책

답할 때 적용되는 호혜 규범은 그리스 사회 생활의 근본 원리였다.[8] 이 규범은 부자들 사이에서 교환되는 사치스러운 접대나 정치적 호의로부터, 가난한 사람들이 생존하도록 돕기도 하는 평범하고도 잘 드러나지 않는 교환이나 나눔에 이르기까지 모든 사회 계층 속에서 작동했다. "네 이웃에게 다정하게 대하라. 집에 문제가 생겼을 때, 이웃이 바로 그곳에 함께 있을 것이다"라는 경구는 좋은 조언이었다.[9] 다른 사람들에 대한 관대함은 가장 좋은 보험의 형식이었고, 인색하거나 비협조적이라고 알려진 사람들은 병, 사고, 재정적인 재난을 불러오는 사별 등을 당했을 때 아무런 도움을 받지 못하기 일쑤였다. "무언가를 주면, 무언가를 얻게 된다"나 "한 손이 다른 한 손을 씻겨 준다" ("당신이 내 등을 긁어주면, 내가 당신의 등을 긁어줄게"의 그리스식 표현) 같은 인기 있는 격언도 있었다.[10] 호의를 받은 수혜자는 대개 자신을

은 좋은 요약들이다. David A. deSilva, *Honor, Patronage, Kinship, and Purity: Unlocking New Testament Culture* (Downers Grove, IL: Inter Varsity Press, 2000) [=『문화의 키워드로 신약성경 읽기: 명예, 후원, 친족, 정결 개념 연구』 새물결플러스, 2019]; Gerald W. Peterman, *Paul's Gift from Philippi: Conventions of Gift Exchange and Christian Giving* (Cambridge: Cambridge Vniversity Press, 1997).

8. Sitta von Reden, *Exchange in Ancient Greece* (London: Routledge, 1995); Christopher Gill, Norman Postlethwatie, and Richard Seaford, eds., *Reciprocity in Ancient Greece* (Oxford: Oxford University Press, 1998)을 참고하라.
9. Hesiod, *Works and Days*, trans. Dorothea Wender (London: Penguin, 1973), 343-44.
10. 이 주제에 대한 이런저런 다른 격언들은, Teresa Morgan, *Popular Morality in the Early Roman Empire* (Cambridge: Cambridge University Press, 2007)을 참고하라.

'빚진' 자로 묘사하곤 했는데, 이는 선물이 그에 대한 의무를 수반한다는 사실을 당연히 여겼기 때문이다. 그럼에도 선물은 사적이고, 격식이 없고, 또 정확한 계산을 꺼리기 때문에, 그것은 대출, 급료, 매매와는 다른 범주에 속했다. 계약된 대출은 법의 문제였기에 계약 불이행자는 법정으로 잡혀갈 수도 있었으나, 선물로부터 발생하는 사회적 의무는 도덕적으로는 강력했을지라도 법적인 구속력은 없었다. 하지만 선물은 실제로 순환적인 교환을 창출했다. 즉, 수여자에게 뭔가로 갚아야 할 것이 기대되었다. 비록 그것이 단지 감사나 존경의 마음이라 할지라도 말이다. 이러한 선물 수여의 구조는 보통 원을 이루어 서로 주고받는 관계 속에서 묶인 채로 춤을 췄던 '삼미신'(Three Graces[Charites]: 삶의 아름다움, 풍요로움, 환희를 나타내는 여신들로, 보통 세 명으로 묘사됨—편주)이라는 인기 있는 이미지로 인식되었다.[11]

이러한 상호 교환의 체계는 지위상의 차이에도 불구하고 사람과 신 사이의 관계 또한 표현했다.[12] 그리스와 로마의 종교에서 신들은 인류에 대한 후원자로 인식되었다. 즉, 그들은 인류에게 자연, 건강, 안전, 성공을 제공해주었고, 인간들은 제사와 경배로 화답해야 할 의무가 있었다. 친구들 사이에서 발생하는 상호 관계의 일반적인 순환처럼, 누가 교환을 시작했는지를 따질 필요는 없었다. 제사는 이미 주어진 혜택에 대한 보답의 선물로 이해될 수도 있었고, 혹은 미래의 혜택을 유발하는 선물로 이해될 수도 있었다. 그리스와 로마의 종교

---

11. 예, Aristotle, *Nicomachean Ethics* 1133a2–4.
12. Robert T. Parker, "Pleasing Thighs: Reciprocity in Greek Religion," in *Gill, Postlethwaite, and Seaford, Reciprocity in Ancient Greece*, 105-25를 보라.

는 종종 '도 우트 데스'(*do ut des*, "나는 당신이 주도록 하기 위해 준다": 상호주의를 나타내는 라틴어 표현—역주)의 체계로서 표현되어 왔다. 이는 종교적인 관습의 상호성을 정당하게 인식하고 있지만, 이를 보고 수여자가 항상 이 순환의 시발자임을 암시한다고 생각하면 이는 오해다. 고대 철학자들은 적어도 세계와 인간 삶과 자연 혜택은 신들/하나님에 의해 먼저 주어지는 선물로 이해했을 것이다.

만약 신이나 인간이 주는 선물이 상호 교환의 순환 안에서 주어졌다면, 현명하고 분별력 있게 주는 것이 중요했을 것이다. 이것은 부분적으로는 실천적인 신중함의 문제로서, 사람들은 보답할 것 같지 않거나 보답을 꺼리는 사람에게 선물 주는 것에 대해 조심할 것이다. 하지만 이것은 또한 기부자의 사회적 평판과 연관되어 있었다. 선물은 개인과 단체를 함께 묶어 주었다. 즉, 선물 주고받기는 사회적 유대를 형성했다. 이러한 이유로 누군가는 평판이 좋지 않은 수여자와 관계 맺기를 꺼려해서 선물을 거절할 수도 있었고, 다른 한편으로 기부자로서 누군가는 어느 정도 선물할 만한 '가치가 있는' 것으로 분별되는 사람들에게만 선물을 주려고 조심하기도 했다.[13] '가치'는 사회적 지위, 성별, 나이, 인종, 가문, 교육, 도덕성 등에 근거해서, 많은 다른 방법들로 평가될 수 있었다. 예배자들은 신들에게 자신들을 혜택받을 가치가 있는 자로 표현하며 예배를 드렸고, 기부자들은 혜택받는 자들의 가치에 대해 주목했다. 우리가 앞으로 제3장에서

---

13. 키케로의 관대함에 대한 세 가지 원칙 중에서, 혜택들은 '가치에 근거해서' 주어져야 한다는 규칙이 있다(*pro dignitate*; Cicero, *On Duties*, 1.42-45, 나의 사역).

살펴보겠지만, 유대인 철학자인 알렉산드리아의 필론은 선물의 분별력 있는 배분에 있어서 하나님이 각 사람의 가치를 기준으로 행하시는 것이 분명하다고 생각했다. 만약 그렇지 않다면 정의로운 우주의 질서에 대해 의문이 생기게 될 것이기 때문이었다. 분별력 없는 선물은 어리석고 위험한 것으로 간주될 수 있었다. 누가 대체 가치 없는 사람들에게 자신들을 겳으로써 그들의 평판을 훼손시키는 것을 바라겠는가?

그리스-로마의 선물 수여 체계는 엘리트 계층이 자신들의 도시나 그들이 속한 하부 집단의 이익을 위해 수행하는 선물 주기와 봉사를 기록한 비문들에 특히 확실하게 드러난다. '에우엘제티즘'(euergetism: 공공의 이익을 위한 기부) 체계는 부자들이 부에 있어서의 거대한 불평등을 정당화시키기 위한 수단이었다.[14] 부자들은 공공의 건물, 축제, 대회, 시민 편의시설 등에 기부함으로써 도시에 혜택을 베풀었고, 이는 공적인 명예, 선언, 특권, 조각상, 비문 등으로 보답되었다. 이런저런 불평등한 관계 속에서 하위 계층이 되돌려 주는 것은 부유층에서 가장 원하는 것, 즉 물질 재화가 아닌 명예였다. 이보다 작은 규모에서는 기부자들이 단체나 협회를 지원함에 있어서 거기에 속한 건물이나 제물이나 식사에 대한 보조금을 지급했고, 이에 대한 보답으로 기부자들은 직위나 감사 결의나 연회에서 갑절의 분량으로 존경을 받았다.

---

14. 이 주제에 대한 고전은 Paul Veyne, *Bread and Circuses* (abbreviated and translated by Brian Pearce; London: Penguin Books, 1990; French original in 1976)이다.

그리스 세계가 점점 로마의 통치 아래로 넘어감에 따라 로마 황제는 '황제가 사랑하는' 도시들을 재정적으로 구제하는 최고의 기부자가 되었고 아첨하는 찬양으로 존경을 받았는데, 때로는 신들과 같이 존경받기도 했다. 황제의 통치 아래에서, 엘리트 로마 가문들과 황실의 구성원들은 도시와 여러 이익 단체들의 후원자가 되었고, 명예나 재정적인 보상에 대한 교환으로서 권력에의 접근을 제공하기도 했다.[15] 그들에게 종속된 사람들에게 그것은 '당신은 누구와 아는 사이인가'와 '당신이 혜택을 얻기 위해서는 그들이 어떤 권력에 영향력을 행사해야 하는가'에 대한 문제였다. 이러한 복잡한 상호 관계의 네트워크는 현대 서구의 시각에서 볼 때 거대한 '부패'와 '뇌물'의 체제였다.

우리는 다행스럽게도 스토아 철학자 세네카에 의해 기록된 1세기 로마 세계로부터 나온 선물에 대한 논고인, 『베풂에 관하여』(*On Benefits*)를 가지고 있다. 이 논고는 한편으로는 선물 주고받기 관계에 대한 일반적인 가정들을 재진술한 것이며, 다른 한편으로 선물 교환에 있어서의 문제점들을 분석한 것이자, 또 다른 한편으로는 이러한 문제점들에 대한 스토아적 해법들의 집합으로서, 이런 선물 체계가 모두의 이익을 위해 흘러가도록 유지하는 것을 목표로 한다.[16] 한 가

---

15. 로마의 후원 제도에 대해서는, Richard P. Saller, *Personal Patronage under the Early Empire* (Cambridge: Cambridge University Press, 1982); Andrew Wallace-Hadrill, ed., *Patronage in Ancient Society* (London: Routledge, 1989)를 보라.
16. 이에 대한 소개와 번역본을 위해서는, Miriam Griffin and Brad Inwood, *Seneca: On Benefits* (Chicago: University of Chicago Press, 2011) [= 『베풂의

지 일반적인 가정은 선물이 계속해서 순환된다는 것이다. 즉, 세네카에게 선물 수여는 다른 사람이 공을 쉽게 잡고 다시 던질 수 있도록 던져주는 방식의, 계속되는 공 던지기 게임과 같은 것이다(*On Benefit* 2.17.3-5). 세네카는 어떤 경우에는 유일하게 가능한 선물의 보답이 감사라는 것을 알았다. 하지만 감사는 미덕(이며 따라서 스토아 철학에서는 유일하게 참된 선)이었기에 그것만으로 충분했다. 익명의 선물은 간헐적으로 필요하지만 세네카는 이를 이상적으로 보지는 않았다. 수혜자가 수여자에게 개인적인 감사를 표시할 수 없는 형태였기 때문이다. 세네카에게 있어 선물은 사회를 하나로 묶어주었기에 잘 배포되는 일이 중요했다. 즉, 넉넉히 주는 것은 훌륭한 것이었지만, 아낌없이 주더라도 대상을 조심스럽게 정해야 했다. 현명하게 주고 실망감이나 당혹감을 피하기 위해, 선물들은 자격 있는(*dignus*) 사람들에게 주어져야 했다.

세네카는 선물을 주는 행위가 호의를 베푸는 것이라는 보편적인 가정을 공유하고 있었는데, 그 결과 발생할 수 있는 동등하지 않은 권력-역학에 대해서도 확실히 알고 있었다. 즉, 선물은 수혜자를 압도할 수도 있고 후원자 관계를 만들어 낼 수도 있다. 이에 대한 그의 해법은 항상 수여자나 수혜자 둘 모두에게 있는, 선물의 마음(*animus*)을 보는 것이다. 만약에 기부자들이 관대한 마음을 가지고 현명하게 주었다면 물질적인 보답을 받지 못하더라도 상관이 없다. 즉, 수혜자들이 감사하는 것으로 충분하다—물론 가능한 경우에는 수혜자들이

즐거움』, 눌민, 2015]을 보라.

어떤 응당한 선물을 주어야 하겠지만 말이다. 이 논고는 스토아적인 역설과 극단으로 가득하지만, 세네카가 결코 한 방향의, 화답되지 않는 선물을 이상화하지 않는다는 점은 주목할 만하다. 그는 선물 수여에 대한 합당한 표현이 상호 교환이라는 고대의 보편적인 가정을 받아들인다.

바울 시대 유대교의 선물 주기 관습은 이런 부분에 있어서 어떤 다른 점이 있었을까? 간단히 말하자면 대부분의 경우에는 다르지 않았고 한 부분에 있어서는 달랐다. 유대인들은 서로에게 그리고 하나님께 일반적인 보답을 기대하면서 주었다. 유대 공동체는 성전이나 지역 회당의 기부자였던 부유한 구성원의 봉사—이에 대한 보답으로 존경을 받는 것을 기대하면서 행하는—를 포함하여, 상호 간의 봉사에 의해 엮여 있었다.[17] 유대교 지혜 문헌들—잠언, 집회서, 토비트 같은—은 선물 수여를 호혜성이라는 일반적인 틀 안에 둔다(예, 잠 11:25; 집회 12:1-2). 그러나 여기에는 (출 22:25-27 같이 성서적인 법률 속에도 반향된) 중요한 예외가 있었는데, 가난한 사람들에게는 그들이 비록 보답하지 못할지라도 주어야 한다는 것이었다(예, 잠 19:17). 대부분의 고대 사회에서 (거지에게 간헐적으로 던져지는 동전을 계산에 포함하지 않는다면) 사회의 소외계층에 있는 사람들은 선물의 영역에서 벗어나 있었는데, 이는

17. Seth Schwartz는 유대의 예외론(exceptionalism)에 대해 주장해왔다. *Were the Jews a Mediterranean Society?* (Princeton: Princeton University Press, 2010). 그는 유대인들을 호혜성(reciprocity: 그는 이를 동등하지 않음과 의존과 같은 것으로 여긴다)보다는 연대성(solidarity)과 연관시키지만, 이런 대조는 잘못된 것이며, 이 주장은 현대의 개념인 '순전한 은혜'에 의해 영향받은 것이다.

그들이 보답으로 제공할 수 있는 것이 아무것도 없었기 때문이다. 이것은 “뭐라도 주는 사람이 아무도 없었던” 탕자의 경험이기도 하다(눅 15:16).[18] 유대적 윤리는 비록 그들이 되돌려 줄 것이 없을지라도 취약하고 가난한 사람들에게 주는 것을 강조했다는 점에서 예외적이다.

하지만 실제로는 가난한 사람들에 대한 선물들이 유대 신학적인 틀 속에 자리잡은 경우에도, 어떤 유형의 호혜성은 여전히 나타난다. 신명기에 의하면 가난한 선물 수혜자들은 ‘당신을 축복할’ 것이고(즉, 기부자에게 복 주시기를 하나님에게 빌 것이고), 그 결과 그 선물은 “당신의 하나님 여호와 앞에서 신용을 쌓는 것”이 될 것이다(신 24:13, NRSV). 그래서 가난한 사람들이 직접 보답할 수는 없을지라도, 거기에는 하나님으로부터의 복이라는 형식으로 보답이 있을 것이다. 몇몇의 지혜문헌은 이러한 신적인 복이 이 생에 있을 것이라 기대하며 말하지만(예, 집회 12:2), 다른 유대 문헌에서는 인간적으로는 보답되지 않는 선물에 대한 “보상”을 내세에서 기대한다.[19] 우리는 보답이 불확실한 상황에서 은밀하게 주는 것에 대한 예수님의 가르침에서도 이러한 가정을 발견할 수 있다. 예수님은 이것을 (우리가 보통 예상하듯이) 단방향의, 보답되지 않는 선물이 도덕적으로 우위에 있다는 근거로 말씀

---

18. 고대의 빈곤에 대해서는, Bruce W. Longenecker, *Remember the Poor: Paul, Poverty, and the Greco-Roman World* (Grand Rapids: Eerdmans, 2010); Margaret Atkins and Robin Osborne, eds., *Poverty in the Roman World* (Cambridge: Cambridge University Press, 2006)을 보라.
19. Gary A. Anderson, *Charity: The Place of the Poor in the Biblical Tradition* (New Haven: Yale University Press, 2013)을 보라.

하시는 것이 아니라, 하나님이 종말론적 미래에 이러한 선물에 대해 보상해 주실 것이라는 약속에 근거해서 말씀하셨다(예, 마 6:1-4; 눅 6:38; 14:14). 우리는 선물에 대한 보답이 연기되고, '외부에 위탁되었다'(out-sourced)고 말할 수 있는데, 보답이 하나님으로부터 올 것이라고 보장받았기 때문이다. 유대인들은 아마도 비유대인들보다도 정말 극빈한 자들에게 줄 수 있는 가능성이 많았는데, 이는 그들이 보답에 대해 신경을 쓰지 않았기 때문이 아니라 보상을 기대하는 더욱 강력한 근거—극빈자들로부터가 아니라 하나님으로부터—를 가졌기 때문이었다.

서구의 '순전한' 선물

보답을 바라며 주는 행위는 많은 서구인에게 도덕적으로 결함이 있는 행위로 보이며, 심지어 선물의 정신을 부인하는 모습으로 받아들여진다. 그런데 호혜성에 대한 이 의혹이 특별히 현대에만 국한되는 것일까? (아리스토텔레스, 키케로, 세네카 같은) 고대의 철학자들은 어떠한 선물도 단지 자신의 이득**만을** 위해서 주어져서는 안 된다고 확실히 주장했다. 오히려 그들은 선물 수여는 이를 통한 우호 관계가 양자 모두에게 이득이 되는 상호적인 거래이며, 가장 좋은 종류의 선물 수여는 재화 공유를 가능하게 할 것이라고 생각했다. 그들은 '사익을 추구하지 않음'(disinterest)과 '사리 추구'(self-interest) 사이에 극명한 양극성이 있다고 가정하지 않았고, 어떤 보답 형태로부터 선물을 '정화하는' 일에는 아무런 관심을 나타내지 않았다. 그들은 선물이 의무를 동반한다는 것을 알았고, 그들이 만약 "세상에 공짜 점심은 없다"라는 우리의 말을 알았었다면 분명 이 인식을 우리와 공유했을 것이다. 그러나 그들과는 달리 우리는 이 진리를 마지못해 냉소적으로 인정한다. 오히려 우리는 '보답 없는 선물'을 이상화하며, 순환적 교환의 어떠한 요소들도 거르거나 거부하기를 선호한다. 우리는 왜 이 문제에 대해서 이런 민감함을 가지고 있는가?

많은 사회적·경제적·정치적·윤리적 변화들은 '순전한 선물'이라는 현대적이면서도 특히 서구적인 이상을 창조했는데, 우리는 여기서 핵심적인 변화의 일부를 대략적으로 눈치챌 수 있을 것이다. 물론 현대의 서구사회에서 선물과 선물 교환이 사라지지는 않았다. 크리스마스가 되면 우리는 풍성한 선물과 선물을 제공하는 (예를 들어, 식사를 대접하는) 사적인 관계들—거기에 암시된 호혜성 윤리를 동반하는—에 탐닉한다. 그러나 일반적으로 선물 수여는 사적인 영역으로 축소되었으며 공적인 영역에서는 제한되거나 금지되어 왔다. 이와 동시에 선물 개념은 교환 개념으로부터 분리되어 버렸다. 이미 고대 사회에서도 선물은 어떤 면에서는 시장에서의 교환이나 계약적 채용과는 구별되었지만 이들은 모두 교환의 형식을 가지고 있었다. 현재 우리는 다음과 같은 윤리적이고 구조적인 대조를 당연하게 여긴다. 즉, 시장은 이득, 실용적인 거래, 상호 교환(*quid pro quo*)과 연관되어 있는 반면, 선물은 유대감, 정서, 무익(disinterest)과 연관되어 있다는 것이다. 현대 시대에 대해서 조나단 패리(Jonathan Parry)가 주장해왔듯이, "사익을 추구하지 않는 선물 개념은 순수하게 이익만을 추구하는 교환

개념과 평행을 이루며", 이 둘은 모두 중요한 의미에 있어서 "우리의 발명품"이다.[20]

단방향의, 상호적이지 않은, 그리고 완전히 '사익을 추구하지 않는' 선물에 대한 우리가 가진 도덕적인 선호의 뿌리에는 많은 지성인들이 있다. 마르틴 루터(Martin Luther, 1483-1546)가 공로에 대한 당대 가톨릭의 가르침 및 하나님과 인간 사이에 있는 선물과 보답이라는 도구적인 순환 개념에 도전했을 때, 그의 신학은 인간의 관대한 행위에 대한 어떠한 보상의 개념도 제한하고 심지어는 금지하는 윤리를 장려했다. 만약 어떤 신자가 다른 사람들에게 '그리스도' 같이 되어야 한다면, 그는 기쁘게 "자신을 위해서가 아니라 다른 사람들만을 위해서 살아가야 한다."[21] 외부의 통제로부터 자유로운 미덕에 대해서, 그리고 어떠한 선물도 다른 사람들을 의무감에 빠지게 해서는 안 된다는 점에 대해 염려했던 임마누엘 칸트(Immanuel Kant, 1724-1804)는, 선물을 어떠한 보답도 바라지 않고 타자의 행복만을 도모하는 보편적인 도덕적 의무로 간주했다. 우리가 개인적인 자율성(autonomy)을 소중히 여기면 여길수록, 우리는 전통적으로 선물에 의해서 창출되었던 결속 및 사회적 의무와 더 많이 멀어지게 되고, 선물이 보답에 대한 생각이나 기대 없이 주어지는 것이라고 더 많이 이상화하게 될 것

20. Jonathan Parry, "*The Gift*, the Indian Gift, and the 'Indian Gift,'" *Man* 21 (1986): 453-73, 458 (이탤릭체는 Parry의 표현).

21. 이것은 루터의 다음 논문에서 고전적으로 표현되었다. *The Freedom of Christian*, translated in Jaroslav Pelikan and Helmut T. Lehmann, eds., *Luther's Works* (St. Louis: Concordia; Philadelphia: Fortress, 1955-1986), 31:343-77 [= 『그리스도인의 자유: 루터 생명의 말』, 동서문화동판, 2016].

이다. 프랑스 철학자 오귀스트 콩트(Auguste Comte, 1798-1857)는 자아와 타자 사이의 대립에 기반한 도덕적 이상으로서 '이타주의'라는 용어를 만들어 냈다. 이 모델에 따르면, 타자에 대한 순전한 관심(이타주의)은 나 자신에 대한 어떠한 이득도 배제한다. '순전한' 선물에 대한 이러한 현대적인 개념을 논리적인 극단까지 취하여, 자크 데리다(Jacques Derrida, 1930-2003)는 선물은 그것이 되돌아오지 않고 또한 되돌아올 수 없을 때만이 선물이 된다고 주장했다. "선물이 될 수 있기 위해서는 거기에 어떠한 호혜, 보답, 교환, 맞선물(contergift) 혹은 빚이 없어야만 한다."[22] 데리다의 관점에서 보았을 때, 인류학자들이 선물의 순환으로 묘사하는 모든 것은 실제로 선물이 아닌 다른 무엇이다. 그러나 인류학자들의 관점과 대부분의 문화들의 관점에서 보면, 데리다가 선물로 묘사하는 것은 무의미한 것이자 선물로 전혀 간주할 수 없는 것이다!

우리는 확실히 우리의 가정에 있어서 조심할 필요가 있다. 사전 속에 있는 선물의 정의를 포함해서, 우리가 '선물'과 연관 짓는 개념은 현대의 문화적 산물일 수도 있기에, 이러한 현대적 함의들을 과거로 투사하거나, 이를 우리의 바울 읽기에 당연한 것으로 취하는 일은 시대착오가 될 것이다. (우리가 그렇게 부르는) '은혜'에 대한 바울의 논의는 선물의 영역 안에 있기 때문에, 우리는 성급하게 그가 의미했던 것을 알고 있다고 가정해서는 안 된다. 바울은 어쩌면 정말로 보답이

---

22. Jacques Derrida, *Counterfeit Money*, vol. 1 of Given Time, trans. Peggy Kamuf (Chicago: University of Chicago Press, 1992), 12.

없는 선물을 의미했을 수도 있고, 혹은 어쩌면 그것은 '값없는' 선물에 대한 우리의 가정일 수도 있다. 선물은 확실히 복잡하고, 다층적이며, 문화적으로 형성되었다. 논의를 명료하게 하기 위해서 우리는 이러한 복잡함을 분석하는 몇 가지 도구들을 필요로 하는데, 그것이 바로 우리가 다음 장에서 다룰 과제다.

제2장
선물과 은혜의 극대화

선물을 대출, 판매, 급여와 상반되는 **진짜** 선물로 만드는 것은 무엇일까? 선물을 진정으로 '선물되게' 하는 특징이 있는가? 무엇이 진짜 완전한 선물을 만들 수 있는가? 만약 좋은 선물의 수여자이신 하나님이 완전하시다면, 우리는 하나님의 선물로부터 완전한 선물을 구성하는 일이 무엇인지를 배울 수 있을 것이다. 그런데 과연 그것은 무엇일까?[1] 만약 선물이 제한이나 조건 없이 주어진다면 그것이 완전한 것일까? 혹은 무엇을 받기 전에 선물을 먼저 건넸다면 완전한 것일까? 혹은 받을 자격이 없는 사람에게 주어진다면 그것이 완전한 것일까? 혹은 아무런 보답을 기대하지 않는다면 완전한 것일까? 혹은 이러한 모든 것들, 아니면 이것들 외에 다른 것들도 완전한 선물

1. 참조, 약 1:17, "모든 좋은 주는 행위와 모든 완전한[완벽한] 선물은 위에서, 곧 빛들을 지으신 아버지께로부터 내려옵니다. 아버지께는 이러저러한 변함이나 변하기로 예정된 그림자가 없으십니다."

이 될 수 있을까?

앞 장에서 보았듯이, 이상적인 선물의 개념은 다른 문화와 시대 속에서 여러 가지 다른 용어들로 형성되어 왔다. 실제로 우리는 자주 선물에 대한 정의를 극단으로 몰아붙이는데, 특히 신적인 선물이나 은혜와 연관해서 그렇다. 우리는 이러한 경향을 개념을 '극대화시킨다'(to perfect)—한 개념을 그것의 종점이나 극단까지 내모는 것—고 부를 수 있다.[2] 우리는 '폭풍으로' 만드는 모든 요소들이 극단의 형태로 결합되었을 때 이를 "퍼펙트" 스톰(perfect storm: 이 현상을 소재로 하여 2000년에 개봉된 미국의 재난 영화 제목이기도 하고, 다수의 크고 작은 악재들이 동시다발적으로 일어남으로써 직면하게 되는 초대형 경제위기를 가리키는 말이기도 함—역주)이라고 부른다. 성가심의 정도가 극단까지 갔을 때, 그 사람은 '완벽한 골칫거리'(perfect nuisance)가 될 수 있다! 그런데 우리는 '완벽한'(perfect)이라는 형용사를 쓰지 않고도 다른 방법으로 어떤 개념을 '극대화'할 수 있다. 철학자들은 '순전한 선물'을 말하고, 신학자들은 '값없는 은혜'를 이야기하면서, 이러한 개념들의 완벽한 전형이나 극대화를 추구하는데, 이는 개념들을 정의하기 위한 것이거나 또는 개념의 특징들을 가장 날카롭게 만듦으로써 개념들을 명료하게 하기 위한 것이다. 이것은 또한 수사적인, 더 나아가 논쟁적인 목적을

---

2. 나는 이 '극대화'의 개념을 문학 비평가인 Kenneth Burke, *Permanence and Change: An Anatomy of Purpose* (Berkeley: University of California Press, 1954), 292-94로부터 가져왔다; 그의 다른, 책 *Language as Symbolic Action: Essays on Life, Literature, and Method* (Berkeley: University of California Press, 1966), 16-20도 참고하라.

가지기도 한다. 전통적으로 논쟁들이 자주 발생해 온 경우는, 한쪽 편에서 어떤 중심적인 개념의 ‘진정한’ 혹은 ‘적합한’ 의미를 고수한다고 말하면서, 다른 편을 이런 용어들에 부합하지 못하는 것으로 깎아내리려 할 때다. 당신이 일단 X라는 개념을 특정한 형태로 극대화시킨다면, 당신은 당신만이 X에 대해서 적합한 이해를 가지고 있다고 주장할 수 있는 반면, 당신의 논쟁 상대자가 의미하는 X는 실제로는 X가 아니라고 주장할 수 있다. 그러므로 극대화는 그 반대 개념과 맞바꾸는 것으로, 다른 개념을 배제시키는 방식으로 어떤 개념을 몰아붙이는 것이다. 바울은 종종 반제들(antitheses)을 사용하고, 어떤 경우에는 대조적인 용어들을 가지고 ‘은혜’를 말하기도 한다. 예를 들어, 로마서 11:6에서는 “은혜로 된 것이면 행위로부터 나온 것이 아닙니다. 그렇지 않으면 그 은혜는 은혜가 될 수 없습니다”라고 말한다. 이와 같은 논술들은 바울 해석자들로 하여금 은혜를 극대화되어야 하는 개념으로 생각하게끔 이끌었다. 이는 은혜를 진정으로 ‘순전하게’ 이해하기 위한 것, 말하자면 은혜를 ‘완전히 대가 없이’ 얻는 것으로 만들고 ‘오직 은혜만으로’ 얻는 구원을 보증해주기 위한 것이었다. 어떤 개념을 극대화하려는 압박은 또한 부정적인 개념을 만들어낸다. 즉, 하나님의 은혜가 완전하다면, 그것은 확실히 마땅치 않고(unmerited), 인색하지 않으며(unstinting), 차별적이지 않고(indiscriminate), 무조건적이며(unconditional), 불순물이 섞어지 않은(unalloyed) 것이다.

그러나 모든 선물이 이런 방식으로 ‘극대화’되는 것은 아니다. 실제로 우리가 서로 주고받는 선물이 극단적으로 변하는 경우는 드물다. 오히려 선물은 적당한 수준에서 통용된다. 내가 다른 사람들에게 준 것이 그들에게 있어서 분에 넘치는 것일 수도 있지만, 그렇다고 해서 전적으로 마땅하지 않게(unmerited) 주어지는 것은 아니다. 선물이 일찍 주어져서 받는 사람을 놀라게 할 수도 있지만, 그렇다고 해서 완전히 난데없이 주어지는 것은 아니다. 일상생활의 관계 속에서 선물은 일반적으로 극단적이거나 급진적인 형식을 취하지 않는다. 실제로 우리가 앞으로 보게 될 것처럼, 극단적인 것은 몇몇 방식들 속에서 문제가 될 수 있다. 그러나 신학자들은 하나님의 선물을 가장 급격한 형식과 가장 순수한 모습으로 묘사하는 것을 당연시하는 경향이 있다. 그렇다면 신학적인 관점에서 선물을 극대화한다는 말은 무슨 뜻일까?

은혜의 여섯 가지 극대화

선물이 한 가지 이상의 방식으로 극대화될 수 있다는 것과 이에 따라 은혜에 대한 극대화가 한 가지 이상이라는 것이 드러났다. 선물 수여에는 수여자, 선물, 수신자와 연관된 여러 가지 구성 요소들이 있는데, 각각의 구성 요소들은 여러 방식으로 극대화될 수 있다. 예를 들어, 선물은 수여자의 태도, 선물의 규모, 혹은 선물이 수신자를 만나는 방식 등으로 극대화될 수 있다. 고대 사회에서 선물이 어떻게 극대화 되었으며, 기독교 신학의 흐름 속에서 은혜가 어떻게 극대화되어 왔는지 조사한 후에, 나는 선물/은혜—특히 하나님의 선물 주심

을 묘사할 때—에 다음과 같은 여섯 가지의 가능한 '극대화'가 있다고 결론 내리게 되었다.[3]

1. 초충만성(Superabundance)

초충만한(superabundant) 선물은 규모, 중요성, 혹은 지속시간에 있어서 극대화가 이루어진 것이다. 즉, 거대하고, 후하고, 끊임이 없고, 오래 지속되는 것 등을 가리킨다. 자연 자원들의 풍성함을 보면서 많은 고대의 철학자들(유대인과 비유대인 모두)은 신의 선물을 세상이 다 담을 수도 없고 인간이 다 받을 수도 없을 만큼 넘치도록 후하게 주어지는 초충만한 것이라고 여겼다. 예를 들어, 필론은 하나님의 은혜를 하나님이 "끊임없고 마르지 않는 샘으로부터 부어주시는" "한없고, 끝없이 풍성한" 보물창고라고 말했다.[4] 우리는 바울이 은혜를 '넘치는'(abounding) 혹은 '엄청나게 넘치는'(superabounding) 것이라고 말하면서 하나님의 선물을 이런 방식으로 '극대화'시키고 있음을 볼 수 있다(고후 9:8, 14; 롬 5:15-20).

2. 단일성(Singularity)

이제 우리의 관심은 선물로부터 수여자에게로 옮겨간다. '단일성'이란, 자비나 선함이 수여자의 유일하거나 배제적인 활동 방식이라

3. 물론, 이상적으로는 일곱 가지가 되어야 할 것이다! 나는 제안들에 열려 있다….
4. Philo, *Allegorical Interpretation* 3.163-64, 나의 번역; *On the Posterity of Cain* 32, 127-28.

는 것을 의미한다. 즉, 수여자는 언제나 오로지 혜택을 베푸는 특성만을 가진다. 다시 말해, 수여자는 이와 반대되는 방식, 즉 해를 끼치거나 벌주거나 심판하는 일은 절대로 하지 않을 것이다. 여기서는 선물의 후함에 대해서는 관심을 두지 않는다. 중요한 것은 오직 유익을 끼치는 일만 하는 수여자의 단일한(singular) 헌신이다. 예를 들어, 플라톤은 가장 고귀한 존재로서의 하나님이 도덕적으로도 완벽하다고 주장했다. 순전하게 그리고 일관적으로 선한 존재이신 하나님은 오직 아름답고, 유익을 끼치시는 일만 행하신다(그리스 신화에서 변덕스럽고 해로운 것들은 신들의 속성으로 여겨지지 않는다).[5] 구약성경은 꽤 자주 하나님을 심판하고, 파괴하고, 고통의 원인이 되는 분으로 묘사하기 때문에, 이것은 유대인들이나 그리스도인들이 잘 사용하지 않는 극대화일 것이다. 만약에 그들이 이 극대화를 인정하게 된다면, 그들은 이 상반되는 구약의 하나님에 대한 인상을 다룰 수 있는 다른 방법을 찾아내야 할 것이다. 어떤 사람은 정의로운 심판자 하나님이 악을 벌하시기 때문에, 모든 사람에게 항상 단일하게 (즉, 다른 것을 배제하고) 유익만을 끼치지는 않을 것이라고 예상할 것이다. 그렇다면 이것은 은혜에 대한 필수적인 극대화는 아니며, 다른 극대화를 받아들인 사람들이 이것을 받아들이지 않을 수도 있다. 그러나 또 다른 사람은 이 극대화가 어떻게 많은 사람들을 매료시킬 수 있었고, 또 어떻게 지금껏 그래왔는지 이해할 수 있을 것이다.

5. Plato, *Timaeus* 29c-d; *Republic* 379b-d.

3. 우선성(Priority)

우선성은 선물을 주는 시점과 관계된 것으로, 수신자가 어떠한 일을 행하기 **이전**에 선물이 먼저 주어지는 특징을 가리킨다. 우선적인 선물이란 요청에 대한 응답이 아니며 너그러움의 발로로 자발적으로 우러나는 선물이다. 즉, 이전의 선물에 의해 강요되지 않으므로 (그런 의미에서) '자유로운' 것이다. 우선성을 더 강조하면 할수록 선물 관계의 시발자인 수여자의 우월성도 더 커지게 된다. 고대에는 하나님을 **최초의 수여자**로 흔히 이해하였는데, 특히 세상의 창조가 최초의, 그리고 원형(original)의 선물로 이해되었다. 이런 의미에서 인간은 하나님을 어떠한 종류의 빚도 지게 할 수 없다. 인간은 단지 우선하는 신적인 선물에 응답자가 될 뿐이다.[6] 기독교 신학자들은 은혜의 '선행'(prevenience)에 대해 말해왔고, 은혜에 의해서 선행되는 선택을 '예정'이라 불러왔다. 특정 뉘앙스가 무엇이 되든, 우선성은 은혜의 시행을 결정함에 있어 하나님의 자유나 주권을 나타낸다.

4. 비상응성(Incongruity)

비상응성은 수여자와 수신자 사이의 관계와 연관된 것이고, 선물과 수신자의 자격이나 가치 사이에서 발생하는 부조화를 극대화하는 것이다. 후하게 먼저 주는 것과 자격 없고 어울리지 않는 수신자에게 주는 것은 아주 별개의 일이다. '가치'는 많은 다른 방법들로 평

---

6. Philo, *On the Confusion of Tongues* 123; *Who is the Heir?* 102-24. 이 점에 대한 필론의 강조에 대해서는 Orrey McFarland, *God and Grace in Philo and Paul* (Leiden: Brill, 2015)를 참고하라.

가될 수 있지만, 분별력 있게 주는 것은 좋은 선물의 필수적인 척도로 여겨질 수 있다. 그러나 분별력은 제한을 만들어내게 되는데, 비상응성이 극대화되면 선물이 수신자의 가치와는 상관없이, 조건 없이 주어지는 것으로 나타난다. 선물의 본질은 이런 방식으로 상징될 수 있다. 어쨌든 해는 선인들뿐만 아니라 악인들에게도 비춰진다.[7] 그러므로 가장 탁월한 선물은 바로, 어떠한 가치도 재지 않고 자격 없는 사람들에게 주어지는 완전히 비상응적인 것으로 이해될 수 있다. 다시 한번 말하지만, 이것은 선물에 대한 필수적인 극대화는 아니며, 이를 문제시하는 사람도 있을 수 있다. 만약 악인들이 선인들과 똑같이 받는다면 그것은 완전히 불공정한 것으로 보일 것이다. 우주적인(cosmic) 정의는 하나님의 선물이 비상응적인 것이 아니라, 자격 있는 사람들에게 배분되기를 요구할 것이다. 그러나 어떤 목적을 위해서나 어떤 조건하에서는 선물을 비상응적인 것으로 극대화하는 것이 가능하다.

5. 유효성(Efficacy)

무언가를 성취하는 선물, 즉 무언가를 더 좋게 변화시키는 선물은 제한된 긍정적 효과를 가지고 있는 선물보다 더 좋은 선물로 간주될 것이다. 생명의 선물—아이를 낳거나, 죽음으로부터 누군가를 구해주는 것—은 이러한 의미에서 최고의 선물인데, 그것은 이후에 뒤따

---

7. 마 5:45; Seneca, *On Benefits* 1.1.9; 4.28. 그러나 세네카는 신들은 자격 있는 자들에게만 베풀기를 선호한다고 주장한다.

를 모든 것들을 창조하거나 가능하게 하기 때문이다. 누군가는 하나님이 변화를 유발하는 선물을 주신다고 생각할 수 있는데, 이러한 요소는 하나님만 홀로 일하시는 효과적인 행위 주체(agent: 이 책에서는 agent/agency라는 신학 용어를 일괄적으로 '행위 주체[성]'이라는 말로 번역하였다. 이것은 어떤 행위나 변화를 이끌어내는 힘이나 동력을 나타내는 말인데, 그 유명한 펠라기우스 논쟁에서부터 시작해서, 바울 신학계에서 현재도 활발히 논의되고 있는 주제인 신적/인간적 행위 주체[divine/human agency] 개념과도 연관된다—역주)가 될 때까지 극대화될 수 있다. 행위 주체에 대한 고대의 논의 속에서, 철학자들은 사람들이 자신들의 행동에 대해 도덕적인 책임이 있다고 주장하는 데 일반적으로 관심이 있었다. 그 결과 사람들이 행하는 선 혹은 악에 대해 신들이 **전적으로** 책임을 질 수는 없었다.[8] 그러나 하나님의 은혜는 선행의 씨앗을 받아들이는 능력을 창조하거나, 지시, 모범, 격려를 통해 선행의 발전을 도울 수 있을 것이다. 그리하여 은혜의 유효성을 극대화시키기 원하는 사람들은 하나님의 역할을 더 끌어 내었을 것이다. 이 경우, 아마도 하나님의 은혜는 새롭게 구성된 자아를 창조할 것이다. 즉, 이 자아는 하나님에 의해 결정된 운명만을 선택할 수 있다. 은혜가 이렇게 인간의 행위 주체를 대신한 결과, 선행의 수행에 있어서 하나님 홀로 행하신다고 말할 수도 있을 것이다.[9] 유효성은 확실히 은혜에 대해 가능한 또 다른 극대화이기

8. Martha Nussbaum, *The Fragility of Goodness: Luck and Ethics in Greek Tragedy and Philosophy*, 2nd ed. (Cambridge: Cambridge University Press, 2001)를 참고하라.

9. 이에 대한 고대의 논의에 대해서는, John M. G. Barclay and Simon

에, 극대화는 다양한 지점에서 발생할 수 있다.

6. 비순환성(Noncircularity)

우리가 앞 장에서 확인했듯, 서구의 현대성은 선물을 상호성, 즉 보답이나 교환이 없을 때에만 '순전한' 것으로 극대화하는 경향이 있다. 고대의 철학자들은 하나님/신들이 그들의 선물에 대해서 어떤 보답도 필요로 하지 않는다고 주장했다. 즉, 신들은 그들의 자비를 금전적인 보답과 거래하는 세일즈맨이 아니다.[10] 그럼에도 불구하고 신들은 당시 상류층의 사람들이 물질적인 혜택이 아니라 존경의 보답을 원했듯이, 실제로는 감사나 찬양의 보답을 기대한다고 일반적으로 여겨졌다. 우리가 이미 살펴보았듯, 현대에는 선물을 비순환적이고 비상호적인 것으로 극대화시키는 경향을 지속적으로 보여왔다. 만약에 그들이 정말로 '이타적'이고 '사익을 취하지 않는'다면, 그들은 보답이라는 요소에 의해서 '더럽혀지지' 말아야 한다. 그렇다면 여기에 지금까지 우리가 나열한 극대화들과 확실하게 구별되는 또 다른 선물 극대화가 나타날 수 있다.

* * *

우리는 인적이거나 신적인 선물 수여의 극대화가 반드시 일어나

J. Gathercole, eds., *Divine and Human Agency in Paul and His Cultural Environment* (London: T&T Clark, 2006)을 참고하라.

10. Philo, *On the Cherubim*, 122-24를 보라.

는(necessary) 것은 아님을 기억해야만 한다. 대부분의 일상적인 선물은 특별히 충만하지도(abundant) 않으며, 다른 행동 양식들과 섞이기도 하고, 순서에 있어서 명백히 우선되는 것도 아니며, 가치의 어떤 요소에 부합되게 주어지고, 특별히 효율적인 것도 아니며, 보답에 대한 어떤 기대와 연관되기도 한다. 심지어는 극대화되지 않을 때 오히려 좋은 선물일 수 있다. 실제로 우리가 이미 확인했듯이, 이러한 극대화 중의 일부는 정의, 책임, 혹은 우정의 원칙들을 위반하기 때문에 잠재적으로 문제가 될 소지가 있다. 그러나 선물 수여는, 특히 궁극적인 수여자가 되시는 하나님과 연관된 선물 수여는 항상 이런 극대화들 중에서 하나 이상과 연관되기 쉽다. 어떤 경우에 이 극대화들은 정도에 있어서 반드시 완전한 극단과 연관되지 않을 수도 있지만, 이 여섯 가지 분류체계는 해석자들이 신적 선물이나 은혜의 개념을 정할 때 취하기 쉬운 방향을 볼 수 있도록 도와준다.

그리고 우리가 가야할 방향이 하나 더 있다. 선물 수여의 이러한 양상들 중 하나를 극대화하는 일은 그 외 다른 것들 중 어떤 하나를 채택하는 것을 암시하지 않는다—다른 것 모두를 채택하는 것을 암시하지 않는 것은 말할 필요도 없다. 신적인 은혜는 수신자의 가치에 상응하면서도(즉, 비상응성은 채택하지 않으면서도), 초충만하며, 우선적일 수 있다. 그것은 가치와는 상관없이 주어질 수 있지만, 여전히 보답은 기대할 수 있다. 이 여섯 가지의 다른 은혜의 극대화를 서로 분리시키거나 분해함으로써, 이것들이 단일한 '패키지'를 구성하지 않는다는 것이 분명해진다. 실제로, 이 개념의 다른 해석자들은 극대화에 대한 서로 다른 조합들을 가지고 작업해 온 경향이 있었다. 그럼에도 그들은 종종 자신들의 해석을 은혜에 대한 '올바른' 해석으로 간주하면서 그 외의 해석은 단순히 다른 것이 아니라 틀린 것이라고 여겼다.

우리는 이제 사람들이 어떻게 '순전한 은혜'라는 말로 서로 다른 개념들을 의미할 수 있으며, 어떻게 하나 이상의 뜻으로 '값없는' 은혜라는 말을 사용해 왔는지 이해할 수 있다. '순전한 은혜'는 그것의 단일성(하나님은 오로지 자비하시다)을 의미할 수도 있고, 그것의 비순환성(하나님의 은혜는 어떠한 보답도 추구하지 않으신다)을 의미할 수도 있다. '값없는' 은혜는 수신자의 가치와 상관없이 주어진다는 의미(비상응성)이거나, 보답에 대한 기대 없이 주어지는 의미(비순환성)일 수 있고, 혹은 이 둘의 의미를 동시에 가질 수도 있다. '무조건적인'(unconditional)이라는 단어도 혼동될 수 있다. 그것은 사전 조건이 없다는 의미(비상응성)인가? 아니면, 뒤따르는 의무가 없다는 의미(비순환성)인가? 아니면, 둘 다인가?

이러한 분류 체계는 우리가 본서의 '들어가며'에서 보았던 것들을 포함해서, 기독교 신학의 역사 속에 있던 은혜라는 주제에 대한 중요한 의견 충돌 중 몇몇을 보다 명확하게 설명해 줄 수 있다. 그들은 모두 특수한 극대화의 조합을 가지고 그들이 은혜의 '진짜' 의미를 이해해왔다고 생각하기를 좋아했다. 이 의견의 불일치는 한 쪽이 다른 쪽에 비해서 은혜를 **더 많이** 강조했기 때문이 아니라, 그들이 이 은혜라는 용어를 **다른 방식으로** 극대화시켰기 때문에 발생했을 수 있다. 당신은 신적인 은혜가 심판과 진노의 모든 개념들을 제거할 때(은혜의 단일성에 대한 극대화)만 진정한 은혜가 된다고 생각할 수 있다. 그러나 동일하게 진실한 다른 신자는 단일성은 은혜에 대한 본질적인 특성이 아니라고 생각할 수 있으며, 오히려 은혜가 비상응적이고 받을 자격이 없는 사람에게 주어지는 점이 가장 중요하다고 여길 수도 있다. 또 어떤 사람은 신자의 구원을 보장해주는 은혜(은혜의 유효성에 대한 극대화)만이 은혜라는 이름을 사용할 가치가 있다고 생각하는 반면, 또 다른 신자는 그런 방식의 극대화를 미심쩍게 생각할 수도 있다. 오히려 은혜는 정의상 우리에게 어떤 것도 요구하지 않는 것(비순환성에 대한 극대화)이라고 생각할 수도 있다. 우리가 앞으로 보게 될 것과 같이, 펠라기우스(Pelagius)는 신적인 은혜의 초충만성과 우선성을 강하게 주장했지만 신학적인 이유로 아우구스티누스(Augustine)가 은혜에 대한 비상응성과 유효성을 극대화시켰던 것은 받아들일 수 없었다. 펠라기우스가 아우구스티누스에 비해서 은혜를 덜 믿은 것은 아니다. 그는 단지 그것을 다르게 믿었을 뿐이다.

은혜에 대한 해석사에 나타나는 몇몇 중요한 인물들

거의 모든 바울 해석자들은 바울서신에서 은혜가 중심적인 주제라는 점에는 동의해 왔으나, 바울이 사용한 이 용어가 무엇을 의미했으며, 그 함의에 대해서는 의견 일치를 보지 못했다. 극대화에 대한 우리의 여섯 가지 분류 체계는 왜 그들이 서로 다른 의견을 가졌는지를 이해하는 데 도움을 준다. 우리가 바울서신을 가지고 바울을 해석하기에 앞서서, 은혜라는 주제에 대한 해석의 역사 속에서 몇몇의 중

요한 궤적을 대략적으로 추적하는 것은 가치 있는 작업이 될 것이다.[11]

2세기에 바울을 가장 흠모하던 사람 중의 하나는 도발적인 신학자 **마르키온**(Marcion)이었다. 그는 이단으로 간주되었기 때문에 그의 저작들은 남아 있지 않고, 우리는 단지 그에 대한 다른 사람들의 논쟁적인 설명으로부터 그를 알 수 있을 뿐이다. 그럼에도 불구하고 그의 신학이 가진 몇 가지 특징은 꽤 분명히 나타난다.[12] 테르툴리아누스(Tertulianus)의 응답으로부터 보자면, 마르키온은 바울서신들(특히 갈라디아서)의 반제적(antithetical) 특징에 특히 열중했으며, 하나님의 호의나 은혜에 대한 바울의 강조에 감명받은 것으로 보인다. 실제로 마르키온은 예수님에 의해 계시되고 바울에 의해 설파된 은혜로운 하나님이 유대 성서(구약성경)에 나오는 창조주 하나님과 양립할 수 없다고 믿었다. 창조주 하나님은 정의로운 분이기에, 정의라는 이유로 사람들을 벌 주시고 그들에게 해를 끼칠 수도 있는 분이시다. 즉, 마르키온은 하나님의 분노, 정죄, 그리고 파괴에 대한 구약의 이야기들을 강조했다. 그러나 예수 그리스도 안에서 처음으로 계시되는 하나님

---

11. 여기에서 언급되는 인물들을 포함해서, 이에 대한 훨씬 더 자세한 설명을 보려면 나의 책 *Paul and the Gift* (Grand Rapids: Eerdmans, 2015), 79-182 [= 『바울과 선물』, 새물결플러스, 2019]를 보라.

12. 우리가 얼마나 그를 파악하고 있느냐에 대한 것은 학문적인 논쟁거리이다. 다음의 저작들을 참고하라. Judith M. Lieu, *Marcion and the Making of a Heretic: God and Scripture in the Second Century* (Cambridge: Cambridge University Press, 2014); (자료들에 대한 더 많은 신빙성을 가진 저작으로는) Sebastian P. Moll, *The Arch-Heretic Marcion* (Tübingen: Mohr Siebeck, 2010).

은 완전히 다른 분이시다. 그는 단지 '선한' 하나님이신 정도가 아니라 '지극히 선하시며', 이 하나님의 유일한 사역 방식은 '최고로 완벽한 선함'이다.[13] 예수님이 가르치고 바울이 설파했던 것은 이 관대하고, 자비롭고, 너그러운 하나님이 인간을 구원하시기 위해 숨어 계시다가 나타나셨으며, 사람들로 하여금 두려움이 아닌 사랑으로 반응하기를 명하셨다는 것이다.

우리의 분류 체계 용어를 사용하자면 마르키온은 은혜의 단일성을 극대화했는데, 이는 고대 세계에서 쉽게 이해되고 아주 매력적으로 보이는 방식이었다(꼭 고대 세계에서만 그런 것은 아니다. 어쩌면 오늘날 기독교의 몇몇 노선들 속에서도 이런 은혜의 극대화와 유사한 경향성을 추적할 수 있을 것이다). 신중한 초기 교회의 다른 바울 해석자들은 그의 견해에 동의하지 않았지만, 이는 그들이 바울의 은혜 신학을 무시했기 때문이 아니라, 단지 다른 방식으로 극대화시켰기 때문이다.

은혜를 극대화시키는 다른 방식을 찾아보기 위해서 우리는 서구 신학에 지대한 영향을 끼쳐온 인물인 아우구스티누스(Augustine, 354-430)를 살펴볼 수 있다. 아우구스티누스는 은혜를 로마서의 중심 주제로 보았는데, 난해한 본문들과 씨름하고 다른 신학자들과의 논쟁에 말려들면서 그의 해석은 시간이 지날수록 더욱 발전하게 되었

13. 테르툴리아누스는 그의 논문인 *Against Marcion*에서 이에 대해 보고한다. *Against Marcion*에 대한 영어 번역은 Ernest Evans, *Tertullian: Adversus Marcionem*, 2 vols. (Oxford: Clarendon, 1972)을 참고하라. 여기에 인용된 본문은 1.23.3이다.

다.[14] 아우구스티누스에게 있어서 바울의 은혜 신학은 하나님의 능력과 행위 주체로서의 역할을 환기시켜 주었고, 공로를 우리 자신에게 돌리게 만드는 교만이라는 핵심적인 죄와의 전투에 있어서 아주 중요했다. 아우구스티누스가 가장 좋아하는 구절 중의 하나에서 바울은 다음과 같이 말한다. "여러분이 가진 것 중에 받지 아니한 것이 무엇입니까?"(고전 4:7). 아우구스티누스는 마니교적인 견해와 그것의 결정론(determinism)으로부터 돌아선 이후에, 처음에는 하나님의 부르심에 대해 반응하는 믿음 행위를 신자의 자유의지로 주장했다. 이는 그리스 전통에 있는 신학자들의 강조와 맥을 같이 하는 것이다. 예를 들어, 요한네스 크리소스토무스(John Chrysostom)는 로마서 9장의 강력한 진술들을 해석할 때, 바울이 **예정**(predestination)이 아니라 신자들의 믿음과 자선에 대한 하나님의 **예지**(foreknowledge)에 대해서 말하고 있다고 생각했다.[15] 그러나 아우구스티누스는 (*Letter to Simplicianus* 396에서 그가 보여주는 것처럼) 로마서 9:6-26 본문과 더 씨름하게 되었을 때, 마음이 변하였고 믿음 자체를 하나님으로부터의 선물로 간주하기 시작했다.

---

14. 이에 대한 참고 문헌들은 아주 많지만, 다음의 저작들이 주목받을 만하다. Peter Brown, *Augustine of Hippo* (New York: Dorset, 1967) [=『아우구스티누스』, 새물결, 2012]; Carol Harrison, *Rethinking Augustine's Early Theology: An Argument for Continuity* (Oxford: Oxford University Press, 2006); J. Patout Burns, *The Development of Augustine's Doctrine of Operative Grace* (Paris: Études Augustiniennes, 1980).
15. 크리소스토무스의 로마서에 대한 설교문들은 다음의 번역본들에서 찾을 수 있다. Vol. 11 of *A Select Library of the Nicene and Post-Nicene Fathers of the Church*, ed. Philip Schaff (Edinburgh: T&T Clark, 1996).

은혜의 **비상응성**에 대한 바울의 강조는 아우구스티누스에게 항상 큰 영향을 끼쳤다. "하나님은 의인이 아니라 불경건한 자를 의롭다 하십니다"(롬 4:5). 다음으로 그는 은혜의 **유효성**에 대해 탐구하기 시작했는데, 그 결과 하나님의 은혜에 대한 우리의 반응조차도 실제로는 '우리에게 달려 있지 않다'고 주장했다. 그리고 그는 하나님의 은혜가 우리의 반응보다도 단지 시간적(우리가 여전히 죄인이었을 때)으로뿐만 아니라 논리적(하나님의 은혜가 우리의 반응을 유발시킨다)으로도 **우선적**이라고 확신하게 되었다. 그가 인간의 심리와 의지의 동기들 속으로 깊이 파고들었을 때(이에 대해서는 그의 책 『고백록』[*Confessions*]이 가장 유명하다), 심지어 하나님 속에서 기뻐하고자 하는 우리의 의지조차도 하나님의 은혜에 의해서 반드시 '어루만져지고', '고무되며', '감화되어야' 한다고 생각하게 되었다. 그가 (라틴어판으로) 자주 인용하는 구절에 의하면, "하나님은 여러분 안에서 역사하셔서, 여러분으로 하여금 하나님의 선한 뜻을 염원하게 하시고 실천하게 하시는" 분이시다(빌 2:13).[16]

그래서 아우구스티누스는 은혜의 비상응성을 은혜의 우선성, 유효성과 함께 강조했으며, 이 세 가지 극대화는 서로 단단히 엮어졌다. 하나님의 은혜는 효과적이고 변혁적이기 때문에, 처음에 (하나님으로부터 멀어졌던 죄인들에게) 비상응적으로 주어진 하나님의 은혜는 궁극

16. 아우구스티누스는 또한 롬 5:5에 의해서도 감화되었는데, "하나님의 사랑"(*amor Dei*)을 "하나님을 향한 우리의 사랑"으로 읽는다. "하나님을 향한 사랑이 우리에게 주어진 성령에 의해서 우리의 마음에 부어졌습니다"(롬 5:5, 나의 사역).

적으로는 수신자가 은혜에 대해 상응적이 되도록 영향을 미쳐서, 그들의 선행은 그에 걸맞는 보상인 영생을 받을 만하게 되는 것이다. 그러나 신자 안에서 일하시는 분은 하나님이시기에, "하나님이 우리의 공로에 관을 씌워 주실 때, 그는 다름 아닌 그 자신의 선물에 대하여 관을 씌워 주시게 된다."[17] 아우구스티누스가 그의 대적자들과 격렬한 진흙탕 논쟁에 빠지게 되었을 때, 이러한 극대화는 점점 더 급진적으로 변해갔다. 아우구스티누스와 논쟁을 벌였던 사람들 중에서 가장 중요한 인물은 영국 출신의 수도승인 펠라기우스(Pelagius, c. 354-418)였는데, 그 또한 아주 면밀한 바울 해석자였고, 복음서에 나타나는 분투를 요하는 힘겨운 명령들을 순종하는 데 거의 노력을 기울이지 않던, 당시의 엘리트 그리스도인들의 냉담함에 대해 경종을 울린 인물이었다.[18] 펠라기우스에게 하나님의 은혜는 항상 우선적이고, 초충만한 것이었다. 하나님은 이미 우리에게 선을 행할 수 있는 능력을 주셨고, 또한 우리에게 어떻게 그렇게 할 수 있는지 방법을 계시해 주셨는데, 특히 그리스도의 모범을 통해서 계시하셨다. 그러나 선을 행하는 선택과 그 행위 자체는 우리의 주관이다. 그렇지 않다면 우리는 선을 행한 사람들을 칭찬해 줄 수 없으며, 악을 행한 사람들을 비

17. *Augustine, Epistle* 194.5.19 (나의 번역).

18. 펠라기우스의 바울 해석에 대해서는 다음을 참고하라. Theodore de Bruyn, *Pelagius' Commentary on St. Paul's Epistle to the Romans* (Oxford: Clarendon, 1993). 펠라기우스에 대한 아우구스티누스의 반론은 그의 논문 *On Nature and Grace*와 *On the Grace of Christ*에서 발견된다. 이 논쟁에 대한 분석은 다음을 참고하라. P. Brown, *Augustine*, 340-75; Gerald Bonner, *St. Augustine of Hippo: Life and Controversies* (Norwich: Canterbury, 1963), 312-93.

난할 수도 없을 것이다. 이런 주장을 통해 펠라기우스는 아우구스티누스의 신학에 있는 약점을 노출시켰는데, 은혜라는 강력한 행위 주체가 단순히 동의만 해주는 수준으로 인간의 의지를 축소시킨다는 것이다. 그러나 아우구스티누스는 펠라기우스 안에 있는 미묘한 자축(self-congratulation)의 형태와 은혜의 유효성에 대한 부적절한 평가를 감지했다. 아우구스티누스에 의하면, 인간의 의지는 손상되었고, 지시나 도움보다 훨씬 더한 것을 필요로 한다. 즉, 인간의 의지는 치료받고, 해방되고, 동력을 공급받아야(energized) 한다. 그렇지 않다면, 우리는 왜 "우리를 시험에 들게 하지 마옵시고, 다만 악에서 구하옵소서"라고 날마다 하나님의 도움을 간구하겠는가?

은혜 신학과 신자의 경건을 결합함으로써, 아우구스티누스는 그의 은혜의 극대화를 필수적이고 반박할 수 없게 보이도록 만들었다. 그러나 (심지어는 요아누스 카시아누스[John Cassian]와 같이 아우구스티누스를 존경하던 사람들 중 몇몇과의 논쟁을 포함하여) 논쟁을 양극화시키는 경향은 그의 신념을 극단의 종점보다 더 나가게 만들었다. 아우구스티누스가 은혜의 유효성과 우선성을 강조하면 강조할수록, 그는 몇몇의 흥미로운 바울 본문들(예, 롬 8:28-29; 엡 1:4-5)을 따라서 신자의 (불가해한) 예정을 더욱더 확언하게 되었다. 만약 인간의 의지에 대해서 하나님의 은혜가 유효한 것이라면, 어떻게 진정한 신자가 하나님으로부터 돌아설 수 있겠는가? 그래서 우리는 '성도의 견인'을 확언할 수밖에 없지 않겠는가? 더욱더 논쟁적으로, 만약 하나님이 믿게 될 사람들을 이미 선택하셨고 어떠한 하나님의 의도도 결실 없이 끝나지 않는다면 그리스도는 모든 사람을 위해서가 아니라 단지 선택받은 자들을 위해서만 죽으셨다는 것인가? 수 세기 뒤에, 장 칼뱅(John Calvin, 1509-1564)은 아우구스티누스의 많은 주장들을 되살아나게 했고, 그 결과 아우구스티누스의 은혜에 대한 극대화의 조합은 종교개혁 전통의 표지가 되었다. 그러나 우리가 확인할 수 있듯이, 이것들은 은혜라는 주제를 극대화시키는 단지 한 방식일 뿐이다. 이 견해에 동의하지 않는 사람들은 꼭 은혜를 거부하거나 폄하하는 것이 아니라, 단지 다른 방식들로 은혜를 극대화시키는 것일 수 있다.

은혜에 대한 우리의 분류 체계는 은혜라는 주제에 대한 마르틴 루터(Martin Luther, 1483-1546)와 토마스 아퀴나스(Thomas Aquinas, 1225-1274)의 차이를 설명하는 데에도 도움을 줄 수 있다. 아퀴나스는 자신의 『신학대전』(*Summa Theologiae*)과 바울 주석들에서 창조와 구원에 대한 하나님의 은혜—죄로 인한 인간의 결핍을 전복시키고 은혜의 수신자들을 변화시키는—를 강조했다.[19] 하나님의 은혜가 **처음에는** 비상응적으로 시작하는 것이 분명하다. 즉, 그리스도는 의인들이 아니라 죄인들을 부르시기 위해 오셨다(막 2:17). 그러나 은혜는 우리를 과거의 우리로 그냥 내버려두지 않는다. 은혜는 인간의 영혼에 '주입'되며, 영혼을 파괴하지 않고 오히려 인간의 본성을 고무시켜서 신자를 의롭게 만들어 주며, 궁극적으로는 구원받을 만한 가치를 가지게 해

19. Philip McCosker, "Grace," in Philip McCosker and Denys Turner, eds., *The Cambridge Companion to the Summa Theologiae* (Cambridge: Cambridge University Press, 2016), 206-21. 참조, Joseph P. Wawrykow, *God's Grace and Human Action: "Merit" in the Theology of Thomas Aquinas* (Notre Dame: University of Notre Dame Press, 1995).

준다. 형성시키는 능력(formative power)인 은혜는 신자로 하여금 죄 용서로부터 성화에 이르기까지의 여정을 따르도록 인도하며 마지막 (하지만 여전히 위협적인) 심판의 날에 구원받기에 합당하도록 만들어 준다(*gratia habitualis*, "상존 은총": 아퀴나스가 만든 용어로서 신자 가운데 항상 있어서 성화의 과정 가운데 관여하게 되는 하나님의 은혜를 말한다—역주). 믿음은 이 여정에 있어 지대한 역할을 하지만, 이 여정은 완성되어야 하고, 사랑의 사역을 통해서 '형성'되어야 하며, 마지막 날에는 평가를 받게 될 것이다.

중세 신학과 '공로' 용어에 대한 루터의 반응은 비장했다. 루터에게 믿음은 하나님에 관한 명제들에 대한 지적 동의가 아니라, 하나님의 약속과 그리스도에 의해 얻게 된 유익에 대한 **신뢰**였다. 그는 우리가 믿음 안에서 (그리고 오직 믿음만으로) 칭의와 구원에 필요한 모든 것들을 가졌다고 주장하는데, 이는 우리가 하나님의 선물, 즉 그리스도를 이미 가졌기 때문이었다. 루터는 행위를 구원받기 위해 필요한 것이자 믿음에 대한 **보충**으로 여기는 일을 우리가 그리스도 안에서의 하나님의 사역을 불충분하고 불완전한 것으로 취급하는 것—불경건의 극치가 되는, 하나님을 향한 적대적인 불신앙의 행위—으로 간주했다. 행위는 믿음으로부터 적절하게 따라오는 것이며, 행위를 구원 자체에 필수적인 것으로 만드는 일은 신학과 목회적인 실제에 있어 재앙과 같은 것이었다.[20] 루터에게 은혜란 '영혼에 부어지는' 어떤

20. 이 주제에 대한 루터의 핵심적인 논문에는 *The Freedom of the Christian* [=『그리스도인의 자유』, 동서문화동판, 2016]과 *Two Kinds of Righteousness*가 있다.

물질이나 자질이 아니라 관계—그리스도 안에서 신자들을 용서하시고 받아주시는 하나님의 자유로운 결정—였다.[21]

은혜의 비상응성—하나님의 선물과 신자의 가치 사이의 불일치—이 신자로서의 삶의 시작뿐 아니라 믿음의 인생에 대한 영구적인 표지로서 근원적임을 강조하는 것은 루터에게 본질적인 일이 되었다. 그리스도에 대한 믿음(즉, 신뢰)에 의한 칭의는, 신자가 그들 자신의 의로 사는 것이 아니라 그리스도의 의—즉, 신자들이 결코 자신의 것이라고 부를 수 없는, 외적인 혹은 '낯선' 의—로부터 살아가는 것임을 의미한다. 루터는 때로 이것을 그리스도의 의 '전가'라고 부르는데, 이보다는 '믿음 안에서 그리스도의 임재' 또는 '신자의 그리스도와의 연합'이라는 말로 더 자주 지칭했다. "그리스도가 믿음의 대상이 되시거나, 더 나아가서 소위 믿음 그 자체 안에 거하시는 분이 되는 방식으로 믿음은 그리스도를 부여잡는 것이다."[22] 루터의 주장에서 중요한 지점은 신자들이 그 자신들 속에서 깊이 결함이 있는 상태로 남아 있다는 지점이다. 그들의 영혼의 가장 깊은 곳에는 하나님에 대한 뿌리 깊은 반역과 저항이 도사리고 있다. 그러나 하나님은

---

21. 은혜에 대한 이러한 이해에 있어서 멜란히톤(Melanchthon)의 역할과 루터의 바울 읽기에 대한 최근의 훌륭한 분석을 참고하려면, Stephen J. Chester, *Reading Paul with the Reformers: Reconciling Old and New Perspectives* (Grand Rapids: Eerdmans, 2017)을 보라.

22. *Lectures on Galatians* (Luther's Works, 26:129). 이 주제는 루터파 해석을 지지하는 핀란드 학파 속에서 강조되고, 발전해왔다. 이에 대해서는 다음을 참고하라. Tuomo Mannermaa, *Christ Present in Faith: Luther's View of Justification*, ed. and trans. Kirsi Irmeli Stjerna (Minneapolis: Augsburg Fortress, 2005).

신자들이 그리스도에게 (그리고 그리스도도 신자들에게) '달라붙어' 있는지를 살펴보시고, 그 그리스도 안에서 하나님은 오직 의와 거룩과 선만을 보신다. 그래서 신자들에게는 평생 동안 지속되는 은혜 안에서의 비상응성이 남아 있고, 그 결과 루터는 "의인인 동시에 죄인"(*simul justus et peccator*)이라는 표현을 만들어낼 수 있었다.[23]

루터는 하나님을 향한 선행으로 공로적인(meritorious) 보상을 기대하는 어떠한 신학적인 체계에 대해서도 반대했다. 만약 하나님의 은혜가 거저(*garatis*) 주어지는 것이라면, 그것은 하나님에게는 아무런 보상이나 유익을 가져다 주지 않고, 오직 우리들을 위해서만 주어진다. 이러한 이타적인 사랑은 의도나 동기 모두에 있어 비상호적이다. 지난 장에서 확인했듯, 똑같은 것이 인간의 선물에도 적용된다(이것이 서구의 '순전한 선물' 개념의 한 가지 뿌리가 됨이 거의 틀림없다). 즉, 선물은 순전히 타인의 유익을 위해서 주어져야 한다. 그래서 루터는 은혜의 비상응성을 극대화하면서 그것을 은혜가 비순환적일 것이라는 가정과 결합시켰다. 곧, 하나님의 은혜는 보상을 필요로 하거나 요구하지 않는다는 말이다. 이것은 개신교 사상에 오랜 영향을 끼친, 극대화의 강력한 조합이었다. 루터파 논객들은 이것만이 은혜와 '오직 은혜로' 얻는 구원에 대한 합당한 의미라고 주장해 왔다. 그러나 이 간략한 조망이 보여주었듯이, 이것만이 누군가가 은혜에 대해 생각할 수 있는 유일한 방식은 아니다.

---

23. 이 어구에 대한 논의에 대해서는 Daphne Hampson, *Christian Contradictions: The Structures of Lutheran and Catholic Thought* (Cambridge: Cambridge University Press, 2001)를 참고하라.

* * *

은혜의 극대화에 대한 우리의 여섯 가지 분류 체계는 은혜 용어에 '정답'을 결정해 주지는 못할지라도, 은혜에 대한 이런저런 논란들을 이해하는 데에 도움을 준다. 현대 바울 해석은 이러한 오래된 논쟁들과 그들이 예시하는 특정한 극대화들에 의해서 계속해서 영향을 받고 있다. 일단 우리가 이것을 인지하게 되면 더욱 세밀한 뉘앙스와 각성된 자기 인식을 가지고 바울을 해석할 수 있다. 우리는 더 이상 바울이 사용하는 '은혜'의 개념이 무엇을 의미하는지 이미 알고 있다고 가정할 수 없고, 단지 이런 극대화 중에서 실제로 어느 것이 그의 저작에 존재하는지—실제로 존재한다면—에 대해서 열린 마음을 가지고 논의를 시작할 수 있을 뿐이다. 하지만 바울서신 속으로 들어가기 전에 한 가지 더 거쳐야 할 단계가 있다. 바울의 신학은 명백하게 유대적(Jewish)이고 은혜와 관련해서 유대적 전통과 바울 사이의 관계는 중요한 논쟁거리가 되어왔기 때문에, 우리는 먼저 제2성전기 유대교 속에서의 은혜의 중요성에 대해 살펴보아야 한다. 우리는 이제 은혜에 대해 가능한 다른 극대화들을 인지하고 있기 때문에, 이 주제 역시 더 잘 이해할 수 있을 것이다.

제3장
바울, 은혜, 제2성전기 유대교

1977년 샌더스(E. P. Sanders)의 유명한 책 『바울과 팔레스타인 유대교』(*Paul and Palestinian Judaism*)가[1] 출판되고 나서, 바울 연구에 혁명이 일어났다. 샌더스 이전까지 주류의 바울 해석은 종교개혁 주제들이 지배적으로 차지하고 있었는데, 이 주제들은 루터파 신약학자 루돌프 불트만(Rudolf Bultmann, 1884-1976)에 의해 가장 영향력 있게 표현되었다. 이러한 주류의 해석에서 은혜는 바울신학의 핵심이었다. 즉, 구원은 인간의 능력이나 성취에 의해서 획득되는 것이 아니라 그리스도 안에서 순전하고 비상응적인 하나님의 은혜에 의해 주어진다는 것이다. "율법의 행위들"이 아닌, 믿음으로 주어지는 칭의에 대한 바울의 주장은 복음의 은혜와 바울이 살던 시대 유대교의 특징으로 추

1. E. P. Sanders, *Paul and Palestinian Judaism* (London: SCM, 1977) [= 『바울과 팔레스타인 유대교』 알맹e, 2018].

정되는 '행위-의'(works-righteousness) 사이의 대조를 상징하는 것으로 여겨졌다. 이 해석에 의하면 유대인들은 값없이 주어지는 복음의 은혜와 완전히 반대되는 보상 체계를 통하여, 곧 모세 율법에 순종함으로써 공로를 획득하기를 소망했다.

샌더스는 이러한 해석을 무례한 캐리커처(caricature, "희화화"/"풍자")로 간주하고서 이를 전복시키는 작업에 착수했다. 그는 제2성전기부터 초기 랍비 유대교에 걸치는 기간(즉, 약 기원전 300-기원후 400년)의 유대교 문헌들을 면밀히 연구했고, 그 결과 기존의 통념과 반대되는, '은혜의 종교'라는 유대교 상(image)을 제안했다. 이 해석에 의하면, 이스라엘에 대한 하나님의 선택은 은혜에 의한 것이었으며, 하나님과 이스라엘 사이의 언약은 율법 준수 같은 어떠한 요구사항보다도 먼저(prior) 체결되었다.[2] 그래서 율법 준수와 행위에 관한 어떠한 요구사항들이 만들어졌든 간에, 그것들은 모두 하나님의 은혜에 의해 기초가 세워졌고 틀이 잡혔다는 것이다.

샌더스는 개별적인 주제들을 선택하기보다, 팔레스타인 유대교와 바울 안에서 발견되는 전체적인 "종교 패턴"이라는 지도 작업을 시도한다. 이 패턴에 있어서 순서가 결정적이다. 곧, (사람들은) 구원받은 자들의 공동체에 먼저 "들어가고"(get in), 그리고 나서 "머무른

2. 토라는 주로 '율법'으로 번역되는 히브리어 용어지만, (우리가 교훈이나 계시로 부르는 것까지도 포함하는) 더 넓은 의미를 가진다. 나는 토라, 모세 율법, 그리고 율법(대문자로 표시한 Law)이라는 용어들을 상호 교체가능하게 사용할 것이다. 이것들은 어떤 특수한 문헌적, 문화적 현상인데, 이는 바울과 그의 동료 유대인들이 이야기하고 있는 것이 일반적인 의미의 '법'이나 '의무'에 대한 것이 아니기 때문이다.

다"(stay in). 이 둘 사이의 차이는 반드시 주의 깊게 보존되어야 한다. 고대 유대교에 관한 한, 샌더스는 "들어가기"(getting in)는 항상 그리고 오직 은혜에 의한 것이었고, 이는 족장들의 선택과 언약의 수여를 통해 이루어졌음을 주장했다. 율법 준수는 그 언약 안에 "머물기" 위해 필요했지, "들어가기" 위한 수단이 아니었다. 율법 준수는 기껏해야 최종적인 구원을 위한 하나의 조건이 될 뿐이지, 구원의 원인은 아니었다. 종교에 대한 이러한 패턴을 묘사하기 위해서 샌더스는 "언약적 율법주의"(covenantal nomism)라는 어구를 만들어 내었는데, 그 구성 요소는 다음과 같이 요약된다.

> (1) 하나님이 이스라엘을 선택하셨고, (2) 율법을 주셨다. 율법은 (3) 약속을 지키시겠다는 하나님의 약속과 (4) 순종에 대한 요구 둘 다를 암시한다. (5) 하나님은 순종에 보상하시고 범죄에는 벌주신다. (6) 율법은 속죄의 수단을 제공해주고, 속죄는 (7) 언약적 관계를 유지하거나 재확립해주는 결과를 낳는다. (8) 순종과 속죄 그리고 하나님의 자비에 의해 언약 안에 머무는 모든 사람들은 구원을 받게 될 그룹에 속한다. 선택과 궁극적인 구원이 인간의 성취보다는 하나님의 자비에 의해서 이루어진다고 간주하는 것은 첫 번째 요점 및 마지막 요점과 관련하여 중요한 해석이다.[3]

샌더스는 유대 문헌에서 나타나는 율법 준수 요구를 적절히 강

3. Sanders, *Paul and Palestinian Judaism*, 422.

조하기를 바랐지만, 그럼에도 이것이 “누군가의 자리를 언약 안에 유지한다는 것이지 하나님의 은혜를 획득한다는 것은 아니다. 그것은 단지 개인을 하나님 은혜의 수신자 그룹 안에 머물게 하는 것이다”라고 주장했다.[4]

우리의 용어를 사용하자면, 여기서 샌더스가 강조하고 있는 은혜의 요소는 **우선성**이다. 즉, 하나님의 은혜는 인간의 순종**보다 먼저** 발생한다. 샌더스는 언약적 율법주의의 이러한 패턴을 그가 조사한 거의 모든 유대 문헌들 속에서 추적하는데, 그중 몇몇 문헌들에서 발견되는 이 패턴에 대한 특별한 강조에 주목한다(예, 사해 문서에서 발견되는 예정에 대한 강조). 샌더스의 연구 결과는 기독교적 영향을 받은 학자들 사이에서 흔히 발견되는 유대교에 대한 그릇된 설명에 도전하고 궁극적으로는 그것을 뒤집기에 충분했다. 유대인이 마치 선을 행함으로 구원의 ‘획득’을 추구했던 것처럼 가정하여, 고대 유대교를 ‘율법주의’ 혹은 ‘행위-의’(works-righteousness)의 종교로 묘사하는 것은 더 이상 지성적으로 변호할 수 없게 되었다. 유대교에 대한 이런 캐리커처는 기독교적 영향을 받은 학자들 사이에서 통용되어 온 많은 반유대교적 표현들 중의 하나로 여겨져야 하며, 이제는 강력하게 거부되어야 한다.

4. Sanders, *Paul and Palestinian Judaism*, 420.

바울에 관한 새 관점

위에서 살펴본 내용이 바울 해석에 어떤 의미를 가지는가? 바울을 은혜와 연관시키고 유대교를 행위와 연관시키는 바울에 대한 전통적인 해석은 샌더스의 저작 이후로 더 이상 방어할 수 없게 되었다. 샌더스는 바울의 '종교 패턴'에 있어서 [유대교 종교 패턴과의] 차이점을 추적했지만, 이는 전통적인 해석에서 말하는 차이점은 아니었다. 즉, 샌더스에 따르면 바울의 구원론은 언약적 율법주의보다는 그리스도에게로의 참여에 기초한 것이며 바울이 말하는 은혜와 행위는 유대교와 아무런 차이가 없었다. "많은 이들이 바울과 유대교 사이의 결정적인 차이를 발견해왔던 '은혜와 행위'라는 대조점에 대해, 바울은 팔레스타인 유대교와 의견을 같이 한다. … 구원은 은혜에 의한 것이지만 심판은 행위에 근거한다. 행위는 '안에' 머물기 위한 조건일 뿐, 그것으로 구원을 획득하는 것은 아니다."[5] 이 결론으로부터 전통적인 바울 해석과 결정적으로 결별하게 되는 '바울에 관한 새 관점'이 태동했다.

잠시 개인적인 경험을 이야기하자면 나는 1979년 학부생으로서 신약을 공부하기 시작했을 때, 들떠서 흥분했던 것을 여전히 기억한다. 나의 스승들인 N. T. 라이트(Wright)와 모나 후커(Morna Hooker)는 샌더스의 결론을 받아들였고, 믿음, 행위, 언약, 유대교, 그리고 모세 율법을 향한 바울의 태도에 대한 새로운 질문들을 가지고 바울 해석을

---

5. Sanders, *Paul and Palestinian Judaism*, 543.

시도했다. 우리는 크리스터 스텐달(Krister Stendahl)의[6] 저작을 꼼꼼히 읽었고 샌더스의 다음 책을[7] 간절히 기다렸다. 바울이 자신의 동료 유대인들과 완전히 일치된 의견을 가지지 않았다는 것은 분명해 보이지만, 어떤 점에서 다른 의견을 가졌던 것인가? 샌더스가 주장했던 것처럼 단순히 구원이 그리스도 안에 있다고 주장한 점에서만 달랐고, 그 외의 다른 부분에서는 다르지 않았을까? '바울에 관한 새 관점'의 설계자 중 한 사람인 제임스 던(James D. G. Dunn)은 다음의 질문을 제기했다.

> 샌더스가 '언약적 율법주의'라는 이름으로 세례를 준 유대교는 이제 건전한 개신교 교리를 설파하는 것으로 여겨질 수 있다. 은혜는 항상 우선적이고, 인간의 노력은 늘 신적 주도권(initiative)에 대한 응답이며, 선행은 구원의 뿌리가 아니라 열매이다. … 그러나 만약 그러하다면, 이것이 바울에게는 어떤 영향을 미치게 되는가? 그리고 바울의 이신칭의는 어떻게 되는가?[8]

---

6. Krister Stendahl, *Paul among Jews and Gentiles* (London: SCM, 1977) [= 『유대인과 이방인의 사도 바울』(가제), 감은사, 2021 근간]. 이 책은 따로 먼저 나왔던 그의 유명한 에세이인 "Paul and the Introspective Conscience of the West"도 수록하고 있다.
7. *Paul, the Law, and the Jewish People* (Philadelphia: Fortress, 1983) [= 『바울, 율법, 유대민족』(가제), 알맹e/감은사, 2021 근간]. 샌더스는 이후에도 그의 최신작인 *Paul: The Apostle's Life, Letters, and Thought* (London: SCM, 2016)을 포함해서 바울에 대해 계속 써오고 있다.
8. James D. G. Dunn, *The New Perspective on Paul: Collected Essays* (Tübingen: Mohr Siebeck, 2005), 193 ("The Justice of God"에서 인용. 이 논문은 1991년

이에 대하여 '새 관점'은 바울에게 있어서 중요한 이슈는 구원의 체계가 아니라 구원의 범위라는 대답을 제안한다. 바울신학은 이방인 선교 목적을 위해서 구축되었고, 그의 신학의 새로운 핵심은 이방인들이 율법 준수("율법의 행위들")를 자신들의 의무로 받아들일 필요가 없으며, 믿음에 의해 하나님의 백성으로 인정된다는 그의 주장 위에 정초해 있다는 것이다. 스텐달의 견해에 의하면, "이신칭의의 교리는 이방인 회심자들이 이스라엘을 향한 하나님의 약속의 완전하고도 진정한 상속자가 되는 권리를 보호하기 위한, 바로 그 특수하고도 제한적인 목적을 위해 바울에 의해 고안된 것이다."[9] 던은 바울이 사용하는 "율법의 행위들"이라는 어구가 일반적인 행위가 아니라 모세 율법의 행위라는 점을 강조하는 해석을 처음으로 제안했다. 그는 율법의 행위들이 모세 율법 중에서도 특히 유대인을 이방인과 구별시켜 주는 할례, 안식일 규정, 음식법 등의 "경계 표지들"이라고 주장했다. 던의 해석에 따르면, 바울은 유대교의 "행위 구원"을 비판한 것이 아니라, 이방인들을 배제시키거나 그들로 하여금 인종적으로 특수한 유대인의 정체성 표지를 채택하도록 강요하는, 하나님의 목적에 대한 과도하게 "편협하고", "제한적인" 견해를 비판했다.[10] N. T.

에 처음으로 출판됨).

9. Stendahl, *Paul among Jews and Gentiles*, 2. 여기서 현대 용어인 '권리'라는 단어 사용에 주목하라. 이것은 바울신학을 최우선적으로 사회정치적 용어로 설명하고자 하는 경향을 시사해준다.

10. James D. G. Dunn, "The New Perspective on Paul," 89-110 [= 『바울에 관한 새 관점』, 감은사, 2018]. 이 논문은 1983년에 처음 출판되었고, 그의 책 *New*

라이트도 바울이 비판했던 대상이, 유대인들을 구별시키며 이방인들보다 더 낮게 여기도록 만들었던 유대인들의 인종적 특권("민족적 의")이라고 유사하게 인식했다. 바울에게 결정적으로 중요했던 것은 그리스도(메시아) 안에 있는, 열방을 향한 아브라함 언약의 성취였는데, 이를 통해서 그리고 믿음이라는 공통된 기반 위에서 하나님의 백성 자격(membership)은 모두에게 개방되었다. 중요한 쟁점은 추상적인 용어들로 표현되는 믿음 대 행위의 대립 관계가 아니라, 다인종적으로 구성된 한 가족인 교회의 설립이다.[11] 이 같은 바울 해석(바울에 관한 새 관점—역주)에서, 은혜는 바울신학의 특별하거나 결정적인 요소가 아닌데, 그 이유는 바울이 이 주제에 대해 동시대의 유대인들과 의견을 달리 했다는 식의 진술이 전혀 나타나지 않기 때문이다.

은혜는 모든 곳에 있다. 그러나 모든 곳에 똑같이 있는가?

샌더스 당시의 유대교 캐리커처에 대한 그의 비판은 뒤따라 나온 고대 유대교 구원론에 대한 대부분의 분석 연구들의 초석을 놓았다. 그의 "언약적 율법주의" 개념은 다양한 면에서 미묘한 차이를 가

---

*Perspective*에서 다시 출판되었다.

11. 바울에 대한 라이트의 책은 상당히 많은데, 그 중에서 가장 접근이 용이한 책은 *Paul: Fresh Perspectives* (London: SPCK, 2005) [=『톰 라이트의 바울』, 죠이선교회, 2012]이다. 이것들 중 가장 긴 분량의 책을 원하는 사람은 *Paul and the Faithfulness of God*, 2 vols. (London: SPCK, 2013) [=『바울과 하나님의 신실하심』, CH북스, 2015]을 참고하라.

지고 해석되었는데,[12] 이 책에서 우리가 지금까지 논의해온 내용은 샌더스 연구의 핵심을 관통하는 다음의 질문을 하도록 유도해준다. 샌더스는 '은혜'를 어떤 의미로 사용하는가? 샌더스는 종교 패턴을 순서의 관점에서 분석했는데, 이는 은혜의 **우선성**을 강조한 것이다. 하나님이 일차적으로 언약을 먼저 주셨고, 율법 준수는 이에 따른 이차적인 현상이다. 그는 은혜의 우선성이 은혜의 **비상응성** 역시 포함할 수 있는 것처럼 간주하면서, "마땅치 않은"(unmerited) 하나님의 은혜라는 아우구스티누스적 개신교 용어를 사용했다.[13] 샌더스는 자신이 연구한 몇몇 본문들에 '공로'가 나타나고 하나님이 **의인들에게** 자비로운 분으로 묘사되고 있다는 것을 인지했음에도 불구하고, 이러한 본문들은 비체계적이고 불명료하다고 결론 내렸다.[14] 그러나 우선적인 은혜가 항상 비상응적이라고 생각할 수 있는 어떠한 근거도 없다. 이미 살펴보았듯이, 우선성은 은혜의 여러 가지 '극대화' 중에서 가능한 단지 하나의 극대화일 뿐, 은혜의 우선성이 있다고 해서 반드시 다른 극대화들을 함께 수반하는 것은 아니다. 은혜에 대한 각각의

12. 다음의 저작들을 특히 주목하라. Simon J. Gathercole, *Where Is Boasting? Early Jewish Soteriology and Paul's Response in Romans 1-5* (Grand Rapids: Eerdmans, 2002), and D. A. Carson, Peter T. O'Brien, and Mark A. Seifrid, eds., *The Complexities of Second Temple Judaism*, vol. 1 of Justification and Variegated Nomism (Tübingen: Mohr Siebeck, 2001).

13. *Paul and Palestinian Judaism*, 394를 참고하라. 구원은 "마땅치 않고" "자격 없는" 사람들에게 "순전히" 하나님의 자비에 의해 주어진다.

14. 더 완전한 분석과 비평을 보기 원한다면, 나의 책 *Paul and the Gift* (Grand Rapids: Eerdmans, 2015), 151-58 [=『바울과 선물』, 새물결플러스, 2019]을 참고하라.

구성 요소들은 그 나름의 요소별로 따로 다루어져야 한다.

우리는 유대교가 '은혜의 종교'라는 샌더스의 주장에 동의할 수 있지만, 그 주장은 더 명확하게 정의될 필요가 있다. 확실히 유대 문헌들은 자주 하나님의 자비와 관대함과 은혜에 대해 말한다. 그러나 지난 장에서 '극대화'에 대해 분석한 것을 바탕으로 해서, 우리는 이런 용어들이 무엇을 의미하는지 보다 더 정확하게 질문할 수 있다. 샌더스는 이 중요한 문제에 대해 유대 문헌들을 조화시키려는 경향이 있는데, 이런 경향은 마땅히 저지되어야 하며 각 문헌들 속에 있는 은혜의 다양성에 대해 보다 통찰력 있는 질문들로 대체되어야 한다. '유대 문헌들이 은혜에 대해 말하고 있는가, 아닌가?'라는 단순한 양자택일의 질문은 너무 무디다. 유대 문헌들에는 다양성이 있고, 이 문제에 대한 바울의 주장은 그의 동료 유대인들의 주장과 단순히 '다르거나', 단순히 '같은' 것이 아니라, 복잡한 유대적 논쟁 속에서 바울 고유의 어조와 취지를 가진다. 우리는 이 문제를 미리 결정할 수 없고, 유대 문헌들에 대한 면밀한 재검토를 통해 결정해야만 한다.

네 개의 제2성전기 유대 문헌

구약성서에서 하나님은 은혜와 자비와 "인자"가 가득하신 분인 동시에, 악인들에게는 기꺼이 심판을 수행하시는 분으로 표현된다: "자비롭고 은혜롭고 노하기를 더디하고 한결같은 사랑과 신실함이 풍성한 하나님이라. … 그러나 결코 벌을 면제하지는 아니하고 부모의 악행을 자녀에게까지 보응하리라"(출 34:6-7, NRSV; 참조, 출 20:5-6). 만약 우주가 도덕적으로 질서정연하다면 하나님의 정의는 하나님의 은혜—하나님이 인내심이 많으시고 한량없이 용서해 주시는 분이라 할지라도—로 인해 약화될 수 없다. 그래서 이스라엘이 택정되었다는 사실은 정의와 은혜 사이의 관계에 대한 중요한 질문을 야기한다. 하나님은 아브라함과 족장들을 선택하셨고, 그들을 통하여 선택된 백성의 운명을 정하셨다. 과연 이 선택에 대한 이유가 있었을까? 아니면 없었을까? 족장들에 대한 이야기들은 한 가지 이상의 방식으로 해석될 수 있지만, 그 선택이 완전히 무작위적이었다고 믿는 것은 왠지 불편하다. 만약 하나님이 이스라엘 민족을 사랑하신 이유가 그들이 의로워서가 아니라 족장들과의 약속들 때문이었다면(신 7:7-8; 8:17-18), 그들은 도대체 어떤 근거로 그 약속들을 받게 되었을까? (바울을 포함한) 유대인들은 분명히 이 문제에 대해 질문하면서 매혹적인 다른 답변들을 떠올렸을 것이다.[15]

우리는 여기서 다양한 문맥과 다른 방식으로, 하나님의 자비 혹은 은혜 그리고 이 주제들을 포함하는 구약 본문을 논하고 있는 제2성전기(약 기원전 200-기원후 100년) 말미 무렵의 네 가지 문헌들을 선택해서 조사할 것이다. 각각의 경우에서 우리는 거기에 은혜에 대한 '극대화'의 증거가 과연 있는지, 만약 있다면 각 본문들이 다양한 극

15. 역사적으로 넓은 범위의 문헌들을 다루는, 이 문제에 대한 논의를 보려면, Jon D. Levenson, *The Love of God: Divine Gift, Human Gratitude, and Mutual Faithfulness in Judaism* (Princeton: Princeton University Press, 2016)을 참고하라.

대화들 중 어떤 것을 나타내고 있는지 묻게 될 것이다. 우리는 가능한 다양성에 주의를 기울이면서 각 문헌들이 하나님을 은혜의 수여자로 묘사할 때, 과연 어떤 은혜를 의미하는지 미리 가정하지 않도록 조심할 것이다. 우리의 이런 간략한 분석 안에서도 꽤 다양한 대답들을 발견할 수 있을 것이다.[16]

솔로몬의 지혜서(Wisdom of Solomon)

이 문헌(알렉산드리아에서 기원후 1세기에 기록)은 다양한 자료들을 엮어 사망과 불의가 하나님의 뜻을 거역하고 있는 것처럼 보이는 이 세상에서 하나님의 자비와 정의가 어떻게 역사하고 있는지를 분석하고 있다.[17] 시작부터 하나님의 선하심과 그의 영/지혜의 인자하심(1:7), 우주에 편만하여 모든 사람들에게 미치는 그의 자비하심이 강조된다. "당신은 존재하는 모든 것을 사랑하시며 당신이 만드신 그 어떤 것도 증오하지 않으십니다"(11:24, NRSV). 그러나 세상은 심각하게 뒤틀린 것처럼 보인다. 의인들은 고통받고, 어떤 사람은 어려서 죽는 반면, 힘있는 자들은 (문자 그대로) 살인을 저질러도 처벌받지 않

---

16. 이번 장의 나머지 부분은 *Paul and the Gift*의 제2부(194-328)에서 제공되는 철저한 본문 분석을 요약한 것인데, 거기에는 다섯 번째 본문(Pseudo-Philo, *Biblical Antiquities*)도 다룬다.
17. 이 문헌에 대한 최근의 분석을 보려면 특히 다음 저작들을 참고하라. Francis Watson, *Paul and the Hermeneutics of Faith* (Grand Rapids: Eerdmans, 2004), 380-411, and Jonathan A. Linebaugh, *God, Grace, and Righteousness in Wisdom of Solomon and Paul's Letter to the Romans: Texts in Conversation* (Leiden: Brill, 2013).

고, 불의는 세상을 다스린다. 그럼에도 저자는 하나님의 정의가 결국 승리할 것이라고 주장한다. 의인들은 영원히 살게 될 것이고(5:15), 마지막에는 자연의 힘으로 무장하신 하나님이 그의 대적들을 쳐부술 것이며 우주의 합당한 질서를 세우실 것이다. 그렇게 시작하는 장들(chapters)에서는 하나님의 인자하심이 또한 정의롭다고 확언한다. 경건치 않은 자들은 자신들의 잘못으로 인해 벌을 받게 될 것이고, 경건한 사람들은 "거룩의 보상"을 받게 될 것이다(2:22, 저자 번역). 하나님의 관용은 하고 싶은 것을 마음대로 하도록 내버려두는 방임이 아니다. 사람이 각자 합당한 몫을 받게 되는 것은 중요하다. 만약 그렇지 않다면 우주의 구조적 질서는 무너지게 될 것이다.

책의 중반부(6-10장)에서는 솔로몬에게 선물로 주어진, 곧 선한 영혼에 걸맞아서 그의 몸으로 들어간(8:19-20) 지혜(Wisdom)의 활동이 묘사된다. 지혜는 지혜에게 어울리는 사람들을 찾아다니며 지혜를 구하고 있는, 지혜에 합당한 수신자들을 우아하게 기대한다(6:16). "지혜는 모든 세대에 걸쳐 거룩한 영혼들 안에 들어가서 그들이 하나님의 벗이 되게 한다"(7:27). 아담에서부터 요셉에 이르기까지, 성경 인물들에 대한 조망은 바로 이 점을 예증한다(10:1-14). 이들의 모든 예에서 지혜의 구원하는 활동과 지혜를 받게 되는 자들의 자격은 서로 상응하는 부분이 있다. "지혜는 자신을 섬기는 사람들을 곤경으로부터 구원해준다"(10:9). 아담이 비록 죄를 지었지만 "세상의 처음 창조된 아버지"로서 자신의 지위는 범죄로부터의 구원을 정당화해준다(10:1). 노아로부터 이어지는 다른 예들은 모두 '의인들'로 분류될 수 있다(야곱조차도!). 이 같은 조망은 솔로몬의 지혜서 초반부에서 설명된 질서가 역사의 청사진임을 분명히 보여준다. 어떤 사람들은 멸망하고, 또 다른 사람들은 구원받는 데에는 항상 이유가 있다. 이 이유에 대한 적절한 분별이 역사를 이해할 수 있게 만들고, 희망적으로 만들어 준다.

가장 긴 세 번째 부분(10장 중반부터 책의 끝까지)은 출애굽과 전염병 이야기, 곧 하나님이 의인과 경건치 않은 사람을 구별하시는 전형(paradigm)에 대해서 재진술한다. 여기서 교훈은 분명하다. 악인들은 그들에게 마땅한 몫(그들이 받는 벌은 그들이 저지른 범죄에 어울린다)을 받는 반면, "지혜는 거룩한 백성이며 허물이 없는 민족을 압제자들의 국가로부터 구원해 주신다"(10:15).[18] "측정된 양(measure)과 숫자(number)와 무게(weight)"(11:20)에 따른 하나님의 심판을 강조한다고 해서 이 본문이 비정한 것은 아니다. 실제로, 신적인 능력과 자비 그리고, 정의 사이의 상호작용에 대한 감동적인 분석에서(11:21-12:22), 하나님은 불경건한 자들이 회개할 때까지 많은 시간을 주시면서 극도의 인내심을 행사하시는 분으로 묘사된다. 그러나 마지막 날에 하나님은 죽음이 마땅한 자들을 벌해야만 하는데, 이는 하나님의 선하심에 대한 한계가 아니라 오히려 그의 선하심에 대한 궁극적인 증거다. 하나님은 극도로, 그리고 넘치도록 선하시기에 도덕적·합리적 대칭 구조를 보

---

18. 이것은 아마도 알렉산드리아에서 정치적으로 소외되었던 유대인들을 향한 위로가 되었을 것이다. 다음의 저작들을 참고하라. John M. G. Barclay, *Jews in the Mediterranean Diaspora from Alexander to Trajan* (323 BCE-117 CE) (Edinburgh: T&T Clark, 1996), 48-71; Erich Gruen, *Diaspora* (Berkeley: University of California Press, 2002), 54-83.

장해 주시는데, 이 구조에서 회개하지 않는 사람들은 응당한 벌을 받고 선물 받기에 합당한 수신자들에게는 하나님의 선물이 전달된다. 우리는 솔로몬의 지혜서가 분명한 은혜 신학—하나님의 은혜가 자격이 있는 자에게 공정하게 분배되는—을 표현하고 있다고 말할 수 있다. 솔로몬의 지혜에 표현된 하나님의 은혜는 우선적이고 초충만하지만 비상응적인 것은 아니다.

알렉산드리아의 필론(Philo of Alexandria)

알렉산드리아 출신의 유대인 철학자 필론(약 기원전 20-기원후 50년)은 많은 글을 남겼는데, 그중 대부분은 구약성서 그리스어 번역본(칠십인역—역주)에 대한 주해다. 이 작품들 중 일부는 본문에 대한 문자적인 해석을 제공하는데 반해, 다른 일부는 본문의 인물들을 영혼의 다양한 형태들로 풍유화한다(allegorize). 각각 다른 종류의 논고, 청중, 철학적 교훈을 일반화하는 것은 위험하지만, 이런 본문들 도처에서 필론은 다양한 선물 용어들을 구사하며, 세상 속으로 넘치는 선물들(*charites*)을 끊임없이 쏟아부으시는 '선물 애호가'(*philodros*) 하나님을 반복적으로 말한다. 이런 묘사는 세상과 각 개인들의 창조 및 공동의 축복과 인생의 혜택에 대해 말할 때 특히 두드러진다.

철학자로서 필론은 하나님의 선물에 대해 주장할 때 각별히 조심한다. 우리는 특히 필론의 주장에서 두 가지 기본 원칙을 발견할 수 있다.[19]

---

19. 보다 자세한 내용은 Orrey McFarland, *God and Grace in Philo and Paul*

a) **하나님은 모든 선한 것의 원인이시다.** 세상, 그리고 그 속에서 주체로 사는 우리에 대해 무슨 이야기를 하든, 하나님이 참 원인(the Cause)이시다. 우리는 우리 미덕의 원인을 결코 우리 자신에게 돌려서는 안 되는데, 이는 우리나 우리 미덕이나 궁극적으로는 모두 하나님으로부터 기인했기 때문이다. 하와는 그녀의 아들 가인을 "하나님을 통해서"(through God) 얻었다고 주장하는 실수를 저질렀다(창 4:1-2, LXX). "통해서"(through)라는 단어는 하나님이 단지 도구라는 것을 암시하는데, 실상 모든 인간의 존재와 자질들은 단지 하나님을 통해서(through)가 아니라, 하나님에 의해서(by) 창조되었다(*On the Cherubim* 125-30). 여기에는 중요한 제약 사항이 있다. 하나님은 선한 것들에 대한 원인일 뿐이지 악한 것들의 원인은 아니다. 플라톤처럼 필론도 하나님이 완전하시다면, 그는 반드시 단일하게(singularly) 선하실 것이라고 생각했다. 하나님은 해악을 조성하지 않으시고, 오직 아름답고, 선한 것들의 원인이 되신다.[20] 이에 대한 인간의 반응도 기대되는데, 따라서 경건은 '카리스'(*charis*)를 '카리스로 보답하는 "감사"(*eucharistia*)로 이루어져 있다(*Who is the Heir?* 104: '유카리스티아'[*eucharistia*, "감사"]라는 단어 자체가 '카리스'["선물", "은혜", "감사"]에서 나왔음에 착안하여 쓴 문장—역주).

b) **하나님이 가장 좋은 선물을 가치 있고 어울리는 수신자에게 주시는**

(Leiden: Brill, 2015)을 참고하라.

20. *On the Creation of the World* 72-75. 필론에게 있어 악을 해명하는 것은 어려웠지만, 그는 하나님이 인간 창조를 위임하셨던 하위 신에게 악에 대한 비난을 돌릴 수 있음을 시사했다(그는 창세기 1:26["우리가 인간을 만들자"]의 주어가 복수임에 주목한다).

것은 타당하다. 앞서 살펴보았듯이, 선물을 잘 주는 것이란, 분별력 있게 어떤 의미에서든 '가치 있는' 사람에게 주는 것이라는 생각이 일반적이었다. 필론은 이런 표현에 대해 불안해하곤 한다. 만약 이 '가치'라는 것이 하나님에게 견주었을 때의 가치를 암시한다면, 그 무엇도, 심지어는 세상 전부라고 할지라도, 하나님의 선물에 대해서는 가치가 없게 된다(*That God is Unchangeable* 86-110). 더욱이 이 '가치'라는 표현은 단지 하나님의 주심에 대한 조건만을 나타내지, 원인을 나타내지는 않는다. 이러한 한계 속에서도 '가치'의 개념은 필론이 하나님의 가장 좋은 선물이 어떻게 세상에 비획일적으로 분배되는지를 설명하는 데 도움을 준다. 주목할 만한 한 본문(*Allegorical Interpretation* 3.65-106)에서, 그는 하나님의 선물 주기가 이성이나 정의를 무시하는 것처럼 보이는 성서적 예시들을 조사한다. 여기에는 에서 대신 야곱을 택하시는 하나님의 선택이 포함되는데, 그 선택은 심지어 그들이 태어나기 전에 이루어졌다. 이 선택이 어떻게 공평할 수가 있는가? 필론은 그들의 인격(character)이 어떻게 될 것인지 하나님이 미리 알고 계셨음이 틀림없다고 말한다(하나님은 그들의 이름 속에서 이를 예지하셨다). 그를 근거로 하나님은 그의 축복에 가치 있는 사람을 선택하셨다.

가치에는 지위, 교육, 성별과 같은 많은 종류들이 있다(필론은 남자가 여자보다 더 이성적이라고 생각했고, 그래서 남자가 '고등의' 지적 선물에 대해 더 받을 만한 자격이 있다고 생각했다). 하나님이 이스라엘과 맺은 언약은 선물이고, 그 선택은 임의적인 것이 아니었는데, 유대 민족만이 (우상숭배를 거부함에 있어서) 하나님을 합당하게 인식했기 때문이었다. 이와 동시에 그들의 율법은 가장 엄격한 형태의 경건을 그들에게 반복해서 심어주었다. "값을 매길 수 없는 의로움과 민족을 설립한 조상들의 덕목 덕분에" 이스라엘은 하나님께 소중했다(*Special Laws* 2.181). 족장들과 그 후손들 속에 있는 이런 덕목도 그 기원은 하나님께로 거슬러 올라가야 하는데, 그래서 깊은 의미에서는, 하나님은 그가 주시는 선물의 대상으로 그가 이미 주신 것들만을 선택하신다. 외적이고 영적인 축복은 그 수신자들의 가치와 연계해서 부어질 것이다.

> 이것들은 그들의 행위로 율법을 성취한 선한 사람들을 위한 축복이며, 그 축복은 선물 주기를 좋아하시는 하나님의 은혜(*charis*)에 의해서 완성될 것이다. 하나님은 그 자신과 닮았기 때문에 탁월한 것을 존귀케 하시고, 보상해 주신다. (*On Rewards and Punishments* 126, 저자 번역).

자격이 있는 사람들을 위한 선물도 여전히 은혜의 선물이다—만약 이전의 결정에 따라 우리가 '은혜'라는 용어를 무조건적이거나 자격이 없이 주어지는 선물에만 제한하지 않았다면 말이다(이전 장에서 이미 은혜의 의미를 그렇게 제한적으로 정하지 않았다—역주). 필론은 하나님의 선물이 단일하고 충만하며 우선적이라고 생각했지만, 이 특성들과 더불어 항상 자격이 없는 사람들에게 주어지는 것은 아니라고 생각했다. 기독교 해석자들은 그들 자신의 은혜에 대한 가정들 때문에, 필론을 혼란스러운 인물로 생각하기 쉽다. 그러나 은혜에 대한 하나의 극대화가 다른 극대화를 수반할 필요는 없다. 그리고 필론 자신의 논리에 의하면, 하나님이 궁극적으로는 그 자신이 창조하신 그 탁월함을 보상하시는 것은 타당하다.

쿰란찬송(The Qumran Hymns)

쿰란찬송은 사해 문서(Dead Sea Scrolls)에서 발견된 문헌들 가운데 대단히 흥미로운 '감사 찬송'(*Hodayot*)의 모음이며, 첫 번째 동굴에서 가장 잘 보존된 선집(anthology) 형태로 발견되었다(1QH[a]).[21] 이 찬송의 화자는 일인칭 단수로 표현되는데(그중 일부는 어쩌면 이 공동체의 지도자를 지칭할 것이다), 화자를 위한 하나님의 구원 행위의 탁월한 관대함에 대해서 찬송과 경탄을 가지고 하나님을 노래한다. 쿰란찬송은 하나님의 신비에 대한 지식을 얻고 피조세계에서 가장 고등한 존재들(천사들—역주)과 함께 하는 예배에 참여하기 위해서, 자신들을 특별히 선택받은 사람들로 여겼던 경건한 유대인들 그룹의 영성을 표현하고 있다.

이 찬송의 중요한 특징은 하나님이 쓸모 없는 인간 화자를 이토록 높은 지혜와 통찰의 수준까지 끌어올려 주시는 놀라운 승격(elevation)의 행위를 행하심에 대한 깊은 감사의 마음이다. 다음은 이에 대한 예시이다:

---

21. 실제 본문과 영문번역본을 위해서는 다음을 참고하라. Hartmut Stegemann with Eileen Schuller (with translation of texts by Carol Newsom), *1QHodayota with incorporation of 1QHodayotb and 4QHodayot[a-f]* DJD XL (Oxford: Clarendon, 2009). 이 찬송과 이것의 실행 효과에 대해서는, Carol Newsom, *The Self as Symbolic Space: Constructing Identity and Community at Qumran* (Leiden: Brill, 2004)을 참고하라.

> 나는 당[신, 오 주]님께(yo[u, O Lor]d) 감사합니다. 당신은 당신의 진리로 나를 훈육하셨으며, 나로 하여금 당신의 놀라운 신비들과 [죄 많은] 사람을 향한 당신의 호의와 마음이 비뚤어진 자를 향한 당신의 넘치는 긍휼을 알게 하셨습니다. 오 나의 주님, 신들 중에 당신과 같은 이가 누구입니까? 누가 당신이 가진 진리와 같은 것을 가질 수 있겠습니까? 당신이 심판하실 때, 누가 당신 앞에서 의로울 수 있겠습니까? 당신의 꾸짖음에 대해 대답할 수 있는 단 한숨의 말도 없으며, 아무도 당신의 진노 앞에서 설 수 없습니다. 그러나 당신은 당신의 진리의 모든 자녀들을 용서 안에서 당신 앞으로 데려오셔서, 위대한 선하심을 통하여 범죄로부터 그들을 깨끗하게 씻어 주십니다. 또한 당신은 흘러 넘치는 긍휼을 통하여 그들을 영원무궁토록 당신 앞에 서게 하십니다. (1QH[a] XV.29-34; 대괄호는 소실되었거나 불분명한 본문의 재구성을 나타낸다).

여기서 그리고 종종 다른 곳에서도, 이 찬송은 충만한 하나님의 자비와 선하심과 용서, 그리고 하나님의 선물—인간 수신자가 죄 많고, 비뚤어졌고, 무지하기 때문에 그만큼 더 밝게 빛나는—을 찬양한다. 놀랍게도 이 찬송은 저급한 재료(단지 티끌 혹은 물과 섞인 진흙)로 만들어지고, 약하고, 혐오스럽고, 죽게 될 몸(그들은 "구더기가 들끓는 시체" 같다)에 거주하며, 오직 분노에 찬 하나님의 심판에만 어울리는 죄와 악독을 가진 인간을 계속해서 깎아내린다. 이렇게 수치스럽고 오염된 육체의 구원을 책임지실 수 있는 분은 하나님, 오직 하나님뿐이시다.[22] 이는 아마도 당대 유대 문헌에 나타난 인간의 조건에 대한 가장 부정적인 그림인데, 그 결과 신적 자비를 그만큼 더 놀랍고 찬양받기에 합당하게 만들고 있다. 우리가 살펴본 은혜에 대한 여섯 가지 극대화 중에 여기서 가장 분명히 발견할 수 있는 것은 **비상응성**의 극대화인데, 이는 우리가 위에서 살펴본 다른 두 저자들 속에서는 나타나지 않았었다.

이 예외는—오염되고 쓸모없는 인간에게 나타난 하나님의 자비—이 찬송이 제시하고 있는 약간의 설명을 필요로 한다. 화자들은 하나님의 '라쫀'(*razon*: 히브리어 רצון을 음역한 것—역주), 즉 그의 편애나 호의에 의거하여 선택된, 진리의 자녀들의 "공동체"(lot)에 속해 있다. 이 호의는 그들의 출생 전에, 아니 실제로는 창세 전에 미리 정해진, 하나님의 영원한 계획 속에 깊이 각인된 예정을 나타낸다. 이 찬송에는 우주의 질서가 규칙적으로 언급되고, 이 그룹을 선택(그리고 나머지 그룹은 유기)하기로 한 하나님의 계획이 태초의 우주 설계의 일부분으로서 전제되어 있다. 더 이상의 설명은 가능하지도 않고 필요하지도 않다. 그것은 단지 하나님의 광대한 자비를 찬양하며 그 가운데 정체성을 발견하는 공동체에게 남겨져 있을 뿐이다. 존재론적·윤리적 측면에서 그들의 전적 무가치성에도 불구하고, 하나님은 그들을 그의 진리에 대한 특권적 수신자로 만드시고, 의의 길로 인도하시며, 또한 그들에게 전적으로 가당치 않은 영원한 운명을 수여하시기로 계획

22. 이 찬송에서 나타난 하나님과 인간의 행위 주체에 대한 관계에 관해서는 Jason Maston, *Divine and Human Agency in Second Temple Judaism and Paul* (Tübingen: Mohr Siebeck, 2010), 94-122을 참고하라.

하셨다.

에스라4서(4 Ezra)

에스라4서(외경에 있는 에스드라 2서 3-16장)는 기원후 1세기 말에 기록된 유대 문헌으로 기원후 70년 예루살렘 성전이 파괴된 이후의 고통과 자기 성찰을 반영한다. 이 문헌은 에스라와 하나님의 관점을 대변하는 천사 우리엘 사이의 거침없는 일련의 대화를 무대로 한다.[23] 크고 심각한 질문들이 이 문헌을 관통하고 있는데, 첫 번째 곤혹스러운 질문은 왜 다른 죄 많은 나라들이 상대적으로 경건한 나라인 이스라엘보다 더 성공하게 되었냐는 것이다. 만약 이 세상이 이스라엘을 위해 만들어졌다면, 왜 이스라엘이 그들의 손에 넘겨졌는가(3:28-36; 6:55-59)? 더욱이 왜 하나님은 인류에게, 심지어 이스라엘에게, '악한 마음'을 가지는 것을 허용하셔서, 진짜로 '의롭다'고 불릴 만한 사람이, 혹시 있더라도, 극소수만 있게 하셨는가? 일련의 설명을 통해 그 천사는 에스라가 두 '세상들'의 형식 속에서 하나님의 계획을 이해하도록 이끈다. 즉, 이 세상은 소망 없는 상태로 타락했지만, 하나님은 악이 파멸되고 정의와 진리가 승리하는 최후의 심판 이후에 시작되는 다른 세상을 계획하셨다.

이 책의 목적을 생각하면 이 문헌에서 가장 중요한 부분은 긴 세 번째 대화(6:36-9:25)인데, 거기서 우리엘과 에스라의 논쟁은 가장 치

23. 가장 뛰어난 최근의 주석은 Michael E. Stone, *Fourth Ezra*, Hermeneia (Philadelphia: Fortress, 1990)이다.

열해진다. 에스라가 이스라엘을 위한 하나님의 계획은 끝나버렸다는 것을 지적할 때, 우리엘은 의인들이 앞으로 오게 될 새로운 세상을 상속받게 될 것임을 시사한다. 에스라는 그럴 경우에 인류의 수많은 대다수 사람은 멸망할 것이며, 단지 적은 수만이 하나님의 계획이 성취되는 것을 보게 될 것이라고 불평한다. 우리엘에 따르면 그 일은 전적으로 공평하다. 하나님은 모든 사람에게 율법을 순종하고 그들의 보상을 받을 수 있는 기회를 주셨는데, 그럼에도 불구하고 그 대다수가 하나님께 불순종하는 것을 선택했다면 그들은 받아 마땅한 벌을 받게 될 것이다. "텅빈 것들은 텅빈 사람들을 위한 것이고, 충만한 것들은 충만한 사람들을 위한 것이다"(7:25, NRSV). 에스라에게 그 정의 개념은 옳을 수 있지만, 그것은 끔찍한 결과들을 가져온다. 확실히 에스라는 하나님의 본성이 자비롭고 선하시다고 주장한다. 출애굽기 34:6-7을 반향하면서(echoing) 그는 간청하기를,

> 내가 아는 바, 그 지극히 높으신 분은 지금 자비로우시다고 불립니다. 이는 그가 아직 세상에 나오지 않은 사람들에게 자비를 베푸시기 때문입니다. 또한 그는 자애로우시다고 불립니다. 이는 그가 회개하고 그의 율법으로 돌아선 사람들에게 자애로우시기 때문입니다. 그리고 인내심이 있으시다고 불립니다. 이는 그가, 죄를 저지른 사람들도 그의 피조물이기에, 그들에게 인내심을 보여주시기 때문입니다. 그리고 너그러우시다고 불립니다. 이는 그가 빼앗기보다는 주고 싶어하는 분이시기 때문입니다. (7:132-35, NRSV)

이를 뒷받침하기 위해 에스라는 의인들이 죄인들을 위하여 간구했던 사례들을 인용하면서, 같은 일이 심판 날에도 일어나기를 바란다(7:102-11). 확실히 하나님은 **죄인들을** 불쌍히 여긴다는 점에서 '자비로운' 분이시다. 하나님의 선하심은 이러한 **비상응적인** 은혜 속에서 명백해질 것이다(8:19-36).

우리엘은 이와 다르게 생각한다. **이 세상** 안에서는, 자비가 분명 죄인들에게 나타난다. 그러나 그 이후에 완벽한 세상이 시작하게 될 최후의 심판에서는, 정의의 법칙에 대한 어떠한 완화 조치도 없을 것이다. 만약 하나님의 정의가 의인들을 보상하고 죄인들을 벌하는 데 있어 결함이 있다면, 미래 세상은 그 시작부터 타락하게 될 것이다. 정의는 반드시 우주의 버팀목이 되어야 한다. 이것이 극소수의 사람들만 구원받게 될 것을 의미하는가? 그렇다. 그렇게 되는 것이 적절하다. 의인들은 평범한 진흙 속에 있는 사금과도 같아서, 아주 드물지만 그만큼 더 소중하다. "많은 사람들이 창조되었지만 단지 소수만이 구원받게 될 것이다"(8:1-3). 에스라는 이런 결론에 오랫동안 저항하지만, 그가 우리엘의 방식으로 보기 시작했을 때 세상은 이치에 더 맞아떨어지기 시작한다(9-14장). 실제로 그는 율법에 순종하도록 마음을 다스리는 사람들에게 자비가 적절히 행사된다고, 그 천사와 함께 결론 맺는다(14:33-36).[24]

그래서 에스라4서는 하나님의 자비와 하나님의 정의의 관계에

24. 이 문헌의 마지막 장에 대해서는 많은 해석들이 존재한다. 다른 대안적 해석을 위해서는, Watson, *Paul and the Hermeneutics of Faith*, 475–503을 보라.

대한 심오한 논쟁을 무대 위에 올리고, 비상응적인 선함이 최종적인 결론이 될 수 있는지, 혹은 최종적인 결론이 되어야 하는지를 묻는다. 에스라의 간청은 아주 동정적으로 표현되고 있고 우리 자신의 소망들과도 아주 잘 어울리기 때문에, 우리는 우리엘의 견해가 지나치게 가혹하다고 생각하기 쉽다. 그러나 우리엘의 관점에서 보자면 에스라는 정의를 훼손해달라는 간청을 하고 있다. 이러한 에스라의 세계관은 궁극적인 만족을 줄 수 없다. 에스라4서는 중대한 질문을 제기한다. 만약 은혜가 자격 없는 사람들에게 주어진다면, 그것은 우주의 정의를 약화하는가? 이 질문은 확실히 기원후 1세기 무렵의 당면한 문제였다. 바울만이 이 문제에 대해 신학적으로 성찰한 것은 아니었다.

결론

네 문헌에 대한 이 같은 간략한 검토만으로도, 은혜는 단순하거나 논란의 여지가 없는 문제가 아니었음이 명백해졌다. 이 주제는 (각각이 고유의 뉘앙스를 가지는) 다양한 용어들을 가지고, 다른 사회적 환경 속에서, 그리고 다양한 다른 주제들(창조, 구원, 종말론적 심판)과 연관해서 논의될 수 있다. 은혜의 의미가 미묘한 차이를 가진다는 사실은 변화하는 성서적 자료들과 철학적 전통들의 영향을 반영한다. 그러나 은혜는 또한 다른 방식들로 '극대화'될 수 있다. 이 문헌들은 모두 은혜의 초충만성에 대해 말하지만, 이들 중 어떤 것도 은혜를 보답에 대한 기대가 결여되었다(즉, 비순환적인 것)고 여기지 않는다. 이들 중 일부는 우선성(심지어는 영원한 예정)을 강조하는 반면, 다른 것들은 그것을 중요하게 여기지 않는다. 어떤 문헌은 하나님이 요구하시는 덕목의 원인이 하나님 자신이라고 주장하면서도, 어느 정도는 은혜의 유효성을 극대화시킨다. 그리고 다른 부분에 있어서 이 문헌들은 그들 사이에서 명백하게 다른 입장을 가진다. 일부(쿰란찬송[*Hodayot*]; 에스라4서의 에스라)는 은혜의 비상응성을 강조하는 반면, 다른 문헌(솔로몬의 지혜; 필론; 최후 심판과 연관해서 우리엘)은 그렇지 않다. 우리는 하나님의 은혜와 선물이 자격과는 관계없이 주어진다는 사실이 명백하다고 생각할 수 있겠지만, 그렇다고 해서 모든 고대 문헌들—심지어 구약 성서들과 긴밀히 대화하는 문헌들도—에서는 결코 그렇다고 가정할 수 없다. 실제로 필론과 우리엘은 그런 선물이 제멋대로이거나 불공평하게 보이는 문제를 지적한다. 비상응성은 이러한 제2성전기 문헌들에서 부재한 개념은 아니었지만, 그렇다고 해서 (그에 대한 합당한 이유를 가지고서) 어디에서나 있는 개념도 아니었다.

우리는 이렇게 결론 내릴 수 있을 것 같다. 은혜는 제2성전기 유대교의 모든 곳에 있지만, 모든 곳에서 똑같지는 않다. 유대교를 '은혜의 종교'로 묘사하면 여전히 흔히 통용되는 유대교에 대한 일부 캐리커처들(유대교를 행위의 종교로 보는 전통적 견해—역주)을 효과적으로 반박할 수 있지만, 그러한 꼬리표는 분석적인 가치가 거의 없다. 샌더스의 '언약적 율법주의'는 선택으로부터 순종으로 가는 순서(은혜의 우선성)를 명확히 하는 데 도움을 주지만, 상응적 은혜와 비상응적 은혜 사이의 차이점을 포함하여 우리가 개념적으로 주목한 (은혜 사이의) 차이점들을 포착해 낼 수는 없다. 이 장을 통해 우리가 들어온 목소리들은 공통적으로 가지고 있는 것(은혜—역주)에 있어서 상당히 다양하다. 그리고 어떤 경우에, 그것들은 심오한 신학적 논쟁을 증언해 주기도 한다.

제2성전기 유대교의 이러한 다양성 속에 우리는 바울을 어디에 두어야 하는가? 여기에 다양성과 이에 따른 논쟁이 있다면, 우리는 바울을 양자택일적으로 유대교를 반대하는 편에 두거나, 혹은 그의 모든 동료 유대인들과는 아무런 차이가 없도록 일치시키려는 유혹을 피할 수 있다. 이런 다양성 속에서, 그리고 우리가 그려온 가능성들의 범위를 가지고 우리는 마음껏 다시 새롭게 질문할 수 있다. 바울은 어떻게 은혜를 독특하게 구성하는가? 이제 그의 서신들 속으로 들어갈 시간이 되었다. 갈라디아서부터 시작하려 한다.

제4장
"나는 하나님의 은혜를 거절하지 않습니다" (갈 1-2장)

갈라디아 사람들에게 보내는 바울의 편지는 격정적이다. 이 편지는 날이 살아 있고, 논쟁적이고, 감정으로 가득 차 있다. 바울은 놀라고(1:6), 좌절하고(4:15), 당황하고(4:20), 분노하기를(5:12) 반복한다. 바울은 갈라디아 신자들을 "어리석다"(3:1)고 부르며, 거기에 있는 대적자들이 할례용 칼로 자신들을 거세하기를 바란다(5:12)! 이런 극단적인 감정은 바울이 갈라디아에 처한 위험을 얼마나 심각하게 여겼는지를 나타낸다. 바울은 예루살렘에서 발생할 뻔했던 일(2:4-5)과 안디옥에서 일어나기 시작했던 일(2:11-14)을 "복음의 진리"에 대한 배신으로 여겼다(2:5, 14). 그리고 갈라디아에서도 이제 똑같은 일이 일어나고 있다는 이야기를 들었다. 그로 인해 회심했던 자들을 곤경에 빠트리고 있는 사람들은 그리스도의 복음을 "비틀어 놓았고", 갈라디아 사람들은 이제 "다른" 복음으로 돌아서고 있었다(1:6-7). 거기에는 마치 다른 종류의 복음이 있는 것 같았다(1:7)! 갈라디아 사람들을 포함한 전 인류가 "이 악한 세대"로부터 구원(1:4)을 받는 일은 오직 복음에만 달려 있다. 복음을 잃으면 모든 것을 잃는다.

이렇게 팽팽한 긴장감이 도는 편지는 수 세기에 걸쳐 어마어마한 영향을 미쳐왔다. 이 편지에 나타난 날카로운 대립 관계는 세상을 새롭게 상상하고 재형성하려는 많은 노력을 고무해왔다. 논쟁에는 위험이 따르기 마련인데, 이 편지는 기분 나쁜 방식으로 유대교에 대한 부정적인 캐리커처를 만드는 데 사용되곤 했다. 그러나 바울의 "새 창조"에 대한 발표(6:15)와 그리스도 안에서 유대인이나 헬라인이나, 종이나 자유인이나, 남자나 여자가 없다는 그의 선언(3:28)은 이전에는 상상할 수 없었던 새로운 가능성을 조성해온 창조적인 급진주의를 또한 고무해왔다. 이 편지의 핵심 단어 중 하나는 "자유"(2:4; 5:1, 13)인데, 갈라디아서는 다른 많은 종류의 기독교적 자유를 위한 헌장이 되어왔다.[1]

바울이 처한 상황은 다음과 같이 개괄적으로 재구성할 수 있다.[2] 수신자들은 비유대적(이방인 혹은 '이교도') 배경을 가진 "갈라디아"(터키 중앙 혹은 남부 지역) 사람들이다(4:8-10). 그들은 바울의 방문을 통해서 그리스도를 믿게 되었지만, 지금은 바울이 격렬하게 반대하고 있는

---

1. 갈라디아서 해석의 수용사(the history of reception)에 대한 매혹적인 분석을 위해서는 John K. Riches, *Galatians through the Centuries* (Oxford: Blackwell, 2008)를 참고하라.
2. 세부적인 부분에는 조금의 차이들이 있음에도 불구하고, 학자들은 본질적인 사실들에 있어서는 대부분 동의한다. 더 자세한 논의를 위해서는 John M. G. Barclay, *Obeying the Truth: A Study of Paul's Ethics in Galatians* (Edinburgh: T&T Clark, 1988), 45-60 [=『진리에 대한 복종』, 감은사, 2020]를 보라.

새로운 선교사들에 의해 영향을 받고 있다. 이렇게 '문제를 일으키는 사람들'이 그 지역 사람들이었든 혹은 다른 곳으로부터 온 사람들이었든(이 편의 가능성이 더 높다), 그들은 바울이 갈라디아에 있는 그의 개종자들을 단지 반만 회심한 상태로 남겨 두었다고 생각했다. 바울이 율법 준수를 통해 아브라함과의 언약 관계 안으로 완전히 들어갈 수 있도록 그들을 이끌지 않았다고 생각했기 때문이다. 바울은 갈라디아서 3-4장에서 많은 분량을 아브라함이라는 인물에 할애하고 있는데, 그의 대적들은 창세기 속 아브라함 이야기를 가지고 갈라디아 사람들을 이끌어(창 17:10-14), 어떠한 남자도 할례를 받지 않으면 아브라함 언약에 속한 사람으로 간주될 수 없다고 지적했던 것 같다. 유대적 정체성의 표식으로 잘 알려진 남성 할례에 대한 주제는 이 편지의 여러 군데에서 반복해서 나타난다(갈 2:1-10; 5:1-6; 6:12-15). 할례는 '개종자'가 되길 희망해서 완전히 유대 공동체로 유입되었던 이방인들에게 일반적으로 요구되었다.[3] 그러나 유대 전통에서 할례는 율법 안에 간직되어 있는 언약적 책무들의 한 집합(set) 속으로 들어가는 진입점을 표시했고, 바울의 갈라디아 회심자들은 그리스도에 대한 믿음을 보충하기 위해 반드시 모세 율법("율법의 행위들")을 실행해야 한다고 설득당하고 있는 중이었다(3:1-5; 4:21). 바울 자신의 권위도 공격 당하

3. John M. G. Barclay, *Jews in the Mediterranean Diaspora from Alexander to Trajan* (323 BCE-117 CE) (Edinburgh: T&T Clark, 1996), 438-39을 보라. 요세푸스는 이방인 남성이 만약 유대 관습을 받아들여 '확실한 유대인'으로 간주되기를 원할 경우 할례를 받도록 설득할 수 있었다는 아디아베네(아시리아의 북부지방—역주) 왕실 법정에 대한 이야기를 가지고 있다(*Jewish Antiquities* 20.17-96).

고 있었던 것으로 보인다(1:10, 20). 바울의 대적자들은 그를 무시하고 베드로와 야고보, 그리고 예루살렘에 있는 모-회중(mother-assembly)의[4] 권위에 호소했던 것 같다.

바울의 대적들에게 메시아로서 예수님은 (아브라함-모세) 언약의 성취였다. 그들 역시 이방인들을 향한 선교적 사명을 가지고 있었다. 메시아가 오신 이후로, 이방인 신자들은 하나님이 주신 성경과 예로부터 전해진 유대적 관습의 패턴들을 취해야만 했다. 역사적·사회적 관점에서의 쟁점은 이 예수 운동(Jesus-movement)이 점차 비유대 세계로 퍼져갈 때 유대교 내부에서 개혁 운동으로 남아 있을지, 아니면 비유대인 신자들이 유대적 전통으로부터 상당 부분 결별한 공동체를 형성하는 것을 허용할지에 대한 것이었다. 할례 논쟁은 작아 보일 수 있을지 모르지만 이는 실제로 예수 운동이 인종적 경계를 넘어서 문화적으로 적응될 수 있는지 여부와 또한 그것이 가능하다면 어떤 방식으로 그렇게 될 수 있을지를 결정하는 것이었다.

바울은 이 문제를 자신의 신학적 관점 안에 두었다. 그는 하나님이 그리스도 안에서 행하신 일이 무엇이며, 그것이 가져올 영향은 무

---

4. 보통 "교회"로 번역되는 헬라어 용어 '에클레시아'(*ekklēsia*)는 회중(assembly)이나 모임(gathering)을 의미(특히 정치적인 회중)한다. (건물을 가리키거나, 적어도 유대인 공동체와는 확실히 구분되는 그룹을 가리키는) '교회'라는 단어는 시대착오적인 함축적 의미를 가질 수 있기 때문에('교회'라는 말은 기독교가 유대교와 완전히 분리되고 난 후대의 표현이므로, 바울이 갈라디아서를 쓰던 당시에는 엄밀히 말해서 기독교에 특화된 '교회'라는 단어는 존재하지 않았다고 볼 수 있다—역주), 나는 이 책에서 '회중'이라는 번역을 계속 사용하는 편을 택했다.

엇인지 질문했다. 놀라운 점은 바울이 매우 자주 이 문제를 선물 용어를 사용하여 해석한다는 것이다. "나는 하나님의 '은혜'(*charis*)를 거절하지 않습니다. 왜냐하면 만일 의가 율법을 통해서 얻어지는 것이라면, 그리스도가 헛되이 죽으셨기 때문입니다"(2:21). "율법 안에서 의롭다 함을 얻으려 하는 여러분은 그리스도에게서 끊어지고, '은혜'(*charis*)에서 떨어져 나간 사람입니다"(5:4). 다른 곳에서와 마찬가지로, 바울은 갈라디아서를 하나님의 "은혜"(*charis*)와 평강에 대한 간구로 시작하고 끝맺는다(1:3; 6:18). 그러나 이 선물 용어는 예수님이 "이 악한 세대에서 우리를 건지시려고 우리 죄를 대속하기 위하여 자기 자신을 주신"(1:4) 그 사실을 통해서 강조된다. 예수님이 자신을 선물로 주시는 것(self-gift)에 대한 두 번째 본문에서 바울이 "나를 사랑하사 나를 위하여 자기 자신을 주신"(2:20)이라고 말할 때, 그는 그리스도-사건(the Christ-event)이 철저히 선물을 주는 사건인 것처럼 말한다. 또한 바울이 갈라디아 사람들의 "부르심"(즉, 회심)에 대해 언급할 때, 그는 하나님을 "그리스도의 은혜로 너희를 부르신 이"라고 말한다(1:6). 그러고 나서 똑같은 용어를 자신의 부르심에 대해서도 적용하여 하나님을 "내 어머니의 태로부터 나를 택정하시고 그의 은혜로 나를 부르신 이"로 지칭한다(1:15; 참조, 고전 15:9-10). 이러한 선물 혹은 은혜의 용어들은 너무도 두드러지고, 너무도 자주 나와서 결코 무시할 수 없다. 그렇다면 질문은 이것이다. 이것이 어떤 의미를 가지며, 이것이 이 편지의 나머지 내용을 어떻게 전개해나가고 있는가?

갈라디아서의 해석자들은 이 편지에 나오는 하나 이상의 눈에 띄는 대립 관계들로부터 자신들의 해석 위치를 파악한다. 이 대립 관계들은 노예 됨과 자유(2:4-5; 4:21-5:1), 율법의 행위들과 그리스도를 믿는 믿음(2:16; 3:2, 5), 인간과 하나님(1:1, 10-12), 육체와 성령(3:3; 5:13-6:10)이다.[5] 이번 장과 이어지는 다음의 두 장에서, 나는 그리스도의 선물이 하나님 은혜의 확정적인 행위이자 가치와 상관없이 주어지는 **비상응적인 선물**이었다는, 바울의 확신의 빛 아래에서 이 편지를 읽을 때 이 대립 관계들이 어떻게 가장 잘 통합될 수 있는지를 보여줄 것이다. 이 선물은 이전의 가치 기준(criteria of value)과는 어울리지 않기에, 그리스도-사건은 율법에 의해 정의되는 '의'를 포함한 모든 가치 체계들을 재조정시켰다. 이렇게 기존의 표준을 깨트리는 선물 위에서 새로운 공동체들이 형성될 수 있었는데, 이 공동체들의 삶의 형태는 가치의 관점에서 보면 유대적 전통 및 비유대적 전통 모두와 판이하게 달랐다. 다시 말해, 비상응적 선물로서의 그리스도-사건은 바울의 논란 많은 이방인 선교의 기초였으며, 이를 통하여 바울은 신자들에게 이미 형성된 가치 체계—그것이 인종적이든, 사회적이든, 혹은 도덕적이든—를 부과하려는 시도들에 저항했다. 그리스도 안에서 무조건적인 하나님의 선물이 발생한 이후에 바울은 현실을 재배치했고, 이 단일한 사건으로부터 그들의 위치를 확인하는, 인종을 초월하는 실험적인 공동체를 설립했다. 갈라디아서 전체는 이 각도로부터 새롭게 해석될 수 있는데, 여기서 우리가 모든 주석적 세부사항들을 다룰 수는 없더라도, 갈라디아서가 이러한 노선을 따라 어떻게 이해

---

5. 이 양극성들에 대한 바울의 창의적인 사용에 대해서는 J. Louis Martyn, "Apocalyptic Antinomies in Paul's Letter to the Galatians," *New Testament Studies* 31 (1985): 410-24를 참고하라.

될 수 있는지 그 개요를 그려 볼 수는 있다.

그리스도-선물과 규범들의 재조정(갈 1:1-2:10)

바울은 갈라디아서 시작 인사를, 독자들의 주의를 그리스도의 선물에 집중시키기 위해 사용하는데, 그리스도는 "이 악한 세대에서 우리를 건지시려고 우리 죄를 대속하기 위하여 자기 자신을 주신"(1:4) 분이시다. 이는 바울의 사도권("내게 주신 은혜"에 의해, 2:9)을 뒷받침해주는 좋은 소식인데, 그 사도권은 특별한 방식으로—"사람들에게서 난 것도 아니요 사람으로 말미암은 것도 아니요, 오직 예수 그리스도와 그를 죽은 자 가운데서 살리신 하나님 아버지로 말미암아"(1:1)—주어졌다. 여기에서 하나님의 선물은 창조나 율법 수여 또는 심지어 기나긴 구원 역사와도 동일시되지 않고, 오직 단일한 사건인 예수님의 죽음/부활 사건과 동일시된다. 바로 이것이 우주를 결정적으로 변화시키는, 즉 바울이 '이 악한 세대'라고 부르는 우주적 상황으로부터 구출시켜주는 은혜의 새로운 동력을 창조했다.[6] 바울은 여기서 하나님의 본성이나 존재 구조에 대한 일반적인 진리를 증

6. 이 편지의 묵시적인 어조에 대해서는 다음의 주석들을 특히 참조하라. J. Louis Martyn, *Galatians: A New Translation with Introduction and Commentary*, Anchor Yale Bible Commentary 33A (New York: Doubleday, 1997) [= 『앵커바이블 갈라디아서』, 기독교문서선교회, 2018]; Martinus C. de Boer, *Galatians: A Commentary*, New Testament Library (Louisville: Westminster John Knox, 2011).

언하고 있는 것이 아니라, 한 역사적 사건, 즉 역사를 재분할하고 모든 실재를 재정의하는 '유일한 보편 사건'(singular universal: 프랑스 철학자 장-폴 사르트르가 처음 사용한 개념으로 보편성과 특수성의 관계에 대한 철학 용어. 여기서는 전 우주적으로 보편적 효과를 미치게 된 유일한 사건인 그리스도-사건을 가리킴—역주)에 대해 증언한다.[7]

악한 세대에서 건짐을 받게 된 "우리"는 누구인가? 그리고 왜 그들인가? 바울은 여기서 자신(유대인)과 그의 독자들(비유대인들) 모두를 포함하고 있는 듯 하다. 그런데 왜 그리스도-선물(the Christ-gift)이 '이 악한 세대'의 지배하에 있는 사람들에게 주어져야 하는가? 어떤 이는 이 선물이 적절하게 분배되기를 기대할 수도 있을 것이다. 세상의 상태에 대해 역시 비관적이었던 에스라4서 저자도 하나님의 자비를 받기에 합당한 소수의 의인들이 분명히 있을 것이라고 생각했다. 그러나 갈라디아서 어디에도 이 그리스도-선물의 수신자들이 그것을 받을 만한 자격이 있었다고 암시하지는 않는다. 실제로는 완전히 반대다. 갈라디아에 있는 "그리스도의 은혜로 부르심을 받은" 이방인들은 이 부르심에 대한 아무런 자격을 가지고 있지 않았다(1:6). 다른 이방인들처럼 그들은 "죄인들"이었다(2:15). 그들은 이제 하나님의 성령을 받게 되었지만, 그것은 율법의 행함을 통해 얻게 되는 '의'가 미리 준비되어 있었기 때문이 아니었다(3:2, 5). 그들은 하나님을 알게 되었지만, 탐구에 뛰어난 그들의 지성적인 능력이나 기술 덕분이 아

7. 무조건적인(unconditioned) 사건에 의해 창조된 '보편주의'에 대해서는 Alain Badiou, *Saint Paul: The Foundation of Universalism*, trans. Ray Brassier (Stanford: Stanford University Press, 2003)을 보라.

니었다. 여기에서 실제로 바울은 주도권을 가지고 있는 분이 하나님이라고 주장하는 것을 잊지 않는다("여러분이 하나님을 알게 된 것이라기 보다는, 오히려 하나님에 의해 아신 바 된 것인데", 4:9). 하나님의 부르심은 단지 "그리스도의 은혜로"라는 어구에 의해서만 수식되고 있다(1:6). 이러한 바울의 담론에서 '카리스'와 다른 선물 용어들은 하나의 특정한 방식[비상응성]으로 극대화되고 있는 것으로 보인다. 즉, 이 선물은 수신자들의 가치와는 상관없이, 실제로 가치의 부재 속에서 기능한다.

이 은혜의 특징은 바울 선교의 형태를 결정한다. 이 선물이 이런 무조건적 방식으로 하나님으로부터 주어진다는 사실은 인간의 행위 주체가 그냥 통과되는(bypass) 것을 의미하지는 않는다. 곧, 은혜는 그것의 수신자들이 행동을 취하도록 능력을 공급한다(2:8). 하지만 은혜 안에 있는 신적 주도권, 말하자면 인간의 준거틀(frames of reference: 행위자가 사물을 해석하고 판단하는 기준을 뜻하는 사회학 용어—역주)과는 완전히 '색다른' 신적 주도권은 이제 인간의 준거틀이 다른 곡조에 맞추어 행진하게 됨을 보여준다. "지금 내가 사람들을 설득하고 있습니까? 아니면 하나님을 설득하고 있습니까?"라고 바울은 묻는다(1:10). 또한 바울은 누구의 규범적인 기준에 자신이 장단을 맞추고 있는지를 묻는다. "내가 청중을 기쁘게 하려고 애쓰고 있습니까?"(1:10). 바울은, "여러분이 알기를 원하노니 내가 전한 복음은 사람의 기준에 따라 된 것이 아닙니다(*ouk estin kata anthrōpon*)"(1:11)라고 주장한다.[8] 이 부정(negation)은 이 편지의 신학에 있어 핵심적 요소다. 이것은 '복음'과 인

8. 표준적인 번역은 "사람으로부터 기원한 것이 아니다"인데(NRSV), 이것

간 생각/행위의 전형적인 구조 사이에 있는 어울리지 않는 관계, 심지어는 모순을 암시한다. '복음'은 그 기원이 인간의 영역 밖에 존재하기 때문에 인간적인 기준들을 탐탁치 않게 여긴다. 곧, 복음은 인간의 권위에 의거해 받은 것이 아니라 "예수 그리스도의 계시를 통하여" 왔다(1:12). 예수 그리스도는 그 계시의 내용이며 그 안에 계시된 은혜의 내용이다. 또한 복음은 예전부터 존재하던 전통이라는 '상자 안에 가두어'질 수 없기 때문에, 인간 세상에 완전히 새로운 무언가를 창조해낼 수 있다.

1:13에서 시작해서 2:14까지 계속되는 내러티브는 바울의 출신과 활동에 대한 다른 이야기들을 반박하기 위해서 쓰였을 것이다.[9] 바울은 여기서 그리스도와의 만남의 결과로 생긴 방향 전환(reorientation)의 전형을 보여준다(1:15; 참조, 1:24). 유대교 전통에 있던("유대교에 있을 때에", 1:13-14) 그의 예전 삶에는 두 가지 차원이 있었다.[10] 한편으로, 그는

은 잘못된 것이다(전치사 '카타'[*kata*]는 결코 기원을 뜻할 수 없다); *kata anthrōpon*이라는 어구는 바울서신에서 꽤 흔한 표현인데(예, 갈 3:15; 롬 3:5; 고전 3:3; 9:8), 말이나 행위에 있어서 인간의 패턴들을 가리킨다. 그리고 기원에 대한 질문은 이어지는 절(1:12)에서 제기되고 있다.

9. 다음을 참고하라. John H. Schütz, *Paul and the Anatomy of Apostolic Authority* (Cambridge: Cambridge University Press, 1975), 114–58; Beverly R. Gaventa, "Galatians 1 and 2: Autobiography as Paradigm," *New Testament Studies* 28 (1986): 309–26.

10. 현재 학자들은 '유다이스모스'(*Ioudaismos*)라는 드물게 사용되는 용어가 무엇을 의미하는지에 대해서 논쟁 중에 있는데, 이 용어는 '유다이즘/유대교'(Judaism)라는 우리의 용어와 동일한 것은 아니다. 이 용어는 '유대인 조상의 삶의 패턴'과 유사한 어떤 것을 의미하는 것으로 보인다("내 조상의 전통", 1:14).

적의를 가지고 "하나님의 회중"(교회를 의미함. 각주 4 참고—역주)을 강하게 반대하며 무너뜨리고자 했다(1:13, 23에서 특히 강조됨). 이런 이유들로 그는 하나님의 호의를 받을 만한 사람이 전혀 아니었다(참조, 고전 15:9-10; 빌 3:6). 다른 한편으로 바울은 동시대인들보다 "유대적 삶의 방식에 있어 훨씬 앞섰던" 인물이었으며, 그의 "조상의 전통"(1:14)에 대한 열정적인 헌신이 돋보이는 사람이었다. 인종, 역사, 헌신, 도덕적 탁월함은 모두 바울이 외견상 우수한 문화 자본(프랑스 사회학자 피에르 부르디외가 만든 사회학 용어로, 사회 계급을 결정짓게 되는 예술, 교육, 지식 등의 환경적 요소를 가리키는 상징 자본의 한 종류—역주)을 가지는 데에 기여한다(참조, 빌 3:4-6). 우리는 '하나님의 회중'을 핍박했던 바울의 잘못에도 불구하고 이러한 자본이 그의 신적 소명을 위한 어떤 합당함(worthiness)을 형성하고 있다고 추정할는지도 모르겠다.

그러나 그렇지 않다. 바울의 설명에 의하면, 그 다음에 발생한 사건(즉, 그의 소명과 회심—역주)은 (긍정적이든 부정적이든) 그의 예전 정체성 및 행위의 가치와는 아무런 상관없이 일어났다. 그것은 발전을 통해 이룬 다른 단계, 즉 대단한 열심을 통한 그 다음 단계가 아니라, 하나님이 내리신 결정의 결과였다. "하나님이 … 계시하시길 기뻐하셨을 때"(1:15-16). 이 문장에서 변화된 주어는 행위 주체인 바울을 묘사하던 연속적인 동사들 속에 끼어들면서, 이 사건이 바울의 주도권 밖에서 기원하였다는 사실을 환기시킨다. 더욱이 이 신적 행위는 바울이 "그의 어머니의 태로부터 택정되었다"(1:15)는 사실에 그 뿌리를 두고 있다. 이 어구는 또한 "열방"에 대한 선교적 사명을 말하고 있는 선지자들의 부르심에 대한 묘사들(렘 1:4-5; 사 49:1-6)을 반향하고 있다.

그러나 바울의 경우에 있어서 출생 전에 나타난 하나님의 선택은 하나님이 조상이나 행위와 연관될 수 있는 어떠한 가치와는 상관없이 부르신다는 것을 또한 암시하고 있다(참조, 롬 9:6-13). 실제로 바울은 이방인 회심자들에 대한 부르심 묘사와 거의 동일한 표현을 사용하여(1:6), 자신의 소명 체험을 "하나님의 은혜를 통한"(1:5) 것으로 묘사하고 있다.[11]

1:15-16의 이러한 특징들은 바울의 삶을 재구성하도록 이끈 것이 그의 인종, 전통, 혹은 그 안에 있는 탁월성과는 상관이 없는—또한 예전에 하나님에 반했던 것[그리스도인에 대한 핍박]과도 상관이 없는—하나님이 하신 은혜 행위임을 나타낸다. 그래서 바울은 자신의 삶에 개입하신 하나님의 은혜의 **비상응성**을 강조한다. 바울의 변화는 자신의 행동에 의해 발생하지도 않았고, 예전의 가치에 의해 조건 지어지지도 않았다. 그것은 그리스도의 계시 속에 있는 하나님의 무조건적인 선물의 결과로 나타났다. 바울은 자신의 예전 삶이 신성모독적으

---

11. Krister Stendahl, *Paul among Jews and Gentiles* (London: SCM, 1977) [=『유대인과 이방인의 사도 바울』[가제], 감은사, 2021 근간]을 따라서, 바울이 이 경험을 '회심'이 아닌 '소명'(즉, 부르심)으로 묘사하고 있다고 주장하는 것이 흔하게 되었다. 바울이 이것을 '유대교'로부터 다른 종교로 회심한 것이라고 묘사하는 것은 확실히 잘못이라고 할 수 있지만, 바울에 있어서 '소명'은 '천직'(vocation)보다는 훨씬 더 큰 의미를 가진다. 그는 이 용어를 모든 신자들에게 사용하고 있고(유대인과 이방인들을 포함한 모든 신자; 참조, 고전 7:17-20), 이것은 새로운 자아의 태어남(calling into being)을 수반한다(참조, 고전 1:26-28; 롬 4:17). 이에 대해 다음을 참고하라. Stephen J. Chester, *Conversion at Corinth: Perspectives on Conversion in Paul's Theology and the Corinthian Church* (Edinburgh: T&T Clark, 2003), 59-112.

로 '선한 행위'에 의존했다고 비판하지도 않았고, 또한 유대교를 편협하고 배타적인 것으로 취급하는 부정적인 고정관념을 환기시키지도 않았다. 바울은 자신이 속한 전통의 기준들과 가치들 속에서 열성적으로 잘 살아오고 있었다(참조, 빌 3:6, "율법의 의로는 흠이 없는"). 그러나 하나님의 "은혜로의 부르심"은 이러한 관점에서의 성공과는 아무런 관련이 없었다. 그것은 우수한 인종, 지위 혹은 문화적 특권과는 상관없이 주어졌고, 또한 죄악과 무지 속에서 저질렀던 일들과 관련한 부정적인 가치와도 상관없이 주어졌다. 예전에 자명했던 기준들은 정지되고 상대화되었으며 재조정되었기에, 바울은 "하나님께 대하여 사는 것"이 무엇을 의미하는지를 배워야 했다(2:19). 은혜에 의해 새롭게 형성된 삶 안에서 이제 모든 것은 우월한 한 기준에 종속되어야 하는데, 그것은 "복음의 진리"였다(2:5, 14).

바울에 대한 부르심의 목적은 "열방에 그[그리스도]를 전하기 위해서"였다(1:16). 우리가 확인했듯, 여기서 혁신적인 것은 그가 복음을 이방인들에게 전했다는 사실 자체라기보다는 그렇게 행한 방식이었다. 곧, 바울은 이방인들에게 "유대인처럼 되기를"(Judaize, 2:14), 즉 그들의 삶을 특별히 유대적으로 표현되는 관습들에 적응시키기를 요구하지는 않았다.[12] 그러나 바울의 방침은 '자기민족중심주의'(ethno-

---

12. 누군가는 이방인들에게 우상을 버리도록 요구하는 것이 그들이 유대적 종교 패턴을 선택하도록 하는 것이라고 말할 수 있을 것이다(참조, 살전 1:9-10). 예를 들어, Paula Fredriksen, *Paul, the Pagans' Apostle* (New Haven: Yale University Press, 2017) [=『이교도의 사도, 바울』(가제), 도서출판 학영, 2022 근간]. 그러나 바울에게 (그리고 필론에게도), 한 분 하나님을 예배하는 것은 단지 이 세계의 절대적 진리, 즉 유대인들이 만들어 낸 것은 아니지만 오랫

centrism)에 항의하는 것이 아니었다. 그것은 그리스도의 비상응적 선물에 의한 충격적인 여진이었다. 단일한, 그러나 무조건적인 사건으로서 그리스도-선물은 인류의 어떤 부분집합에 속한 것이 아니고 모두를 위해 예정된 것이다. 어느 누구도 이 선물을 그들의 인종적인 가치에 근거해서 받지 않았으므로, 어떤 인종(민족)에 속한 사람도 인종적 이유로 이 선물로부터 배제되지 않는다. 이 진리는 바울이 반복해서 가장 예상 밖의 사람들이 하나님으로부터 부르심을 받고 성령의 선물을 받는 것을 경험함에 따라 그에게 점차 더 명백해졌을 것이다. 바울의 신학이 실천을 형성시키고 경험을 해석한 것만큼, 그의 실천과 경험은 신학을 형성했음에 틀림없다. 그러나 바울이 여기에서, 그리고 다른 곳에서(2:8-9; 롬 1:1-7) 말하고 있는 것으로부터 알 수 있듯이, 그의 사도권과 새로운 선교 방식은 그리스도 안에 있는 무조건적인 하나님의 은혜로부터 나온 동력에 의해 형성된 것이 분명하다.

이전 여행에 대한 설명(1:16-24)은 바울이 자기보다 먼저 권위를 갖고 있던 자들에게 신세지지 않았음을 보여주는데("내가 곧 혈육과 의논하지 아니하고", 1:16), 심지어는 모-도시(mother-city) 예루살렘과 연결된 권위자들도 그에게 있어 결정적이지 않았다. 오랜 세월 후에, 그가 바나바와 함께 예루살렘으로 올라갔던 것은 "계시에 따른" 것이었으며(2:2; 즉, 어떤 인간적 명령에 의한 것이 아니라), 복음을 "유력한 자들"(2:2)에게 설명했던 이유는 그들의 권위가 필요했기 때문이 아니라, 예수 운

동안 인식해왔던 진리를 인식하는 것이다.

동 안에 있는 민족적 다양성이 그 운동을 찢어놓지 않았음을 보증하는 데 열정이 있었기 때문이었다. "기둥" 같은 사도들은 명망이 있었지만(2:2, 6, 9), 그들에게 중요했던 것은, 다른 모든 사람들에게 있어서와 마찬가지로, "사람을 외모로 취하지 아니하시는"(2:6) 하나님이 그들을 어떻게 평가하느냐는 것이었다. "거짓 형제들"(2:4)의 압박에도 불구하고 바울의 헬라인 동역자 디도는 할례받도록 요구당하지 않았고, 예루살렘에서 바울은 "복음"이 단 하나의 문화적-민족적 전통에만 제한되지 않는다는 것에 대해 인정받았다(2:7-10).

남성 할례는 고대 유대인 정체성의 중대한 구성 요소였는데, 특히 할례로 인해 결혼과 출생이 유대 공동체 안에 (대부분) 제한되었기 때문이었다. 유대인들에게 [할례받지 않은] 포피는 열등한 '다름'과 혐오의 상징이었다. 헬라인에게는 그 반대였는데, 할례는 완전히 불필요하며, 심지어는 미개하고, 몸에 대한 미적 손상으로 여겨졌다. 예루살렘에서는 예수 그리스도의 복음이 할례와는 상관없이 선포되고 실천될 수 있다고 합의되었었다. 바울은 심지어 "포피의 복음"(2:7)이라는 충격적인 표현을 사용하기도 한다(한글성경에서는 풀어서 "무할례자에게 복음 전함"이라고 번역되었지만, 헬라어 원어상으로는 "포피의 복음"['유앙겔리온 테스 아크로부스티아스']이라는 표현이 나옴—역주). 이때, 유대 전통 속에서 문화 자본의 중심적인 상징인 할례가 이방인 선교에서 버릴 수 있는 것으로 인식되었다. 이것은 이방인 선교가 덜 중요하거나 이방인들이 열등한 상태이기 때문이 아니라, 하나님이 한 선교[유대인 선교]에서 역사하시는 것만큼이나 다른 선교[이방인 선교]에서도 역사하시기 때문이다(2:8).

바울이 나중에 이 편지에서 썼듯이, "할례나 무할례가 아무 효력이 없다"(5:6; 6:15). 둘 중 어느 쪽이든 지역에 따라 문화적으로 적절하게 행해질 수 있지만(참조, 고전 7:18-19), 어느 쪽도 궁극적인 가치의 상징을 형성할 수 없으며, 그래서 어느 쪽도 강요될 수 없다. 바울은 이에 대해 이미 예루살렘에서도 반대했었고, 지금은 갈라디아에서 남성 신자들은 할례받아야 한다는 그 **요구사항**에 반대하고 있다(2:3, 14; 6:12에 있는 '강요'의 용어 사용에 주목하라). 할례 요구는 이 문화 정체성의 상징이 '복음'에 있어 필수적이라고 선언하는 것이 될 수 있다. 그런 의미에서 '복음의 진리'는 '자유'를 수반하는데, 이는 절대적인 자유가 아니라(바울은 자신을 "그리스도의 노예"라고 선언한다, 1:10), 어떤 한 문화 전통의 한도 안에 제한될 수 없다는 말이다. 이방인들에게 유대 율법 혹은 이미 형성된 다른 어떤 기준에 대한 순응을 강요하면 상응적 선물인 '복음'이 띠는 본질적인 특성을 거부하게 될 수 있다.

안디옥 사건과 그리스도 안에서 일어난 가치의 재정의(갈 2:11-21)

바울의 내러티브 속에서 나오는 마지막 사건은 2:11-14에서 이야기하고 있는 안디옥 사건이다. 바울은 여기서 베드로가 어떻게 안디옥으로 왔으며, 베드로가 어떻게 처음에는 이방인 신자와 함께 먹고 있다가 그 자리에서 물러나게 되었고, "그가 복음의 진리를 따라 바르게 행하지 아니하였기"(2:14) 때문에 바울이 어떻게 베드로를 대면

하여 책망했는지를 묘사한다. 이 사건은 또한 '복음'에 대한 바울의 설명을 위한 도약대(launch-pad)인데, 이것이 안디옥과 갈라디아 둘 다에 적용될 수 있기 때문이다. 바울이 그리스도 안에서의 이신칭의(믿음으로 의롭다고 칭함을 받음)에 대해 처음으로 언급하고 있는 이 장의 마지막 절들(2:15-21)은 안디옥에서의 위험에 처했던 상황이 무엇인지를 풀어서 설명하고 있기에 이전에 나오는 내용들과 분리되어서는 안 된다. 바울이 게바(베드로)에게 하는 말은 2:14에서 시작되고("내가 모든 자 앞에서 게바에게 이르되 …"), 2:15에서 계속 이어진다("우리는 본래 유대인이요 …"). 여기서 주어인 '우리'는 바울이 2:18에서부터 이 장의 끝까지 이것을 예증의 '나'(paradigmatic 'I': 바울이 자신의 주장을 증명하기 위하여, 수사적으로 자기 자신의 개인적 예를 들어 사용할 때의 '나'—역주)로 축소하기 전까지 2:16-17에서도 계속 나타난다. 2:15-21에서 혼란스러워 보이는 많은 부분들은, 이 구절들을 안디옥에서 바울과 베드로의 충돌의 타당성을 설명하기 위한 것으로 이해한다면 명확해질 수 있다.

바울이 최소한의 세부사항만 제공하고 있기 때문에 안디옥에서 무슨 일이 일어났었는지 정확하게 재구성하기는 어렵다. 왜 베드로가 안디옥에 있었는가? 왜 "야고보에게서 온 어떤 이들"(2:12)이 베드로를 따라왔는가? 그들은 누구였으며, 어떻게 그들이 "두려움"을 조성했는가(2:12)? 우리가 말할 수 있는 전부는 식사에 대해서 논쟁이 일어났다는 사실과 베드로가 이방인 신자들과 함께 먹던 자리에서 물러났다는 사실뿐이다(2:12). '주의 만찬'을 포함한 공동 식사는 그리스도인 공동체 형성에 중심적인 역할을 했는데, 그것이 그리스도에 대한 공유된 충성 속에서 공동의 정체성과 서로에 대한 헌신을 표현했기 때문이다. 그래서 베드로가 떠나는 모습은 유대감에 심각한 균열, 곧 이 이방인들이 안디옥에 있는 회중의 완전한 구성원들이 아니라는 것을 암시했다. 우리는 고대의 유대인들이 비유대인들과의 정기적인 식사를 경계했다는 것을 알고 있는데, 특히 그러한 식사가 강력한 사회적 유대를 생성할 경우에 그랬다.[13] 베드로가 처음에 이방인 신자들과 같이 먹었을 때(2:12), 그 행위는 어떤 의미에서는 "이방인의 방식으로"(*ethnikōs*, 2:14) 사는 것을 의미했다.[14] 그가 물러나서 더 엄격한 유대적 노선을 택했을 때, 바울은 그 철수를 이방인들이 베드로의 유대적 전통에 순응하라는 압박으로 여겼다. "당신이 유대인으로서 이방인처럼 살고 유대인의 방식으로 살지 아니하면서 어찌하여 억지로 이방인을 유대인처럼 살게 하려합니까(*ioudaizein*)?"(2:14).

심지어 바나바마저 베드로를 따랐기 때문에(2:13), 안디옥에서는 바울만이 베드로의 방침에 반대했던 것으로 보인다. 바울에게는 실천적인 일들이 결정적으로 중요한 문제였는데, 그 실천적인 일들이

---

13. 이교적/유대적 자료들 모두 식사-분리주의(meal-separatism)를 디아스포라의 유대적 삶의 특징으로 여긴다(예, Diodorus 34.1.2; Tacitus, *Histories* 5.5.2; *Letter of Aristeas* 139-42; *3 Maccabees* 3:4; Josephus, *Against Apion* 2.173-74, 209-10, 234). 유대인들이 문화적으로 필요하다고 여긴 것을, 비유대인들은 반사회적이라고 오해했다.

14. 학자들은 베드로가 유대적 규범에 대한 순응으로부터 실제로 이탈한 것인지, 그랬다면 얼마나 많이, 어떤 면에서 이탈했는지에 대한 논쟁을 이어가고 있다. 이에 대해 다음을 참고하라. James D. G. Dunn, *Jesus, Paul, and the Law* (London: SPCK, 1990), 129-82; Magnus Zetterholm, *The Formation of Christianity at Antioch* (London: Routledge, 2003), 129-66. 그러나 우리는 베드로가 처음에는 '이방인의 방식'으로 살았다는 바울의 판단을 무시할 수 없다.

공동체를 형성할 수도, 균열낼 수도 있을 경우에는 특히 그랬다. 바울은 베드로에게 "복음의 진리에 따라 바르게 행하지 않는다"(2:14)라고 말했다. 바울의 선교를 위한 노력들은 새로운 공동체의 형성을 이끌고 있었고, 만약 이 공동체의 구성원들이 함께 먹을 수 없다면, "서로 짐을 져 주는"(6:2) 상호 책임에 헌신된 공동체를 형성하는 일은 불가능했을 것이다. 그리고 만약 함께 먹는 일에 대한 규정이 유대인 조상들의 전통에 의해서, 혹은 '복음의 진리'가 아닌 다른 무엇에 의해서 결정된다면, 그것은 단순히 분열 조장이 아니라 진리에 대한 거부였다. 그리스도-선물은 인종(민족) 구분과는 상관없이 주어지기 때문에, 분리에 대한 옛날의 민족적 규칙들은 더 이상 적용할 수 없다("유대인이나 헬라인이나 상관없이", 3:28). 교제에 있어서 유대적 규칙을 다시 적용하는 것은 신자들이 서로 교류하는 방식들에 대해 조건을 부가하는 것이 될 수 있고, 이는 '복음'에서는 상상도 못할, 서로를 구별하는 규범을 적용하는 것이 된다. 실제로 복음이 좋은 소식이 될 수 있는 이유는 유대인을 비대유대인으로부터 구별하는 예전의 가치 기준을 무시한다는 데 있다. 은혜의 비상응성은 복음을 세우기도, 넘어지게도 한다.

2:15-21의 많은 내용들은 해석자들 사이에서 논란이 되고 있고, 주해적 쟁점들이라는 덤불 속에서 길을 잃게 되기 싶다. 그래서 나는 나의 본문 의역(paraphrase)으로 시작하려 하는데, 이 의역에는 내가 이 본문을 읽는 방식이 암시되어 있다. 그러고 나서 나는 이 의역에 깔려 있는 세 가지 주해적 결정들을 설명할 것이다. 다음이 나의 의역이다.

> 당신들과 나, 그리고 베드로는 유대인이고, 우리 자신들이 '이방 죄인들'과는 다른 (그리고 더 나은) 부류라고 생각하곤 했었지요. 그러나 우리는 모세 율법을 잘 지키는 것을 통해 하나님 앞에서 의롭다고(바로 서 있다고) 여겨지는 것이 아니라는 것을 압니다. 그것은 오직 그리스도를 신뢰하는 것을 통해서만 가능합니다. 그래서 우리는 그 방식으로 의롭다고 여겨지기 위해서 우리의 신뢰를 그리스도께 두었습니다. 그러나 우리가 그리스도 안에서의 신적 확증을 구했음에도 불구하고 우리의 결과적 행위가 우리를 (안디옥에서와 같이) '죄인들'처럼 보이게 한다면 그리스도가 우리를 죄로 이끄신 것입니까? 결코 그렇지 않습니다! 내가 율법을 의에 대한 잣대로 복귀시키는 경우에만, 비유대적 방식으로 살아가는 것이 나 자신을 범법자로 만들 것입니다. 진리는 이것입니다. 나는 하나님 앞에 서기 위해 율법에 대해 죽었습니다(나에게 있어 율법은 더 이상 의에 대한 최종적인 기준이 아닙니다). 나의 옛 자아는 그리스도와 함께 십자가에 못박혀 죽었고, 나의 새 자아는 부활하신 그리스도에 의해 재형성되었으며, 삶은 그리스도를 향한 신뢰와 자기 자신을 나에게 주신 그의 선물 위에 세워졌습니다. 이것이 바로 내가 거절할 수 없는 신적 선물인데, 만약 율법이 규범적인 표준과 의를 얻는 수단으로 남는다면, 그리스도의 죽음은 아무런 효력을 가져오지 않을 것이기 때문입니다.

바울이 사용하고 있는 헬라어 어구의 의미에 대한 세 가지 결정 사항들이 위의 의역에 담겨져 있다.

첫째, 나는 "율법의 행위들"(*erga nomou*)을 모세 율법 준수를 가리킨다고 해석했다. 바울은 일반적인 '선행'이 아니라 토라가 요구하는 바를 실천하는 것 내지 그가 바로 앞에서 적고 있듯이, "유대적 방식으로 살아가는 것"(2:14)에 대해 말하고 있다.[15]

둘째, 나는 (보통 "의롭다고 하다"[justify]로 번역되는) 동사 '디카이오오'(*dikaioō*)를 '누군가를 의롭게 여기다'로 해석한다. 이것은 사회적 문맥에서는 "누군가를 바로 서 있는 것으로 여기다"라는 (사회적으로 용인할 수 있다는) 의미를 가지고, 법정적인 문맥에서는 "누군가를 옳다고 여기다"라는 (소송에서 정당성이 입증되었다는) 의미를 가진다. 이 동사는 "누군가를 의롭게 만들다"라는 의미가 아니라 (혹은 그들의 상태를 바로잡는다는 의미가 아니라) 누군가를 용인할 만하고, 존경할 만하고, 가치있다고 여기는 판단을 나타낸다. 이 단어에 대해 맹렬하게 계속되어 온 신학적 전투들 때문에, 마치 이것이, "용서하다" 혹은 "도덕적으로 의롭게 만들다" 혹은 "교정하다"처럼, 가끔씩 잘못된 종류의 의미를 전달하도록 조장되어 왔다. 그러나 이 헬라어 단어의 일반적인 뜻을 존중하여, (누군가의 상태에 대한 변화가 아닌) 누군가의 법적 혹은 사회적 지위에 대한 판단으로 해석하는 것이 최선이다. 여기서 하나님이 암

15. 다른 곳에서 바울은 '행위'를 일반적인 의미로 사용하고 있지만(예를 들어, 롬 11:6), 그의 베드로에 대한 반대(그리고 갈라디아에 대한 견해와 함께)를 설명하고 있는 이 문맥에서는, 특별히 토라 준수에 대해 말하고 있다. 그러나 던처럼 이것을 어떤 '경계 표지'(안식일, 음식, 할례 같은)를 가리키는 것으로 그 대상을 제한할 필요는 없다. James D. G. Dunn, *The New Perspective on Paul: Collected Essays* (Tübingen: Mohr Siebeck, 2005), 23-28을 보라(이 부분에 해당하는 것은, 『바울에 관한 새 관점』, 에클레시아북스, 2012).

시되어 있는 주어이고(참조, 3:11), 하나님이 사람들을 "의롭다"고 여겨 주실 때, 그들은 받아들여진 사람, 가치와 자격이 있는 사람으로 확인된다. 그렇게 인정받게 된 이유는 그들이 그리스도 안에서 재형성되었고 그들의 생명과 정체성을 그리스도로부터 부여받게 되었기 때문이다.[16]

셋째, 나는 헬라어 어구 '피스티스 크리스투'(*pistis Christou*: 그리스도의 믿음)를 "그리스도를 신뢰하는 것"으로 해석한다. "신뢰"(trust)가 "믿음"(faith)보다 더 나은 번역인데, 이 단어는 관계라는 개념을 생각나게 하며, 바울이 이 단어로 어떤 비인격적인 진리들의 모음에 대한 믿음이 아니라 하나님이 예수님의 죽음과 부활 속에서 이루신 결과에 관한 인격적인 의존을 말하고 있기 때문이다.[17] 최근 몇 년 동안 많은 바울 학자들은 이 어구를 "그리스도의 믿음" 또는 "신실함"을 가리키는 것으로 해석해왔다. 즉, 이 어구가 하나님의 목적에 대한 그리스도의 신실함 혹은 하나님의 신실함에 대한 그리스도의 표현을 가리킨다는 것이다.[18] 그러나 바울은 2:16 중간에서 "우리가 그리

---

16. 이 주제에 대한 논의는 방대하다. 유용한 방향설정을 위해서는 다음을 참고하라. Stephen Westerholm, *Perspectives Old and New on Paul: The "Lutheran" Paul and His Critics* (Grand Rapids: Eerdmans, 2004), 261-84; James B. Prothro, *Both Judge and Justifier: Biblical Legal Language and the Act of Justifying in Paul* (Tübingen: Mohr Siebeck, 2018).
17. '피스티스'를 신뢰로 보는 것에 대해서는 Teresa Morgan, *Roman Faith and Christian Faith: Pistis and Fides in the Early Roman Empire and Early Churches* (Oxford: Oxford University Press, 2017)을 보라.
18. 이 견해는 다음의 저작들에 의해 옹호되어 왔다. Richard B. Hays, *The Faith of Jesus Christ: The Narrative Substructure of Galatians 3:1–4:11*, 2nd ed. (Grand

스도 예수를 신뢰하니"라는 어구를 사용할 때, 이 애매모호한 약칭을 통해 의미하는 바를 분명히 하고 있는 것으로 보인다(참조, 3:6에서의 하나님에 대한 아브라함의 신뢰). 신뢰는 어떤 종류의 업적이 아닌데, 이는 그리스도 안에서의 하나님의 행위가, 다른 모두가 의존할 수 있는 사건으로 남기 때문이다. 그리스도를 신뢰함을 통해 신자들은 그리스도가 그들 안에 사실 때만, 자신들이 산다는 것을 알게 되고(2:20), 그리스도 안에서만 참 가치를 발견하게 된다.[19]

베드로와 바울이 체험과 숙고를 통해 발견한 것은 하나님 앞에서 중요한 그 한 가지가 그리스도의 죽음과 부활 속에 싸여져 있다는 것이다. 그들은 예전에 모세 율법을 행하는 것이 하나님 앞에 바로 서는 것에 필수적이라고 생각했었지만, 그리스도-선물 이후에는 그것이 비본질적이라고 생각하게 되었다. 그렇다고 유대인에게 토라

Rapids: Eerdmans, 2002) [=『예수 그리스도의 믿음』, 에클레시아북스, 2013]; Martyn, *Galatians*. 헬라어 '피스티스'가 다양한 의미를 가지고, 헬라어 속격인 '피스티스 크리스투'는 그리스도를 '피스티스'의 주어 혹은 목적어로 가질 수 있기 때문에, 이 문제는 여전히 논쟁 중에 있다. 이에 대한 다양한 견해들에 대해서는, Michael Bird and Preston M. Sprinkle, eds., *The Faith of Jesus Christ: Exegetical, Biblical, and Theological Studies* (Milton Keynes: Paternoster, 2009)을 참고하라.

19. '피스티스'를 "신실함" 혹은 "충성"으로 번역하는 것은(참조, Matthew W. Bates, *Salvation by Allegiance Alone* [Grand Rapids: Baker Academic, 2017] [=『오직 충성으로 받는 구원』, 새물결플러스, 2020]) 신자의 조건과 행위에 제일의 강조점을 두겠다고 위협하는 것이다. 그러나 바울은 신뢰라는 (꼭 필요한) 반응은 항상 제일 중요한 약속(즉, 하나님의 약속—역주)이나 (그리스도 안에서의) 하나님의 행위에 의존적이라고 주장하는 데 애쓰고 있는 것으로 보인다.

준수(Torah-obervance)가 항상 틀렸거나 부적절한 행위라는 말은 아니다. 다만 그 가치가 부수적이라는 말이다. 즉, 누군가에게는 적절할 수도 있고, 다른 사람에게는 부적절할 수도 있으며, 어떤 상황에서만 그렇고, 모든 상황에서는 아니라는 말이다. 율법 준수는 사람의 가치나 하나님 앞에서 가질 지위를 확립하지 않고, 확립할 수도 없다. 이를 가능하게 하는 유일한 것, 그리하여 최종적이고 유일한 가치를 갖는 것은 그리스도에 대한 신뢰다. 이것은 신뢰라는 인간의 행위 때문이 아니라, 신뢰받을 수 있는 것, 즉 그리스도 때문이다. 어떠한 상황 속에서도 유일하게 중요한—모든 사람, 즉 유대인과 비유대인에게 모두에게, 그리고 모든 상황 속에서 변하지 않고 중요한—것은 "그리스도 안에서 의롭다고 여겨지는 것"(2:17), 다시 말해 그리스도의 죽음과 부활을 근거로 하나님 앞에서 가치 있다고 여겨지는 것이다. 이것과 비교하여, 바울이 예전에 "하나님께 대하여"(2:19) 사는 삶을 위해 필요하다고, 정말 본질적이라고 생각했던 것이 실제로는 비본질적인 것임을 이제 그는 깨닫는다. 더 이상 율법을 하나님 앞에서 자신의 가치를 정하는 본질적인 기준으로 생각하지 않는다는 의미에서, 그는 "율법에 대하여 죽었다"(2:19). 율법은 그의 진정한 가치, 즉 바람직한 "상징 자본"을[20] 형성하는 것이 아니다.

다음은 바울이 2:15-21을 통하여 추적하고 있는 근본적인 변화이다. (확장된 나의 의역은 다음과 같다.) 바울은 이렇게 말한다.

---

20. 우리의 상징 자본은 문화적·사회적 상황 속에서 우리에게 가치나 자격을 부여해 주는 것—인종/민족성, 교육, 아름다움, 기술, 부, 사회적 지위 혹은 다른 무엇이든지—이다. 이것은 우리 자신에 의해 획득될 수도 있고, 다른 사

베드로! 당신과 나는 이제 사람이 하나님 앞에서 받아들여질 만하게 여겨지는 것은 율법을 행한 것을 근거로 하는 것이 아니라 예수 그리스도를 신뢰하기 때문이라는 것을 압니다. 여기서 신뢰는 그리스도 안에서 주어진 선물에 대한 절대적인 의존을 암시하는 것이지요. 율법을 행하는 것은 하나님 앞에서 절대적이거나 완전한 의미로서 중요한 것이 아닙니다. 이렇게 그리스도에게 완전한 투자를 할 때, 이방인 신자들과의 교제는 우리가 예전에 하나님 앞에 바로 서기 위해 필수적이라고 생각했던 '의'에 대한 기준을 위반하라고 요구할 수도 있을 것입니다. 율법의 기준에 의하면, 그것[이방인 신자들과의 교제]은 우리를 '죄인들'로 만들지만, 율법은 더 이상 하나님을 기쁘시게 해 드리기 위한 절대적이거나 변하지 않는 척도가 아닙니다(2:17). (안디옥에서 복음을 위해 행한 바) '이방인의 방식으로 사는 것'은, 오로지 우리가 율법을 절대적인 규범으로 다시 복귀시킬 때만, '죄'로 여겨집니다(2:18).[21] 그러나 나는 그렇게 하지 않을 것입니다. 나는 하나님께

람들에 의해서 우리에게 귀속될 수도 있다—바울신학에서 중요한 것은 하나님에 의해서 귀속되는 것이다. 바울은 그의 자아와 그의 가치에 대한 너무도 근본적인 재구성 과정을 겪었기 때문에, 이렇게 말할 수 있었다. "이제는 내가 사는 것이 아니라, 오직 내 안에 계신 그리스도가 사는 것입니다"(2:20). 우리는 이러한 진술의 의미를 제10장에서 숙고해 보게 될 것이다.

21. 이러한 문맥에서, 바울은 그 자신을 "범법자"로 만들 수도 있는데(2:18), 토라 아래에서 죄 없이 살아가는 것이 불가능해서가 아니라(이런 의미가 3:10과 3:22에 암시되어 있긴 하지만), 만약 토라가 옳고 그름에 대한 궁극적인 척도로 계속 유지된다면, "이방인의 방식으로 사는 것"(2:14)이 '범법'이 될 수 있기 때문이다.

> 대해 살기 위해서, 율법에 대해 이미 죽었습니다(2:19). 나는 율법의 절대적인 요구로부터 나 자신을 멀찍이 떨어트려 놓았는데, 나의 모든 삶이 그리스도에 의해 재형성되었기 때문입니다. 자신을 주신 그리스도의 선물은 절대적 가치를 가지는 유일한 것입니다(2:20). 내가 만약 이 선물을 거절한다면, 그리고 율법을 가치에 대한 규범적인 체계로 다시 회복시킨다면, 나 역시 나를 위한 그리스도의 죽음을 헛된 수고로 취급하는 것이 될 것입니다(2:21).

그리스도에 대한 신뢰는 그리스도만이 참된 가치임을 인정하는 것이다. 다른 무엇에 투자하는 것은 단지 중요한 것으로부터 주의를 뺏기는 정도의 것이 아니다. 그것은 신뢰를 약화시키고 귀중한 그리스도의 가치를 잃게 만든다. 그리스도 외의 다른 무엇—심지어 율법까지도—이 가치 있게 여겨진다 하더라도, 그것이 그리스도의 목적을 위해 섬길 때만 그리고 신자를 그분과 더 깊은 관계를 맺도록 이끌 때만 귀중한 것이 될 수 있다. 인종적 정체성, 조상에 대한 충성, 문화적 탁월함, 그리고 예전에 형성되어 있던 모든 가치들이 그리스도와 관계없이 세워졌다면, 이들은 더 이상 소중히 취급할 가치가 있는 자본으로 여길 수 없다. 그리고 믿음은 가치에 대한 어떤 대안적인(alternative) 상징도, 그 자체만으로 존경할 만한 정제된(refined) 영성도 아니다. 그와는 반대로 **그리스도에 대한 신뢰인** 믿음은 일종의 파산 선언이자, 하나님의 경제에 있어 유일한 자본이 다른 어떤 가치의 기준과는 상관없이 주어지는 그리스도의 선물이라는, 급진적이고도 충격적인 인식이다.

* * *

우리는 나중에 (제13장에서) 우리가 사는 현대 문화라는 상황에 대해 이 신학이 가지는 사회적이고 개인적인 함의를 살펴볼 것이다. 그러나 우리는 먼저 갈라디아서의 나머지 부분에서 바울이 주장한 내용을 마저 다루어야 한다.

제5장
그리스도-선물, 율법, 약속
(갈 3–5장)

바울은 1-2장의 내러티브를 쓰면서 계속해서 갈라디아 사람들을 마음에 두고 있었지만(“복음의 진리가 언제나 여러분과 함께 있게 하기 위해서”, 2:5), 3:1에 와서야 비로소 그들을 직접적으로 부르면서 말한다. “어리석은 갈라디아 사람들이여! 예수 그리스도가 십자가에 못박히신 것이 여러분 눈 앞에 선하게 보이는데, 누가 여러분을 홀렸습니까?” 갈라디아서의 중심적인 부분은 3장과 4장을 지나 5:12까지 쭉 이어지는데, 그 시작과 끝은 갈라디아 사람들에게 아주 적나라한 방식으로 선택지를 제시하면서 직접적으로 호소하는 틀(frame)에 싸여져 있다(3:1-5; 5:2-12). 이 틀 안에 위치하고 있으면서, 율법/약속에 대한 난해한 논의와 얽혀 있고, 복잡한 구약 본문들과 함께 나타나는 몇몇 단락들은 마치 이 임박한 위기 상황과는 완전히 동떨어져 있는 것처럼 보인다. 그러나 실제로 이 중간에 있는 장들의 다섯 가지 하위 단락들(3:6-14; 3:15-29; 4:1-11; 4:12-20; 4:21-5:1)은 “너희”(또는 “우리”)에 대한 실제적인 적용으로 끝난다. 즉, 이 논의의 모든 부분은 자신들의 가치가 토라 준수를 통해 표현되고 확고해질 수 있다는 갈라디아 사람들의 생각을 단념시키려는 바울의 노력과 연관되어 있다.

이 담론의 모든 가닥들은 하나의 질문으로 요약된다. 너희들의 삶을 형성하고, 너희의 다른 가치들과 목적들을 규정하는 궁극적인 가치는 무엇인가? 그것이 율법인가? 아니면, 그리스도와 성령의 선물인가? 이 편지의 급진적인 주장은 그리스도-선물이 단지 전통적인 가치들과 범주들을 수정하고, 새로운 내용을 추가하거나 의미를 확장하는 데 그치지 않는다는 것이다. 그리스도-선물은 삶 전체의 방향 설정과 의미에 대한 완전히 새로운 중심을 설정해 주기에, 바울은 "내가 우리 주 예수 그리스도의 십자가밖에는 무엇으로도 자랑하지 않기를 원합니다. 그리스도를 통하여 세상이 나에 대해 십자가에 못박혔고, 나도 세상에 대해 십자가에 못박혔습니다"(6:14)라고 말할 수 있었다. 이러한 삶의 재설정은 모든 문화와 상황에 대한 광범위한 함의를 가지는데, 바울은 여기서 그것을 자신의 '조상의 전통들'과 연관해서, 그리고—바울이 최근 깨닫게 된 지점인—하나님이 시작부터 암시해 오셨던 것과 연관해서 생각하고 있다.

갈라디아에 있는 바울의 대적자들은 율법을 하나님의 궁극적인 뜻에 대한 표현으로 특징짓는 내러티브 전개 위에 그리스도-사건을 둔 것 같다. 이 내러티브에 의하면 율법은 모세를 통해 주어졌고 메시아 예수님에 의해 확증되었으며 유대인과 이방인 모두를 포함한 신자들의 율법 준수 속에서 성취되었다. 이것은 충분히 예상할 수 있는 것이다. 벽걸이 융단(tapestry)처럼 풍부하게 직조되어 있는 제2성전기 유대교에서도 율법을 덕과 의의 정의(definition)로 인식하지 않는 문헌을 발견하기는 어렵다.[1] 우리가 제3장과 제4장에서 살펴본 본문들 중, 에스라4서는 율법의 수여를 영원한 중요성을 가지는, 언약의 역사에 있어서 중심적인 순간으로 이해했다(3:12-19). "그들 전에 이미 있었던 하나님의 율법이 무시당할 바엔, 지금 살고 있는 많은 사람들이 멸망하도록 내버려 두십시오"(7:20, NRSV). 솔로몬의 지혜서는 이스라엘 백성을 이렇게 칭송했다. "그들을 통하여 불멸하는 율법의 빛이 세상에 주어졌습니다"(18:4). 필론의 정의에 따르면, 율법은 기록되지 않은 자연의 법에 상응하며 보편적으로 모든 시대를 통틀어 참되고 옳은 것을 의미한다.[2] 이처럼 갈라디아에 있었던 선교사들은 유대 전통 속에서 율법을 이스라엘과 세상에 대한 하나님의 계시의 중심으로 여기면서 율법에 대해 자부심을 느낄 수 있도록 해주는 요소들을 얼마든지 가져올 수 있었다. 그들이 하나님의 선물인 그리스도와 성령을 율법이 형성한 틀 안에 두는 것은 완전히 자연스러운 일이었다.

율법을 주변부로 밀어내며, 역사 속에서 율법의 역할을 일종의 간주곡 정도로 제한하고, 그를 '언약'과 '약속'과는 범주상 다른 것으로 분리시키는 일은 유대적 전통 속에서 성장한 이에게는 **자연스럽지 않았다**. 그러나 갈라디아서 3-4장에서 바울이 바로 이 일을 하고 있

1. E. P. Sanders, *Judaism: Practice and Belief, 63 BCE–66 CE* (London: SCM, 1992).
2. Christine Hayes, *What's Divine about Divine Law? Early Perspectives* (Princeton: Princeton University Press, 2015).

다. 바울은 그리스도-사건이라는 시점으로부터 역사를 해석하는데, 이 그리스도-사건은 율법 중심으로 형성된 역사의 틀 안에 들어 있지 않았다. 그렇다고 그리스도-선물이 난데없이 튀어나온 것은 아니었다. 바울은 그것이 아브라함에 대한 하나님의 약속으로부터 나온 것이라고 주장한다. 그러나 그리스도-선물은 수신자들의 가치나 능력과는 어울리지 않게, 저주받은 사람들에게 축복을, 노예가 된 사람들에게 자유를 주면서 인간 차원에서의 불연속성과 부조화성을 나타낸다. 우리는 여기서 바울이 어떻게 역사와 성경을 그리스도라는 비상응적 선물을 통해 재구성하고 있는지를 추적할 것이다. 먼저 이 논의의 시작과 끝에 등장해 중심 내용을 감싸는 틀의 역할을 하는 본문들부터 살핀 후, 그 다음으로 갈라디아서의 중심을 이루는 장들의 주요 내용들을 다룰 것이다.

틀을 이루는 본문들(갈 3:1-5; 5:2-12)

바울은 "어리석은 갈라디아 사람들이여!"라고 부른 다음, 바로 "십자가에서 못박히신 예수 그리스도"를 언급하는데, 이는 뒤따르는 모든 논의의 중심을 "자기 자신을 주신"(2:20) 그분에게 두기 위해서다. 이 선물로부터 나온 새로운 삶은 성령이라는 형식 안에서(3:2, 5) 그들 가운데 활성화되고 강력해졌다. 성령 역시 하나님이 "공급"하시고(3:5), 갈라디아 사람들이 "받은"(3:2) 선물이다. 이 선물은 그리스도-선물과 독립된, 부가적 선물이 아니라, "하나님의 아들의 영"(4:6)

이고, 그래서 신자들의 "마음" 속에 있는 그리스도의 임재이며(4:6), 그들의 일상생활 속에서 체험된다.[3] 모든 것은 아마 다음의 질문으로 압축될 수 있을 것이다. 갈라디아 사람들은 율법 행위와 이에 따른 틀 안에서 이 선물을 받았는가? 아니면, 그들이 신뢰로 반응했던 메시지의 결과로서 받았는가(3:2)?[4] 갈라디아 사람들이 그리스도의 영을 선물로 받아 하나님의 자녀들이 된 것은 삶을 율법의 가치와 행함에 맞추었기 때문이 아니라, 저들에게 수여된 예수 그리스도의 복음으로 인해 유일한 가치가 되시는 그분을 신뢰하고 그분에게 모든 것을 쏟아붓게 되었기 때문이다.

이 논리는 사도행전 속 고넬료 내러티브에 나오는 것과 유사하다(행 10-11장; 참조, 행 15:8-11). 유대인 신자들은 이방인들에게도 성령이 선물로 주어진다는 것을 목격하고서 그리스도-사건이 자신들의 전

3. 그래서 성령은 신자들이 그리스도의 선물을 경험하는 형식이다. 이제 그들은 성령으로 새로운 "삶"을 산다(5:25). Gordon D. Fee, *God's Empowering Spirit: The Holy Spirit in the Letters of Paul* (Grand Rapids: Baker Academic, 2011) [=『성령: 하나님의 능력 주시는 임재』, 새물결플러스, 2013].

4. 바울의 축약된 어구인 '아코에 피스테오스'(*akoē pisteōs*)는 모호한 표현이고, 여러 방법으로 해석되어 왔다(NRSV, "네가 들은 것을 믿음"). '아코에'(*akoē*)는 "들음의 행위" 혹은 "들려진 메시지"를 의미할 수 있는 반면, '피스테오스'(*pisteōs*)는 "들려진 것"(이 경우에 의미는 "신뢰의 메시지"가 된다—역주) 또는 "들려진 것의 수납 방식"(이 경우에 의미는 "신뢰 속에서 들음"이 된다—역주)을 가리킬 수 있다. 살전 2:13과 롬 10:16-17에서, 바울이 '아코에'를 사용한 방식을 고려해 보면 여기서 이 단어는 바울이 선포한 복음을 가리킨다고 볼 수 있다. 또한, 여기서 '피스테오스'("신뢰의")는 아마도 그것의 수납 방식을 가리킬 것이다. 그래서 이를 종합하면 "신뢰 속에서 수납된 메시지"가 된다.

통 한도 내에서만 제한될 수 없다는 것을 깨닫고 깜짝 놀라게 된다. 바울에게 이 장면은 그리스도-사건이 비상응적 선물이라는 확신에 대한 확증이었다. 성령은 유대인들에게 있어 가장 중요했던, 가치의 담지자(bearer) 내지 상징 자본이 되는 토라와는 상관없이 주어졌다. 성령이라는 선물을 이 방식이 아닌 다른 방식으로 재구성한다면 그 본질을 잃게 될 것이다(갈 3:4). 율법으로 조건 지워진 성령은 더 이상 성령이 아니고, 육체일 뿐이다(3:3).[5]

중심 되는 장들의 끝에 있는 틀(5:2-12) 역시 이러한 적나라한 양자택일을 강조한다. 만약 갈라디아 사람들이 할례 의식을 취한다면 유대의 율법에 모든 삶의 방향을 설정하게 되는 것이다(5:3). 그것은 그리스도를 신뢰하는 데에 첨가물(add-on)이 될 수 없다. 도리어 그것은 그리스도를 율법 준수라는 목적을 위한 부가적 지위, 곧 조수(assistant)로 강등시키고, 그리스도의 전체적인 가치와 조건 없이 주어진 선물을 잃게 할 것이다. "율법의 관점에서 의롭다고 여김을 받으려는 당신은 그리스도에게서 끊어졌습니다. 당신은 '은혜'(*charis*)로부터 떨어져나간 사람입니다"(5:4). 그리스도-선물을 율법의 규제적 권위에 대한 헌신 속에 두는 것은 이를 보호하거나 보강해주는 것이 아니라 완전히 잃게 하는 것이었다.

왜 그런가? 바울은 할례를 악한 것이거나 열등한 의식으로 생각

---

5. 성령과 육체 사이의 이러한 강한 양극화는 5:13-6:10에서 두 가지 선택 가능한 삶의 양식의 틀로서 다시 나타난다. "당신은 하나님이 성령 안에서 시작하신 일에 투자할('심을') 수도 있고, 혹은 당신 자신의 육체에 심을 수도 있습니다"(6:8). 이 책의 제6장을 보라.

하지 않았다. 그는 유대인 신자들이 그들의 할례를 할례 이전의 상태로 되돌리기를 바라지도 않는다(고전 7:17-19). 그러나 이방인 신자들에 대한 할례 **요구**는 그리스도-사건을 유대 조상들의 전통과 율법에 의해 정의되는 한정된 가치 속에 제한시키는 것이었고, 따라서 민족성이나 율법을 선물의 조건으로 만드는 것이었다. 바울은 **무할례**(문자적으로는 '포피')가 어떠한 의미에서든 더 우월하다고 생각하지 않았다. 확실히 (로마인들에 의해 채택된) 그리스 전통에서는 할례받지 않은 포피가 고귀하고 흠집 없는 남성의 상징이었던 반면, 할례는 신체에 대한 야만적인 미적 손상으로 여겼다.[6] 그러나 그리스도-선물은 이 신체적 구별과는 상관없이(할례 외에 다른 신체적 구별과도 상관없이) 주어졌다. 할례받은 유대인 **그리고** 할례받지 않은 이방인 **모두에게** 주어졌고, 이 두 가지 특성(할례/무할례)은 모두 궁극적으로 중요하지는 않았다. 두 특성 중 하나를 모든 신자에게 본질이라고 강요하는 것은 어떤 가치의 원칙을 그리스도 자신만큼이나 아니면 더 높은 것으로 설정하게 될 것이었다. 바울은 "그리스도 예수 안에서 할례나 무할례나 아무 가치(*ti ischyei*)도 없다"고 주장한다(5:6; 참조, 6:15). 어느 하나도 다른 하나에 대해 우월하지 않다. 이제 중요한 것은 "사랑을 통하여 역사하는 신뢰"다(5:6). 왜냐하면, 그리스도-선물은 그리스도에게 **모든 것을** 걸고, "나를 사랑하사 자기 자신을 나에게 선물로 주신 하나님의 아

6. 다음의 저작들에 반향되어 있는 할례에 대한 비판을 보라. Josephus, *Against Apion* 2.137; Philo, *Special Laws* 1.1-3. 로마 풍자가들은 종종 이 유대 관습에 대한 농담거리를 만들었다(예, Juvenal, *Satire* 14.96-106; Martial, *Epigrams* 7.30.5; 7.82).

들"(2:20)로부터 나온 그 사랑에만 사로잡힌 신뢰를 이끌어내기 때문이다.

그리스도, 약속, 율법(갈 3:6–5:1)

"약속"과 "율법"은 갈라디아서 3-4장에서 자주 나오는 용어들인데, 둘을 조화시키기 위해서가 아니라 둘을 확실하게 구분하기 위해서 같이 등장한다. 바울에게는 그리스도-선물이 하나님의 약속들의 성취라는 사실이 중요하다. 이는 아브라함에게 주어졌던 첫 약속부터 분명히 나타났는데, 이 약속들은 신뢰에 의해 받아들여졌다. 그러나 바울은 율법의 경우 완전히 별개의 문제로 취급하는데, 약속들과 대립 관계에 있는 것으로 여기는 것이 아니라, 일시적인 것이자 무엇보다도 약속된 축복들을 전달해주지 못하는 것으로 여긴다. 실제로 여기서 강조되는 것은 인간이 율법 아래에 있다 하더라도 여전히 저주 아래, 죄 아래, 그리고 노예가 된 교착상태로 남아 있다는 것이다. 만약 이 교착상태가 어떻게든 해결되려면 그 해결책은 불가능한 것을 가능하게 만들고, 자유롭게 해주고, 생명과 축복을 주는 창조적인 선물을 통해서 와야만 한다. 바울은 이 약속된 축복이 그리스도 안에만 존재할 수 있고, 신자들이 이 교착상태를 풀기 위해 하나님의 대항 운동(countermovement) 속으로 들어가게 될 때 비로소 자신들이 완전히 새롭게 만들어지고 새롭게 형성됨을 깨닫게 된다고 주장한다.

아브라함과의 약속에 대한 첫 논의(3:6-14)에서는 과거, 즉 하나님의 백성 이야기의 기원을 언급하는데, 이는 그 과거에 현재를 미리 바라보고 있었기 때문이다(3:8). 구약성경에는 아브라함에 대한 이야기가 많이 있지만(이주, 할례받은 조상, 독자 이삭을 번제로 바치려 했던 사람), 바울은 하나님이 아브라함에게 불가능해 보이는 상속자에 대한 약속을 해주셨을 때의 핵심적인 본문을 선택한다. "아브라함이 하나님을 믿었고(혹은, 신뢰했고) 하나님이 그것을 의로운 일로 여겨 주셨습니다"(3:6; 창 15:6을 인용). 이 구절의 단어들(*pisteuō*, "믿음[신뢰]"; *dikaiosynē*, "의")은 갈라디아서 2:16에 나타난 바 "칭의"와 "신뢰"에 대한 바울의 앞선 진술의 원천이 된다. 지금 그리스도 안에서 일어나고 있는 일은 구약이 여지껏 정확히 예견해오고 있던 일로 판명되었다. 아브라함에 대한 약속이 (3:8, 창 12:3과 18:18을 반향하면서) 모든 열방들에 대한 축복을 예견하게 했던 것처럼, 이제 '아브라함의 복'은 성령의 임재와 능력을 통해 이방인들("열방들") 사이에서 체험되고 있었다(3:14).[7]

그런데 그 복의 수단은 율법이 아니었던가? 바울은 슬프게도 아니라고 말한다(3:10-12). 율법 자체에 의하면 율법 전체를 지키지 않는 사람들에겐 저주가 임하는데(신 27:26), 바울은 이 저주가 율법 준수라는 틀로 규정된 삶을 사는 모든 사람들에게 비극적으로 적용됨을 발견한다(3:10). 바울은 여기서 그가 살던 시대의 몇몇 유대 문헌에서 발견되는 인간 상태에 대한 일종의 비관주의를 가정하고 있는 것으로

---

7. 아브라함에 대한 약속에 성령은 언급되고 있지 않지만, 그것은 이스라엘에 대한 하나님의 약속(특히 이사야와 에스겔) 성취를 향한 유대적 기대와 엮여져 있었다. Rodrigo J. Morales, *The Spirit and the Restoration of Israel* (Tübingen: Mohr Siebeck, 2010)을 보라.

보이는데, 그 문헌들에서는 인간이 가망 없는 상태로 망가져 있기에 율법이 그 "악한 마음"을 치료할 수 없다고 여긴다(예, 본서 제3장에서 논의되었던 쿰란찬송이나 에스라4서). 우리는 이에 대한 단서를 1:4에 나오는 "이 악한 세대"라는 바울의 언급으로부터 이미 발견했다. 그러므로 율법은 복이 아닌 저주를 가져온다! 만약 구약 내러티브가 이런 방식으로 형성되었다면, 그리스도-사건은 부분적인 복들을 따라 나타나는 복의 절정이 아니라 저주로부터 축복으로의 반전이며(3:13-14), 불완전한 긍정을 보충하는 것이 아니라 부정을 긍정으로 뒤집는다. 어째서 그런가? 그리스도는 십자가 위에서 그 저주에 참여하셨고(3:13) 인류의 재앙 안으로 완전히 들어가셨으며, 그 결과 지금 그리스도와 연합되어 있는(in Christ) 사람들은 그 저주로부터 완전히 빠져나와 하나님의 의도된 복 속으로 들어오게 되었기 때문이다. 바울은 여기서(그리고 병행 본문인 4:4-6에서) 그리스도-사건이라는 심오한 드라마를 개략적으로 그리고 있는데, 거기서 그리스도는 신자들이 자신에게 참여할 수 있도록 하기 위해 직접 인간의 상태에 참여하고 있다.[8] 놀라운 것은 그리하여 "구출되고", "복받은" 사람들이 극소수의 의인들, 즉 진흙 속의 사금(에스라4서)이 아니라, 저주받은 사람들이라는 것이다.

다음 단락(3:15-29) 역시 약속들의 기원으로부터 현재의 성취로 옮겨 가는데, 이제 약속과 율법의 관계가 뚜렷이 드러난다. 약속들은

---

8. '상호 교환'의 패턴에 대해서는 Morna D. Hooker, *From Adam to Christ* (Cambridge: Cambridge University Press, 1990)를 보라. 더 자세한 내용은 본서 제10장을 참고하라.

율법이 "제정된" 때보다 430년 전에 주어졌다(3:17, 19). 바울은 율법이 영원한 것이 아니라 상황에 맞게 발생한 현상이며, 약속들의 원래 "언약"을 보충하지도 않고, 바꾸는 것은 더더욱 아니라고 주장한다(3:15, 17). 이 약속들은 미래를 겨냥한 것이었지만, 그것들이 예견한 것은 모세의 율법이 아니라 "씨"였는데, 이는 무엇보다도 그리스도 그 자신이었다(3:16).[9] 이 대담한 해석에서 바울은 미래를 꿰뚫어보는 구약의 요소들이 그리스도로 수렴되고 있음을 보았다. 그러나 동시에, 그는 율법을 '파이다고고스'(*paidagōgos*, 개역개정에서는 "초등교사"로 번역—역주)에 비유하면서 격하시키는데, '파이다고고스'는 일시적 기간 동안만 권위를 가지고 아이들을 교육시키며 보호하는 노예였다(3:23-25).[10] 율법은 하나님의 약속들에 반하지는 않지만(3:21), 그렇다고 해서 역사의 지침(rubric)도 아니었고, 세상에 대한 하나님의 질서의 중심도 아니었다. 제2성전기 유대 문헌 중 어떤 것이라도 한번 읽어보라. 그러면 이 주장이 얼마나 급진적인지 알게 될 것이다!

그렇다면 세상에 대한 하나님의 질서의 중심은 무엇인가? 만약 율법이 능히 "살게 할" 수 없다면(3:21), 그리고 모든 것들이 "죄 아래 가두어졌다면"(3:22), 이 하나님의 "질서"(ordering)는 지금까지는 불가

---

9. 아브라함의 "씨/후손"에 대한 약속들(예, 창 22:17-18)은 유대 전통 속에서 다윗의 씨에 대한 약속들과 결합되어 있었고(삼하 7:12), 바울은 예수님을 이 둘 모두와 동일시한다(갈 3:16, 19; 롬 1:3-4). 그는 "씨"가 단수나 복수 모두로 해석 가능함을 알고 있었음에도 불구하고, 그렇게 해석했다(갈 3:16, 29).
10. 바울의 용어 '파이다고고스'(*paidagōgos*)는 때때로 "가정교사"(tutor)나 "훈육자"(disciplinarian)로 번역된다. 우리에게 알려진 다른 어떤 유대 문헌도 율법을 이렇게 일시적인 역할을 하는 이미지로 비유하는 것은 없다.

능했던 무언가를 창조하도록 근본적으로 재정립(*re*ordering)되어야 한다. 모든 것은 그리스도의 오심을 지향하고 있었는데, 이는 또한 '신뢰'를 향해 인류가 바르게 방향 설정되는 것이기도 했다(3:23, 25). 인류의 바른 방향 설정은 세례를 통해 의례적으로 표현되는데(3:27), 세례로 신자들은 그리스도와 연합하여 새롭게 형성되고("세례를 받아 그리스도 안으로 들어가고"), 그리스도의 부활의 삶을 통해 새롭게 창조되고, 바울의 은유를 사용하자면 그리스도로 "옷 입게" 된다(3:27).

여기서 바울은 신자의 이 새로운 지위가 사회적 계층의 주도적인 체제를 어떻게 뒤섞게 되는지를 보여주는 데에 세례 공식(baptismal formula)을 적용하고 있다. "유대인이나 헬라인도 없고, 종도 자유인도 없으며, 남자와 여자가 없습니다. 왜냐하면 그리스도 예수 안에서 모두 하나이기 때문입니다"(3:28). 이것은 그들의 평가 가능한 특성들을 구별 짓는 일반적인 체계를 무력화하는 충격적인 선언이다. 바울에 의해 언급되는 모든 짝들은 가치를 함축하고 있다. 유대인들에게 유대인이라는 사실은 단순히 헬라인과 다르다는 것뿐만 아니라, 자명하게 우월하다는 것을 의미한다(참조, 2:15). 바울이 속한 배경에서 모든 사람들은 자유인이 종보다 가치 있다고 여겼다. 그리고 고대 세계에서는 보편적으로 (다양한 비합리적 이유로) 남자가 여자보다 더 우월하다고 간주했다. 3:28에서 이러한 분류 속에 암시되어 있는 다름들이 제거되는 것은 아니다. 바울과 베드로는 그리스도 안에서도 유대인으로 남아 있었고(2:15; 참조, 헬라인 디도, 2:3), 바울은 여전히 남성이고 자유인이었다. 변화된 것은 이 꼬리표들과 연결되어 있는 **가치**다. 궁극적으로 그리고 완전히 중요한 것은—유일하게 참된 상징 자본은—

인종, 성별, 혹은 법적인 지위가 아니라 예수 그리스도와의 연합이다. 바울은 자유인이었지만 그보다 더 중요했던 것은 그리스도의 종이라는 정체성이다(1:10). 몸은 남성이었고 할례를 받았지만 그보다 더 중요한 것은 자신의 몸에 새겨진 예수님의 흔적을 통해서 그리스도의 십자가와 연합되었다는 것이다(6:17; 참조, 5:11). 그리스도에 속하는 것으로부터 나오지 않은 모든 형태의 상징 자본들은 궁극적 중요성을 상실했다. 그것들이 (그리스도를 섬기는 데 있어) 이차적인 차원이나 도구적인 의미에서는 중요하다 할지라도 마찬가지였다. 그래서 '그리스도 안으로의' 세례는 전통적이고 계층적인 구별의 체계로부터 해방된 공동체들을 세우기 위한 새로운 기초를 제공했다. 바울이 발견했듯, 이는 실행에 옮기기가 어려운 일이었다. 그러나 바울서신, 그리고 종종 그의 삶을 통해 우리가 발견하는 것은 유일하고도 무조건적인 선물을 기초로 하여 인간의 정체성과 가치를 재정립하려는 시도다. 이 비상응적인 선물은 다른 모든 것들을 가치로 여기기를 거부하면서 중요한 단 하나의 가치만을 부여한다.[11]

바울은 4:1-11에서 약속으로부터 그리스도 안에서의 성취까지의 내러티브 궤적을 세 번째로 추적하는데, 이번에는 "하나님의 아들들"이라는 범주에 초점을 맞춘다. 4:1-7에 나오는 "우리"(4:3)와 "너

11. 주석가들은 갈 3:28에서 계층적 가치들이 혁명적으로 전복되고 있음을 옳게 발견해왔다. 예를 들어, Elisabeth Schüssler Fiorenza, *In Memory of Her: A Feminist Theological Reconstruction of Christian Origins* (New York: Crossroad, 1992)을 보라. 그러나 그리스도 안에서의 해방과 가치에 대한 바울의 이해는 계몽주의 철학이나 비평이론으로부터 연유된 기대들과 완전히 일치하지는 않는다.

희"(4:6) 사이의 대명사 변동은 혼란스러운데, 이것은 아마도 유대인들의 역사와 비유대인들의 역사를 나란히 놓는 모습으로 보인다. "우리"(유대인들)는 상속받기를 기다리고 있는 자녀들의 상황 속에 있다. 즉, 약속들에 대해 귀로 들어왔지만 그것들이 "아버지가 정한 때"에 성취되기를 기다리고 있다(4:1-3). "너희"(갈라디아에 있는 이방인들)는 "우리"가 이미 받은 양자 됨을 공유한다(4:5-7). 이 상속자와 상속의 은유는, 상속에 필요한 모든 것은 자녀들이 성숙하도록 기다려야 하는, 그 시간의 경과뿐이라는 인상을 줄 수 있다. 그러나 바울은 그리스도 안에서 일어난 일이 시간의 흐름에 따른 성숙 과정이 아닌, 시간의 **중단**(*interruption*)에 의해 창조된 변혁(transformation)으로 해석한다. 이 '자녀'들은 실제로는 노예 상태에 있다(4:1-3). 그들에게는 해방 행위와 **양자 됨**을 통해서 하나님의 자녀가 **되는 것**이 필요하다(4:4-6). 바울은 지금까지 "우리"가 "세상의 요소들"(*stoicheia tou kosmou*, 4:3)에 종살이 해왔다고 말한다.[12] 여기서 "세상의 요소들"이란, 모든 종교적인 절기들(유대적 및 비유대적 절기; 참조, 4:9)이 해와 달과 별들의 운동으로 인해 규정된다는 것을 고려해볼 때, 아마도 절기들을 결정하는 우주의 물리적 요소들을 가리켰던 것으로 보인다. 인류는 이러한 "요소들"을 다스리기보다는 이들에 의해 결정되어 왔다(참조, 고전 3:22-23; 15:20-28). 이러한 "요소들"은 인간의 상태를 개선시킬 수 있는 아무런

12. (4:9에 반향된) 이 어구는 다양한 방식으로 번역되어 왔지만, 이제 대부분의 학자들은 이것이 세상을 형성하는 물리적인 원소들을 가리킨다고 생각한다. Martinus C. de Boer, *Galatians: A Commentary*, New Testament Library (Louisville: Westminster John Knox, 2011), 252-56을 보라.

능력이 없다. 그것들은 "약하고" 어떠한 혜택이나 선물을 가져다 줄 수 없으며 "궁핍하다"(4:9; 개역개정에서 '천박한'으로 번역된 '프토코스'의 원래의 뜻은 경제적으로 궁핍하다는 의미다—역주).

이 상황에서 자녀들에게는 성년이 되는 자연스런 성숙 과정이 아니라 하나님이 개입하셔서 가능한 조건들을 변화시키시는 일이 필요하다. 이것이 바울이 4:4-6에서 추적하는 것으로, 여기에서는 신자들이 그 아들의 특권에 참여하도록 하기 위해서 그리스도-사건을 그리스도가 인간의 영역에 (그리고 특별히 "율법 아래") 참여하시는 것으로 (3:13-14처럼) 요약하고 있다. 양자 됨 은유는 "아들의 신분"(sonship)이 하나님에 의해 수여된 새로운 지위와 새로운 정체성을 받음을 통해서만 발생할 수 있음을 분명히 해준다.[13] 만약 그들이 하나님을 알게 되었다면, 그것은 오직 그들이 하나님에 의해서 아는 바 되었기 때문이다(4:9). 이러한 하나님의 주도권에 대한 의존은 성령 안에서 체험된다. 성령의 역사로 인해 신자들은 삶 속에서 자신들의 존재가 외부로부터 왔다는 사실에 주의하게 된다(4:6). 그래서 바울은 상속받거나 인간적으로 생득(날 때부터 부여)되거나 획득된 것이 중요하지 않으며, 비상응적인 선물로 받은 선물이 가장 중요한 것임을 갈라디아 사람들에게 상기시킨다(4:5). "그러므로 여러분은 더 이상 종이 아니라 아들입니다. 그리고 아들이면, 상속자—하나님의 행위 주체를 통한(*dia theou*)—입니다"(4:7).

---

13. John M. G. Barclay, "An Identity Received from God: The Theological Configuration of Paul's Kinship Discourse," *Early Christianity* 8 (2017): 354-72을 보라.

다음으로 바울은 그와 갈라디아 사람들과의 관계에 대해 자세히 말하고 있는데(4:12-20), 이것은 요점에서 벗어나 여담으로 빠진 것처럼 보일 수 있다. 그러나 사실 이것은 무조건적인 선물을 받는다는 것이 무엇을 의미하는지 실존적 단계에서 명확하게 해준다.[14] 바울은 "자신이 그들과 같이 된 것처럼, 그들도 바울처럼 되기를" 원한다(4:12). 이 진술은 아마도 "이방인의 방식으로"(2:14) 저들 중에 살아갈 준비가 되었던 바울의 삶의 방식을 가리키는 것 같다. 이는 바울의 가치에 대한 방향 설정이 새로운 삶의 근원이 되시는 그리스도에 의해 재설정되었기 때문이다(2:19-20). 처음에 그들은 이 점을 이해했었다. 그들은 바울을 "그리스도처럼"(자아가 완전히 그리스도와 똑같게 된 그런 사람처럼) 영접하였고, 그가 분명히 가치 없게 보였음에도 불구하고 그를 환영함으로써(4:13-14), 명예와 수치에 대한 그들의 일반적인 준칙(code)을 보류시켰었다. 그들은 바울을 업신여길 수도 있었고, 심지어는 침을 뱉을—신체적인 추함을 보았을 때의 두려움이나 역겨움의 표시—수도 있었다(4:14). 그러나 그들에게는 바울이 선포했던 그리스도가 그 무엇보다도 중요했기 때문에, 바울 역시 그들에게 중요한 사람이 되었고, 그들은 바울을 피하는 대신 우정을 넉넉하게 표현했다(4:15). 그 우정이 지금 수그러들거나 적개심으로 바뀌었다면, 그 유일한 원인은 그가 선포했던 복음이 갈라디아에서 영향력을 잃고 있었기 때문일 것이다(4:16-18).

---

14. 이 단락에 대해서는 특별히 다음을 참고하라. Susan Eastman, *Recovering Paul's Mother Tongue: Language and Theology in Galatians* (Grand Rapids: Eerdmans, 2007), 25–61.

그래서 바울은 갈라디아 사람들이 정체성과 가치들을 완전히 새롭게 하는 선물에 의해 재형성되기를 갈망했다. "나의 자녀 여러분, 나는 여러분 속에서 그리스도가 형성될 때까지 다시 해산의 수고를 합니다"(4:19).[15] 2:19-20의 반향은 강력하다. "이제 더 이상 내가 사는 것이 아니라, 내 안에 계신 그리스도가 사는 것입니다"(2:20). 바울이 진단한 바와 같이, 갈라디아 사람들은 '다시 태어날' 필요가 있었고, 그래서 그리스도가 그들의 삶의 근원과 기준이 되어야 했다. 갈라디아 사람들은 복음에 의해 재형성되어 이미 명예 준칙과 그와 연관된 가치 체계를 완전히 새롭게 바꿨었다. 그들은 이제 율법의 "멍에"를 메라는 요구를 거절함으로써 예전과 같은 자유를 보여줄 필요가 있었다(4:21; 5:1).

중심적인 장들의 마지막 단락(4:21-5:1)에서 바울은 하나님 백성의 역사 속에서 그 이후에 뒤따르는 모든 이야기들의 기조가 되었던 아브라함 이야기로 다시 돌아온다. 할례와 율법 준수를 강요하기 위해 성경에 호소했던 사람들은 자신들의 구역에서 오히려 반박을 마주하게 된다(4:21). 여기서 바울이 제시하고 있는 "풍유적"(allegorical) 읽기(4:24)는 역사로부터 빠져나와 본문을 추상화시키고 있는 것이 아니라 오히려 과거의 시간("그때", 4:29)을 "표상적" 읽기(figural reading: 에리히 아우어바흐[Erich Auerbach]의 개념으로, 시간적 간극을 두고 있는 두 사건/인물을 서로 예표와 성취로 연결 짓는 해석 행위—편주)로 현재의 시간("이제", 4:29)

15. 바울의 어머니 같은 이미지 사용은 놀랍다. Beverly R. Gaventa, *Our Mother Saint Paul* (Louisville: Westminster John Knox, 2007)을 보라.

에 짝지어 주고 있는데, 이를 통해 예전에 볼 수 있었던 것보다 더 많은 것들을 (현재의 빛에 비추어) 과거에서 발견하게 된다.[16] 아브라함, 하갈과 사라, 그리고 그들의 아들들(이스마엘과 이삭)에 대한 이야기는 여기서 민족 형성의 두 가지 유형("두 언약들")을 묘사하는 데 사용된다. 하나는 자연적이고 육체적인 자손("육체에 따른"[according to the flesh], 4:29)에 근거한 것이고, 다른 하나는 기적적이고 약속-창조에 따른 출생("성령에 따른"[according to the Spirit], 4:29)에 근거한 것이었다. 하갈과 이스마엘의 계보는 노예 됨(성경 이야기에서 하갈과 그 자녀들은 노예였다)과 연관되어 있어서, "세상의 요소들"(4:3) 아래서 "이 악한 세대"(1:4) 속에 갇혀 있는 현재 상태를 떠올리게 하며, 이는 "지금의 예루살렘" (4:25)에도 적용 가능한 상태이다. 이와는 반대로 사라와 이삭의 계보는 자유와 연관되어 있고, 생명과 해방은 외부로부터, 즉 "위에 있는 예루살렘"으로부터 공급받는다(4:26). "위에 있는"이라는 공간적 이미지는 하나님으로부터, 오직 하나님 한 분으로부터 나온 것을 뜻하는 흔한 묵시론적 표현이다. 그래서 바울은 사라를 원래 불임이었던 다른 어머니, 즉 불임이었다가 자녀를 많이 낳게 된 이사야의 비유 속 어머니와 연관시킨다(사 54:1에 있는 예루살렘에 대한 비유가 갈 4:27에서 인용되었다).[17] 이 두 어머니는 모두 오직 하나님의 강력한 개입을 통하여 자녀를 출산할 수 있었다.

---

16. J. David Dawson, *Christian Figural Reading and the Fashioning of Identity* (Berkeley: University of California Press, 2002).
17. 다음을 참고하라. Martinus C. de Boer, "Paul's Quotation of Isa 54.1 in Gal 4.27," *New Testament Studies* 50 (2004): 370-89.

익숙한 아브라함 이야기들은 그리스도의 빛 아래에서 새로운 의미를 부여받는다. 한 새로운 사건이 성경 해석의 표준을 바꾸게 되었는데, 그것은 이제 복음의 반향(echoes of the good news: 각주 18에 소개한 헤이스[Hays]의 책 제목에 빗대어 표현한 것—역주)과 함께 울려 퍼진다.[18] 바울이 아브라함 이야기에서 추적하는 것은 하나님의 창조적인 사역이다. 곧, 하나님은 불임자들에게 생명을 주시며, 인간의 능력으로는 만들어지는 것이 불가능한, 여기서 "약속의 자녀"라고 이름 붙여진 민족을 창조하신다(4:28). 이는 성령의 사역이며, "새 창조"(6:15)의 상징이다. 이때 "어머니" 은유는 삶의 원천에 관심을 두고서 다음의 질문을 날카롭게 한다. 이 사건들이 인간으로부터 발생한 역사의 무대 위에서 인간적으로 제한되며 문화적으로 결정되는가? 아니면, 그것들은 "외부로부터 온"(ex-centric)—인간의 경계를 뚫고 들어오는 신적인 주도권에 의해 발생한 —사건인가?[19] 바울은 예수 그리스도의 복음에 의해 이끌려 새로운 공동체들을 설립했는데, 이 공동체들은 도시적 경관 위에 행해진 사회적 실험으로서, 옛 가치들은 대체되고 새로운 관계들이 창조되는 곳이었다. 그는 이것이 단지 인간의 발명품이나 기술에 의한 생산품 혹은 문화적 혁신이 아니라고 확신했다. 바울이 본 것은 오히려 새로운 인간의 행위 주체를 창조하는 신적인 활동의 역사였고, 그것은 이삭의 출생만큼이나 생산적이고 기적적인 현상이

---

18. 아주 중요한 책인 Richard B. Hays, *Echoes of Scripture in the Letters of Paul* (New Haven: Yale University Press, 1989) [= 『바울서신에 나타난 구약의 반향』, 2017, 여수룬]를 보라.

19. Eastman, *Recovering Paul's Mother Tongue*, 127-60을 보라.

었다(4:28). 이는 다른 곳으로부터 나왔기에, 인간의 무대 위에는 온갖 종류의 새로운 가능성들이 떠오르게 되었다.

해석 역사 속에서 사라와 하갈에 대한 이 본문은 바울이 유대인들의 상속권을 박탈했고, 그래서 "지금의 예루살렘"에 속한 사람들을 이스마엘처럼 언약의 계보로부터 제외된 것으로 여겼으며, 그 결과 (도식적인 용어로) 교회가 유대인 회당을 대체했음을 나타내는 상징으로 해석되곤 했다. 앞으로 보게 되겠지만, 로마서 9-11장은 바울이 그런 식으로 생각하지 않았다는 것을 확신시켜 주기에 충분할 텐데 (본서 제9장 참고), 여기 갈라디아서에도 그리스도를 (아직) 믿지 않고 있는 유대인들이 하나님의 계속되는 약속의 대상이라는 것을 암시하는 단서들이 있다. 바울은 "할례받은 자들"("유대인들", 2:7-8)에 대한 베드로의 선교를 지원했고, 확실히 그것이 열매 맺기를 소망했다. 만약 4:1-3의 자녀된 상속자들이 유대인을 가리키는 것이라면(앞의 해석 참고), 그들은 하나님의 계획 속에서 하나의 특별한 범주를 형성하게 된다. 그리고 이 편지의 제일 마지막에서 바울이 "하나님의 이스라엘 위에 또한 자비를"(6:16)이라고 선언할 때 아마도 로마서 11장을 미리 생각한 것일 수도 있다. 이 축복 구문은 확실하지 않기에 여러 가지 방식으로 해석될 수 있지만, 이스라엘을 향한 전통적인 기도의 반향으로서 "하나님의 이스라엘"이라는 호칭과 (결정적으로) 자비(롬 9-11장의 중심적 주제)를 위한 기도라는 점은 바울이 여기서 이스라엘 민족을 위해 기도하고 있음을 시사한다.[20] 바울은 메시아의 오심에 의해 여전

20. Susan G. Eastman, "Israel and the Mercy of God: A Re-Reading of Galatians

히 변화되어야 할 유대인들에 대해 이중적인 어조를 가지고 말한다. 즉, 그들은 노예 상태에 있지만 여전히 상속자들이고, 하갈 같은 노예 신분이지만 여전히 자비를 위한 기도의 대상들이다. 이것은 우리들이 갈라디아서를 '대체주의자들'(supersessionist: 유대교가 기독교로, 유대교 회당이 교회로, 완전히 대체된 것으로 주장하는 사람들—역주)처럼 읽지 말 것을 경고한다. 그러나 이스라엘이 어떤 의미에서 여전히 특별하게 남아 있는지는 로마서에 가서야 분명해진다.

결론

갈라디아서의 중심적인 장들은 이렇게나 다양한 모티프들을 무척이나 간결하게 다루고 있어서 독자들을 종종 당황스럽게 만든다. 이 장들의 몇몇 주제들(예, 죄의 능력)은 여기에는 단지 단서만 나와 있고 더 자세한 것은 로마서에서 설명된다. 그러나 우리는 여기서 인식 가능한 형식을 취하는 공통 패턴을 발견했다. 모든 면에서, 그리스도 안에서의 약속의 성취는 인간의 이야기 속으로 끼어들어와서 그것을 변화시켰다. 곧, 그것은 저주받은 자들에게 축복을, 노예된 자들에게 자유를, 불임자들에게 생명을 가져다 주었다. 어떤 사람이 다른 패턴—상속자들이 자연스럽게 성숙해지고 그래서 그들의 상속을 획

6.16 and Romans 9-11," *New Testament Studies* 56 (2010): 367-95. 그러나 다른 해석도 가능하다. (축복 구문을, 그리스도 안에 있는 유대인 신자들을 향하는 것으로 보는) de Boer, *Galatians*, 405-8의 논의를 참고하라.

득하게 되는—을 기대할 수 있는 곳에서, 바울은 상속자들을 **노예들로** 완전히 새롭게 구성한다. 이 노예들은 성숙할 때까지의 시간이 필요한 것이 아니라 해방과 양자 됨이 필요하다. 바울의 삶에 갑자기 끼어들어서 삶의 좌표들을 변화시켰던 계시처럼(1:13-17), 그리스도-사건은 이제 역사를 재편성했다. 그것은 역사의 다음 한 장을 더 추가함을 통해서가 아니라, "사람의 기준을 따른 것이 아닌"(1:11) 역사를 가로지르는(cross-cutting) 비상응성을 통해서 이루어졌다. 그리스도의 비상응적인 선물은 이스라엘과 세상의 이야기를 가로질러 나타났고, 갈라디아 사람들의 성령과 세례의 체험 속에 분명히 드러나게 되었다.

이렇게 그리스도를 중심으로 한 실재(reality)의 재형성은 바울의 성경 해석을 지배하고, 약속을 율법으로부터 분리시키며, 모든 역사를 그리스도의 선물을 중심으로 돌아가도록 한다. 이 사건은 하나님의 계획과 약속을 실현시키지만, 인간 역사의 조건들과는 비상응적이다. 하나님 편에서 연속성은 인간 역사 **안에서**(*in*) 확인되지만, 그 연속성이 인간적 패턴의 연속성에 **따라서**(*according to*) 작동하지는 않는다. 하나님의 '언약적 신실하심'을 강조하는 바울 학자들은 그리스도-사건이 난데없이 튀어나온 것이 아니라 하나님의 약속의 맥락들과 함께 조화를 이룬다고 주장한 점에서 옳다.[21] 그러나 이스라엘의 역사는 단계별로 진행되는 것이 아니며, "때가 찼다는 것"(the fullness

21. 특히, N. T. Wright, *Paul and the Faithfulness of God*, 2 vols. (London: SPCK, 2013) [= 『바울과 하나님의 신실하심』, CH북스, 2015]을 보라.

of time, 4:4)은 시간의 경과에 따른 발전의 문제가 아니라 침입하는 사건이다. 역으로, 인간 이야기 속으로 들어오시는 하나님의 '묵시론적 침투'를 강조하는 사람들은 그리스도-사건의 비상응성과 "새 창조"(6:15)의 새로움을 강조한 점에서 옳다.[22] 그러나 이것은 "위로부터의"(4:26) 선물이기 때문에 순서에 따라 작동하는 시간의 법칙에 제한되지 않는다. 또한 그 새로움은 하나님이 미리 공표하시고 처음부터 시작하셨던 일과 일치한다. 바울에게 중요한 것은 갈라디아 사람들이 그리스도의 선물에 의해 세상이 얼마나 완전히 새롭게 형성되었는지를 깨닫는 것이다. 이 세상의 변화에 따라 그들의 기대들과 가치들도 변화되어야 한다. "율법 아래에 있는" 조상들의 전통을 포함하여 오래된 표준적 체계들은 이제 약화되거나 주변부로 밀려났다. 복음은 무조건적인 선물일 때 또한 그렇게 여겨질 때에만 좋은 소식이 된다. 이 **비상응적인** 은혜는 인간적으로 가능해 보이는 것들을 하나님이 전복시키시는 수단이 되었기에, 이제 새로운 공동체들이 창조될 수 있었고, 새로운 관계들이 형성되었다. 이것은 바로 다음 장에서 다루는 바울의 권면들 속에서(갈 5:13-6:10) 뚜렷이 나타나게 될 것이다.

---

22. 특히, J. Louis Martyn, *Galatians: A New Translation with Introduction and Commentary*, Anchor Yale Bible Commentary 33A (New York: Doubleday, 1997) [= 『앵커바이블 갈라디아서』, 기독교문서선교회, 2018]과 동저자의 *Theological Issues in the Letters of Paul* (Edinburgh: T&T Clark, 1997)을 보라.

제6장
선물에 대한 표현인 새로운 공동체
(갈 5-6장)

갈라디아서 5:13부터 6:10까지 이르는 단락은 그리스도의 선물로부터 나온 삶, 다시 말해, 성령을 통해 주어진 새로운 '삶'을 사는 공동체의 '정신'(ethos)과 연관된다(5:25). '신학'과 '윤리학' 사이의 현대적인 구분을 따라서, 학자들은 보통 이 본문에 "윤리적인 단락"이라는 꼬리표를 달아주고, 이 단락을 이 편지의 신학적인 핵심에 대한 보충으로 취급한다.[1] 더욱이, 본문의 내용은 당연하게도 꽤 일반적이기 때문에(바울은 갈라디아에 있는 단지 하나의 회중이 아닌, 회중들의 집단에게 이 편지를 쓰고 있다), 이 단락은 때때로 앞서 나왔던 내용과는 단지 느슨하게만 연결된 "일반적 권면"(혹은 '파라이네시스'[*paraenesis*]: 헬라어 *parainēsis*에서 나온 말로 도덕적 권면 등을 뜻함—역주)으로 다루어져 왔다.[2] 바울은 확

---

1. 이 구분에 대해서 다음 저작은 정당한 의문을 제기했다. Philip F. Esler, *Galatians* (London: Routledge, 1998).
2. 이 단락의 특성 및 이 단락과 편지의 나머지 부분들과의 밀접한 관계에 대해

실히 여기에 여러 형식의 내용들(미덕과 악덕에 대한 목록들, 직설적인 명령들, 경고들, 그리고 사실에 대한 선언들)을 배치하고 있지만, 이 모든 내용들이 가진 하나의 초점은 무엇이 공동체의 삶을 세우거나 무너뜨리는가 하는 것이다. 핵심적인 주제는 이미 5:6에서 공표되었다. 즉, 이 공동체에 있어 중요한 것은 특별한 윤리적 혹은 문화적 준거틀이 아니라 "사랑을 통하여 역사하는 신뢰"다. 그리스도-사건은 예전의 구별 기준들을 무효화하면서 새로운 창조적 에너지, 곧 성령으로 공급되는 사회적 헌신의 자질을 발산하게 된다. 이는 "사랑"이라는 말로 요약된다. 갈라디아서의 이 단락 전체를 통해 사랑이 명시적이고도(5:14, 22) 암시적인(예, 6:1-2) 방식으로 두드러지게 나타나는 것은 결코 놀랍지 않다.

바울에게 사회적 실천은 그리스도-선물의 필연적인 표현이었다. 안디옥 사건이 확실히 보여주는 것처럼(2:11-21), 율법에 대한 논쟁은 '구원론'에 대한 추상적인 질문이 아니었을 뿐더러, 하나님과의 개인적인 관계에만 연관되는 것이 결코 아니었다. 그 사회적 실천은 하나님 백성의 공동체들이 그리스도의 선물 그리고 그와 연관된 성령의 선물의 여파로 작동되는 틀과 관련이 있다. "복음의 진리"(2:14)는 공동체의 행위를 통해 그 진리의 혁신성을 예시해주는 공동체 속에서 '발생하지' 않는다면, 효과가 없는 것이다. 그래서 그 선물에 의해 형성된 회중들의 사회적 삶은 단지 선물의 결과일 뿐만 아니라 필연적

서는 John M. G. Barclay, *Obeying the Truth: A Study of Paul's Ethics in Galatians* (Edinburgh: T&T Clark, 1988) [=『진리에 대한 복종』, 감은사, 2020]을 참고하라.

이고 실천적인 표현이다. 5:24-25의 두 개의 간결한 문장에는 이 선물이 요구하는 바, 표준적인 것(normality)과의 결별이 요약되어 있다. "그리스도 예수께 속한 사람들은 자기의 육체를 정욕과 욕망과 함께 십자가에 못박았습니다. 만약 우리의 삶이 성령으로부터 나온 것이라면, 우리는 성령과 함께 걸음을 맞추어 살아가야 합니다." 바울은 여기서 사망으로부터("육체를 못박았습니다") 새로운 생명으로("우리의 삶이 성령으로부터 나온 것이라면") 옮기게 된 동력에 대해 분명히 말하고 있다—이는 2:19-20에서, 역사하는 동력과 동일하다("나는 그리스도와 함께 십자가에 못박혔습니다. 이제 더 이상 내가 사는 것이 아니라 내 안에 계신 그리스도가 사는 것입니다"). 이 새로운 방향 설정에 의해 결정적으로 과거와 결별하게 되었다. 이 새로운 삶은 인간적으로 발생하지 않았다. 그것은 성령으로부터 나왔다. 그러나 이 삶은 사람을 통해 표현된다. 새롭게 형성된 행위 주체로서 신자들은 "육체를 못박고" 성령과 함께 "걸음을 맞춘다". 이러한 실천적인 표현이 없다면 신자들의 변화가 어떤 의미에서 실제적인지 이해하기가 어렵다. 성령으로부터 나온 삶을 사는 것은 동시에 성령의 기준으로 걸어가는 것을 의미한다. 이 문제에 대한 다른 선택은 간단하다. 곧, 유일한 대안은 "자기 육체에 심는 것"인데(6:7-8), 이는 그리스도 안에서의 정체성 거부를 의미하는 것일 수 있다. 더욱이 성령 안에서의 삶은 '개인적 도덕성'에 제한되지 않고, 공공의 영역, 창조 세계, 그리고 새로운 가치들과 표준들에 의해 다스려지는 공동체의 발전에까지 효력을 미치게 된다.

자유, 육체, 성령

바울은 "여러분은 자유를 위해 부르심을 받았습니다"라고 선언하는데(5:13), 이는 갈라디아서 서두에서 강조되었던 "은혜로의 부르심"을 떠올리게 한다(1:6; 참조, 5:8). 이 자유는 새롭게 창조하시는 하나님의 사역의 산물이다. 예전 삶의 양식과 평가 체계에 대한 속박이 갑자기 해제되었고 완전히 새로운 가능성의 집합이 나타나게 되었다(참조, 2:4). 하지만 이것은 마치 또 다른 인간적인 집합들이 옛 것의 자리를 선택할 수 있다는 식의 절대적인 자유는 아니었다. "여러분의 자유를 육체를 위한 구실로 바꾸지 마십시오"(5:13). 바울은 인간적인 평가 체계로부터 자유롭다고 선언하면서 동시에 자신을 "그리스도의 종"이라고 공표했다(1:10). 만약 그리스도의 무조건적인 선물이 신자들로 하여금 본래의 표준적인 기대와 가치로부터 갑자기 벗어나게 한다면, 그 무조건적 선물은 또한 새로운 표준적인 기대와 가치를 형성시킨다. 신자들은 그들이 원하는 어떤 행위든지 택할 수 있다는 의미에서 '자유로운' 것이 아니었다.

우리는 "육체"와 "성령" 사이에 있는 대립 관계를 앞에서도 확인했지만(3:3; 4:29), 바울이 우주의 지도를 새롭게 그리기 위해 이 용어들을 가장 광범위하게 사용하는 곳은 바로 갈라디아서의 이 단락이다.[3] 여기서 "육체"는 우리가 예상할 수 있듯이 신체적인 욕망에만 제한되지 않는다. 5:19-21에 있는 "육체의 행위들"에 대한 목록도 단

3. 성령과 육체의 이원론에 대해서는 Barclay, *Obeying the Truth*, 178-215을 보라.

지 우리가 '육체의 죄들'이라고 부를 수 있는 것뿐만 아니라, 사회적이고 '종교적인' 현상들도 포함한다. 사실상 "육체"라는 용어는 행위, 능력, 그리고 **그리스도-사건 및 성령이 창조해낸 결과들 밖에** 있는 모든 영역을 가리키기 위한 상징이 되었다. 바울은 여기서 다른 주제, 즉 갈라디아서의 나머지 부분의 초점과는 다른 '방탕함'의 문제로 넘어가고 있는 것이 아니다. 카메라 초점은 다른 주제로 옮겨가고 있지 않고 전체 갈라디아서의 논점이 자리잡고 있는 더 큰 문맥을 드러내기 위하여 뒤로 당겨지고 있을 뿐이다. 이것이 바로 "육체"에 대한 논의 중간에 "여러분은 율법 아래에 있지 않습니다"(5:18)라고 주장하고, 앞에서는 대적들의 주장을 "육체"와 연관시켰던 이유다(3:3). 바울이 알고 있었던 바와 같이, 할례는 전통 안에서 "너희 육체에 있는 언약"(창 17:13, NRSV)으로 알려져 있었기에, 그는 이 어구를 "너희 육체에 대해 자랑"(갈 6:12-13)하는 사람들을 비판할 때 반향시킨다. 그러나 바울은 할례가 ('영적인' 것과 반대되는) 육체적인 현상이기 때문에 반대했던 것이 아니다. 할례를 "육체"로 구분 지음으로써, 통상적이면서도 재구성되지 않은 삶 영역, 곧 인간 관계들과 관행들이 그리스도 안에서 아직 재정립되지 않은 영역에 할례를 위치시킨 것이다. 만약 여기서 '육체'가 5:17에 있는 육체와 성령 사이의 투쟁처럼 능동적이고 반쯤 의인화된 역할을 하고 있다면, 그것은 성령 밖에서 잘못 설정된 인생의 목표들과 기만적인 가치들이, 사람들이 일반적으로 인식하고 있는 것보다 더 깊은 차원에서 인간의 삶들을 형성하는 능력을 가지고 있기 때문일 것이다.

이 새로운 분류 체계에 의하면, "율법(의 체제[regime]) 아래의"(5:18)

삶은 (우리가 예측할 수 있듯이) 육체의 능력에 맞서지 않고 오히려 육체 영역 안의 다른 선택들을 드러낼 뿐이다. 우리는 이것이—갈라디아 사람들이 율법 준수로 돌아가려고 할 때, 이들을 가리켜 "약하고 궁핍한 요소들"(4:9)에게 돌아가려 한다는 바울의 주장과 병행을 이루는—바울의 유대적 유산 속에 속한 누군가에게 얼마나 급진적인 주장이 될 수 있었는지를 놓쳐서는 안 된다. 바울은 상속받은 지도를 "새 창조"(6:15)의 충격 아래에서 완전히 새롭게 그려냈다. 그렇다고 해서 율법 자체가 악하거나 잘못된 길로 이끈다는 말은 아니다. 다만 율법이 가치의 근거로서는 부적합하고, '이 악한 세대'의 상황 속에서 덫에 걸렸으며, 그리스도 안에 있는 사람들에게 더 이상 최상의 기준은 아니라는 것이다("율법을 통해 나는 율법에 대해서는 이미 죽어 버렸습니다", 2:19). 바울은 이제 완전히 그리고 오직 그리스도만을 향해 방향을 설정했고, 6:2에서 썼듯이, 목적은 "그리스도의 법을 성취"하는 것이 되었다.[4] 그리스도 및 그분이 영향을 준 모든 것들은 이제 권위와 가치에 대해 유일한, 부수적이지 않은, 일차적인 원천이 되었다(참조, 2:14: "복음의 진리에 따라 걸어가는 것"). 그리스도-사건에 비추어, 모세 율법의 어떤 면들은 (비본질적이고, 부수적이고, 그래서 모든 신자들에게 요구되지는 않는다는 점에서) 빛이 바래진 반면, 어떤 면들은 중요도와 특성에

---

4. 학자들은 '그리스도의 법'(*nomos tou Christou*)이 무엇을 의미하는지에 대해서 여전히 논쟁 중에 있다. 이에 대한 다양한 해석을 살펴보기 위해서는 Barclay, *Obeying the Truth*, 125-35를 참고하라. 바울서신 중에 가장 가까운 병행 본문은 *ennomos Christou*("그리스도에 대한 법적인 의무 아래에서", 고전 9:21)에 대한 그의 주장인데, 그곳에서도 여기 갈라디아서와 같이 '율법 아래'에 있는 것과 대조가 된다.

있어서 더 중요해진 것도 있다. 이러한 문맥에서 뚜렷이 드러나는 것은 "너희는 너희 이웃을 자신처럼 사랑하라"(레 19:18; 갈 5:14에서 인용됨)는 명령이다. 여기에서 바울은 다른 유대인들처럼 '율법 전체'를 요약하는 것으로 볼 수 있는 특별히 중요한 진술을 발견한다. 그러나 바울은 "때가 차서"(4:4) 발생한 일이 형식이나 수준에 있어서 율법의 준거틀을 초월함에도 불구하고 율법의 목적을 완성했다는 것을 암시하기 위해서 '성취'라는 (드문) 용어를 사용한다. 신자들은 그리스도-선물 속에서 발생한 사랑으로 정체성을 새롭게 세우고 목적을 새롭게 수정할 때에만 율법이 계획한 그 일들을 수행할 수 있게 된다. 다시 말하자면, 바울이 "신령한 사람들"(6:1)이라고 부르는 사람들은 성령에 의해 재형성된 사람들이고, 성령에 의해 맺히는 열매 중 첫 번째 열매인 사랑을 가장 온전한 형태로 마음에 품은 사람들이다(5:22).

'육체적인' 경쟁과 그 해독제

로마 세계에서 도시의 삶은 사람들이 붐비는 공간에서 서로 얼굴 대 얼굴을 맞대는 사회적 영역 속 삶이기에, 사랑과 상호 지원의 반대는 고립이나 무관심이 아니라 상호 손해였다. "그러나 여러분이 서로 물어뜯고 잡아먹고 한다면 서로에 의해서 잡아 먹히지 않도록 조심하십시오"(5:15). 몇 절 뒤에서 바울은 동등하게 부정적인 용어를 가지고 성령 안에서 사는 대안을 묘사한다. "서로를 도발하고, 서로를 질투하면서, 헛된 영광을 구하지 마십시오"(5:26). 실제로 많은 사람들이 주목했듯이, "육체의 행위들"에 대한 목록(5:19-21)은 이방 세계의 표준적인 특성들과 함께(우상 숭배, 성적 부정, 마술 행위) 사회적 파괴 행위에 대한 광범위한 목록을 포함한다. 즉, "원수 맺음과 분쟁과 시기와 분냄과 이기적인 공격과 불화들과 당파들과 질투와 술주정과 술판을 벌임과 그와 같은 것들"이다(5:20-21). 여기서 이러한 항목들에 특히 집중하고 있는 것은 갈라디아 회중의 어떤 특별한 문제를 반영하고 있는 것이 아니라, 명예가 극성스럽게 추구되고 열광적으로 유지되는 사회 속에서의 사회적 결속과 안녕에 대한 계속되는 위협을 반영하는 것이다.

최근의 연구들이 강조해 오고 있는 것처럼, 바울의 문화적인 배경에서 거의 모든 사회적 관계들은 명예를 향한 경쟁에 의해 주도되었다. 많은 현대 문화에서 가치에 대한 어떤 척도들은 '객관적으로' 확고한 것으로 간주된다. 예를 들어, 교육 수준과 연관된 자격 혹은 공공 기관에서의 지위 등이 그렇다. 만약 누군가가 높은 수준의 교육 기관에서 받은 학위를 가지고 있다면, 그 사람은 자신의 교육 수준과 연관된 신뢰를 확고히 하기 위해 항상 싸울 필요는 없을 것이다. 그러나 고대 세계에서 거의 모든 양상의 가치는 공적인 평판에 달려 있었고, 이는 거의 매순간 끊임없이 불안하게 경쟁적으로 쟁취해야 하는 것이었다. 본인의 가치를 유지하기 위해서는, 다른 사람들이 언제라도 자신의 가치를 깎아 내리거나 압도하는 주장을 할 수 있음을 항상 인식하면서 자신의 가치를 주장하고 변호하는 일을 계속해야만 했다. 항간의 소문은 로마인들의 SNS였고, 그들은 다른 사람들의 것들과 비교되어 이런저런 기준으로—부, 조상, 교육, 법적 지위, 체격, 인종, 혹은 성격—명예가 확실히 세워지는 것에 대해 항상 노심초사했다. 키케로가 썼듯이, "천성적으로 우리는 명예를 동경하고 갈망해서, 소위 말해 그 광채의 일부분만이라도 한번만 잠시 보게 되면, 그것을 내 것으로 확고히 하기 위해 무엇이라도 기꺼이 참아내고 어떠한 고통이라도 감수하게 된다"(*Tusculan Disputations* 2.24.58).

이러한 경쟁적인 분위기 속에서 교만, 적대심, 시기, 복수는 사회적 상호 관계의 주요한 특징들이었다. 사소한 불의도 재빨리 부풀려졌다. "모든 말다툼은 소란이고, 모든 언쟁은 전쟁이다."[5] 명예를 홍보함에 있어 뻔뻔스러움은 이 귀중한 상품의 불안정성을 역설적으로 드러냈고, 명예를 공격하는 흉포함은 사회에 만연했던 비판적 정서를 나타냈다. 복수에 대한 바울의 경고(5:15)는 공허하지도 유별나지도 않다. 영웅적인 위대한 업적을 부추길 만한 명예에 대한 욕망은 아주 쉽게 전체 공동체를 파괴할 수 있었다.

이러한 사회적 독성에 대한 바울의 해독제에는 두 가지 성분이 있다. 한편으로, 그리스도-사건에 의해 새롭게 형성된 사람들에게는 더 이상, 대부분의 사람들이 가치있게 여기는 '자본'의 형식들이 투자되지 않는다. 인종, 지위, 성별은 더 이상 우월한 가치의 기준들이 아니기 때문에(3:28), 그리고 하나님은 사람을 "외모"(2:6)로 취하지 않으시고 은혜를 가치와 상관없이 배분해주시기 때문에, 경쟁에 대한

5. Carlin A. Barton, *Roman Honor: The Fire in the Bones* (Berkeley: University of California Press, 2001), 66.

일반적인 이유들은 그 중요성을 상실하게 된다. 신자들의 참되고 유일한 가치는 '그리스도 안에서의' 정체성, 즉 상속받거나 획득된 지위가 아닌, 받은 선물에 의해 형성된다. 새로운 공동체 안에는 눈에 띄는 사람들이 있었는데, 그들의 삶은 이 선물에 의해서 창조된 새로운 정신(ethos)에 의해 가장 잘 드러났다. 예컨대, 그들은 '신령한'(spiritual) 사람들로서, 성령을 따라 살면서 [다른 사람들을 바로 잡아줄] 책임을 부여받았다(6:1). 그러나—그리고 이것은 바울의 해독제 속에 있는 두 번째 성분인데—가치에 대한 이 대안적인 체계의 전형적인 특징은 특별히 경쟁의식을 겨냥했다. 즉, 가장 훌륭한 명예는 명예를 쫓는 경쟁적인 기조에 대항하는 사람들에게 돌아갔다! "성령의 열매"의 모든 특징들(5:22-23)은 사랑으로부터 출발하여 공동체의 건설을 지향한다. 이 일을 위해 "신령한" 사람들이 지명되었는데, 이들은 공동체를 교정하기 위해 세심함을 가지고 일하기 때문이다(6:1-2). 바울에 따르면 신자들 사이에서 중요한 것은 오만과 경쟁에 정확히 반대되는 것이다.

"성령의 열매"로 나열된 항목들(5:22-23)은 개인적 덕목이라기 보다는 공동체를 개선하고 유지하는 사회적인 특징들이다. 그 실행은 6:1-10에서 강조되고 있다. "온유"(5:23)는 잘못을 범한 구성원을 회복시킬 때 요구된다(6:1). "사랑"(5:22)은 "서로 다른 사람의 짐을 져 주는 것"(6:2), 즉 바울이 앞에서 "사랑을 통해 서로서로에게 종이 되십시오"(5:13)라고 묘사한 바, 대가를 지불하는 상호 지지의 실천을 통해 표현된다. 개인들은 자신들의 선행을 다른 사람들 앞에서 과시하지 않도록 조심하면서(6:3-4), "절제"(5:23)를 다른 사람의 이익을 위해 적용해야 한다.[6] "양선"(5:22)은 어떤 추상적인 자질이 아니라 베풂과 친절의 행위, 즉 "모든 사람들에게 선한 일을 하는 것"(6:10)을 지칭하는데, 여기에는 말씀을 가르치는 자들과의 결속이 포함된다(6:6). 그리고 이러한 실천이 제대로 상호 교환되지 않거나 효과적이지 않은 곳에서도 신자들은 낙심하거나 포기하지 말고(6:9) "인내"(5:22)로 감내해야 한다. 그래서 성령의 삶을 통해서 나오는 열매들은 공동체적 관계들의 섬세한 협의 속에서, 오랜 시간에 걸쳐 조성된 행위적인 자질 속에서 작동된다. 만약 믿음이 이와 같은 사랑 속에서 역사하는 것이라면(5:6), 믿음은 그리스도와의 개인적인 관계보다도 더 넓은 함의들을 가진다.

"그리하여 그리스도의 법을 성취하십시오"(6:2)라는 바울의 놀라운 표현은 상당한 논의를 만들어 냈다. 이 표현은 5:14에 나오는 "성취함"에 대한 이야기를 반향하고 있는데, 그렇다면 바울이 여기서 모세 율법의 어떤 기독론적 재정의를 염두에 두고 있는 것인가? 혹은 예수님의 가르침에 근거한 어떤 새로운 법을 생각하고 있는 것인가? 이 구절은 바울의 언어적인 창의성, 곧 새로운 표현을 창조하는

6. 6:4는 종종 이렇게 번역된다. "모든 사람들은 자신의 일(work)을 시험해 봐야 합니다. 그러면 그들의 이웃의 일보다도 그 일이 자랑의 이유가 될 것입니다"(NRSV). 그러나 헬라어 원문을 다른 방식으로 더 좋게 읽을 수 있다. "각자가 그들 자신의 일을 시험하게 하여, 그의 자랑의 감정을 자신 혼자만 가지고 있고, 다른 사람을 향해서는 자랑하지 마십시오"(Barclay, *Obeying the Truth*, 160; J. Louis Martyn, *Galatians: A New Translation with Introduction and Commentary*, Anchor Yale Bible Commentary 33A [New York: Doubleday, 1997], 550) [=『앵커바이블 갈라디아서』, 기독교문서선교회, 2018].

능력을 반영하고 있고, 5:13-14과의 연결은 여기서 '그리스도의 법'이라는 표현이 의미하는 바가 가장 우선적으로는 사랑임을 가리킨다.[7] 이는 결코 놀랍지 않다. 복음에 대한 이야기는 "우리의 죄를 위해 자신을 주시며"(1:4), "나를 사랑하사 나를 위하여 그 자신을 주신"(2:20) 그 분에 대한 이야기이다. 그리스도-선물의 동력(momentum)은 우리를 구출하시고 구속하시기 위해 인간의 상황 깊숙이 들어온(3:13; 4:4-5) 사랑의 동력이다. 이 동력은 "[하나님의] 아들의 영"(4:6), 즉 사랑을 제일의 열매로 가지고 있는 성령(5:22)을 통해 나타나서 계속된다.[8] 다시 말해, 믿음으로 사는 것은 "내 안에 형성된 그리스도"를 소유하는 것이며(4:19), 이는 특별한 윤리적·사회적 형태를 띤다. 신자들은 그리스도-선물을 먼발치에 서서 밖에 있는 모범으로 동경하며 그것을 단순히 모방하는 것이 아니다. 그들의 새로운 자아와 정체성은 그리스도-선물에 의해 창조되었고, "그리스도로 옷 입어"(3:27) 그리스도가 자신을 주신 그 목적에 따라 사랑을 실천하면서 살아간다.[9]

여기에서, 그리고 바울서신들의 다른 곳에서도, 바울은 사랑을 (주기는 하지만 다시 돌려받지는 않는) 단방향의 섬김이 아니라 서로 주고받는 관계로 이해한다. "사랑을 통하여 **서로서로에게** 종이 되십시

7. 위의 각주 4를 참고하라.
8. 다음을 참고하라. Richard B. Hays, "Christology and Ethics in Galatians: The Law of Christ," *Catholic Biblical Quarterly* 49 (1987): 268–90.
9. 다음을 참고하라. Grant Macaskill, *Living in Union with Christ: Paul's Gospel and Christian Moral Identity* (Grand Rapids: Baker Academic, 2019).

오"(5:13), "서로서로의 짐을 져주십시오. 그래서 그리스도의 법을 이루십시오"(6:2). 바울은 어느 누구도 홀로 자급자족하지 않는 공동체를 상상한다. 이러한 공동체 속에서 신자들은 자신의 짐도 지고, 다른 사람들의 짐도 지기를 요구받는 것이 아니다. 마찬가지로 모든 사람들이 자신을 돌보지 않고, 다른 사람들도 똑같이 그대로 내버려두는 것을 요구받는 것도 아니다.[10] 그보다는 구성원들이 서로서로에게 자유롭게 도움을 줄 뿐만 아니라 서로서로에게 자유롭게 도움을 받아, 그 결과 각각의 사람들은 다른 이들이 짐을 지는 데 공헌하게 된다. 바울에게 있어 "짐"은 종종 경제적인 함의(참조, 살전 2:7; 고후 11:9)를 가지는데, 여기서 모티프는 심리적이거나 감정적인 어려움에 제한되는 것이 아니라 통상적이고 대부분은 특별하지 않은 방식들, 즉 위기의 시간 속에서 변화무쌍한 경제적 환경에 놓인 사람들이 서로서로를 돕고 물질적으로 서로를 지원할 때의 방식들을 포함한다.[11] 그 목적은 바울이 "동반자 관계"(partnership) 혹은 "유대"(solidarity, *koinōnia*; 참조, 빌 2:1; 고후 8:4)라고 부르는 것으로, 여기서는 배우는 사람과 말씀 교사들 사이에 모든 좋은 것들을 "공유하는"(*koinōneō*) 상호적인 주고받기 관계가 예시된다(6:6). 이러한 상호 의존이라는 조건들 속에서 분열은 일어나기 마련이고, 모든 방면으로 흘러나가는 베풂을 유지하기 위해서는 사랑이라는 강력한 처방이 요구되었다.

10. 문맥상 "각자가 자신의 짐을 지십시오"(6:5)라는 충고는 하나님 앞에서의 각자의 책임에 대한 것이지, 일상생활의 "부담"(6:2)을 뜻하는 것이 아니다.

11. Ryan S. Schellenberg, "Subsistence, Swapping, and Paul's Rhetoric of Generosity," *Journal of Biblical Literature* 137 (2018): 215-34을 보라.

그러므로 사랑은 다른 사람의 유익을 위하여 자신을 희생하고 어떠한 대가도 바라지 않는 자기 희생을 의미하지 않았다. "여러분 자신을 사랑하듯 여러분의 이웃을 사랑하십시오"(5:14에서 인용된 레 19:18)라는 구약의 인용은 여러 방식으로 이해될 수 있지만, 이는 사랑으로 서로 공유하는 유익 안에 자신의 자아를 포함—배제가 아닌—시키는 것처럼 보인다(아마도 "그/그녀가 여러분 자신에게 결합된 것처럼, 여러분의 이웃을 사랑하십시오"로 해석될 수 있을 것이다). 다시 말해, 자아는 사랑 안에서 자신 **밖으로** 내버려지는 것이 아니라 다른 사람들과의 관계 **속으로** 결합되는데, 이 관계 속에서 모든 당사자들은 유익과 번영을 누리게 된다.[12] 우리가 상기할 수 있듯이, 그리스도 역시 그 자신을 우리에게 주셨지만 종국적으로 없어져버리는 것은 아니다. 즉, 그분은 자신을 인간의 상태 **속으로** 내어주시고 인간들로 하여금 복과 생명을 누리게 하셨는데, 인간들은 그분을 대신해서 혹은 그분 없이 그렇게 누리는 것이 아니라, 그분 속에서 그분과 함께 누린다(2:20; 3:14).

마지막으로, 우리는 "서로서로에게 종이 되십시오"(5:13)라는 표현 속에 있는 역설(paradox)에 대해 주목해보려 한다. 이 표현은 본질적인 상하계층적 관계(노예 됨)를, 그 관계를 취소함으로써가 아니라 상호적으로 만듦으로써 양방향으로 교환되는 구조로 변화시키고 있기 때문에 놀랍게 다가온다. "서로서로"는 권력과 우월성의 일방적

12. 내가 이런 방식으로 표현하는 것은 Logan Williams에게 빚을 졌는데, 그의 더럼대학교 박사논문("Love, Self-Gift, and the Incarnation: Christology and Ethics in Galatians, in the Context of Pauline Theology and Greco-Roman Philosophy")은 이 주제에 대한 심오한 통찰을 준다.

인 관계를 서로 존중해주는 상호 관계로 바꾸어 주는데, 이 새로운 관계 속에서 각 사람은 다른 사람의 유익 증진을 추구한다(참조, 고전 7:4). 그래서 다른 사람들의 유익을 위해 양보해주는 것은 약한 사람들을 억압하기 위한 어떤 과시가 아니다. 이것은 양방향적인 것이며, 그 결과 섬김과 명예는 연속적으로 교환된다. 이러한 계속적인 상하 계층 구조('상호적 비대칭' 형식)의 전복은 동등하게 만드는 효과를 가지는데, 항상 안정적이고 모든 면에서 우월한 위치에 있는 사람은 아무도 없기 때문이다.[13] 바울의 몸 개념에서, 자원들은 분별력 있게 배분되고 모두가 다른 사람들에 대한 서로의 필요에 의해 엮여져 있기 때문에(고전 12:12-28), 각 사람들은 다른 사람들을 위해 섬겨야 할 책임과 다른 사람들에 의해 섬김을 받게 될 기회를 가지게 된다(제11장을 참고하라).

그래서 그리스도-선물은 인간의 관계 속으로 들어가서, 성령의 역사에 의한 사회적 관계의 새로운 양식을 준비시킨다. 그리하여 사람들은 더 이상 가치에 대한 (그리스도의 선물에 의해서 이미 그 효력이 무시된) 이전의 계층 구조에 근거해서 취급당하지 않고, 명예를 쟁취하기 위한 경쟁적인 다툼에 의해서도 취급당하지 않는다. 이들은 일반적인 모습과는 다르게 세워진 공동체다. 차별적으로 가치를 부여받고

13. Alain Badiou, *Saint Paul: The Foundation of Universalism*, trans. Ray Brassier (Stanford: Stanford University Press, 2003), 98-106을 보라[=『사도 바울』, 새물결, 2008]. 이것은 우리의 '고른'(flat) 평등이라는 현대적 개념과는 잘 어울리지 않는데, 이 개념은 보다 역동적인 '균등화'(equalization)의 의미와 연관되기 때문이다.

평가받는, 전형적인 가치 표준으로부터 해방되었기 때문이다. 바울의 지침들이 새로운 공동체 정신의 개요만을 제공하고 있음에도 불구하고, 이는 그리스도-사건이 변혁적인 결과를 가져온 공동체들의 형성과 잘 어울린다. 여기서 "믿음의 가정"(6:10)은 "율법 아래에"(5:18) 있지도 않고 주변의 문화를 지배하던 경쟁적인 정신에 종속되지도 않는, 새로운 규범을 가진 가정을 가리킨다. 원칙적으로는 모든 사람에게 열려 있지만(6:10), 각각의 새로운 회중들에게 이 새로운 사회적 실험을 수행할 영감과 강건함을 준 것은 새롭게 선물 받은 삶—비상응성이라는 사회적 용어로 표현되는—이었다. 만약 "성령과 함께 걸어가는 것"(5:25)이 새로운 세계를 개척한 것이라면, 그것은 반드시—그럴 수도 있고 아닐 수도 있는 것이 아니라—그리스도-선물이 기존의 문화와는 완전히 다른 공동체들의 형성으로 표현될 수밖에 없는 새로운 체제(regime)를 시연해 주었기 때문이다.

새 창조(갈 6:11-18)

바울이 개인적으로 크게 강조하면서 쓴 마지막 단락(6:11)은 표준적 가치 체계에 대한 전복으로서의 그리스도-사건을 다시 한번 제시함으로써 이 편지의 도전을 요약한다. 여기서 바울은 "세상"을 구성하는 의미 체계를 산산조각내는 그리스도-사건이 담긴 거대한 캔버스 위에 갈라디아에서 발생한 특수한 위기를 올려놓고 있다는 것이 명백해진다(6:14). 논점은 단지 이런저런 유대교 관습의 채택 유무에 있는 것이 아니라, 다른 모든 가치의 속성에 의문을 제기하는 비상응적 논리에 의해 모든 삶의 토대를 재정립하고 방향을 재설정하는 그리스도-선물의 능력에 있다.

바울은 (자신의 견해로) "육체의 외관을 꾸미기 좋아하는 것"(6:12) 혹은 "육체를 자랑하는 것"(6:13)을 유일한 동기로 삼는 갈라디아 사람들에게 경고한다. "자랑하는 것"(*kauchaomai*)은 (일반적인 영어 번역어인 'boast'가 부정적인 뉘앙스를 가지는 것과는 달리) 그 자체로는 잘못된 것이 아니다. 바울은 지금 그리스도의 십자가를 자랑하려는 참이다(6:14). 문제가 되는 것은 '뽐내는 데' 있는 것이 아니라, 자랑하려는 대상, 즉 그 가치에 대해 확신하기 때문에 자랑하려는 대상에 있다. 다시 말해, 문제가 되는 질문은 이것이다. 당신의 '상징 자본'은 무엇인가? 당신은 무엇이 궁극적인 가치를 가진다고 생각하는가? 만약 다른 사람들이 '외관을 꾸미기'를 원한다면 명예에 대한 공중의(public) 체계에 묶여 있는 것이다. 바울에게 "육체"는 자랑이나 확신의 대상이 되어서는 결코 안 되며(빌 3:3-5), 그저 기껏해봐야 조금 더 중요한 무언가가 공연되는 무대일 뿐이다(참조, 2:20: "내가 지금 육체 안에서 살고 있는 삶"). 육체를 자랑하는 것은 마치 축구 경기장에서 펼쳐진 (장소와 상관없이 다른 곳에서도 똑같이 훌륭한 수준으로 뛸 수 있는) 경기 수준이 아니라 경기장을 자랑하는 것과 같다. 갈라디아에서 할례에 대해 자랑하는 사람들은 잘못된 것에 투자를 하고 있었다. 그리스도-사건의 빛 아래에서 "중요치 않은"(neither here nor there: 갈 3:28에 나오는 "neither ~ nor" 형식을 차용해서, 여기나 저기나 상관없다는 의미로, 율법을 자랑하는 것은 중요치 않은 장소를 자랑하는 것과 같다는 앞 문장과 연결시켜 사용한 의도적 표현으로 보임—역주) 무언가에 의미를 부여한 것이다. **무할례의** 상태("포피")가 본질적으로 더 나은 것도 아니다. 할례나 무할례, 둘 다 궁극적 의미에서는 전혀 중요하지 않다(6:15; 참조, 5:6). 유대인이 가치를 부여하던 할례의 가치와 헬라인이 가치를 부여하던 무할례의 가치를 약화시킨 것은 모든 문화적 규범을 재조정한 사건이었다.

여기서 잠시 주목할 만한 부분은 바울이 마치 사람의 행위 주체가 문제가 된다는 듯이, 흔히 말하는 '행위'를 공격하고 있는 것으로는 보이지 않는다는 점이다. 바울은 신자들이 새 창조의 '원리'에 의해서 능동적이고 적극적인 방식으로 '걸어가기'(walk)를 기대한다. 또한 자기 의존에 의해 구원을 획득하려는 바로 그 시도가 여기서의 이슈도 아니다. 바울은 할례**와** 무할례 **둘 다 모두** 중요한 것이 아니라고 한다(5:6; 6:15). 전자를 '행위'로 이해할 수 있을지 모르겠지만, **무할례**로 남아 있는 것을 어떠한 의미로도 '행위'로 간주하기는 어렵다. '새 관점'이 제안하듯이,[14] 언약을 유대인들에게만 '제한'시키는 '민족적 제국주의' 역시 여기서의 논점은 아니다. 다시 말해, 왜 바울은 **무할례** 역시 중요하지 않게 생각했는가? 바울의 표적은 민족중심주의도 아니고 선행에 의해 하나님으로부터 혜택을 얻으려는 잘못된 선택도 아니다. 복음의 능력은 그리스도와는 상관없이 작용하는 **모든** 형식의 상징 자본을 전복시키는 것이다. 즉, "나는 이미 세상에 대해 못 박혔다"(6:14)는 것이다.

14. 다음에 나오는 던의 주장에도 불구하고 그렇다. James D. G. Dunn, *The Epistle to the Galatians* (London: Black, 1993), 265, 267.

'세상'은 고대 세계에서 질서, 설계, 그리고 가치들에 대한 '자연스러운' 구조적 체계와 연관된 잠재적인 용어이다. '세상에 대해 못박혔다'는 것은 (마르키온의 생각처럼) 자연을 악마화하거나 창조 세계를 무시하는 것이 아니라, 본성적으로 혹은 문화적으로 형성된 모든 세상에서 예수 그리스도의 사건과 비교할 만한 가치가 아무 것도 없다는 것을 의미한다. 예수 그리스도의 사건을 통해서만 모든 의미와 가치가 생성된다. "십자가에 못박힘"의 언어(참조, 3:1)는 의도적으로 잔혹하게 표현되었다(참조, 고전 1:18-25). 이것은 위엄 있고 고귀하게 여겨지는 것(제10장을 참고하라)과는 정반대의 것을 완벽히 보여주는 죽음의 형태다. (무조건적인 선물로서) **형식**과 (죽음으로서) **내용**과 (십자가 처형의 수치스러운) **방식**에 있어서 그리스도의 십자가는 신자들에게 있어 이미 형성되어 있었던 개념, 곧 명예롭고 고상하고 바람직한 것이 무엇인지에 대한 신자들의 충성(allegiance)을 깨트린다. 이 유일하고도 특별한 사건은 보편적인 중요성을 가지는데, 이는 이 사건이 차별과 특권에 대해 미리 상정된 어떠한 체계에도, 어떠한 인류의 부분집합에도 전혀 신세지고 있지 않기 때문이다. 이 사건은 근원적으로 무조건적인 (unconditioned) 사건이었다.

사망 통보를 자랑하는 것(6:14)은, 정확하게 이 죽음 안에서 하나님의 창조성이 드러난다는 사실이 없었다면, 견딜 수 없을 정도로 모순적인 일이 되었을 것이다. "할례나 무할례가 중요한 것이 아니라 오직 새 창조만이 중요합니다"(6:15). 학자들은 여기서 바울이 "새 창조"(참조, 고후 5:17)를 통해 의미한 바가 무엇인가에 대한 논쟁을 이어가고 있다. 바울은, 앞서 자신에 대해 "이제는 더 이상 내가 사는 것이 아니라 내 안에 계신 그리스도가 사십니다"(2:20)라고 말했듯이, 개인의 재형성에 대해서 말하고 있는가? 아니면, "이 악한 세대"(1:4)에 반하여 하나님이 모든 실재를 재정립하고 재형성하시는 것과 같은, 우주적인 규모의 "새 창조"를 의미하고 있는가?[15] 바울의 어구는 아마도 이러한 개인적이고 우주적인 범위를 정확히 가로질러 공명하고 있지만, 그 의미에 있어서는 이 "원리"(6:16)에 의해 운영되는 새로운 공동체들을 확실히 포함한다. 새 창조가 전통적으로 규제해온 표준들과 상관이 없는 것이라면 사회적 존재의 새로운 양식, 곧 일반적인 가치 평가에 대해 (다른 방향 설정들을 한꺼번에 모두 재설정하는 것이기에 나란히 가는 것도 아니고 반대로 가는 것도 아닌) '대각선' 방향의 진로를 설정하는 새 공동체들을 형성하게 된다. 부활과 더불어 시작된 새로운 세상의 충격은 신자 각각을 개별적으로 새롭게 세우지만, 동시에 모든 신자 공동체들도 새롭게 방향 설정시켜 복음의 진리에 따라 새로운 행동 양식을 발견하게 된다(2:14).

갈라디아서의 마지막 문장에 있는 "은혜" 축도(6:18)는 처음의 축복(1:3)과 함께 틀을 형성하면서, 실제 상황들을 바꾸게 한 선물-사건의 여파 속에 있는 갈라디아의 상황에 대한 바울의 숙고로서 이 편지 전체를 되짚어보게 한다. 나는 처음부터 끝까지 그리스도-사건으로

---

15. 이 두 가지 해석에 대해서는 다음을 참고하라. Moyer V. Hubbard, *New Creation in Paul's Letters and Thought* (Cambridge: Cambridge University Press, 2002); T. Ryan Jackson, *New Creation in Paul's Letters: A Study of the Historical and Social Setting of a Pauline Concept* (Tübingen: Mohr Siebeck, 2010).

발생하게 되었고 성령 안에서 경험하게 되는 은혜의 **비상응성**을 강조해왔는데, 이는 은혜의 비상응성이 바울이 주장하는 바, 실재의 재형성을 지탱해주기 때문이다. 갈라디아서에 은혜에 대한 다른 '극대화들'(제2장을 참고하라)도 나타난다고 볼 수 있지만, 이것들은 덜 강조되고 있는 것으로 보인다. 이 편지에서 바울은 은혜의 **초충만성**을 특별히 강조하지 않으며, 신적인 심판(5:21; 6:7을 보라)을 배제하지 않는다는 의미에서 하나님의 베풂을 **단일한 것으로** 극대화시키지도 않는다. 은혜의 **우선성은** 신자들의 '부르심'이라는 개념 뒤에 상정되어 있지만, 다른 바울서신들에서처럼 '예정'의 언어로 발전되지는 않는다. 성령의 임재와 능력에 의해 모든 신자들의 행위 주체가 세워지고 힘을 얻게 된다는 의미에서 은혜의 **유효성에** 대한 요소들은 확실히 발견할 수 있지만, 이것이 신적 행위 주체가 신자들의 행위 주체를 막거나 억압한다는 것을 뜻하지는 않는다.[16] 이 편지에 묘사된 것처럼, 하나님의 은혜는 **사전 조건이 없지만**(unconditioned: 가치에 대한 우선적인 고려가 없이 주어짐), 보답으로 아무 것도 기대하지 않는, 은혜에 대한 **비순환적** 극대화의 의미에서 **사후 조건이 없는**(unconditional) 것은 아니다. 바울에게 은혜란, 차라리 홀로 내버려두어지기를 좋아하는 무관심한 후원자로부터의 선물이 아니다. 그것은 '아무런 조건이 붙어 있지 않은' 기부도 아니다. 그와는 반대로, 복음에 따라 사는 개인적인 그리

---

16. 은혜와 신자의 행위 주체 사이에 있는 비경쟁적인 관계에 대한 고찰에 대해서는 John M. G. Barclay, "Introduction," in Divine and Human Agency in *Paul and His Cultural Environment*, ed. John M. G. Barclay and Simon J. Gathercole (London: T&T Clark, 2006), 1-8을 참고하라.

고 사회적인 실천은 바울이 의미하는 '믿음' 혹은 '신뢰'에 필수적이다. 그러나 강조점은 은혜의 비상응성, 즉 은혜와 수신자들의 가치—윤리적, 지성적, 도덕적, 혹은 그 외의 다른 면에서—사이의 부조화에 있다. 어떠한 가치 기준도—부정적이든, 긍정적이든—은혜를 제한하거나, 수신자들에게 은혜 받을 자격을 부여할 수 없다. 그리스도 안에서 주어지는 이 무조건적인 선물은 이전의 가치 구조와는 어울릴 수가 없으므로, 이것은 옛 문화적 규범들을 전복시키고, 개인적인 주관을 새롭게 세우며, 선교에 대한 새로운 양식을 정당화해주고, 역사를 새롭게 형성하며, 성경의 목소리를 새롭게 조율하고, 로마 제국의 풍경 위에 새로운 공동체들을 창조한다.

갈라디아서가 계속해서 기독교 급진주의자들의 상상력을 사로잡아온 데에는 다 이유가 있다. 이 편지는 그리스도의 유일한 사건과 선물을 향해 모든 실재를 재정렬하면서 중요한 단 한 가지에만 가치를 부여한다. 여러 세대를 거치면서 지금껏, 은혜의 신학은 그리스도 안에 있는 하나님의 선물을 기점으로 방향 설정하지 않은 사상과 실천의 양식에 대해 도전해왔고, 예로부터 전해온 가치 상정에 따라 사회의 질서를 세우는 방식들을 약화시켜 왔다. 이 편지의 급진적인 목소리는 오늘날에도 계속해서 반향을 일으키고 있기에, 우리는 이 책의 마지막 장에서 그 함의들 중 일부를 살펴볼 것이다.

제7장
비상응적인 선물과 그에 상응하는 결과
(롬 1-5장)

로마 사람들에게 쓴 바울의 편지는 특별하다. 분량과 신학적 깊이와 서구 사상계 이천 년 역사에 미쳐온 충격에 있어서 그렇다. 바울의 다른 편지들처럼 로마서는 그와 수신자들 사이의 관계에 대한 진술로 시작하고 끝맺는다. 하지만 다른 편지들과는 달리 로마서의 대부분은 어떤 특별한 상황에 대해 직접적으로 말하고 있지 않다. 바울은 자신이 한 번도 방문해 보지 못했던 신자들에게 쓰고 있다는 것을 아주 잘 의식하고 있었는데(1:1-15), 일단 "성도들 가운데 가난한 사람들"(15:14-33)을 위한 구제 헌금을 예루살렘에 전달한 후에, 예정된 로마 방문을 준비하기 위해 로마서를 쓴 것으로 보인다. 바울은 (기원후 약 57년경) 고린도에서 이 편지를 쓴 후에 동쪽으로 가려던 참이었고, 그러고 나서 서쪽인 로마로 가서 그곳 신자들의 지원을 받아(15:24), 더 서쪽에 있는 스페인으로 가려는 목적을 가지고 있었다. 그런데 로마 사람들이 그를 어떻게 맞아줄 것인가? 그리고 왜 그들이 바울을 지원해 주어야 하는가? 그들에게 있어 바울은 어떤 사람이었는가? 바울의 사도권을 의심하는 사람들이 있었고 그의 메시지도 논란이 많았기에, 로마에서 그가 어떤 식으로 대접을 받게 될 것인가는 전혀 확실하지 않았다.

학자들은 '로마서의 저작 이유'에 대해 거의 200년 동안 논쟁해 왔으며, 그 논쟁은 오늘날까지 계속되고 있다.[1] 어떤 학자들은 이 편지가 전체적으로 로마에 있는 상황 자체와는 관련이 없는 것으로 보는 반면, 어떤 학자들은 로마의 교회들 곳곳에 있었던 이런저런 문제들에 대해 미묘하게 응답한 것이라고 보기도 한다. 우리는 로마에 있었던 예수 운동의 기원에 대한 증거 자료들을 거의 가지고 있지 않으며, 가지고 있는 자료들조차도 확실하지 않다. 로마서 16장에서 안부를 전하고 있는 사람들의 숫자를 통해서 판단해볼 때(16장은 어떤 사본에서는 생략되어 있지만, 이 편지의 진짜 일부다), 바울은 로마에 연락을 취할 수 있는 사람을 많이 알고 있었다. 그러나 바울이 이 편지를 쓰는 주된 목적은 (롬 14-15장에 나오는 공동식사에 연관된 문제를 제외하고) 그들의 문제들을 해결해 주기 위한 것이 아니라, 바울 자신과 그 복음을 소개하기 위한 것으로 보인다. 바울은 자신을 조심스럽게 "이방인들을 위한 사도"(1:1-5, 13-14)로 소개하고 있으며, 편지를 끝맺을 때에는 그

---

1. 집필 동기에 대한 중요한 의견들을 보려면 다음 저작들을 참고하라. Karl P. Donfried, ed., *The Romans Debate: Revised and Expanded Edition* (Grand Rapids: Baker Academic, 2011). 참조, Alexander J. M. Wedderburn, *The Reasons for Romans* (Edinburgh: T&T Clark, 1988). 더 최근작을 보려면, Andrew A. Das, *Solving the Romans Debate* (Minneapolis: Fortress, 2007).

직분에 대해 언급한다(15:14-16; 참조, 11:13). 바울이 로마에 있는 회중들(assemblies)을 직접 세운 것이 아니었기에 간섭하지 않는 방식으로 접근하려 했지만(1:11-12; 15:14-15), 로마를 방문하게 될 때 긴급해질 수 있는 가장 큰 문제는 로마 회중들이 그를 **그들의** 사도로 이해하고 영접해줄 것인가 하는 것이었다.

이 특수한 집필 이유는 바울이 로마서에서 왜 신학의 일반적인 주제를 많은 부분 다루고 있는지 설명해 준다. 바울은 '이방인들을 위한 사도'로서 이 편지를 기록하고 있었기에, 이때 가장 중요했던 것은 그 사역—타락시키는 죄(Sin)의[2] 능력에 대한 하나님의 자비로운 대처로서 예수님의 죽음과 부활에 근거하여 이방인들을 부르신 것—에 내포된 의미였다. 바울의 이야기를 담고 있는 캔버스는—모든 피조 세계의 운명을 다룰 만큼—광대했다(8:18-39). 이는 바울이 세상을 구속하고 이스라엘에 대한 성경의 약속들을 성취하기 위한 하나님의 목적 안에서 로마의 신자들이 어디에 서 있는지를 이해시키기 원했기 때문이다. 바울의 로마 방문은 계획대로 진행되지 않았지만(마침내 그곳에 도착했을 때에는 죄수의 몸이었다) 그가 이렇게 포괄적인 방식으로 복음을 상세히 풀어 설명할 필요를 느꼈던 것은 우리에게 행운이다.

갈라디아서와 비교해볼 때, 로마서의 그리스도-사건은 더 넓은

2. 나는 여기서 죄(Sin)를 나타내기 위해 대문자 'S'를 사용했는데, 이는 로마서에서 죄가 능력을 가진 행위 주체로 나타나고 있는 방식을 반영하기 위한 것이다. 이에 대한 분석으로는 Matthew Croasmun, *The Emergence of Sin: The Cosmic Tyrant in Romans* (Oxford: Oxford University Press, 2017)를 참고하라.

역사적·신학적 틀 안에 위치한다. "다윗의 후손" 그리스도는 예언적 약속들의 성취이다(1:2-4). 그리스도는 "할례자들"(유대인들)을 위한 메시아 역할로 하나님의 신실하심을 확증하는 동시에, 예언된 바와 같이 이방인들을 이끌어 유일하신 하나님을 함께 예배하게 한다(15:7-13). 그리스도-사건으로 촉발된 그 능력 역시 로마서에서 더 상세하게, 죄의 파괴적인 효과를 극복하는 능력으로 묘사된다. 갈라디아서에서는 모든 것들이 "이 악한 세대"(갈 1:4)와 "죄 아래에"(갈 3:22) 속박된다는 것을 간략히 언급하고 있지만, 로마서에서는 죄의 깊이와 범위가 더 뚜렷이 나타난다. 이는 세 가지 다른 방식으로 다루어지며(롬 1:18-32; 5:12-21; 7:7-25), 이때 율법의 무능(8:1-3)과 은혜의 우월한 능력(5:12-21)이 암시된다. 갈라디아서가 **가치와 상관이 없는** 하나님의 은혜의 소중함에 대해 강조했다면, 로마서는 하나님의 은혜가 **가치의 부재 속에서** 역사함을 분명히 한다. 은혜는 "불경건한 자들"(4:5; 5:6), 즉 완전히 무가치한 자들에게 주어진다.

이런 관점에서 바울은 '율법'에 대해 더 확실히 할 필요가 있다고 생각했다. 율법은 악하지 않고, 오히려 거룩하고, 의롭고, 선하다(7:7-13). 그렇다 하더라도 율법은 죄에 대해서는 무력하다. 그리고 주목할 만한 것은, 갈라디아서에서 암시만 되었던 이스라엘의 중요성이 로마서에서는 백성에게 자비를 베푸시는 하나님의 헌신에 대한 분석과 함께 방대하게 확장된다는 것이다(9-11장). 바울은 여기서 왜 이스라엘이 특별한지에 대한 성경적 근거를 보여주는데, 비록 그가 하나님의 은혜에 대한 수신자로서 유대인과 이방인들을 동등하게 언급할지라도 이스라엘의 특별함은 여전히 유지된다(1:16; 10:10-12; 11:28-

32). 그렇다면 바울은 이스라엘의 이런 특별한 지위를 정당화시켜주는 이스라엘 속에 있는 가치에 대한 어떤 선재적(preexistent) 요소를 발견했는가? 아니면, 이스라엘의 특별함조차도 은혜의 비상응성이 만들어낸 산물인가?

로마서의 "은혜" 언어는 전략적 위치들에 한데 모여 배치되어 있고, 하나님의 베풂의 심화된 면을 보여주는 연관된 용어들("사랑"과 "자비")과 섞여서 나타난다. 바울은 그리스도-사건을 선물 용어들의 조합("선물로서, 그의 호의에 의해서", 3:24)을 사용하여 소개하고 있고, 이것들은 거의 동의어로 볼 수 있는 선물 용어들(*charis*; *charisma*; *dōrea*; *dōrēma*)이 세 절에 걸쳐서 여덟 번 나타나고 있는(5:15-17), 죄와 은혜가 거시적으로 대조되고 있는 단락에서 확장된다(5:12-21). 이 단락들 사이에서 바울은 "우리는 우리가 서 있는 이 은혜의 자리에 들어감을 얻었습니다"(5:2)라고 선언하는데, 이는 그리스도 안에서 나타나고 성령에 의해 부어지는 하나님의 "사랑"에 의한 것으로 해설된다(5:5-11; 참조, 8:31-39). 선물 언어는 로마서 9-11장으로 이어지는데(예, 11:5-6, 29), 이때 하나님의 "자비"(개역개정에서는 "긍휼"로 번역됨—역주)라는 표현으로 보충된다(9:16, 18, 23; 11:30-32; 참조, 12:1). 하나님의 은혜와 자비는 동일하지는 않지만, 앞으로 보게 되듯이, 둘 다 무조건적이고 자격 없는 사람에게 주어진다는 의미와 특징에서 중첩된다.[3] 복음은 "은혜"라

3. 이것들의 의미장들(semantic fields)과 문화적인 공명을 참고하려면, *Paul and the Gift* (Grand Rapids: Eerdmans, 2015), 575-82 [=『바울과 선물』, 새물결플러스, 2019]와 Breytenbach, *Grace, Reconciliation, Concord: The Death of Christ in Graeco-Roman Metaphors* (Leiden: Brill, 2010), 207-38을 보라.

는 한 단어로 요약될 수 있지만("죄가 커진 곳에, 은혜는 흘러넘쳤습니다", 5:20), 복음은 또한 "하나님의 능력"(1:16)이라는 말로 특징지워질 수도 있다.[4] 바울에 따르면 예수님의 부활은 성령의 능력이 완전히 자유로워지는 폭발적인 순간을 마련해준다(1:3-4). 또한 부활은 사망에서 생명으로 옮겨지는 동력(dynamic)을 창조하는데, 신자들은 그 동력에 신뢰를 두며, 그 동력 안에서 정체성을 형성한다. 이 부활의 능력은 로마서에 있는 은혜의 특징인데, 은혜 수신자의 연약함과 가치없음에도 불구하고 이 은혜의 능력으로 아무것도 없는 것으로부터의 창조가 이루어진다.[5]

이러한 로마서 읽기라는 맥락 속에서, 나는 바울이 은혜의 비상응성과 유효성을 극대화시키는 방식 및 죄와 인간의 무능함을 극복하는 은혜의 능력을 강조할 것이다. 로마서는 또한 은혜의 초충만성을 보여주는데, 바울은 이 주제를 로마서 5:12-21에서 여러 방식으로 강조한다. 그러나 우리가 이미 주목했듯이 한 가지 혹은 두 가지 극대화가 나타난다고 해서 나머지 극대화들도 반드시 나타나는 것은 아니기에, 우리는 여전히 나머지 극대화의 존재 여부를 결정해야 한다. 예를 들어, 이 편지가 은혜의 단일성(하나님은 은혜로우심과 동시에 벌주

---

4. 로마서가 하나님과 능력에 초점을 맞추고 있는 것에 주의를 기울이면서 로마서를 읽는 아주 가독성이 좋은 자료를 원한다면, Beverly R. Gaventa, *When in Romans: An Invitation to Linger with the Gospel according to Paul* (Grand Rapids: Baker Academic, 2016) [= 『로마서에 가면』, 도서출판 학영, 2021]을 보라.
5. J. R. Daniel Kirk, *Unlocking Romans: Resurrection and the Justification of God* (Grand Rapids: Eerdmans, 2008)을 보라.

거나 심판하는 자가 아니라는 것)을 극대화하고 있는지 혹은 비순환성(은혜의 보답으로 아무것도 기대하지 않는다는 것)을 극대화하고 있는지를 확인해야 한다. 실제로, 나는 이 두 가지 극대화들이 로마서에서 나타나지 **않는다는** 것과 이 편지에는 은혜의 비상응성을 비순환성과 혼동하는 사람들에게 모순적으로 보일 수도 있는 신학이 나타난다고 주장할 것이다. 바울은 은혜의 비상응성을 여러 방식으로 풀어서 설명한다. 은혜의 비상응성은 은혜가 수신자의 가치를 조건으로 삼지 않으며, 수신자들의 죄악 됨과 하나님에 대한 적대심에 제한되지 않음을 나타내는 것이다. 그러나 이 은혜의 목적은 은혜 수신자들을 **재형성하고** 변화—그들이 각기 소유한 실재가 아닌, 공유하고 있는 실재로부터 새로운 삶을 이끌어냄으로써—시키는 데에 있다. 언제나 받을 자격이 없는 사람에게 주어지는 이 선물에 의해서, 그들은 하나님의 뜻/성품과 조화를 이루는 거룩함으로 빚어져가고, 그렇게 **어울리지 않는** 선물은 **어울리는** 결과를 창조하게 된다. 이번 장에서, 나는 어떻게 이러한 패턴이 로마서의 처음 다섯 장에서 나타나고 있는지를 추적하려 한다.

인간의 죄와 하나님의 창조적 능력(롬 1:16-3:20)

바울이 '복음'을 선포할 때 강조하는 것은 "모든 믿는 사람들, 먼저는 유대인에게 그리고 헬라인에게도(both the Jew—first—and the Greek), 구원을 주시는 하나님의 능력"(1:16)이다. 바울이 그의 '~와 ~ 둘

다’(both ... and) 구문에 ‘먼저는’을 끼워 넣는 그 특별한 방식은 한편으로 이 복음이 모든 사람에게 똑같이 영향을 미친다는 것을 나타내지만, 또 다른 한편으로는 이 복음이 ‘유대인’에게 구별되는 특별한 무언가가 있음을 암시한다. 이 공식은 2:9과 2:10에서 반복되고 3:1-2에서도 암시되는데(“유대인에 대하여 특별한 것이 무엇인가?”), 이는 9-11장에 나올 이스라엘에 대한 상세한 논의를 가리키는 지시판으로 볼 수 있다. 이 은혜와 능력의 이야기는 이제 모든 민족에게 영향을 미치게 되었음에도 불구하고, 특별히 이스라엘 이야기와 공명한다. “하나님의 의”(1:17)는 이 복음 속에 나타났다. 이 구절은 여러 가지 의미를 가지지만, 여기서 하나님의 의는 신적 행위, 곧 하나님이 변함없거나 옳으시다는 것뿐 아니라 세상을 바로잡고 잘못된 것을 고치신다는 것도 함축한다(참조, 3:5, 21, 25).[6] 그렇기에 여기에는 아브라함이 발견했던 것처럼 “죽은 자들에게 생명을 주시며 존재하지 않는 것들을 존재하도록 부르시는” 능력이 포함된다(4:17). 이 능력은 인간의 능력에 대한 보충, 즉 인간의 부분적인 성취를 보강해주는 것이 아니라, 정확히 인간이 막다른 길에 이르렀을 때 역사하는 능력이다.

---

6. 로마서에서 ‘하나님의 의’는 많은 함의들을 가지며, 한 가지 의미만으로 제한될 수 없다. 이에 대한 학문적 논쟁의 개요를 보려면 E. P. Sanders, *Paul and Palestinian Judaism* (London: SCM, 1977), 523-42 [=『바울과 팔레스타인 유대교』, 알맹e, 2018]을 참고하라. N. T. Wright에게는 미안하지만, ‘언약적 신실하심’은 이것의 주된 뜻은 아니다. N. T. Wright, *Justification* (London: SPCK, 2009) [=『톰 라이트, 칭의를 말하다』, 에클레시아북스, 2011]. 능력이라는 함의를 참고하려면, Ernst Käsemann, “‘The Righteousness of God’ in Paul,” in *New Testament Questions of Today*, trans. W. J. Montague (Philadelphia: Fortress, 1969), 168-82을 보라.

1:18부터 3:20까지 진행되는 내용은 인간의 죄악상에 대한 묘사로 시작하고(1:18-32) 끝맺지만(3:9-20), 이 주제에만 국한되지는 않는다. 여기서는 역사(history)가 하나님의 궁극적인 심판의 관점으로부터 조망되는데(2:1-11), 이러한 종말의 관점에는 "악한 일을 행하고" 심판을 받는 사람들 뿐만 아니라, "선한 일을 행하고" "영광과 존귀와 평강"(2:10)을 얻는 사람들도 포함된다. 이 두 유형의 사람들이 모두 포함된다는 사실은 이 장들이 단지 인간의 죄만을 묘사하는 것이 아님을 시사한다. 바울은 오히려 "유대인의 의"와 "이방인의 죄"라는 흔한 고정관념을 깨트리고(2:9-10), 인류를 새롭게 묘사하면서, 나중에 자세히 설명할 내용을 미리 암시한다. 즉, 하나님은 성령에 의해 변화된 삶을 사는 사람들(유대인과 이방인 둘 모두)을 다시 만들어서(remake), 방향을 새롭게 설정하신다는 것이다(2:13-15, 29; 7:4-6). 만일 여기에서 주제가 단지 인간의 죄악상뿐이라면, 이 같은 내용들은 단순히 가상적인 범주에 속하거나, 바울의 중심적인 주장에 명백한 모순이 될 것이다. 그러나 바울은 이미 심판과 구원을 나란히 놓았는데, 이는 하나님이 이미 예상치 못한 방향과 방식으로 세상을 새롭게 만들고 계심(remake)을 보여주기를 열망하고 있기 때문이다.[7]

---

7. 많은 해석자들은 로마서 2장을 설명하는 데 어려움을 겪어왔고, 그중 몇몇은 극단적인 해법에 이르기도 했다. E. P. Sanders는 이것을 바울신학과는 거의 상관이 없는 회당 설교로 간주한다. *Paul, the Law, and the Jewish People* (Minneapolis: Fortress, 1983), 123-35 [= 『바울, 율법, 유대민족』(가제), 알맹e/감은사 2021 근간]. Douglas Campbell은 이것을 바울이 아니라 바울의 대적자의 관점으로 여긴다. *The Deliverance of God: An Apocalyptic Reading of Justification in Paul* (Grand Rapids: Eerdmans, 2009).

인간의 불의에 대한 근원적인 분석(1:18-32)은 이방 세계의 우상숭배 및 비도덕성과 가장 명백히 연관된다. 바울 당시의 많은 유대교 문헌들은 이방인들에 대한 비슷한 초상을 그리고 있는데, 로마서 1-2장은 솔로몬의 지혜서와 특히 긴밀한 관계를 가진다.[8] 하지만 다른 점도 있다. 솔로몬의 지혜서 저자는 이방인 우상숭배에 대한 장황하고 통렬한 비판(diatribe, 13-14장) 후에, 하나님을 언급하며 '우리'(유대인들)가 [하나님을] 더 잘 안다고 주장한다. "우리가 죄인이지만, 우리는 당신의 것이며, 당신의 권능을 알고 있습니다. 우리는 당신이 우리를 당신의 것으로 인식하고 있음을 알기에, 죄를 범하지 않을 것입니다"(지혜서 15:2). 바울은 솔로몬의 지혜서가 취하고 있는 방식의 일부를 따르다가, 이후에는 그 방식으로부터 급격하게 이탈한다(롬 2:1-11).[9] 바울에게는 얼버무림이 없다. 다른 사람을 정죄하면서 똑같은 일을 행하는 사람들은 하나님의 심판으로부터 결코 면제될 수 없다(2:1-4). 하나님의 공평하심은 어떠한 인종적 차별도 허락하지 않으신다. 하나님은 유대인과 이방인 둘 모두 똑같은 관점에서 심판하신다(2:5-11).

에스라4서의 저자는 율법을 알고, 율법을 지켰기에 구원을 위한 기준을 만족시키는 소수의 '의인들'이 있기를 희망했었다(제3장을 보

8. 이 두 문헌 사이의 관계에 대해서는 Jonathan A. Linebaugh, *God, Grace, and Righteousness in Wisdom of Solomon and Paul's Letter to the Romans: Texts in Conversation* (Leiden: Brill, 2013)을 보라.
9. Francis Watson, *Paul and the Hermeneutics of Faith* (Grand Rapids: Eerdmans, 2004), 405-11.

라). 그러나 바울에게 율법 지식과 순종은 완전히 별개의 일이다(2:12-13; 참조, 3:20). 죄의 권능이 너무 커서 율법을 자랑스러워하고 그것을 다른 사람들에게 가르치는 유대인들 역시 율법을 지킬 수 없는 무능으로 인해 비관적으로 당혹하고 있었다(2:17-35).[10] 그러나 율법을 행하는 몇몇 사람들이—심지어는 이방인들 중에도—있다(2:14-16, 26-27). 어떻게 이것이 가능한가? 어떤 학자들은 이 이방인들을 단순히 가상적인 인물들로 여기지만, 바울은 아마도 여기서 나중에 분명히 할 내용을 미리 암시해주고 있는 것 같다. 말하자면 성령으로 인해 마음의 변화를 받은 사람들이 "하나님을 향한 열매를 맺을" 수 있다는 것이다(2:29; 7:4-6).[11] 그래서 바울이 "마음에 새겨진" 율법을 소유한 이방인들에 대해서 말할 때(2:15), 우리는 바울이 다른 곳에서 이방인 회심자들에게 적용하고 있는(고후 3:2-6) 예레미야 31장을 떠올려야 한다("나는 나의 율법을 그들 안에 둘 것이고, 그것을 그들의 마음에 새겨 기록할 것이다", 렘 31:33). 그리고 "성령에 의해서" "마음속에" "숨겨진"(2:28-29) 할례를 가진 유대인들에 대해 말할 때, 우리는 바울이 성령에 의해 이제 성취된 것으로 이해하고 있는(7:6) 신명기의 핵심 본문들(신 29:29;

---

10. 아우구스티누스 이래로, 이 본문은 유대인의 교만을 비판하는 것으로 잘못 해석되어 왔다. 실제로 이 본문은 율법이 죄에 대한 효과적인 해독제가 되지 못한다는 사실을 발견한 사람들의 비극에 대해 묘사하고 있다.
11. 내가 따르고 있는 해석은 다음 저작들에서 자세히 설명된다. Francis Watson, *Paul, Judaism and the Gentiles: Beyond the New Perspective*, 2nd ed. (Grand Rapids: Eerdmans, 2007), 205–16, and Simon J. Gathercole, "A Law unto Themselves: The Gentiles in Romans 2:14–15 Revisited," *Journal for the Study of the New Testament* 85 (2002): 27–49.

30:6, "여호와 하나님이 여러분의 마음에 할례를 베푸실 것입니다")을 떠올려야 한다. 다시 말해, 바울은 하나님이 "그들의 행위에 따라" 판단하실 열매(롬 2:6), 곧 성령으로 변화된 신자들—유대인과 이방인 신자들—의 삶에 맺힌 열매에 대해 말하고 있다는 것이다.

바울이 사용하는 은혜와 칭의의 언어가 "행위에 따른 심판"과 부합되기 힘들다고 생각하는 개신교 전통에 있는 사람들에게 (14:11-12; 고후 5:10 등과 함께) 이 본문은 심각한 장애물로 작용한다.[12] 그러나 이는 은혜에 대한 다른 '극대화들' 사이에서 오는 혼동으로부터 발생한다. 하나님의 은혜는, 수신자의 가치와는 정말로 비상응적이다. 그것은 수신자들의 민족적/도덕적 가치로 조건 지어지지 않는데, 특정 민족성(ethnicity)을 가진 그 어떤 사람도 구원에 어울릴 만한 의로움을 가졌다고 주장할 근거를 가지지 않기 때문이다. 그렇지만 하나님의 은혜는 은혜의 수신자들을 원래 상태 그대로 내버려두지 않는다. 하나님의 변화시키시는 능력에 의해서, 예전에 불순종하던 사람들이 "믿음의 순종"(1:5)을 보여주게 되고, 사망을 향한 열매를 맺던 사람들이 하나님을 향한 열매를 맺게 된다(7:4-6). 그래서 하나님의 비상응적 은혜는 상응성을 창조하게 된다—"은혜 아래"에 있는 사람들은 의와 거룩으로 섬기는 데 헌신하게 된다(6:12-21). 이 순종은 단지 인간의 노력의 산물이 아니다. 그것은 "마음에 새겨진"(2:15) 것이고, 성령으로 형성된 것이며(2:29), 새롭게 창조된 자아의 산물이다. 로마서 6

12. 다음 저작에 나오는 논의를 참고하라. Kent L. Yinger, *Paul, Judaism, and Judgment according to Deeds* (Cambridge: Cambridge University Press, 1999).

장에서 확실해지겠지만, 이 새로운 자아는 항상 그리스도의 부활 생명에 의존한다. 이런 이유로 은혜가 상응적인 결과를 가져올 때에도, 여전히 신자의 가치와 능력과는 비상응적인 것으로 남는다. 로마서 2장에서 묘사되고 있는 심판은 어떤 새로운, 부가적인, 그리고 종국적인 선물을 나누어 주시려는 하나님의 결정이 아니라 그리스도 안에 있는 유일하고도 비상응적인, 생명의 선물로 비롯한 행위에 대한 인정과 보상이다. 바울에게 있어서 성령으로 할례받은 마음이 하나님을 기쁘시게 해드리는 행위를 생성하지 못하는 것은 상상할 수 없는 일이다. 그런 의미에서, 여기서 증거된 행위는 구원의 성취에 있어서 필수적이다. 그러나 그 행위는 구원 성취에 대한 근원이나 이유가 아니다. 그 근원은 여전히 완전히 받을 자격 없이 주어지는 하나님의 강력한 역사하심(work)에 있다.

바울은 여기에서 섬세한 균형을 유지하려 한다(참조, 6:1-2). 3:1-8에서 그는 하나님의 신실하심이 백성들의 신실함에 달려 있지 않다고 주장한다. 곧, 하나님의 의는 죄(Sin) 가운데서도 승리할 것이고 하나님의 것으로 분명히 드러나게 될 것이다(3:3-5). 그러나 이 의가 만약 비상응적이라면—가치가 없는 곳에 주어진다면—하나님이 자신의 가치들을 포기하신 것인가? 하나님의 선물들은 분별력이 없거나 불의한 것인가(3:5-7)? 이것은 작위적인 질문이 아니다. 이것은 우주의 도덕적인 질서를 전복시키는 것처럼 보였기에, 비상응적 선물의 문제 및 바울 당대 사람들이 은혜의 이 극대화를 위험한 것으로 여겼을 이유를 드러낸다. 가치와 상관없이 선물을 주시는 하나님이 세상(3:6)과 죄인(3:7)을 심판하실 수 있는 도덕적 권위를 유지하실 수 있는가?[13]

바울이 알고 있듯, 그의 주장은 우리의 신학적 분별력(good sense)을 가장자리까지 이끌어준다. 그러나 바울의 주장이 우리를 그 가장자리 넘어서까지 데려다주지 않는다는 것은, 최후 심판 때에 선행과 악행이 구별되고 "좋은 행위"(2:6-11)에 부합한 하나님의 칭찬이 있을 것이라는 사실에 의해 드러난다. 바울의 본질적인 요점은 이것이다. **그 부합됨의 근거, 즉 영원한 삶으로 이끌어주는 지속적인 선한 행위의 근원과 틀은 신적인 능력의 행위라는 것이다.** 이 신적인 능력의 행위는 죄악된 인간에게 주어지는 비상응적인 선물로서 변화하는 효력을 주어 최후심판에서 그들의 선한 행위가 분명하게 드러나게 해준다. 이 비상응성(신실하지 않음에 대한 하나님의 신실하심)이야말로 죄의 보편적인 효력에 의해 타락한 세상에서 바울이 가지는 소망의 근거이다. 그러나 이 어울리지 않는 선물의 목적은 어울림을 창조하는 것, 즉 율법 없는 이방인들을 율법을 지키는 사람들로 변화시키고(2:12-15), 범죄하고 있는 유대인들을 성령으로 할례받아 하나님을 향해 열매를 맺는 종들로 변화시키는 것이다(2:28-29; 7:4-6; 8:1-4). 이 모든 것은 이어지는 장들에서 다시 자세히 설명되지만, 기본적인 구조는 이미 분명해졌다. 인간적으로 불가능한 것들에 효력을 주는 하나님의 능력에 의해서, 그리스도 안에 새로운 무언가가, 곧 신뢰와 감사와 순종으로 하나님을 향해 새롭게 방향 설정됨으로써 이방인과 유대인 모두에게

13. 이렇게 많이 압축되어 있는 구절들 속에 있는 바울의 논리는 따라가기가 힘들기로 악명 높다. 더 자세한 논의는 *Paul and the Gift*, 471-74을 보라.

성취를 가져다주는 무언가가 형성되고 있다.

그리스도-선물(롬 3:21-26; 5:1-11)

갈라디아서에서처럼 복음은 예수 그리스도 안에서 발생한 하나님의 은혜 사건을 선포한다(3:21-26). 선물의 언어가 이 지점에서 갑자기 집중적으로 나타나고(3:24), 수신자의 비상응성은 이보다 더 분명해 질 수 없을 정도로 확연히 드러난다. “모든 사람이 죄를 범하여서 하나님의 영광에 이르지 못하였는데, 그리스도 예수 안에 있는 구속을 통하여서, 하나님의 은혜에 의해 선물로서 의롭다고 칭함을 받게 되었습니다”(3:23-24). 그리스도 안에 있는 하나님의 구원 행위는 경건한 사람들을 위해 등급 매겨진 보상이 아니고, 신실한 소수에 대한 자비로운 보호도 아니며, 수신자들의 보편적인 무가치함에도 불구하고 주어지는, 완전히 비상응적인 선물이다. 쿰란 공동체의 호다요트와 같이(본서 제3장을 보라), 바울은 인간의 상태 안에서 이 구원의 기적을 설명할 수 있는 **그 무엇도** 발견하지 못한다. 그러나 호다요트의 저자들은 창조의 예정된 청사진 속에서 그 설명의 근거를 발견한 반면, 바울은 세상의 상태를 변화시킨 역사 속의 한 사건에 주목한다.

3:21-26에 있는 그리스도 안에서의 “속량”(redemption: 혹은 ‘구속’—역주)에 대한 상세한 묘사는 “하나님의 의”에 대한 언급들(3:21, 22, 25, 26)에 의해 강조되는데, 이 중 제일 마지막 것은 “예수님을 신뢰함으로”(*ek pisteōs Iēsou*, 3:26) 살아가는 사람을 하나님이 의롭게 여기심에 있어

서 스스로 "의로우시다"(혹은 정의로우시다)는 진술에 의해 확장된다. 갈라디아서 2:16에서처럼(본서 제4장을 참고하라), 바울은 "믿는/신뢰하는 사람들"(*hoi pisteuontes*, 3:22)을 언급함으로써 이 압축된 표현(그리스도를 신뢰함)이 의미하는 바를 분명히 하고 있다.[14] 그래서 바울이 여기서 '예수님의 믿음/신실함'을 가리키고 있다는 최근의 주장들에도 불구하고, 나는 '피스티스'(*pistis*)를 하나님이 그리스도 안에서 이루신 일에 의존하는, 새로운 존재 방식을 가진 사람들의 믿음(혹은 신뢰)을 가리키는 것으로 읽는 것이 최선이라고 생각한다.[15] 신자들은 무엇을 신뢰하는가? 하나님이 그리스도 안에서 자신의 '의'를 나타내시고 상연(enact)하셨다는 것—망가진 우주에 대한 그의 재조정—과 하나님이 이를 속죄(*hilastērion*, 3:25) 행위 안에서 결정적으로 죄를 없애심으로써 '정의롭게' 이루셨다는 것을 신뢰한다. 바울의 관심은, 오직 죄(Sin)가 (회피된 것이 아니라) 처리되었으며 이 구원 행위로부터 나온 존재 방식을 소유한 사람들은 하나님에 의해 의롭다고 정당하게 간주된다('칭의')는 것을 보여주는 데 있기에, 여기서 이 속죄의 '작동 방식'(mechanism; 참조, 8:3, 하나님이 "육체 안에 있는 죄[Sin]를 정죄하셨습니다")이 강조되고 있는 것은 아니다. 이렇게 하나님의 '의'는 세상을 타락시

---

14. R. Barry Matlock, "The Rhetoric of πίστις in Paul: Galatians 2.16, 3.22, Romans 3.22 and Philippians 3.9," *Journal for the Study of the New Testament* 30 (2007): 173-203을 보라.

15. 이에 대한 대안적인 해석을 참고하려면, Douglas Campbell, *The Rhetoric of Righteousness in Romans 3:21-26* (Sheffield: JSOT Press, 1992)을 보라. 로마서 4장에서, 피스티스를 예시해 주는 사람은 그리스도가 아니라 아브라함이고, 아브라함이 보여주는 것은 신실함이 아닌 신뢰이다(4:5, 17-20).

킨 것(즉, Sin—역주)을 이겨내고 세상을 재조정하여 새롭게 세우는데, 이 일은 그리스도-사건을 신뢰함으로 해방되어 새롭게 만들어진 사람들과 더불어 시작된다(참조, 8:18-25).

"우리가 서 있는"(5:2) 이 은혜는 하나님의 무조건적인 사랑이 만들어낸 산물이다(5:1-11; 우리는 곧 로마서 4장으로 돌아갈 것이다). 바울은 사람 편에서의 가치의 부재를 강조하기 위해 비상한 노력을 한다. "우리"가 **연약할 때**, 그리스도가 **불경건한 자들**을 위하여 죽으셨다(5:6); 하나님은 "우리가 아직 **죄인**되었을 때에 그리스도가 우리를 위하여 죽으심으로" 그의 사랑을 확증하셨다(5:8); 하나님의 **원수**였던 우리는 하나님과 화목하게 되었다(5:10). 다양한 용어들은 그 선물이 전혀 긍정적인 것이 없었던 수신자들의 상태에 주어졌음을 강조하고 있다. 이것은 가치 있는 사람들에게 주는 선물이 아니다. 하나님 사랑의 수신자들 안에는 그에 어울리는 어떠한 특징들도 발견되지 않으며, 심지어 어떤 숨겨진 잠재성조차도 없다. 그리고 이것은 상상할 수 있는 바, 가장 큰 대가를 치른 선물이다. 그리스도는 다른 **무언가를** 주신 것이 아니라, 자기 자신을 주셨다. 그 선물은 그의 **죽음과** 맞바꾼 것이고 그의 **피와** 연관된 것이다(5:6-10).

바울은 이렇게 비상응적인 선물의 기이함(oddity)에 주목한다. "의인을 위해서 기꺼이 죽을 사람이 드물게 있고, 어쩌면 선인을 위해서 죽을 수 있을 만큼 용감한 사람이 있을 수 있겠지만"(5:7). 누군가는 좋은 선물이 가치 있는 사람들에게 주어질 것이라고 상정하고, 선물이 값진 것일수록 그만큼 선별된 수신자에게 주어져야 된다고 생각할 것이다. 그러나 마땅한 가치가 없는 대상에게 자신의 생명을 바치는 경우는 거의 없다. 그럼에도 불구하고 그리스도는 유례를 찾기 힘든 사랑의 표현으로서 가치 없는 사람들을 위해 죽으셨다. 이것은 아무 생각 없이 일회성으로 하는 기부가 아니다. 이것은 가장 큰 대가를 치른 선물이며, 자격으로 내세울 만한 것이 아무것도 없는 사람들을 향해 가장 깊은 연민으로 주어진 선물이다. 바울이 5:1-11에서 열거하고 있는 것은 이상하고도, 심지어는 말도 안 되는 현상이지만, 바로 이것이야말로 미래에 대해 가장 큰 소망을 가질 수 있는 근거가 된다. 하나님이 원수들과 화해하기 위해서 이렇게까지 애쓰셨다면, 신자들이 구원을 이루기까지의 모든 여정 내내, 그들이 마주하게 될 그 모든 우여곡절 속에서도(5:3-5) 하나님의 사랑이 끝까지 변치 않을 것임을 얼마나 강하게 확신할 수 있겠는가(5:10)!

바울은 선물의 적절한 배분에 관한 고대의 정서에 입각해서, 그리스도 안에서 어떤 종류의 선물이 주어졌는지 깊이 생각했음이 분명하다. 그 선물은 완전히 가치 없는 사람들에게 주어졌지만, 그렇다고 해서 부당하거나 몰지각하거나 비인격적이거나 하찮은 것이 전혀 아니었다. 대신에 그것은 값비싼 대가를 치른 행위였으며, 수신자들을 있는 모습 그대로 만나주는 동시에 또한 그들의 상태를 변화시켜주는 인격적인 사랑이었다. 그런 의미에서 그리스도-선물은 그리스도 안에서 주어진 "생명"으로부터 발생한(5:10) 새로운 가능성을 창조하는, 최고의 비상응적인 선물이다.

아브라함 가족의 특성(롬 4장)

갈라디아서에서처럼, 아브라함이라는 인물은 이스라엘 언약 이야기의 기원에 서 있는 사람으로서(창 12-26장) 역사 속에 있는 하나님의 목적에 초석을 놓았다. 앞서 살펴본 것처럼(갈 3:8-9), 바울이 아브라함 이야기를 가져온 이유는 이 이야기가 모든 열방에 대한 복을 약속한 최초의 언약이기 때문이다. 이 약속은 바울의 이방인 선교에 대한 성경적 근거인데, 로마서 4장의 상당 부분은 아브라함이 실제로 유대인과 이방인 모두의 선조임을 확실히 하기 위해서 쓰였다(4:9-17). 그러나 이는 전부가 아니다. 바울은 여기서 로마서 4장 전체의 근거 본문 역할을 하는 창세기 15:6로 돌아간다("그는 하나님을 신뢰했고, 그것이 그가 의인으로 여겨지도록 했다", 나의 사역). 바울은 이 구절의 문맥을 알고 있다. 곧, 아브라함이 신뢰했던 것은 하나님이 불가능한 일을 행하리라는, 즉 아브라함과 사라가 상속자를 가지게 될 것이라는 약속이었다. 바울이 관심을 가지고 있었던 것은 아브라함이 **어떻게** 유대인과 이방인으로 구성된 가족의 선조가 되었는가 하는 것이다. 이에 대한 대답은 바로, '신뢰(믿음)에 의해서' 되었다는 것이다. 이때 신뢰(믿음)란 어떤 특별한 영적 성취가 아니라 인간의 업적이나 능력이 전혀 없는 곳에 선물을 주시는 하나님에 대한 절대 의존을 가리킨다. 그래서 어떤 학자들은 아브라함을 그 가족의 기원으로서 우뚝 서 있는 것을 강조해왔고 어떤 학자들은 그를 신자의 전형적인 모범으로 여겨왔지만, 바울은 그를 두 역할을 모두 가진 인물로 보았다. 더 낫게 표현하자면, 아브라함은 어떤 **프로그램화된**(programmatic: 아브라함이 믿음의 조상으로서의 어떤 기원 역할을 할 뿐만 아니라, 그 후손들이 같은 패턴을 따르도록 기초를 제공해주는 의미로 저자가 독특하게 사용한 용어—역주) 역할을 하고 있다는 것이다. 말하자면, 바울의 이야기는 아브라함 가족의 역사를 시작할 뿐만 아니라 그것의 성격을 설정한다. 바울은 이 가족에 속한다는 것이 비상응적인 선물과 하나님의 능력을 신뢰하는 것임을 보여준다.[16]

로마서 4장에서 시작하는 구절들은 창세기 15:6에 나타나는 신뢰와 의(righteousness) 사이의 연결점에 관심을 집중시킨다. 바울은 이 창세기 본문에 나타나지 않는 것을 뽑아낸다. 이 본문에 "상급"(창 15:1)에 대한 언급이 나타나지만, 아브라함이 그 상급을 받을 만한 어떤 것을 행했다고는 전혀 이야기하지 않는다. 여기에는 '보수'(pay)로서 보답받는 행위가 전혀 없고 오직 신뢰 속에서 받는 약속만 있을 뿐이다. 바울에게 있어서 이것이야말로 아브라함 이야기가 가진 근본적인 특징이다. 이 이야기는 보수/보상이 아닌 선물과 연관된 것인데, 이 선물은 받을 가치가 있는 사람들이 아닌 "불경건한 사람들"에게 주어진다(4:4-5). 바울은 다시 한번 '카리스'(선물/은혜)를 **비상응적인 선물**로 극대화시키는데, 하나님이 여기서 "불경건한 사람들을 의롭다고 여겨주시는" 분으로 묘사될 정도로 이 극대화는 아주 선명하

16. 다음 저작에 있는 N. T. 라이트의 논의와 비교하라. N. T. Wright, "Paul and the Patriarch," in his *Pauline Perspectives: Essays on Paul* 1978-2013 (London: SPCK, 2013), 554-92. 내 견해로, 라이트는 롬 4장을 시작하는 구절들의 중요성에 대해 충분한 주의를 기울이지 않고 있으며, 그래서 아브라함 가족을 형성시키게 된 그 방식의 중요성에 대해서도 충분한 주의를 기울이지 못하고 있다.

게 나타난다.[17] 하나님은 의로운 아브라함에게 보상해주신 것이 아니다. 아브라함에게 가치가 있었다는 기록은 없다. 마찬가지로 다윗 역시 죄를 용서받음으로써 복을 받게 된 사람들의 대변자로 기능할 뿐이다(4:7-8).

하나님의 행위와 인간 상태 사이에 존재하는 비상응성은 아브라함 가족의 특성이다. 그래서 하나님이 이 가족 안에 유대인들뿐 아니라 이방인들까지도 부르시는 것은 정당하다. 하나님의 무조건적인 복은 아브라함이 할례를 받기 **전에**(창 17장), 그를 의롭다고 여겨주셨다는 점에서(창 15장) 분명히 나타난다. 바울에 따르면 이것은 할례가 어떤 인종적인 그룹을 다른 그룹의 위에 두는, 차별적인 가치의 표시가 아니다(4:9-12). 그보다 할례는 하나님을 신뢰하는 이방인들과 유대인들 모두에 의해 공유되는, 더욱 기본적인 무언가(하나님에 의해 간주된 의)에 대한 '표'(seal)다. 이는 유대인들이 반드시 할례를 포기해야 한다는 의미가 아니다(참조, 3:1-2). 아브라함이, 하나님을 신뢰하는 할례받은 사람들과 할례받지 않은 사람들 모두의 조상이 되는 한(4:11-12), 할례는 부정적인 요인이 아니며 그 (보조적인) 역할을 계속 수행할 수 있다. 바울은 할례를 (또는 할례받은 사람들을) 잘못된 것, 혹은 할례받지 않은 이방인들에 의해 파기될 것으로 폄하하지 않는다. 바울은 유대인과 비유대인 사이의 차이점이 아브라함 이야기의 본질이 아님을 명확히 하려 한다. 시작부터, 아브라함의 복은 차별적인 가치에

17. 죄 있는 자들을 '의롭다'고 선언하지 않는 정의로운 재판관에 대한 성경적인 (그리고 보편적인) 정의에 대해서는, 출 23:7; 사 5:23을 보라.

대한 이 중요한 상징과는 전혀 상관이 없이 주어졌다.

바울은 4:13-22에서 더 나아가, 아브라함 이야기를 현재와 매개해 주는 것은 율법이 아닌 하나님에 대한 신뢰라고 주장한다. 이는 신뢰에 쉽고 보편적으로 접근 가능하기 때문이 아니라, 신뢰란 인간 능력의 부재 가운데 하나님을 의지하는—오직 하나님만을 의지하는—사람들의 자세이기 때문이다.[18] 아브라함이 많은 민족들의 아버지가 될 것이라는 하나님의 약속은 사라가 임신 불가능한 상태이고 아브라함이 "죽은 것과 다름없을 때"(4:19) 주어졌다. 아브라함이 자신의 자녀를 사라를 통하여 가지게 되는 것은 완전히 불가능한 일이었다. 그러나 그는 "죽은 사람들을 살리시며 없는 것들을 불러내어 있는 것이 되게 하시는 하나님"(4:17)을 신뢰했다. 이것이 아브라함의 후손이 된다는 의미이고, 아브라함을 '아버지'로 부르는 가족의 일부가 된다는 의미이며, '무로부터'(*ex nihilo*) 창조하시는 하나님을 신뢰한다는 의미다. 바울은 여기서 인간적 가치의 부재 속에서의 하나님의 선물과 인간적인 능력의 부재 속에서의 하나님의 능력 사이에 존재하는 긴밀한 연결점을 발견한다. 이 둘은 모두 "없는 것들을 불러내어 있는 것이 되게 하시는" 하나님의 특성들이다. 이로 인해 바울의 이방인 선교는 궁극적으로 타당한 이유를 갖게 된다. 또한 죄의 보편적

---

18. 참조, Benjamin Schliesser, *Abraham's Faith in Romans 4* (Tübingen: Mohr Siebeck, 2007). 아브라함의 신실함이나 '신뢰할 만한 충성심'을 하나님의 은혜에 대한 조건으로 간주하는 것은 로마서 4장을 완전히 거꾸로 이해하는 것이다. Stanley Stowers, *A Rereading of Romans: Justice, Jews, and Gentiles* (New Haven: Yale University Press, 1994), 241-44을 보라.

인 능력에도 불구하고 여전히 더 큰 능력으로 의와 생명을 창조하시는 하나님으로 인해 바울이 기뻐할 수 있는 타당한 이유이기도 하다(5:12-21).

생명을 창조하는 이 능력은 세상을 향한 하나님의 계획에 대한 약속과 더불어 예수님의 부활 속에서 확증되었다. 그래서 아브라함의 신뢰는 "우리 주 예수를 죽은 자들로부터 일으키신 분"(4:24)에 대한 신자들의 신뢰라는 형태로 성취된다. 바울에게 있어 부활에 대한 믿음은 불가능한 일을 행하신 하나님을 믿는 믿음이고, 하나님이 모든 사람과 모든 것들에게 새 생명의 선물을 주시기를 원하신다는 사실에 대한 신뢰이다. 이는 단지 과거의 사실만을 믿는 것이 아니라 신자들을 기적적인 동력(momentum) 안에 감싸 넣는 현재와 미래의 실재를 신뢰하는 것인데, 예수님의 죽음은 "우리의 범죄" 때문이었고, 그의 부활은 "우리의 칭의"를 위한 것이었기 때문이다(4:25). 신자들은 아브라함에 대해서 기록된 것이 "우리를 위해" 기록된 것임을 발견한다(4:23-24). 신자들은 죽은 자들을 일으키시는 하나님이 예수님의 부활을 통하여 **그들의** "새로운 삶"을 창조하셨다는 그 동일한 신뢰를 가지고 살아가기 때문이다(6:1-6).

결론

갈라디아서에서처럼, 로마서의 시작하는 장들은 바울이 하나님의 은혜를 수신자들의 가치와는 비상응적인 것으로 이해하며, 의식적으로 이 극대화를 발전시키고 있다는 것을 확증해 준다. 바울은 한편에는 하나님의 선물과 능력을, 또 다른 한편에는 인간적인 가치와 능력을 두고 둘 사이의 어울림이 아닌, 어울리지 않음을 강조한다. 실제로 이러한 비상응성은 애초부터 아브라함 가족의 특징이었다. 갈라디아서에서처럼 이 신학은 이방인 선교를 가능하게 해주고, 할례로 상징되는 전통적인 구별이 결정적으로 중요한 것이 아니라는 바울의 확신을 뒷받침해준다. 이방인 선교는 바울의 정체성에 있어서 매우 중심적인 가치를 지니며, '평등'이라는 어떤 정치 이념보다도 더욱 심오하면서도 특별한 신학적인 근거를 가진다. 바울의 이방인 선교는 그리스도-사건을, 비상응적인 선물이라는 방식으로 아브라함과의 약속을 성취한 것으로 보는 그의 이해를 반영하는 것이다.

바울은 여기서 동시대의 다른 유대인들과 반대되는 입장에 서지 않는다. 바울이 정작 실천으로는 이어지지 않는, 율법에 대한 유대인의 자부심에 대해 비판하고 있음에도 불구하고, 또한 아브라함의 이야기가 다르게 해석될 수 있다는 것을 알고 있었음에도 불구하고(4:1-2), 그는 유대적 전통이나 동료 유대인들이 '은혜'에 반대하는 '행위'의 신학을 고집한다고 주장하지는 않았다. 본서 제3장에서 살펴보았듯, 바울의 주장은 신적 자비와 은혜의 역사(operation)에 대한 당대 유대인들의 입장 한 켠을 차지하고 있다. 여기서 바울의 특징은 하나님이 주시는 비상응적 은혜의 가능성을 믿었다는 점이 아니라, 이 현상을 **그리스도 안에** 있는 하나님의 사랑과 동일시했다는 점과 이 은혜의 극대화를 이방인 선교의 맥락에서 발전시켰다는 점, 그리고 바로 이 관점에서 아브라함까지 거슬러 올라가 유대적 전통을 재해석했다는 점이다.

그리고 이 하나님의 선물은 항상 비상응적인—**인간의 무**(*nothingness*)**로부터 창조된 선물**, 그리고 신뢰 안에서 받게 되는—것으로 남는다. 그러나 이것은 성령으로 마음속에 각인된 변혁적인 능력에 따른 순종적인 삶과 하나님을 기쁘시게 해드리는 것을 생성해내도록 설계되었다. 이 은혜는 불경건한 자들을 의롭다고 여겨주지만, 이것의 목적은 그들을 그런 식으로 그대로 남겨두려는 데 있지 않다. 이런 차원에서, 하나님의 은혜는 **사전 조건이 없는**(unconditioned: 공로나 가치의 부재 속에서 주어짐) 것이지만, 선물 수신자들에게 변화에 대한 기대 없이 주어진다는 의미에서 **사후 조건이 없지는**(unconditional) 않다. 하나님의 은혜는 선행하는 조건들이 없다는 점에서 값이 없다. 그리고 그것은 기적과 같이 언제나 인간의 무능으로부터 주조되어 사전 조건 없는(unconditioned) 선물로 남는다. 그러나 하나님의 은혜는 이것이 어떠한 변혁적인 결과도 기대하지 않는다는 의미에서 값없는(혹은 '값싼') 것은 아니다. 이런 방식에서 볼 때 (즉, 은혜에 대한 다른 '극대화들'을 분별하면서 볼 때) 우리는 어째서 로마서의 시작하는 장들이 행위와 상관없이 주어지는 은혜(4:1-5) **및** 선물에 의해 변화된 사람들이 심판의 날에 "선을 행하는 것"(2:10)으로 약술되는 무언가를 보여줄 것에 대한 기대, **이 둘을** 동시에 강조하고 있는지 이해할 수 있다.

이러한 견지에서 볼 때, 개신교와 가톨릭 사이에서, 그리고 개신교 내부에서 은혜/행위에 관한 지난한 바울신학의 논쟁 일부는 경감되거나 심지어는 해결될 수 있다. 우리는 이 주제에 대해 본서 제12장에서 다시 다루겠지만, 우리가 종종 인위적으로 나누어왔던 것을 바울이 어떻게 결합시키고 있는지 우리는 이미 감지할 수 있을 것이다. 로마서의 이어지는 장들은 은혜가 어떻게 여전히 해방해 주며 동시에 변혁해 낼 수 있는지, 또 값없으면서 동시에 요구하는 것일 수 있는지를 더 확실히 보여준다. 지금부터 그 장들을 살펴보려고 한다.

제8장
죽어가는 몸속 새로운 생명
(롬 5-8, 12-15장)

로마서 5-8장에서 바울은 죄와 사망에 의해 지배당하고 있는 세상 속에서 주어지는 은혜의 비상응성(5:12-21) 및 마음의 순종과 거룩을 생성해내는 강력한 효과(6:15-23) 둘 모두를 강조해서 보여주고 있다. 바울은 세례 의식을 논의의 중심에 두고(6:1-14) 이 양면적인 현상을 꽤 길게 묘사하는데, 이는 그리스도 안에 있는 삶의 비상응적인 은혜가 어떤 중요한 의미에서 **비상응적으로 남을 수 있는지**, 즉 신자들이 "하나님을 향해서 열매를 맺고"(7:4) 성령을 통해 하나님을 기쁘시게 해드리는 상태로 변화되었을 때에도(8:1-13), 여전히 비상응적으로 남을 수 있는지를 이해할 수 있게 해준다. 우리는 여기서 신자들의 순종 장소로서 몸의 중요성과 생명의 선물에 대한 표현으로서 실천의 중요성을 발견하게 될 것이다.[1] 그리고 몸을 "드리는 것"에 대한

1. 로마서 5-8장에 대한 풍성한 에세이들의 모음집을 보려면, Beverly R.

이야기는 6장(6:12-14, 19)을 12장의 첫 부분(12:1-2)과 연결시켜주기 때문에, 우리는 바울의 생각의 흐름을 따라 12-15장으로 가서, 새롭게 체화된(embodied) 신자들의 충성이 공동체 생활 속에서 어떻게 구체화되는지를 살펴볼 것이다.

은혜의 통치 아래(롬 5-6장)

로마서 5장 후반부에서(5:12-21) 바울은 아담과 그리스도 사이의 일련의 비교(그리고 대조)를 통해(참조, 고전 15:20-28), 그리스도-사건을 인류 전체의 이야기와 연결한다. 아담 편에서 보자면, 이 이야기는 죽음으로 이끄는 죄에 관한 것인데, 여기에서 율법은 죄의 능력에 대항하지 못하기 때문에 결코 도움을 주지 못한다(5:12-14, 20). 하지만 그리스도 편에서 보자면, 이 이야기는 선물 혹은 은혜의 사건이다. 엄청난 선물 용어들의 모음을 통하여(*charis, charisma, dōrea, dōrēma*), 바울은 가능한 모든 방식을 동원하여 죄에 대한 신적 대응이 심판이 아니라(예상할 수 있듯이) 그리스도의 은혜 사건임을 강조한다. "한 사람의 범죄로 많은 사람이 죽었다면, 하나님의 은혜와 예수 그리스도 한 사람의 은혜로 말미암은 선물은 많은 사람에게 더욱더 넘쳐나게 되었습니다"(5:15). 여기서 넘친다는 언어는 단지 하나님의 은혜가 얼마나 큰

Gaventa, ed., *Apocalyptic Paul: Cosmos and Anthropos in Romans 5–8* (Waco: Baylor University Press, 2013)을 참고하라.

지만을 보여주지 않고, 반대되는 것의 많음보다 더 많다는 사실을 통해 거대한 부정적 현상을 제압할 수 있는 능력을 보여준다. "죄가 많은 곳에 은혜는 더욱 넘치게 되었습니다"(5:20). 그리스도 안에서 위대한 반전이 일어났다는 말이다. 한 사람의 죄로부터 나온 심판으로 말미암아 유죄판결을 받았기에(5:16), 많은 죄로부터는 더욱 심각한 유죄판결이 내려질 것을 예상할 수 있다. 그러나 많은 죄로부터 나온 선물은 칭의의 판결로 이끈다(5:16)! 유죄판결과 사망이라는 멈출 수 없는 결과로 이끄는 죄의 무자비한 동력이 (칭의의 판결로 이끄는 선물에 의해) 가던 길을 단지 멈추는 것이 아니라, 도리어 죄로부터 나와서 생명으로 이끄는 반대의 동력에 의해 **반전된다**(5:17). 이것이 재창조의 역동성(dynamic)이며, 그 반대인 사망으로부터 생명을 창조해내는(참조, 4:17) 은혜의 특성이다(5:21).[2]

이 특이한 비상응성 때문에 6:1의 질문이 제기된다. 만약 은혜의 넘침이 의에 대한 보상이 아니라 죄에 대한 반응이라면, 우리는 계속 죄에 거하여 은혜의 역사를 최대화시킬 수 있는가? 바울신학이 죄 속에서의 은혜의 능력을 더 강조하면 강조할수록, 은혜가 죄짓기를 부추긴다는 말을 더더욱 듣게 될 것이다. 일반적인 선물은 이런 의심을 발생시키지 않겠지만, 어떠한 자격의 요소도 없는 곳에 주어지는 비상응적인 선물은 확실히 그럴 수 있다.

실제로 바울은 하나님 은혜의 초충만성을 "의를 통하여 다스리

2. 더 상세한 분석은 Martinus C. de Boer, *The Defeat of Death: Apocalyptic Eschatology in 1 Corinthians 15 and Romans 5* (Sheffield: Sheffield Academic, 1988)을 보라.

는 것"으로 묘사함으로(5:21) 위의 의심이 사실이 아님을 이미 암시했다. 죄에 대한 자격증을 제공해주기는커녕, 그리스도-선물은 능력에 대한 새로운 체계를 구축한다. 세례를 통해 새로운 삶이 형성되고(6:1-14) 그리스도 부활의 생명 속에서 능력을 공급받는, 이 "생명의 새로움"(newness of life)은 충성과 의무에 대한 새 구조를 가진다(6:4). 그리스도에게 생명을 빚진 사람들은 죽을 몸속에서 죄가 다스리지 못하도록 해야 하고 몸의 정욕을 따르지 않아야 하는데(6:12), 이는 그들의 삶 속에 이제 새로운 능력, 즉 은혜의 능력이 역사하기 때문이다. "죄는 여러분을 다스리지 않을 것입니다. 왜냐하면 여러분은 율법 아래에 있는 것이 아니라, 은혜 아래에 있기 때문입니다"(6:14). 은혜는 능력을 가진 선물이다. 이어지는 구절들(6:15-23)에서 모든 사람들이 하나의 능력, 즉 죄 혹은 의라는 능력 아래 있음을 암시하면서, '종 됨'과 '순종'의 언어가 사용되는 것은 결코 우연이 아니다. 바울이 생각하는 우주에는 중립 지대가 없고, 절대적인 자유의 구역도 없으며, 이 두 영역(죄 아래 있는 영역과 의 아래 있는 영역—역주) 사이의 중간 지대도 없다. 예수 그리스도 안에 있는 하나님의 선물은 모든 종류의 권위로부터 해방을 가져다주는 것이 아니라, 새로운 충성과 새로운 책임, 그리고 은혜의 통치 아래에 있는 새로운 '종 됨'을 확립한다.

오늘날 대부분의 문화뿐만 아니라 고대 세계도 선물이 능력을 전달할 수 있다는 것을 인식했다. 선물은 호혜성을 기대하기에, 수신자들은 이런저런 형식으로 보답을 해야할 의무가 있다. 바울의 청중 중에서 신적 선물의 수신자들이 하나님께 대한 의무 아래에 있다는 말을 듣고 놀란 사람은 아무도 없었을 것이다. '아무런 부가 조건 없는' 선물의 개념은 고대 사회에서 실제적으로 상상할 수 없었다. 앞에서 본 것처럼 이것은 현대의 산물이다(본서 제2장을 보라). 바울의 '종됨'이라는 언어가 우리에게는 과도하게 강하다고 느껴질 수 있을지라도(그리고 바울도 이것이 극단적으로 들릴 수 있다는 것을 인식했을 것이다; 6:19), 은혜의 선물이 의무를 수반한다는 것은 바울신학의 구조에 있어 기본이다(참조, 12:1-2).

그러나 바울에게는 여기에서 더 나아가는 무언가가 있다. 이 경우에 선물은 그리스도의 은혜이기에(5:17), 신자들의 새로운 정체성은 그리스도, 즉 부활하신 주님과의 가장 긴밀한 관계 안에서 형성된다. 은혜가 전달하는 것은 어떤 사물이 아니라 사람이다. 그것은 선물과 그 수여자 사이에 결코 분리될 수 없는 관계를 형성한다. 은혜는 그리스도로부터 신자들에게 전달되는 어떤 물체나 그들에게 주입되는 어떤 물질이 아니다. 그것은 최우선적으로 수여자와의 변혁적인 관계를 만들어낸다. 그래서 케제만(Ernst Käsemann)은 이렇게 썼다:

> 여기서[구원에서] 수여되고 있는 선물은 어떤 경우에도 결코 그 수여자로부터 분리되지 않는다. 하나님 자신이 그 영역에 들어오셔서 선물과 함께 무대에 남아 계시는 한, 선물은 능력의 특성을 취한다. 그래서 개인적 태도, 의무, 섬김은 선물과 불가분의 관계로 묶여져 있다.[3]

---

3. Ernst Käsemann, " 'The Righteousness of God' in Paul," *New Testament Questions of Today*, trans. W. J. Montague (London: SCM, 1969), 168-82, at 174.

현대 서구 사회에서 우리는 문화적으로 의무를 선물의 반대 것으로 생각하는 데 익숙하다. 확실히 우리는 선물은 수신자에게 어떠한 압력을 가하지 않는, 절대적으로 '값없는' 것이 되어야 한다고 말할 것이다. 그러나 사실 이는 현대적 개념이며 심지어 약간은 환상(fantasy)이다. 우리가 깊이 공감하듯이 "공짜 점심과 같은 것은 없다." 바울 및 당대 모든 사람에게 있어서 선물은 자발적 요소와 의무가 결합된 것이다. 선물은 강요된 것도 아니고 강압적인 것도 아니지만, 그것은 실제로 기대를 수반하고 심지어는 보답의 의무를 수반한다. 사실상 로마서 5-6장은 은혜에 대한 한 가지 차원의 극대화(비상응성: 수신자의 가치와는 상관없음)가 비순환성(보답으로 아무것도 기대하지 않음)의 극대화를 동반하지는 않음을 예시해준다. 여기에는 '값싼 은혜'의 어떠한 가능성도 없다. 바울은 하나님의 선물(*charisma*)을 죄의 삯(*opsōnia*)과 대조한다(6:23). 삯과는 달리(혹은 이 용어가 이따금 의미하는 바, 병사들의 배급과는 달리), 그리스도-선물은 수신자의 가치나 행위와는 상관이 없다. 그러나 그와 동시에, 선물은 거룩하고 의로운 삶으로 이끈다(6:22). 바울에게 거룩은 신자들이 하나님께 보답으로 되돌려주는 선물로 이해되지 않는다. 혹은 최후 심판에서 하나님으로부터 이차적인, 아니 최종적인 선물을 얻기 위한 도구로 이해되지도 않는다. 거룩은 그 유일한 선물의 필연적인 산물인데, 여기서 필연적이라는 말은 피할 수 없고 분리될 수 없으며 필수적이라는 뜻이다. 비상응적인 선물은 완전히 받을 자격 없는 사람에게 주어지지만 강력한 의무를 동반한다. 이것이 우리에게 생경하게 들린다면, 문제는 바울의 사고방식이 아니라 우리의 사고방식에 있는 것이다.

생명의 새로움:
그리스도 안에서의 외부 중심적(ex-centric) 존재 방식

바울은 신자들의 삶을 특별한 방식으로 이해한다. 즉, 신자들의 삶을 예수님의 죽으심과 부활에 비교한다. 바울에게 우리 자아는 '물질'이나 '본질'에 의해 형성된 것이 아니라 관계에 의해 형성된다. 우리 정체성은 우리의 관계들로부터 나온다.[4] 그래서 바울의 용어를 사용하자면, 우리는 무언가에 대해서는 '살아 있고' 또 무언가에 대해서는 '죽어 있다'("무언가에 대해서"는 헬라어에서 여격으로 표현된다). 즉, 사물/사람에 대한 한 사람의 관계는 형성될 수도 있고, 깨어질 수도 있다. 갈라디아서에서 이것은 "하나님께 대해 살기" 위해서 "율법에 대해서 죽는" 방식(갈 2:19) 혹은 세상에 대해서 "세상은 나에 대해 못박히고, 나는 세상에 대해 못박히는" 방식(갈 6:14)으로 표현되었다. 로마서 6장에서, 이것은 "죄에 대해서 죽고" "하나님께 대해서 사는"(6:10-11) 것으로 나타난다. 이 두 본문 모두에서 죽음과 삶의 용어는 예수님의 십자가 죽음과 부활의 내러티브로부터 유래하지만, 신자들에게 단지 유비(analogy)로서만이 아니라 유대(solidarity)의 형식으로, 더 나아가 **참여**(participation)의 형식으로 적용된다. 신자들은 단지 예수님**처럼** 죽는 것이 아니라, 그와 **함께** 죽는다. 그들은 단지 예수님의 부활의 삶과 **유사한** 삶을 사는 것이 아니라, 그 삶**으로부터** 그리고

---

4. Susan G. Eastman, *Paul and the Person: Reframing Paul's Anthropology* (Grand Rapids: Eerdmans, 2017)을 참고하라.

그 안에서 산다.[5] 바울에게 세례는 죽음과 삶을 동시에 생성한다. 즉, "옛 자아"는 죽고(6:6), "생명의 새로움" 안에서 산다(6:4)—그리고 이 삶은 더 이상 통상적인 존재 방식이 아니라 불가능함의 산물, 즉 그리스도의 부활의 산물이다. 바울이 "부활"이라는 단어를 몸의 재형성과 연관시키기 때문에(참조, 8:23), 그리고 이 새로운 생명은 여전히 죽게 될 몸속에 거하고 있기 때문에(6:12), 부활에 참여한다는 말의 완전한 의미는 여전히 미래 시제에 남겨져 있다("우리는 부활에 있어서도 그와 연합하게 될 것입니다", 6:5).[6] 그러나 이것이, 신자들의 새로운 존재 방식에 대한 모든 것들—그들의 충성, 기질, 감정, 그리고 행동—이 그리스도의 기적적인 삶에 원천을 두고 있다는 의미를 감소시키지는 않는다. 바울이 갈라디아서에서 썼듯이 말이다. "이제 내가 사는 것은 더 이상 내가 사는 것이 아니라, 내 안에 거하시는 그리스도가 사시는 것입니다"(갈 2:20).

이 새 생명은 다른 곳, 즉 인간의 원천 밖에서, 부활하신 그리스도의 생명으로부터 공급받는 것이므로, 바울은 구원을 자기통제(self-mastery) 안에서 새롭게 발견한 어떤 기술과 같은 인격의 재형성으로 이해하지 않는다. 신자는 다른 곳으로부터 나온 삶, 즉 죽음에서 부활하신 예수님의 생명에 의지하는 일종의 '외부 중심적'(ex-

---

5. 다음을 참고하라. Grant Macaskill, *Living in Union with Christ: Paul's Gospel and Christian Moral Identity* (Grand Rapids: Baker Academic, 2019); Michael Gorman, *Cruciformity: Paul's Narrative Spirituality of the Cross* (Grand Rapids: Eerdmans, 2001) [=『삶으로 담아내는 십자가』, 새물결플러스, 2010].
6. 골로새서(2:12; 3:1)와 에베소서(2:5-6)는 이미 그리스도와 함께 '부활한 상태'에 대해 이야기하고 있지만, 로마서 6장은 다른 형태의 언어를 사용한다.

centric: 중심이 자신의 밖에 있는) 존재 방식의 삶을 산다. 그들은 흡사 걸어 다니는 기적과도 같은데, 아니 기적이라는 말이 부족할 정도인데, 지상에서는 여전히 죽게 될 몸속에 거한 채 새 창조의 삶을 시작했기 때문이다. 로마서 6-8장에서 바울은 반복적으로 몸의 필사성(mortality: 반드시 죽게 됨—역주)을 강조한다. "죄가 더 이상 여러분의 죽을 몸을 지배하지 말게 하십시오"(6:12); 당신이 현재 거하고 있는 곳은 "죽음의 몸"이다(7:24); 성령은 마침내 "당신의 죽을 몸"을 살리신다(8:11). 그리스도는 사망을 끝내신 반면(6:9), 신자들은 그렇지 못하다. 그들은 죄에 대해 죽었지만(6:11), 사망에 대해서는 아직 죽지 못했다. 이것은 우리의 삶을 영원히 존재론적 비상응성의 상태에 둔다. 한편으로 신자들은 사망을 향해 가고 있지만(8:10), 다른 한편으로 그들은 그리스도의 생명이 원천이자 특징인 "생명의 새로움" 속에서 산다(6:4).

많은 해석자들은 이 장들에서 바울이 신자들의 삶을 다소 역설적인 방식으로, 양면적으로 제시하고 있음을 발견했다. 그런데 여기서 이 역설에 대해 분명히 하는 것이 중요하다. 종교개혁자들은 후기 아우구스티누스를 따라서, 로마서 7장(죄에 의한 자아의 좌절, 7:7-25)은 신자들의 삶의 한 쪽을 묘사하고 있고, 로마서 8장은 다른 한 쪽(성령 속에서의 삶)을 묘사하고 있다고 생각했다. 따라서 루터의 유명한 말을 빌리자면 신자는 죄인인 동시에 의인이다(*simul justus et peccator*).[7] 그러나 (나 자신을 포함해서) 대부분의 현대 해석자들은 로마서 7장을 이런 방식으로 읽지 않는다. 로마서 7장은 죄에 의해 좌절에 빠진 신자들에 대

7. 이에 대한 해설은 Stephen J. Chester, *Reading Paul with the Reformers:*

한 묘사로 보기보다는, 죄에 사로잡혀 있는 불신자의 삶에 대한 바울의 회고적 시각으로 이해하는 편이 더 낫다. 다시 말해서, (7:4-6에 있는 도입에 의해서 암시된 것처럼) 로마서 7장과 8장은 '비포' 앤 '애프터' 스토리(before and after story)로 읽는 편이 더 낫다.[8] 그럼에도 불구하고 이 장들을 관통하고 있는 또 다른 종류의 역설도 있는데, 그것은 죽어가는 몸속에 있는 새 생명의 존재에 대한 것이다(우리는 이에 대해 다음의 언어유희를 만들 수 있을 것이다. *simul mortuus et vivens*, "죽은 자인 동시에 산 자"). (필사성에 묶여 있는 몸에서) 신자들은 죽어가는 동시에 살아 있다. 그들은 예수님의 부활에 기원을 둔 불가능한 새 생명의 현장으로서 그들의 목적은 미래의 부활이다(8:11). 이 역설은 신자들이 아주 거룩하게 성장하게 될지라도 (그리고 당연히 그렇게 해야 하겠지만), 하나님의 은혜가 영원히 (아담의 후예로서) 인간의 본성적 조건과는 어울리지 않는다는 것에 대한 상징이다.

만약 인간의 일반적인 상태('육체 안에 있는' 삶)에서 율법을 지켜 하나님을 기쁘시게 해드릴 수 없다면, 새로운 자아는 성령으로부터 나오고, 성령 안에서 살아가는 새로운 삶으로부터 형성되어야 한다(8:1-9). 로마서 8장에서 바울은 성령에 대해서 가장 자세히 이야기한다. 즉, 그는 더 정확하고 개인적인 방식으로 그리스도의 부활에 참여하

Reconciling Old and New Perspectives (Grand Rapids: Eerdmans, 2017)을 참고하라.

8. Dunn과 Cranfield를 제외한 거의 모든 로마서의 현대의 주석가들이 이 방식을 따른다. 하지만, 이 주제에 대한 다음의 최신 분석도 참고하라. Will Timmins, *Romans 7 and Christian Identity: A Study of the "I" in Its Literary Context* (Cambridge: Cambridge University Press, 2017).

게 된 신자들 속에서 역사하는 "생명의 새로움"(6:4)에 대해서 이야기한다. 성령은 그리스도의 영이므로(8:9), 바울은 신자 안에 내주하시는 성령과 그리스도에 대해 모두 말할 수 있다(8:9-10). 성령은 마치 하나의 행위 주체가 다른 것을 무효화하듯이 신자의 자리를 대체하지 않는다. 바울은 신자들에게 지침들을 줄 수 있었는데(여기서는 8:12-13에서, 그리고 이어지는 장들에서는 훨씬 더 많이), 이는 그들이 성령에 의해서 조종당하는, 그저 끈에 매달린 꼭두각시들이 아니기 때문이다. 신자들의 행위 주체성은 성령의 행위 주체성 안에서 활성화되고 힘을 공급받는다.[9] 바울은 신자들이 새로운 새로운 존재 방식을 창조하기를 기대하기보다, 그리스도에 의해 그리고 그 안에서 이미 창조된 바를 표현하기를 기대한다. 가장 우선되는 실재는 그리스도에게 해당되며 성령 안에 있다. 신자의 새로운 자아는 그리스도로부터 나온 이차적인 실재로서 주변의 환경과는 대조적인 형태로 존재한다. 즉, 사망 가운데서 생명을, 고통 가운데서 소망을 가지는 것이다(8:18-39). 그런데 이 같은 생명은 활성화(active)되기까지 계속 존속한다. "죽은 자 가운데서 다시 살아난 사람답게 하나님께 자신을 드리는 것"(6:13)과 "몸의 행실을 죽이는 것"(8:13)은 주어진 새 생명으로 살아가는 요구에 대한 긍정적/부정적 양대 축이다. 실제로 신자들 스스로에 의해 입증 가능하도록 행해지지 않는다면, 이 새로운 생명은 신자들 안에서 활성화되었다고 말할 수 없다.

9. 이 역학 관계에 대한 최고의 신학적 분석 중 하나는 칼 바르트에 의한 것이다. 존 웹스터의 이해를 돕는 논의를 보라. John Webster, *Barth's Ethics of Reconciliation* (Cambridge: Cambridge University Press, 1995).

몸과 기독교적 아비투스(Habitus)의 확립

신자들이 "자신들을 죄에 대해 죽었고 그리스도 예수 안에서 하나님께 대해 산 것으로 여긴다"(6:11)는 것은 과연 무엇을 의미하는가? 다음의 두 구절은 몸에 대해 뚜렷이 강조하는 네 개의 절(clauses)로 이 의미를 밝혀 준다:

- 그러므로 여러분은 죄가 **여러분의 죽을 몸을** 지배하여 여러분이 몸의 정욕을 따르는 일이 없도록 하십시오.
- 또한 여러분은 **여러분의 지체를** 불의의 무기로 죄에게 내맡기지 마십시오.
- 오히려 여러분은 죽은 사람들 가운데서 살아난 사람답게, 여러분 자신을 하나님께 드리고,
- **여러분의 지체를** 의의 무기로 하나님께 드리십시오. (6:12-13)

"여러분 자신"을 하나님께 드리는 것이 몸과 지체에 대한 언급을 통해 아주 신체적인 표현으로 나타나는 것이 놀랍다.[10] 여기서 자아는 몸보다 앞서거나 분리되어 있는 무언가가 아니다. 그와는 반대로 몸은 자아가 식별되고 정의되는 장소이다.

학자들은 바울이 "몸"(*sōma*)이라는 말로 무엇을 의미했는지, 그리

---

10. 6:19에서도 마찬가지다; 7:5, 23(x2)에서는 죄와 연관시켜서 지체에 대한 언급을 하고 있음에 주목하라.

고 그가 이것을 왜 그렇게 중요하게 여겼는지에 대해 오랫동안 논쟁해왔는데, 이제는 신체적인 체화(embodiment)가 인간 자아에 대한 바울의 이해에 본질적인 요소라는 것을 공통적으로 인식하고 있다.[11] 몸을 통해서 우리는 관계에 참여하게 되고 우리의 개인적인 면면(particularity)을 넘어서는 세력의 영역에 연결된다. 실제로 바울의 관점에서 볼 때, 우리는 몸 안에서 우주를 지배하고 있는 능력—신적이든 혹은 반신적(anti-divine)이든—과 우리 사이의 유대(solidarity)를 발견한다. 몸은 죄(Sin) 혹은 하나님께 속해 있다. 케제만이 썼듯이, 하나님께 몸을 드리는 것은 "세상의 일부분인 우리의 몸"에 대해 하나님이 자신의 소유권을 주장하시는 것으로, 하나님은 죄로부터 해방된 그 영역에 대해 자신의 통치를 알리는 깃발을 올리신다.[12] 그리고 하나님은 죽을 몸을 다시 살리기를 뜻하셨기에(8:11), 여기서 미래는 현재 속에서 약속된다.

신자의 몸에서 증명된 것은 사망의 현재 통치와 그리스도의 부활로부터 나온 은혜의 새 생명 사이에 중첩이 있다는 것이다. 신자가 가시적으로 사망으로 가는 길 위에 있는 동시에, 의와 거룩의 섬김을 통해 부활하신 예수님의 현존을 보여줄 것을 요구받는 장소가 바로

---

11. Dale B. Martin, *The Corinthian Body* (New Haven: Yale University Press, 1995)을 보라.

12. Ernst Käsemann, *Commentary on Romans*, trans. Geoffrey W. Bromiley (London: SCM, 1980), 177-78 [=『로마서』, 한국신학연구소, 1999]; 참조, 그의 에세이 "On Paul's Anthropology," in *Perspectives on Paul*, trans. Margaret Kohl (London: SCM, 1971), 1-31 [=『바울신학의 주제』, 대한기독교서회, 1989].

몸이다. 바울이 몸을 "무기"(*hopla*, 6:13, 19; 참조, 13:12)라는 군사적인 용어를 가지고 표현하는 것은 적절한데, 이는 몸이 죄에 대해 저항하는 장소이기 때문이다. 몸은 죄에 의해 이미 악용당했지만, 이제 그리스도에 의해서 새롭게 선용된다. 죄의 지배가 이미 가장 가시적으로 이루어졌던 곳은, 그리고 죄의 영향력이 여전히 신자들의 몸적인(bodily) 자아를 사망으로 이끌려고 했던 곳은 이제 '생명의 새로움'이 시야 속으로 뚫고 들어오는 장소가 되었다. 이 같은 사망과 생명 사이의 주도권 다툼 속에서, 그리스도인의 순종은 **몸 안에서** 기적적인 저항력이 이미 작동하고 있다는 사실을, 성령의 우월한 능력으로 "몸의 행실을 죽임으로써"(8:13) 나타낸다.

바울은 로마서 6-8장에서 12-15장을 미리 예견하는 방식으로, 그러나 뒷장들에 나올 실제 상황에 대한 구체적인 면모는 생략한 채로, 우리가 '윤리학'이라고 부르는 것에 대한 개요를 보여준다. 여기서 그는 윤리적으로 체계화된 방향의 설정, 충성, 그리고 특별한 실천을 뒷받침해주는 성향에 대해 관심을 가진다. 쟁점이 되는 것은 바울이 몸을 지배하는 "사고방식"(*to phronēma*: 개역개정에서는 "생각"으로 번역—역주)—육체의 사고방식이든 성령의 사고방식이든(8:6-8)—이라고 부르는 것이다. 이 사고방식은 윤리적 실천에 의해 표현되지만, 더 깊고 더 포괄적인 차원에서 작동한다.

이것이 의미하는 바를 명확하게 하는 최선의 방법은 인류학자 피에르 부르디외(Pierre Bourdieu)에 의해 발전된 '아비투스'(*habitus*) 개념을 사용하는 것이다. 부르디외의 관점에 따르면, 문화들은 특수한 규칙들보다도 더 깊은 차원에서 세상과 우리 자신들을 바라보는 방식을 형성시키는 '지속되고 전달가능한 성향들의 체계'에 의해 작동된다. 이것은 관습들 안에서 표현되고 관습들에 의해서 형성되지만 너무나 당연하게 여겨지는 것이기에 이것이 드러나는 경우는 거의 없다.[13] 우리가 아이들에게 "너답게 행동해!"라고 말할 때, 마치 우리와 아이들이 그 의미를 잘 알고 있는 듯이 말한다. '아비투스'는 우리가 이 같은 방식으로 수없이 많이 반복하여 행동하고 말함으로써 우리 안에 심어진 것이다. 부르디외에게는 이 '아비투스'가 (누군가에게 인사를 하기 위해서는 일어서고, 또 누군가에게 감사를 표할 때는 눈을 바라보는 것과 같은) 모든 종류의 신체적인 습관들과 행위들에 새겨져 체화되는(embodied) 것이 아주 중요하다. '아비투스'는 우리의 가치들을 간단한 신체적 행위에 담아서 표현한다. 몸은 소위 우리의 가치들을 '배우며', 또한 우리가 살고 있는 실재를 인식하고, 정리하고, 실천하는 방식에 있어 상당히 중요하다.

바울은 또한 인간의 전체 삶의 방향 설정을 표현함에 있어 몸을 아주 중요하게 여기면서 마음과 연결시킨다. "여러분의 몸을 살아있는 제물로 드리십시오. … 여러분의 마음을 새롭게 함으로 변화를 받으십시오"(12:1-2). 신체적이면서 동시에 인지적인 현상인 감정조차도 이 '아비투스'의 한 부분이다. 예전의 삶은 두려움의 노예였지만(8:15) 새로운 삶은 이성적이면서 동시에 감성적인 평안이 그 특징이 된다(8:6; 참조, 5:1). 율법이 선하고 거룩함에도 불구하고(7:12), "사망을 향해

---

13. Pierre Bourdieu, *Outline of a Theory of Practice*, trans. Richard Nice (Cambridge: Cambridge University Press, 1977), 72–95.

열매 맺는 것"(7:5)을 피할 수는 없는데, 이는 율법이 무력하고(8:3) 죄가 "거하는"(7:17, 20), 즉 죄가 깊이 심겨진 '아비투스'를 가진 몸에 의해 실행되기 때문이다. 필요한 것은 이 "사망의 몸"(7:24)으로부터의 구조(rescue), 곧 새로운 양식의 행위와 욕구와 실천을 작동시키는 새로운 사고방식이다.

신체적 의식인 세례는 이러한 '구조'(rescue)의 아주 효과적인 확증이며, 몸에 그리고 몸과 함께 시행되는, 사망으로부터 생명의 전환이다. '아비투스'는 아주 깊이 뿌리내리고 있기 때문에, 일련의 새로운 헌신들(allegiances)이 완전히 신체적 효과로 나타나기 위해서는 시간이 필요하지만, "그리스도로 옷 입는"(13:14; 참조, 갈 3:27) 세례 행위는 신체적 행동 전체를 변화시킬 습관의 변화를 요구한다(13:12-14). 그리고 몸은 사회적 상호작용에 영향을 받기 때문에, 절대로 단독적인 문제가 될 수 없다. 로마서 12-15장에서 개요가 묘사된 것처럼, 새로운 "마음"은 새로운 집단적 실천과 새로운 공동체적 생활을 요구한다.

은혜로 지어진 공동체(롬 12:1-15:13)

바울은 "하나님의 자비"에 호소하면서 보다 상세한 윤리적 지침들을 능숙하게 제시하기 시작한다(12:1; 문자적으로는, "자비들"이지만, 이 복수형은 히브리적 표현이다). "자비"는 바울이 로마서 9-11장에서 광범위하게 사용했던 선물 용어인데(롬 9-11장은 본서 제9장에서 다룬다), 거기서 자비는 이전의 상태, 즉 수신자의 업적이나 가치와는 아무런 상관이 없다는 것이 이미 확실해졌다(9:6-18; 11:32). 자비에 근거해서 사는 삶은, 누군가의 가치와 기준이 새롭게 설정되도록 해준다. 즉, "마음의 변화"는 무엇이 "선하고, 받을 만하고, 완전한지"를 새롭게 결정하게 한다(12:2). 이 변화는 로마 세계 속에서 발견되는 행동 양식들과 모든 부분에서 충돌하지는 않을 것이다. 거기에는 무엇이 "선"이고 무엇이 "악"인지에 대한 이해에 있어 약간의 겹치는 부분도 있을 것이고 (12:17), 국가 권세들의 이익과 피하지 못할 충돌도 없다(13:1-7).[14] 그러나 주님에 대한 새로운 방향 설정(12:11)은 그 전제(assumption)와 우선순위가 새롭게 구성된 사고방식과 연관될 것이고, "이 세대"(12:2)와는 구별된다.

모든 것이 그리스도 안에서 '하나님의 자비'를 근거로 받아들여진다면, 개인적인 과시나 사회적 환경으로부터 오는 위계적 전제들의 잔재를 위한 자리는 없다. 갈라디아서에서처럼(본서 제6장을 보라), 여기서도 명예를 경쟁적으로 추구하는 것에 반대하는 공동체적 정신에 높은 우선순위가 주어진다. 각 사람은 자신들을 겸손하게 여기고 부풀리지 말아야 한다(12:3). 바울이 다른 곳에서 "여러분들이 가진

14. 물론 바울은 황제에 대한 예배를 우상숭배의 일종으로 여겼을 수도 있겠지만, 로마서 13:1-7은 이 편지를 로마제국에 대한 미묘한 공격으로 여기는 해석들을 약화시킨다. 이 문제에 대한 N. T. 라이트(그리고 다른 학자들)에 대한 나의 반응을 참고하려면, "Why the Roman Empire Was Insignificant to Paul," in John M. G. Barclay, *Pauline Churches and Diaspora Jews* (Grand Rapids: Eerdmans, 2016), 363-87을 보라. 방법론에 대한 토의를 참고하려면, Christoph Heilig, *Hidden Criticism? The Methodology and Plausibility of the Search for a Counter-Imperial Subtext in Paul* (Minneapolis: Fortress, 2017)을 보라.

것 중에 받지 않은 것이 무엇입니까?"(고전 4:7)라고 썼듯이 말이다. 바울은 단지 주어진 은혜로 인해 말할 수 있었고(12:3), 몸의 각 지체는 "우리에게 주어진 은혜"(12:6)를 근거로 하여, 공동체 안에서 자리를 맡고 공동체를 위하여 각자 저마다의 기여를 할 수 있었다. 하나님의 '카리스'(*charis*, "은혜")는 몸의 지체들을 서로서로 섬기도록 "선물들"(*charismata*: 혹은 "은사들"—역주)을 나누어 주었다(12:5-8). 바울은 이 몸의 주제를 발전시켜(참조, 고전 12:12-31), 너무나도 상호의존적이어서 모두가 서로에게 지체가 되어 한 몸을 이루며(12:5), 모두가 다른 모두에게 필수적인 그런 공동체를 그렸다.

이런 공동체 안에서 명예를 추구해서는 안 된다. 모든 중요한 명예는 이미 주어져 있고 또한 앞으로도 하나님에 의해 주어지게 될 것이다(2:29; 참조, 고전 4:1-5). 신자들은 해를 끼친 사람들에게 복수하거나 경쟁하여 자신의 명예를 **확립할** 필요로부터 자유로워져(12:14, 17-21), 아무런 주저함 없이 다른 사람들에게 명예를 수여해 줄 수 있게 된다. 실제로 12:10에서 바울은 일반적인 명예 추구에 대한 역설적인 반전을 개략적으로 그리고 있다. 서로를 사랑할 때, 신자들은 자신의 명예를 주장하는 것이 아니라 서로에게 명예를 주기 위해 주도권을 가지려 애쓰게 된다(12:10). 이것은 상호적인 방법으로 행해지기 때문에 아무도 위신이 떨어진 상태로 남겨지지 않으며 모두는 각각의 구성원들을 소중하게 여기는 공동체 안에서 섬김을 받게 된다.

이것이 실제 상황에서 의미하는 바는 12:9-21에 있는 지침들 속에서 윤곽이 드러난다. "형제애"는 도덕적이고 감정적인 지지과 연관될 뿐만 아니라("우는 사람들과 함께 우십시오", 12:15), "성도들의 필요를 분담하는" 재정적인 헌신, 즉 바울이 그의 모든 교회 속에서 행해질 것이라고 상정하고 있는 일종의 경제적인 지원과도 연관된다(12:13; 참조, 갈 6:2, 6, 9-10; 살전 4:9-11).[15] 이 공동체적인 관대함은 또한 외부 사람들에게까지 확장될 수 있다(12:14, 17-21). 이는 그리스도의 사랑이 어떠한 경계도 없기 때문이다. 그리스도 안에 있는 새로운 사회적 관계 속에서, 높은 사회적 지위에 있는 사람들은 "비천한 사람들"과도 교제하면서 자신들의 우월의식을 버려야 했다(12:16). 그들의 진정한 가치는 그리스도 안에서 주어지기 때문에, 가치와 명예에 차등을 두는 예전의 사회적 서열은 이제 무의미하게 여겨졌고, 오로지 사랑에 입각한 새로운 관계들만이 세워지게 된 것이다(13:8-10).

바울은 이것을 식사와 연관해서 가장 상세하게 적용한다(14:1-15:6). 이는 그리스도인 공동체가 식사를 통해 가장 명백하게 바로 설 수도, 망가질 수도 있기 때문이었고(참조, 고전 11:17-34), 또한 (아마도) 주변에 있는 로마 단체들의 식사 방식과 문화적 충돌이 발생할 수도 있기 때문이었다. 여기서 음식과 "날"에 대한 논쟁이 언급되는데, 정하고/부정한 것에 대한 바울의 언어 사용(14:14, 20)은 이것이 음식과 안식일에 대한 유대적 전통들과 연관되어 있음을 암시한다.[16] 바울이 "믿음이 연약한 자"라고 부르는 사람들은 회중의 공동식사 자리에서 부정함으로 더럽혀지지 않기 위해 모든 고기를 거부하는 것을 선호

15. Bruce W. Longenecker, *Remember the Poor: Paul, Poverty, and the Greco-Roman World* (Grand Rapids: Eerdmans, 2010)를 보라. 그리고 앞으로 나오게 될 제11장의 내용을 참고하라.

16. 이에 대한 분석은 나의 책 *Pauline Churches and Diaspora Jews*, 37-59에 있는

하는 사람들인 반면(14:2; 그들은 단지 채식만 했다), “믿음이 강한 사람들”(15:1; 여기에 바울 자신도 포함된다)은 어떤 음식도 그 자체로 부정하지 않기에 모든 것을 먹을 수 있다고 믿는 사람들이다(14:14). 그래서 “연약한” 사람들은 “강한” 사람들의 부주의함을 정죄한 반면에, “강한” 사람들은 “연약한” 사람들의 주저함을 비난했다(14:3). 이 논쟁을 언급함에 있어서, 바울의 첫 번째 조치는 다른 사람들이 하나님에게 “받아들여진” 것처럼, 서로를 받아들이라는 것이다(14:3; 참조, 15:7). 동료 신자들을 판단하거나 비난하는 것은 그들에게 가치 평가의 잣대를 들이미는 것이지만, 그들에 대해서 먼저 말해야 할 것은 하나님이 어떤 인간적인 평가로도 뒤집을 수 없는 가치에 근거해서 그들을 영접해주셨다는 사실이었다. 이때 비판의 대상은 바로 하나님이 창조하신 것(“하나님의 일”, 14:20), 즉 그리스도가 그들을 위해 죽으셨다는 사실에 기초한 가치를 가지고 있는 사람들이었다(14:15). 그들은 그리스도의 받아들임을 근거로 하나님 앞에 서게 되었기 때문에, 하나님도 그들을 영접해 주신 것이다(15:7). 이러한 관점에서 서로를 인정하는 것은 전통적인 가치 판단의 기준이 신자 공동체 속에서도 적용될 수 있다는 가정을 이미 무너뜨린 것이었다.

새로운 신분은 새로운 충성과 함께 간다. 그리스도에게 받아들여진 각 신자들은 종이 그 누구도 아닌 주인(혹은 “주님”[*kyrios*]; 14:4-12)에게 신세를 진 것처럼 그리스도에게 신세를 지고 있다. 바울은 모든 도덕적인 결정을 그리스도를 향해 맞추기를 원하기에 이것을 길게

“Do We Undermine the Law? A Study of Romans 14.1-15.6”을 보라.

강조했다. 먹거나 먹지 않거나, 특별한 날을 지키거나 지키지 않거나, 모든 행위는 그것이 "주를 위해" 그리고 "하나님께 감사함으로" 행해졌는가에 따라서만 정당화될 수 있다(14:6-9). 여기서 최종적인 기준은 그리스도에 대한 충성이고, 신자들은 무엇을 하든지 간에 그리스도에 대한 신뢰에 근거해서 그 일을 해야 한다(14:22-23). 신자들은 바울 자신이 선교의 과정 중에 그렇게 했듯이(고전 9:19-23), 유대적/비유대적인 것을 포함한 다양한 문화적 양식으로 그리스도에 대한 이러한 방향 설정을 실천할 수 있다. 그리스도에 대한 경외 속에서 먹는 한, 누군가는 '코셔'(Kosher: 음식이 유대 율법에 따라 만들어짐을 의미—역주)를 지킬 수도 있고, 다른 누군가는 무엇이든 먹을 수도 있다. 먹는 행위에 대한 이 두 가지 양식 모두 주를 섬기는 방식으로 행해진다면 합법적이다.

바울은 "믿음이 약한 자들"을 받아주기를 원하는데, 그들의 믿음은 진실되었고 '코셔'를 지키고자 하는 갈망이 그리스도를 주로 경외하고자 하는 그들의 헌신에 필수적이었기 때문이다(14:6). 믿음이 '연약한' 것으로 등급 매겨진 것은 그것이 소심한 것이어서가 아니라, 깨어지기 쉽고, 그들이 그리스도를 포기하지 않는 한 결코 포기할 수 없는 문화적 전통의 집합에 부착되어 있었기 때문이다. 만약 그들이 다른 동료 신자들에 의해서 이런 방식으로 그리스도를 경외하기를 포기하라고 강요받는다면, 그들은 "파괴될" 수도 있었다(14:15, 20). 바울은 이런 결과를 피하기 위해 모든 노력을 다했다(참조, 고전 8:1-13). "강한" 자들 역시 항상 믿음으로 행할 것을 요구받았지만, 코셔 전통이 그들의 믿음에 필수적인 것은 아니었다. 즉, 그리스도에 대한 경외 속에서 행한다면, 코셔를 지킬 수도 있었고 안 지킬 수도 있었다. 그들의 "강함"은 그리스도에 대한 믿음이 복음 자체로부터 나온 것이 아닌, 기준으로부터 얼마나 분리될 수 있는지에 대한 정도를 나타낸다.[17] 그래서 바울은 "강한" 자들로 하여금 공동식사에서 먹는 방식을 "연약한" 자들의 믿음이 위험에 처하지 않도록 그들의 거리낌에 맞추기를 요청했다. 그들의 우선순위는 사랑함 가운데 사는 것이 되어야 했다(14:15). 그 사랑은 "서로를 세우는" 것이었다(14:19). 그들이 행하는 어느 무엇도 해를 끼치는 것으로 끝나서는 안 되었다.

바울에게는 유일하고도 최고로 중요하며, 타협할 수 없고, 모든 곳에 적용되는 선(good)이 하나 있었다. 그것은 바로 그리스도를 섬기는 것이다. 우리는 여러 가지 다양한 방식으로 이런저런 문화적 전통 안에서 그리스도를 섬길 수 있다. 사랑을 위해 다른 전통들에 맞추기(심지어는 채택하기) 위해서, 우리는 우리의 행위를 조정할 필요가 있다. 우리 자신의 문화적 전통을 다소 우월한 것으로 여기려는 우리의 경향성은 여러 문화가 혼합된 공동체를 형성하는 것을 어렵게 만든다. 서로를 받아들이는 것은 구성원들이 자신들의 전통을 상대화시킬 것(relativize)을 요구한다. 이는 꼭 자신들의 전통을 포기하라는 것이 아니라 더 큰 목표인 그리스도를 섬기는 것 내지 바울이 '하나님 나라'로 표현하는 것—사랑과 의와 평화와 성령 안에서의 기쁨을 포함하는 가치를 가진(14:15, 17)—다음에 두라는 것이다. 무엇보다도 중요

17. 더 자세한 분석은 John M. G. Barclay, "Faith and Self-Detachment from Cultural Norms: A Study of Romans 14-15," *Zeitschrift für neutestamentliche Wissenschaft* 104 (2013): 192-208을 참고하라.

한 것은 사람이다. 신자들은 그리스도에 의해 소중히 여겨졌고 받아들여졌기 때문에 우리는 그들을 보호하고 지지하기 위해서 할 수 있는 모든 것을 다해야 한다. 다시 한번 말하지만 공동체의 가치들은 모든 구성원들이 그리스도에 의해 무조건적인 환대를 받는 그 복음으로 새롭게 조정되었다.

결론

바울이 음식 논쟁을 조심스럽게 다루었던 것은, 그리스도-사건으로부터 발생한 '생명의 새로움'이 그리스도에 대한 충성으로 재구성된 실제 삶 속에서 표현되는 것이 얼마나 중요한지를 보여준다. 신자들의 새로운 '아비투스'는 신체적인 실천 속에서만 효과적으로 나타난다. 여기서 논의된 실천이 공동식사와 연관된 것은 결코 우연이 아니다. 안디옥(갈 2:11-14)에서와 고린도(고전 11:17-34)에서처럼, 식사를 나누는 것은 공동체를 세우기도 하고 넘어뜨리기도 한다. 때로 바울의 초점은 매우 개인화되기도 한다. 즉, 각 신자는 몸 안에서 책임과 은사(*charisma*)를 가지며(12:3-8), 각자는 자신의 믿음의 실천에 대해 그리스도께 대답할 수 있어야 한다(14:12, 22). 그러나 그리스도에 대한 이 책임은 모든 구성원들이 자신의 성장과 "세워짐"(upbuilding, 14:19)을 위해 다른 사람에게 의지해야 하는 공동체 안에서, 공동체를 위하여 표현된다. 유대인은 비유대인과 함께(15:7-13), 사회적으로 우월한 사람들은 사회적으로 열등한 사람들과 함께(12:16), "강한 자"들은 "약한 자"들과 함께, 그렇게 공동체를 세워감에 따라 신자들은 그리스도에 의해 "받아들여진"(15:7) 다른 사람들의 가치를 인식하고 실제로 체득한다. 이 은혜가 무조건적이기 때문에 일반적인 차별의 체계를 약화시키는데, 이는 의식적으로 혈통적·사회적·문화적 경계들을 가로지르는 공동체 속에서만 증명될 수 있다(우리는 현시대의 관점에서 이것이 의미할 수 있는 바를 제13장에서 탐구할 것이다).

그러나 "은혜 아래"의 삶은 의무에 대한 고유의 구조를 가진다(6:14). 우리가 보았듯이, 바울은 로마서 6장과 14장에서 신자들을 "종"으로 이해한다. 이 충성은 그리스도의 '환대'나 하나님의 '자비'를 받은 것으로부터 유래한다. 그리스도인의 삶은 '생명의 새로움'이라는 특성을 가지며 인간의 죽을 몸 안에서 활성화된다. 이 새로운 생명 안에 있는 모든 것은, 뒤돌아보면 그리스도-선물 속에 근원을 두고 있고 앞을 내다보면 미래 부활 속에서 종말론적으로 성취된다. 그리스도인의 행동, 순종, 의무에 대해 말할 수 있는 모든 것은 이 발생적인 기초로부터 나온 것인데, 이 새로운 생명은 그리스도의 부활 생명에 의해 창조되었고, 유지되기 때문이다. 그러므로 신자들에게 부과되는 의무는 추가적인 은혜의 주입이나 구원을 '획득'하기 위한 것이 아니다. 영원한 생명이라는 단회적 "은사"(*charisma*, 6:23)는 그리스도-사건으로부터 시작해서 영원에 이르기까지 적용되며(8:39), 이런저런 성화의 발전을 통해 얻어지는 은혜의 연속(series)이 아니다. 바울은 신자로서 삶을 시작할 때의 **도덕적인** 비상응성이, 그들이 거룩을 향해 나아가기 때문에(6:19), 시간이 지남에 따라 감소한다고 확실히 믿었다. 신자들이 자신들의 삶을 설명하기 위해 하나님의 심판대 앞에 설 때, 바울은 그들이 어둠이 아닌 빛 안에서 사는 삶을 살았음을 증명하길 기대한다(13:12; 참조, 2:6-16). 그러나 이것은 본질적인 은혜의 비상응성을 감소시키지는 않는데, 이는 거룩함과 빛으로부터 나온 삶이 그리스도의 부활 생명 속에서 에너지를 공급받는 외부 중심적(ex-centric) 창조이기 때문이다. 세례는 이 변화를 상연하고(enact) 극화하지만(dramatize), 신자들은 결코 이 진리를 '벗어나서' 나아가지는 않는다. 처음부터 끝까지, 우리는 그리스도의 생명 안, 오직 그 안에서만 구원을 받는다.

그러므로 이 선물은 시종일관 받을 자격 없는 사람에게 주어졌지만 강한 의무감을 느끼게 하며, 사전 조건이 없는(unconditioned) 것이지만 사후 조건이 없는(unconditional) 것은 아니다. 이 선물은 순환적이지만, 오직 이 선물에 응답할 인간의 행위 주체를 새롭게 만듦으로써 보답을 가능하게 한다. '믿음의 순종'은 부가적인 선물을 획득하기 위한 도구적인 것이 아니라 선물 자체에 필수적인 것이다. 새롭게 역량을 가지게 된(competent) 행위 주체는 신체적인 실천 속에서 죄로부터의 자유와 의에 대한 종 됨을 표현한다. 이 순종이 없다면 은혜는 효력이 없는 것이며 성취되지 않은 것이다.

제9장
이스라엘, 그리스도, 하나님의 자비
(롬 9-11장)

기독교 역사의 오랜 세월 동안, 로마서 9-11장은 구약성경의 예시들을 가지고 신적 예정과 인간의 자유의지를 논증하는 일종의 논문으로 해석되어 왔다. 이제 우리는 이 본문의 주제가 이스라엘과 이스라엘의 과거, 현재, 미래라고 인식한다. 즉, 다른 무엇에 대한 예시로서 중요한 것이 아니라 이스라엘 그 자체가 바울에게 중요했다는 것이다. 우리는 앞에서 이미 1:16에 나오는 놀라운 공식에 대해 주목했었고("먼저는 유대인에게 그리고 헬라인에게도"; 참조, 2:9-10), 바울이 이 주제에 대해 할 말이 더 있다는 것은 이미 3:1-8에서 분명해졌었다. 그럼에도 로마서 9-11장은 종종 이 편지의 중심 주장(1-8장)이 끝난 후에 나오는 부록으로 취급되어 왔고, 8:39에서 읽기를 끝내더라도 본질적인 것은 놓치지 않는 것처럼 여겨져왔다. 그러나 실제로는 그렇지 않다. 심지어는 '이방인들을 위한 사도'된 입장에서도(실제로는 특히 이 역할 때문에) 바울은 역사 속에서의 하나님의 목적이 이스라엘에 대한 부르심과 운명에 돌이킬 수 없이 묶여져 있다고 이해한다. 그는 이스라엘에 대해 생각하지 않으면 신학을 할(do theology) 수 없는데, 이는 이스라엘의 성경이 일차 자료이기도 하고, 이스라엘의 이야기가 인류를 다스리시는 하나님의 전체 사역에 있어 중심적이라고 생각하기 때문이다. 이 장들에서 바울은 자신을 가장 유대적이라고 스스로 의식하면서도 가장 새롭고 창조적으로 사유하고, 그리스도-사건에 의해 유발된 그 창조성 안에서 이스라엘의 정체성을 재고한다. 학자들은 종종 이 장들에서 일관성을 발견하는 데 어려움을 겪어왔지만, 우리는 이스라엘에 대한 하나님의 부르심에 기초가 되는 비상응성이라는 일관된 패턴—바울이 현재의 특이한 역전 상태(이방인과 유대인 사이에 있는—역주)의 의미를 해석하고, 미래에 대한 소망을 발견하고 있는—을 추적할 것이다.

이스라엘의 위기

로마서 9-11장은 많은 감정, 즉 슬픔과 충격의 산물로 채워져 있다. 바울의 깊은 슬픔(9:1-2)과 이스라엘의 구원을 위한 진정어린 기도(10:1)는 위기의 순간에 서 있다고 생각되는 동료 이스라엘 사람들에 대한 자기 동일화(self-identification)로부터 나온다(9:3-4; 11:1). 이 위기의 원인은 "일부"(실제로는, 대부분) 유대인들이 메시아 예수를 믿는 데 실패했다는 것에 있다(참조, 3:3). 즉, 예수님에 대한 불신앙이 그들을 지탱시켜주는 "뿌리"(11:17, 20)와의 연결을 단절시켜 자신들의 구원(9:32;

10:1)을 위험에 빠트린 것이다. 모세를 반향하면서(출 32:32), 바울은 이스라엘의 구원을 위해 그의 구원 포기를 고려하고 있다(9:3). 이 위기를 충격적으로 만드는 것은 이스라엘의 불신앙이 다름 아닌 메시아 자신과 연관되었다는 사실이다(9:5). 그리하여 역설적으로 메시아는 걸림돌이 되었다(9:32-33). 그러나 거기에 걸려 넘어지는 것은 이스라엘 역사의 목표를 놓치는 것이다(9:4-5; 참조, 율법의 '텔로스'[*telos*: "목표" 혹은 "마침"—역주], 10:4).

이 위기에 대한 바울의 첫 번째 대응은 하나님의 약속과 이스라엘의 특권에 대해서 자세히 말하는 것이다. "그들은 이스라엘 사람들입니다. 그들에게 양자 됨, 영광, 언약들, 율법의 수여, (성전) 예배, 그리고 약속들이 속해 있습니다. 족장들도 그들에게 속해 있고, 육신으로는 그들로부터 메시아가 나셨습니다"(9:4-5). 바울에게 그리고 다른 제2성전기 유대인들에게도 이것들은 취소될 수 없는 특권들이었다. 유일한 질문은 그들의 약속이 어떻게 성취될 것인가에 대한 것이다. "하나님의 말씀이 폐하여진 것은 결코 아닙니다"(9:6). "하나님이 그의 백성들을 버리셨습니까?" "결코 그럴 수 없습니다"(11:1-2). 로마서 8장 끝에서 바울은 "그 무엇도 우리를 그리스도 안에 있는 하나님의 사랑으로부터 끊을 수는 없습니다"(8:39)라는 울림 있는 선언을 하는데, 여기에서 이어지는 로마서 9-11장에서는 하나님이 자신이 선택한 사람들을 결코 버리시지 않음을 보여주는 하나의 예로서 이스라엘 이야기가 언급된 것이라는 제안이 있어 왔다. 그러나 이를 다른 방식으로 표현하는 것이 더 좋을 것 같다. 이방인 신자들은 이스라엘을 다루시는 하나님의 이야기를 신뢰할 만한 하나님에 관한 **병행적**

인 이야기가 아니라 이스라엘의 은혜 경험의 뿌리로 생각해야 한다(11:17-24). 그리스도 안에서 일어난 일은 백성에 대한 하나님의 비상응적인 자비의 결정적인 표현으로만 이해될 수 있다. 즉, 하나님의 비상응적인 자비는 로마서 9-11장의 맨 처음부터(롬 9장) 맨 마지막까지(롬 11장)를 관통하고 있는 것이다. 그러므로 이스라엘에 대한 이 논의는 다른 무엇에 대한 예시가 아니다. 만약 바울이 이스라엘에 일어난 일을 설명할 수가 없다면 역사와 성경과 그리스도에 대해 전혀 설명할 수 없을 것이다.

우리가 제7장에서 이미 보았듯이, 로마 방문을 준비하는 데 있어 바울은 자신의 메시지와 '이방인을 위한 사도'로서의 역할을 큰 캔버스 위에 그릴 필요가 있었다. 여기에서 그는 보기 드문 강도로 자기 자신에 대해 말하고 있는데(9:1-3; 10:1-2; 11:1, 13-14), 이는 아마도 그가 더 이상 이스라엘에 대해 신경쓰지 않는다는, 누군가 가졌을 법한 인상에 대해 반박하기 위한 것으로 보인다. 그러나 이스라엘이라는 더 큰 맥락이 없다면 바울에게 이방인 선교는 의미가 없었을 것이다. 어떤 이방인 신자들이 (그 이후로도 많은 사람들이 수 세기에 걸쳐 그렇게 생각해 온 것처럼) 이스라엘을 과거의 유물로 생각했더라도, 바울에게 그런 생각은 완전히 불가능했다. 바울의 시각에서 보았을 때 **이스라엘이 없는** 이방인의 구원 가능성은 없다. 이방인에 대한 하나님의 자비의 놀라운 "부요함"(11:12)은 하나님이 이스라엘을 버리셨고 이방인을 택하셨다는 것에 대한 신호가 아니라, 하나님은 모두에게 자비를 베푸실 것이며 현재 "완악한" 이스라엘도 구원받게 될 것이라는 신호다(11:11-32).

로마서 9-11장에서 바울은 성경, 현재의 위기, 이방인 선교, 이스라엘에 대한 하나님의 목적에 대해서, 서로 연관된 이 모든 현상들 속에서 **하나님의 비상응적인 은혜의** 역설적인 역사(operation)가 나타난다고 설명하고 있다. 최근 수십 년 동안 학자들은 이 장들에 대해서 오랫동안 그리고 열심히 머리를 싸매왔고, 많은 상충되는 결과를 도출했다. 어떤 학자들은 바울이 "모든 이스라엘이 구원을 받게 될 것입니다"(11:25-26)라고 말할 때, 이방인 구원의 근거와는 다른 근거로, 즉 그리스도를 믿음을 통해서가 아니라 율법과 언약을 통해서 이스라엘이 구원을 받는 것을 염두에 두었다고 생각한다.[1] 그러나 이런 주장은 그리스도를 헬라인과 유대인 모두의 주로 여기는 바울의 진술(10:12-13)과 이스라엘을 위한 근심 어린 기도(10:1-2)를 이해할 수 없게 만든다. 다른 학자들은 "모든 이스라엘이 구원을 받게 될 것입니다"라는 그의 유명한 진술에서, 바울이 '이스라엘'을 이방인과 유대인 신자들을 가리키는 특별한 의미로 사용하고 있다고 주장한다.[2] 그러나 이것은 이 장들에서 바울이 '이스라엘'이라는 용어를 조심스럽게 사용하고 있는 것과 별로 어울리지 않는데, 특히 이스라엘 중의

---

1. 이것이 소위 말하는 '존더벡'(*Sonderweg*: 독일어로 "특별한 길"이라는 뜻—역주) 논제인데, 이스라엘과 이방인들은 각각 그들 고유의 구원을 위한 "특별한 길"을 가지고 있다는 것이다. 이에 대한 최근의 지지자는 John Gager인데 다음의 저작을 참고하라. John Gager, *Reinventing Paul* (Oxford: Oxford University Press, 2000).
2. 예를 들어 다음을 참고하라. N. T. Wright, *Paul and the Faithfulness of God* (London: SPCK, 2013), 2:1231-52 [= 『바울과 하나님의 신실하심』, CH북스, 2015].

일부가 완악하다고 말한 다음(11:25), 바로 이어서 모두의 구원에 대해서 말하고 있다는 점(11:26)이 그렇다. 실제로, 대부분의 학자들은 로마서 9-11장에서의 바울의 주장이 일관적이지 않다고 생각한다. 10장의 끝(혹은 11:10)에 이르기까지, 하나님의 약속들은 이스라엘의 남은 자의 구원 속에서 성취된 것처럼 보이지만, 이 부분을 지나고 나서 바울은 궤도를 전환해서 모든 이스라엘이 반드시 구원받아야 하며 구원받게 될 것이라고 주장한다.[3] 여기서 나는 초점의 이런저런 변화에도 불구하고, 바울이 자신의 주장들을 함께 엮어주는 일관적인 주제에 대해 말하고 있다고 주장할 것이다. 처음부터 이스라엘은 어울림이나 가치의 표준과는 상관없이 하나님의 비상응적인 자비에 의해서 형성되었다(9:6-29). 그리스도-사건도 이 패턴을 공유하고 있는데, 유대인과 이방인 사이에서 발생한 역할의 역전은 구원이 오직 하나님의 의와 능력에만 의존하고 있음을 밝혀주기 때문이다(9:30-10:21). 그리고 찬양의 끝맺음(11:33-36) 앞에 나오는 바울의 주장의 마지막 단계에서, 이방인 선교는 하나님 자비의 '부요함'의 증거로 이해된다. 하나님이 **불순종적인** 사람들을 대하시는 방식은 하나님의 은혜가 이스라엘 전체를 새롭게 형성하기에 충분할 정도로 강력하다는 확신을 준다(11:1-32). 각 단계에서, 조건에 상관없이 주어지는 자비는 하나님이 일하시는 방식의 일관적인 패턴이다.[4]

---

3. 예를 들어, Francis Watson, *Paul, Judaism and the Gentiles: Beyond the New Perspective*, 2nd ed. (Grand Rapids: Eerdmans, 2007), 301-43.
4. 이와 유사한 롬 9-11 의 해석을 참고하려면, Jonathan A. Linebaugh, "Not the End: The History and Hope of the Unfailing Word," in Todd D. Still, ed., *God*

하나님의 자비로 이루어지는 이스라엘의 창조(롬 9:6-29)

"하나님의 말씀이 폐하여진 것은 결코 아닙니다"(9:6). 이스라엘의 불신앙으로 발생한 위기는 하나님이 이스라엘에 대한 약속을 철회하셨는지에 대한 질문을 제기하지만, 바울은 이 질문이 묻고 있는 가능성을 바로 배제시켜버린다. 답변의 첫 번째 단계에서 그는 하나님이 하시는 선택의 세 가지 예들을 드는데(9:6-18), 대조(not ... but)를 통하여 하나님의 자비로운 선택은 어떠한 가치의 기준에 의해서 결정되지 않음을 강조한다. 하나님과 토기장이 사이의 비교에서(9:19-23) 강조점은 다시 한번 신적 결정의 무조건적인 특성에 주어진다. 또한 심화된 구약 인용은 하나님이 (이방인들을 포함해서) "백성이 아닌" 사람들로부터 백성을 창조하실 수 있다는 사실(9:24-26)과 심판과 소망에 있어서 이스라엘의 남은 자를 택하실 수 있다는 사실(9:27-29)을 보여준다. 이 단락은 "율법과 선지자들"(3:21)로부터 취해졌으며 이스라엘의 역사를 가로지르는 구약 인용들로 가득하다. 이 인용들은 모두 역사를 창조하시고 어울림이나 가치와는 상관없이 백성을 선택하고 형성하는 하나님께 초점을 맞춘다.

로마서 9-11장 전체는 하나님의 말씀이 폐하여지지 않으며 "하나님의 선물과 부르심은 철회되지 않는다"(11:29)는 것을 보여주기 위해서 작성되었다. 그러나 실제로 그렇다는 것을 이해시키기 위해서 바

---

and Israel: Providence and Purpose in Romans 9–11 (Waco: Baylor University Press, 2017), 141-63을 보라.

울은 그 말씀과 선물이 맨 처음부터 이스라엘의 역사를 어떻게 형성시켜왔는지를 분명히 보여주어야 했다. 많은 사람들은 바울의 주장의 첫 번째 단계(9:6-29)를 하나님의 말씀이 결코 모든 이스라엘 사람들에게 적용되지는 않음을 보여주는 것으로 해석한다. 그 해석에 따르면, 하나님의 약속은 폐하여지지 않았는데, 그 이유는 처음부터 하나님이 누구는 선택했고 다른 누구는 선택하지 않았으며, 그래서 유사하게 지금도 그리스도를 믿는 사람은 선택하고 믿지 않는 사람은 선택하지 않기 때문이라는 것이다.[5] 그러나 9:6-18의 논점은 하나님이 **누구를** 선택하고, 누구를 그냥 내버려두는지에 있는 것도 아니고, 단순히 하나님이 마음대로 선택하신다는 **사실에** 있는 것도 아니다.[6] 강조점은 하나님이 **어떻게** 그의 백성, 이스라엘을 창조하셨는가에 있는데, 바울은 반복해서 하나님의 선택에 영향을 미칠 수도 있을 법한 여러가지 선택의 기준을 배제시키는 데 주의를 기울인다.

그래서 9:6 후반부의 가장 좋은 번역은 다음과 같다. (조금 직역하자면) "이스라엘로부터 태어난 사람 모두가 이스라엘인 것은 아닙니다." 이어지는 구절들에서 분명해지듯이(9:7-9), 요점은 이스라엘 중 하위 그룹을 지정해서 특별한 의미로 '이스라엘'이라고 부르겠다는 것이 아니라, 이스라엘 사람들은 결코 혈통만으로 결정되지 않음을

5. Heikki Räisänen, "Paul, God, and Israel: Romans 9–11 in Recent Research," in *The Social World of Formative Christianity and Judaism*, ed. Jacob Neusner et al. (Philadelphia: Fortress, 1988), 127–208을 보라.
6. John Piper는 하나님의 주권을 강조한다. *The Justification of God: An Exegetical and Theological Study of Romans 9:1–23*, 2nd ed. (Grand Rapids: Baker Academic, 1993).

보여주는 것이다. 아브라함은 다른 자녀(이스마엘)를 가졌지만, 하나님에 의해 선택된 아브라함 가족은 이스마엘이 아닌 이삭을 통해서만 형성되었다. 이것은 하나님의 "약속의 말씀"에 근거한 것이다(9:9). 이스라엘 민족은 신적 약속에 의해서 기적적으로 생성되었지, 단지 신체적인 혈통("육체의 자녀들", 9:8)을 통해 생성되지 않았다. 이스라엘은 아브라함의 생물학적인 후손들로 구성되었음에도 불구하고 모든 아브라함의 후손들이 '이스라엘'이 되는 것은 아니다. 그래서 시작부터 종말의 날까지 이스라엘은 하나님의 창조로 된 것이지 생물적 작용에 의해 만들어진 것이 아니다. 하나님이 한 아들 대신에 다른 아들을 선택하신 것은 이 선택 배후에 혈통 이외에 더 기본적인 선택의 기준이 있음을 나타내는데, 그것은 오직 하나님 자신의 택함 그 자체다.

야곱과 에서의 사례(9:10-13)는 다른 가능한 변수들을 제거함으로 분석을 더 심화시킨다. 이 둘은 모두 같은 어머니와 아버지 사이에서 태어났으며, 심지어는 같은 순간에 잉태되었다(9:10). 출생 조건에 있어서 그들 사이에 구별할 만한 것은 전혀 없다. 하나님의 선택은 그들이 태어나기 전에, 그래서 그들에게 선택에 대한 자격을 부여해주거나 박탈당할 어떤 일—선한 일이나 악한 일—도 행하기 전에 발생했다. 바울은 이 선택이 "행위로부터가 아니라 부르시는 이로부터" 나왔음을 강조하는데(9:12), 여기서 "부르심"은 초대가 아니라 하나님의 창조하시는 주도권을 나타낸다(참조, 갈 1:6, 15).[7] 모든 강조점은 하

7. Beverly R. Gaventa, "On the Calling-into-Being of Israel: Romans 9:6–29," in

나님의 무조건적인 의지에 있다. 거기에는 인간과 연관된 어떠한 상응하는 조건이 **없다**. 심화된 기준 하나를 더 제외하기 위해 바울은 "더 큰 자가 더 작은 자를 섬기게 되리라"(창 25:23)는 선언을 인용한다. 지위(혹은 나이)의 차이는 아무 상관이 없기 때문에, 결국은 지위상의 역전이 발생하게 된다(9:12).

이렇게 바울은 인간적으로 발생하거나 성취되는 모든 형태의 상징 자본들을 배제시켰다. 즉, 출생, 지위, 도덕적 행위는 하나님의 선택을 위한 근거가 될 수 없다. 이러한 구약의 이야기들을 논의하면서 유대 철학자 필론(제3장을 보라)은 신적인 선택에 이유가 있다고 주장하기 위해 고심하였고 태어나지 않은 사람들의 인격에 대한 하나님의 예지가 그 이유가 될 수 있다고 주장했다. 즉, 하나님이 그들의 이름을 아셨기 때문에, 그들이 선하게 될지, 악하게 될지를 미리 아시고 그에 맞게 선택하신다는 것이다(*Allegorical Interpretations* 3.65-100). 필론의 고심은 이해할 만하다. 그의 목적은 하나님의 은혜를 **희석시키는** 것이 아니라 그것을 **설명하는** 데에 있었고, 하나님의 선택이 무작위적이거나 불공평하게 여겨지지 않도록 하는 데에 있었다. 필론에게(그리고 다른 이에게도) 하나님 선택의 대상들은 그 선택에 어울릴 만한 무언가를 반드시 가지고 있어야만 했다. 이것을 부인하면 하나님의 정의에 대한 의문이 발생하게 된다. 그것이 바로 9:14에서 바울이 제기하고 있는 질문이다. "확실히 하나님께는 불의가 없습니다. 그렇지

Between Gospel and Election: Explorations in the Interpretation of Romans 9–11, ed. Florian Wilk and J. Ross Wagner (Tübingen: Mohr Siebeck, 2010), 255-69를 보라.

않습니까?" 바울이 이렇게 위험한 길을 계속 가는 것은, 그의 논의가, 이스라엘의 선택이 오로지 가장 심오한 하나님의 뜻과 선택에 의해서만 정당화된다는 충격적인 주장에 근거해 있음을 보여준다.

이어지는 구절들에서(9:15-18), 바울은 신적 선택의 세 번째 예로서 금송아지 사건에서 주어진 하나님의 약속을 인용한다. "나는 자비를 베풀고 싶은 사람에게 자비를 베풀고 불쌍히 여기고 싶은 사람을 불쌍히 여기겠다"(9:15; 출 33:19). 이 인용에 나타난 정서는 희망적이다. 하나님이 시내산에 계셨을 때처럼 자비로우실 것이라면, 심판을 넘어서는 희망이 있을 것이다. 그러나 거기에는 또한 당황스런 구석도 있다. 이 본문은 하나님이 누구에게 자비로우실 것인지는 특정하지 않고 있으며(그것은 하나님의 결정에 달려 있다), 미래 시제로 표현되어 있기에 신적인 의지는 알려져 있지 않고, **원칙상 알 수도 없다.**[8] 또 다른 대조("[우리의] 의지나 노력으로부터 나오는 것이 아니라, 자비를 베푸시는 하나님께로부터 나옵니다", 9:16)는 아예 인간의 의지를 요인으로부터 제외시켜버리고, 신적 자비를 파라오의 '완악함'과 대조시키고 있는데, 파라오의 행동이나 성격에 대해서는 아무런 언급이 없다. 그 침묵은 논란이 많은 결론으로 이끈다. "그래서 [하나님은] 그가 원하는 사람에게 자비를 베푸시고, 그가 원하는 자를 완악하게 하십니다"(9:18).

왜 바울이 우리를 이 벼랑 끝으로 몰고 가며, 왜 이 맥락에서 그렇게 하는가? 여기서 주제는 이스라엘을 만드심이지, 일반적이거나

8. 더 자세한 내용은 다음을 참고하라. John M. G. Barclay, "'I Will Have Mercy on Whom I Have Mercy': The Golden Calf and Divine Mercy in Romans 9-11 and Second Temple Judaism," *Early Christianity* 1 (2010): 82-106.

추상적인 신적 예정이 아니다. 바울은 여기서 이스라엘의 선택에 대한 모든 자연스럽고 합리적인 설명들을 제거해 버리고, 하나님의 자비는 여태껏 그래 왔고, 앞으로도 결코 인간의 업적이나 상태에 의존하지 않을 것임을 보여준다. 이스라엘의 운명은 오직 유일한 (그러나 강력한) 하나님의 자비, 이스라엘의 속성과는 상관이 없이 오직 하나님에 의해서만 행사되는, 그 하나님의 자비에만 달려 있었다. 이것은 당황스럽기도 하지만 그와 동시에, 이 보편적인 불순종의 상황 속에서 **모든 것이** 하나님의 자비에만 달려 있었기에(11:28-32), **유일한** 소망의 근거가 된다.

이중의 가능성—자비와 완악함—이 두 종류의 토기를 묘사하는 토기장이 비유를 관통해서 나타나고 있는데(9:19-23), 하나는 "자비의 그릇"이고 또 다른 하나는 "파괴를 위해 준비된 진노의 그릇"이다(9:22-23). 이것은 잘 정리된 '이중예정'처럼 보이고, 또 자주 그런 식으로 해석되어 왔지만, 여기서 두 가지 사실에 주목하는 것이 중요하다. 이 이중의 가능성들은 (쿰란의 호다요트에 나타난 것처럼) 어떤 과거의(pretemporal) 운명 내지 타고난 운명에 근거하고 있는 것이 아니며, 또한 보이는 것만큼 그렇게 완전히 결정적인 것도 아니다. "파괴를 위해 준비된" 그릇들은 여기서 실제로 파괴되는 것으로 나오지도 않고, 로마서 11장에 나타나는 바울의 소망에 대해서 가능성을 열어둔 채로 남아 있다.[9] 그러나 지금의 본질적인 요점은 여전히 충분히 강

9. 이 본문에 대한 신중한 논의를 보려면, 다음을 참고하라. J. Ross Wagner, *Heralds of the Good News: Isaiah and Paul in Concert in the Letter to the Romans* (Leiden: Brill, 2002), 71-78.

조되고 있다. 그것은 하나님이 역사를 책임지고 계시고 그의 창조의 능력은 무제한적이라는 것이다. 하나님 백성의 형성은 항상 하나님의 자비로운 다스림 아래에 있었는데, 9:25-26에 있는 호세아서의 (각색된) 인용이 이 사실을 증언하고 있다. "나는 내 백성이 아니었던 사람들을 '내 백성'으로 부를 것이고, 사랑받지 않았던 사람을 '사랑받는'이라고 부를 것이다"(9:25, 호 2:23 인용). 호세아는 불순종한 이스라엘의 회복에 대해 이야기하고 있지만, 바울은 이 문장을 하나님이 자기 백성을 부르시는 것에 대하여 전체적으로—현재 구성된 하나님의 백성은 유대인들뿐만 아니라 이방인들도 포함되어 있다(9:24)—적용시키고 있다. 만약 하나님이 **사랑받지 못하던 사람들을** 부르신다면, 거기에는 현재의 위기를 넘어서는 소망이 있다. 우리는 여기서 바울의 이방인 선교가 자신의 은혜 신학에 명료함과 자극을 주고 있음을 감지할 수 있다. 하나님이 **심지어 이방인들에게도** 자비로 행하신다면, 현재 하나님의 백성에서 제외되어 있는 사람들도 다시 통합될 수 있는 그런 미래를 상상해 볼 수 있다(11:11-32). 때로 하나님의 목적들은 남은 자를 택하심으로 드러나기도 하지만(9:27-29), 그것조차도 하나님의 심판뿐만 아니라 신실하심에 대한 암시가 되는 것이다.

바울은 여기서 이스라엘 선택의 특징들을 밝히고 있는데, 그들은 신적 선택에 의해 창조된 백성으로서, 출생, 업적, 성향 혹은 어떠한 다른 가치의 척도와는 상관이 없이 선택되었다. 그들의 존재 방식은 하나님의 목적에만 달려 있는데, 하나님의 목적은 그들을 배제시키거나 포함할 수도 있고 버리거나 보존할 수도 있으며 확장하거나 남은 자만 남기고 감소시킬 수도 있고 증오하거나 사랑할 수도 있기 때문에, 사랑하지 않았던 사람들을 다시 사랑할 수도 있는 것이다. 모든 것은 이스라엘의 과거, 현재, 미래를 하나님의 손에 맡기도록 설계되었다. 그래서 바울이 그의 현재를 분석할 때(9:30-10:21), 그리고 미래를 바라볼 때(11:1-32), 가장 우선되는 질문은 "지금 이스라엘은 무엇을 해야 하는가?"가 아니라 "하나님은 무엇을 하실 수 있는가?"이다. 미래를 인간이 전혀 조종할 수 없다는 것은 당황스런 일이지만, 동시에 그것은 유일하고 궁극적인 소망의 근거가 된다.

그리스도 안에서 행하신 하나님의 비상응적인 행동(롬 9:30-10:21)

로마서 9-11장의 중심 부분은 그리스도-사건에 의해 창조된 예외적인 상황에 초점을 맞추고 있는데, 그리스도-사건의 무조건적인 자비(혹은 '부요함')는 역사의 지도를 새롭게 그려낸다. 바울에게 있어 그리스도 안에서 하나님이 하신 결정적인 행동은 이스라엘을 향한 하나님 목적의 절정을 형성하지만, 당혹스러운 전복적인 현상들도 많이 발생한다. 이방인들은 애를 쓰지도 않고도 성공한 반면, 열심이 있었던 이스라엘은 목표를 달성하지 못했다(9:30-10:4). 하나님의 "부요함"은 민족적인 조건과는 상관없이 모두에게 주어진다(10:5-13); 하나님은 그를 찾지 않은 사람들에게 발견되었고, 이스라엘은 "미련한 민족"에 대해서 분노했다(10:19-21).

이 단락은 기묘한 달리기 경주 이야기로 시작하는데, 달리기 선수가 아닌 사람들(이방인들)은 목표점에 도달한 반면, "의의 율법"을 추구했던 달리기 선수(이스라엘)는 도달하지 못했다(9:30-32). 이 압축된 진술들은 바울의 선교 경험 중 그가 지속적으로 느꼈던 놀라움을 암시한다. 이방인들은 복음에 반응한 반면, 유대인들은 '걸림돌과 거치는 바위'에 걸려 비틀거리고 있었는데, 여기서 '걸림돌과 거치는 바위'는 메시아를 가리킨다.[10] 이 같은 현상을 어떻게 설명할 수 있을까? 10장을 여는 구절들에서, 바울은 동료 유대인들이 가진 '하나님을 향한 열심'을 칭찬하지만, 그들은 무지 속에서 "그들 자신들의 의를 세우려고 힘썼고" 하나님의 의에 복종하지 않았다(10:2-3). 바울이 이 대조를 통해 의도하는 바는 무엇인가? '그들 자신의 의'는 하나님만이 주실 수 있는 구원을 얻기 위해 애쓰면서 행위로 성취하려고 구했던 것인가? 아니면, 유대인들은 포함시키고 이방인들은 배제시키는 '민족적' 의를 뜻하는가?[11]

또 다른 읽기도 가능하다. 이미 살펴보았듯, "하나님의 의"는 바울에 의해 그리스도의 선물과 동일시된다(3:21-26; 참조, 빌 3:4-11). 그리스도의 선물은 어떠한 진정한 가치도 세울 수 없는 율법 준수와는 관계 없이 주어진다. 그리스도를 신뢰하는 사람들은 그들의 가치가 그

---

10. Wagner, *Heralds of the Good News*, 126-55를 보라.

11. 전자의 해석(개신교 전통의 특징)에 대해서는 Ernst Käsemann, *Commentary on Romans*, trans. Geoffrey W. Bromiley (London: SCM, 1980), 277-82을 보라(케제만은 '경건한 성취에 의한 하나님의 뜻의 왜곡'에 대해 말하고 있다). 후자의 해석('새 관점'의 특징)에 대해서는 N. T. Wright, *The Climax of the Covenant* (Edinburgh: T&T Clark, 1991), 241-42을 보라(라이트는 '민족적인 의'와 '인종적 특권'에 대해 말하고 있다).

리스도로부터 나온 것임을 인식하고 그런 의미로 하나님의 의에 '복종'한다. 그러나 많은 동시대 유대인들은 율법으로 정의되는 의를 하나님의 선물을 받기 위한 기준으로 여기기를 계속했고, 그래서 '의'에 대한 그들의 이해와 하나님의 이해 사이에는 차이가 생기기 시작했다. 그래서 열심에도 불구하고, 그들은 "목표"(*telos*)를 놓쳤는데 그 목표는 바로 그리스도 자신이었다(10:4).[12] 율법을 기준으로 하는 의의 문제가 되는 이유는 이것이 인간의 자기 의존을 전형적으로 보여주거나 이방인들을 배제하기 때문이 아니라, 이것이 하나님 앞에서의 가치의 기준이 되지 않고, 될 수도 없기 때문이다. 그 가치 기준은 전적으로 오직 그리스도 안에서만 주어진다.

하나님이 구원의 선물을 어울리는 사람들 혹은 자격 있는 사람들에게 배분해주실 것이라고 합리적으로 기대해 볼 수도 있다. 그리고 유대적 전통에서도, 자격 있는 사람이란 율법을 지킴에 있어서 "의로운" 사람들일 수 있다(참조, 빌 3:4-6). 그러나 바울은 하나님이 '의로운 사람들'과 '불의한 사람들', 혹은 '달리기 선수들'과 '달리기 선수가 아닌 사람들', 즉 유대인들과 이방인들 사이에 구분을 두지 않으시는 방식으로 그리스도 안에서 행하셨다고 생각한다(9:3-33; 10:12-13). 바울은 "율법으로부터 나는 의"는 "믿음으로부터 나는 의" (참조, 빌 3:9)와 같지 않다고 결론 내리면서, 이 구분을 "모세가 기록한

12. 헬라어 용어 '텔로스'(telos)는 '마침' 혹은 '목표'로 번역될 수 있고, 두 가지 의미를 함께 함축할 수도 있다. Paul W. Meyer, "Romans 10:4 and the 'End' of the Law," in *The Word in This World* (Louisville: Westminster John Knox, 2004), 78-94을 보라.

것"(레 18:5; 롬 10:5에서 인용)과 "믿음의 의가 말하는 것"(신 30:12-14; 롬 10:6-8에서 인용되고 해석됨) 사이의 차이 속에서 추적한다. 후자는 이 선물이 (높이 하늘에 가서도, 혹은 깊이 지옥에 가서도) 앞으로 발견되어야 할 무엇이 아니라, 그리스도의 부활 속에서 이미 주어진 것임을 분명히 한다.[13] 믿음/신뢰로부터 나온 의는 예수님의 주 되심과 그리스도의 부활 안에서 우주를 재창조하기 시작한 생명에 의지해서 하나님 앞에 서는 것이다(10:9-13).

그래서 그리스도-선물은 9:6-29에서 추적된 비상응성의 패턴을 확정하고 심화시킨다. 처음부터 그랬듯이, 하나님은 적절함과 어울림의 기대들과는 달리 행동하셨다. 즉, 하나님의 '부요함'은 모든 믿는 자들에게(10:12) 혈통, 의로움, 이전의 추구와는 상관없이 주어진다. 이스라엘이 자비에 의해 창조되었고 유지된다면, 어떤 것도 자비가 '가치 없는' 이방인들에게도 확장되는 것을 금할 수 없다. 현재의 이 기이한 역전은 이 선물의 비상응성을 확증하는데, 이러한 전복과 넘어짐과 반전 속에서, 하나님은 이 역설적인 이스라엘의 이야기를 그리스도 안에서 절정으로 이끄신다. 이제 복음은 세상 전체에 퍼졌지만 이스라엘은 불순종한 민족으로 남아 있다(10:14-21). 그럼에도 불구하고 이사야가 말했듯이 하나님은 관대함의 상징으로, 손을 "뻗으셨다"(10:21). 그리하여 이 은혜의 이야기는 계속해서 더 진행된다.

13. 프란시스 왓슨(Francis Watson)에 의한 이 본문의 읽기를 보라. *Paul and the Hermeneutics of Faith* (London: T&T Clark, 2004), 315–41.

자비의 동력과 이스라엘의 구원(롬 11:1-36)

"불순종하고 거역하는 백성"(10:21) 이미지는 11장을 여는 질문을 제기한다. "하나님이 그의 백성을 버리셨는가?" 대답은 전적으로 "아니오"이지만(11:1), 바울은 두 단계에 걸쳐서 이를 설명한다. 먼저 그는 현재의 남은 자를 지적하고(11:1-10), 그러고 나서 이스라엘 전체의 미래를 가리킨다(11:11-32). 이 두 번째 단계는 흔히 비논리적이고 불가해한 수수께끼로 여겨졌고 바울이 여기서 갑자기 게임의 법칙을 바꾼 것처럼 보였다. 그러나 바울에게는 그리스도 안에서 세상에 충만한 자비가, 탄생부터 자비에 의존하여 존재해왔던 이스라엘 민족 역시 휩쓸게 될 것이라고 생각할 이유가 있었다.

"주의 이름을 불렀던"(10:13) 이스라엘 사람으로서 바울 자신은 하나님이 자신의 백성을 버리지 않으셨다(11:1)는 증거였다. 바울은 엘리야처럼 "남은 자"들, 즉 그리스도를 믿게 된 다른 유대인들과 함께 동행하고 있었다(11:2-5). 그러나 이것이 어떻게 일어나게 되었는지를 분명히 하는 것이 중요하다. 바울은 11:5-6에서 다음의 의도적인 진술을 포함해서 '카리스'(*charis*)라는 용어를 네 번 사용한다. "은혜로 된 것이면 행위에 근거한 것이 아닙니다. 그렇지 않으면 그 은혜는 은혜가 될 수 없습니다"(11:6). 왜 이렇게 강조하는가? 엘리야 이야기("바알에게 무릎을 꿇지 않은 칠천 명"에 대한 이야기)는 남은 자에 대한 하나님의 선택이 순종 혹은 '행위'에 대한 응답이었다는 것을 암시할 수 있었다. 그렇게 되면 하나님의 선택은 여전히 선물이겠지만, 상응적인 선물이 되어버린다. 아브라함의 사례를 가지고, 바울은 은혜가 "행위"의 부재 속에서 작용한다고 주장했었다(4:1-5). 엘리야 이야기에는 행위(우상 숭배에 대한 거절)가 나타나지만, 여기서도 바울은 은혜의 비상응성을 주장한다. 인간의 행위가 무엇이든 그것은 하나님의 선택과는 무관하고 택함의 이유가 아니라는 것이다. 우리는 은혜에 대해 바울이 보이는 극대화의 트레이드마크(trademark)인 비상응적인 선물을 다시 한번 발견한다. 이것이야말로 하나님이 심지어는 "불순종하고 거역하는 백성"(10:21)에게도 (아니 오히려 특별히 그들에게도) 자비를 베푸실 수 있는 가능성을 열어 주는 것이다.

하나님은 이스라엘 전체에게 자비를 베푸실 **수도 있겠지만**(may), 무엇이 바울로 하여금 그가 그렇게 **하실 것이라고**(will) 확신케 하는가? 11:1-10에 있는 "남은 자"의 언어는 다른 사람들의 "완악함"에 대한 언급과 함께 나오는데, 여기서 누군가는 이스라엘 속에서 남은 자와 그렇지 않은 자 사이의 영원한 분열을 상상할 수도 있을 것이다. 그러나 11:11에 있는 질문과 대답은 바울이 거기서 멈추지 않을 것임을 암시한다. "그들이 넘어지고 쓰러져 망했습니까? 결코 그렇지 않습니다!" 이 지점에서 바울은 구약에 호소하는 것이 아니라 이방인 선교에 호소하는 것처럼 보인다(11:11-16). 그는 성공적인 이방인 선교에 비추어 하나님 자비의 "부요함"(11:12)을 추적한다. 곧, 가장 자격이 없는 사람들이 은혜에 의해 변화된 것이다. 하나님이 세상 안에 '부요함'을 부어주시면서 이렇게나 기이한 무언가를 행하실 수 있다면, 이는 분명 하나님의 자비가 항상 있었던 곳으로 되돌아가게 된다. 바울은 이스라엘 고유의 혜택(하나님의 호의)이 이제 세계 속으로 전파된 것을 지켜보고 있었고, 이것이 이스라엘을 "질투하게"(11:11, 14) 만들

것이라고 믿었다. "그들의(이스라엘의) 범죄가 세상의 부요함을 의미하고, 그들의 부족함이 열방의 부요함을 의미한다면, 그들의 충만함은 무엇을 의미하겠습니까?"(11:12). 하나님의 은혜가 이렇게 이미 극적인 효과를 미쳤다면, 얼마나 더 큰 효과가 뒤따르겠는가?

11:17-24에 있는 올리브나무(개역개정에서는 "감람나무"로 번역—역주) 우화(allegory)는 바울의 요지를 분명히 한다. 돌올리브 가지(이방인 신자들)는 (접목시키는) 대목(rootstock)에 접붙임을 받았고, 원래 가지들(유대인들)은 원나무로부터 잘렸는데, 여기서 바울의 일차적인 과제는 이방인 신자들이 자신을 특별하거나 우월하다고 생각하지 않도록 하는 데에 있었다. 이스라엘을 식물이나 나무(보통 포도나무)로 묘사하는 것은 유대 전통에서 흔하지만(예, 사 5:1-7; 렘 11:16), 바울은 유별나게 **뿌리**를 양분 공급의 근원("뿌리의 진액", 11:17)과 가지들을 지탱해 주는 것("당신들이 뿌리를 지탱해 주는 것이 아니라, 뿌리가 당신들을 지탱해 줍니다", 11:18)으로 강조하고 있다. 이 뿌리가 상징하는 것이 무엇일까? 이스라엘 민족은 뿌리가 아니라, 뿌리로부터 잘려나갔다가 나중에 다시 접붙임을 받게 될 수 있는 본래의 가지들이다. 뿌리는 족장들 혹은 그 중에서도 특히 아브라함을 가리킬 수 있겠지만,[14] 우리가 보았듯이 로마서 4장과 9장에서 족장들에게 있어 중요한 것은 그들이 누구냐에 대한 것이 아니라 어떻게 선택받게 되었냐에 대한 것이다. 바울은 뿌리에 연결되어 있는 것을 "하나님의 인자하심"(11:22)에 머물러 있는 것과

14. Nils Dahl, "The Future of Israel," in *Studies in Paul* (Minneapolis: Fortress, 1977), 137-58을 보라. 로마서에 대한 주석들은 이 문제를 길게 논의한다.

등치시키고 있고, 그래서 이 뿌리는 하나님의 은혜 혹은 자비로 해석하는 것이 최선일 것으로 보인다. 바울이 이미 지적했듯이(9:6-18) 이스라엘은 예전의 상태와는 상관없이 주어지는 하나님의 자비와 약속에 의해 세워진 민족이다. 이방인 신자들은 비록 이스라엘처럼 '본성적'으로 나무에 속한 것은 아니었음에도 불구하고, 그들이 지금 '접붙임'을 받게 된 것도 똑같이 하나님의 자비 때문이었다. 그런데 돌올리브 가지조차도 접붙임 받을 수 있다면, 하나님이 이스라엘의 원래의 본성적인 위치를 회복시키실 것은 더더욱 당연한 이야기다(11:24).

가지들은 "불신앙"(혹은 "신뢰하지 않음") 때문에 잘려나가기도 했고, "믿음"(혹은 "신뢰", 11:20, 23)에 의해 접붙임을 받기도 했는데, 왜냐하면 우리가 보았듯이 믿음은 우리의 통제권 밖에 있는 능력과 선물에 의존하기 때문이다. "믿음으로 서는 것"(11:20)은 전적으로 하나님의 선물로부터의 능력으로 사는 것인데(참조, 4:4-6), 여기서 "믿음"은 9:30-10:17의 논지에 따라 그리스도를 주로 고백하고 그의 부활 생명에 참여함으로 살아가는 것이다. 이것은 이스라엘의 정체성에 무작위적으로 하나를 더 첨가하는 것이 아니다. 이스라엘의 존재 방식은 언제나 하나님의 부르심에 의해 생성되었고 창조되었고 유지되었다. 그리스도의 생명에 의존하는 것, 곧 하나님의 인자하심에 대한 확실한 표현은 처음 시작부터 이스라엘을 지탱시켜 주었던 은혜에 의해 살아가는 것이다(참조, 15:8). 그래서 바울의 읽기에서는 이스라엘이 다시—완벽한 방식으로—은혜의 자양분에 의존하고, **그 자체로 조금도 부족하지 않음**을 보여준다. 그와 동시에 올리브나무 우화는 이스라엘이 이방인들에 의해 대체되었다거나, 교회가 이스라엘의 자리를 차지하게 되었다거나 하는 어떠한 제안들도 배제한다. 오히려 바울은 이방인들이, "하나님의 선물과 부르심"(11:29)에 항상 의존하고 있는 이스라엘 백성의 특징적인 존재 방식에 덧붙여지는("접붙임받는") 것을 묘사하고 있다.[15]

하나님이 이스라엘을 본래적인 상태로 회복시키시는 것은 이방인 가지들이 현재 접붙임을 받은 것보다 더 상상하기 쉽다. "본래 붙어 있던 이 가지들이 그들의 원래 올리브 나무에 다시 접붙임을 받게 되는 것이야 얼마나 더 쉬운 일이겠습니까?"(11:24). 미래 수동태(*will* be grafted: '접붙임을 받게 될 것이다')는 하나님의 행위 주체성을 가리키며 바울이 아주 확신에 차 있음을 보여준다. 이방인들이 믿음으로 경험한 기적, 곧 원래 속해 있지 않던 가지로 접붙임을 받게 된 것은 하나님의 초충만한 능력을 암시하는데, 이 능력은 분명히 이스라엘도 소생시킬 것이다. 이 확신은 "이방인들의 수가 다 찰 때까지 부분적인 완악함이 이스라엘 가운데 계속 있을 것이고, 그 후에는 모든 이스라엘이 구원을 받게 될 것입니다"(11:25-26)라는 '신비'(mystery)를 강화시킨다. 현재 이스라엘 안에서의 분열이 이스라엘 전체의 구원에 의해 해결될 것이다. 대부분의 학자들처럼, 나도 "모든 이스라엘"이 이스라엘 민족 전체를 가리킨다고 이해한다.[16] 오실 구속자(11:26-27)는 "죄악"을 제거하시고 야곱의 죄를 용서하실 그리스도를 가리키는 것으

15. 이에 대한 신학적인 검토에 대해서는 Tommy Givens, *We the People: Israel and the Catholicity of Jesus* (Minneapolis: Fortress, 2014)을 보라.

16. 다음 논문에는 가능한 해석에 대한 충분한 논의가 수록되어 있다. Christopher

로 보인다(참조, 살전 1:10)—구속자의 이 행위는 아브라함의 칭의를 반영하는 은혜의 행위다(4:5-8). 그래서 이스라엘의 아브라함적 정체성은 세상을 부요케 하시는 하나님의 자비의 영향 아래에서, 그리스도 안에서 회복될 것이다. 이스라엘의 형성 속에서(9:6-29), 그리고 현재의 이방인과 유대인 사이의 역설적인 관계 속에서 명백하게 나타난 비상응성은 종말에 있어서도 하나님 행동의 일관된 패턴이 될 것이다. 불순종했던 이방인들이 자비를 얻게 되었듯이 이스라엘 자신도 하나님의 자비를 얻게 될 것이다(11:30-31). 하나님이 자비를 베풀고자 하는 사람에게 자비를 베푸신다면(9:15), 그리고 불순종이 하나님의 비상응적인 자비가 나타나는 바로 그 장소라면, 바울은 하나님이 "모든 사람을 불순종 가운데 가두셔서 그가 모든 사람에게 자비를 베푸실 것"(11:32)을 신뢰할 수 있는 것이다.

바울의 마지막 송영(11:33-36)은 상식에 반하는(counterintuitive) 이 현상의 신비를 찬양한다. 처음부터 끝까지, 아브라함의 부르심부터 이스라엘의 최종적인 구속에 이르기까지, 하나님의 자비는 가치의 부재 속에서 역사한다. 이 그리스도-선물의 특징은 이스라엘과 관련한 하나님의 역사(history)와 세상에 대한 하나님의 모든 다루심에 대한 규정(rubric)이다. 복음은 "구원을 위한 하나님의 능력"이다(1:16). 그것

Zoccali, "And So All Israel Will Be Saved: Competing Interpretations of Romans 11:26 in Pauline Scholarship," *Journal for the Study of the New Testament* 30 (2008): 289-318. 여기서 "모든"이 의미하는 바가 정확히 무엇을 뜻하는지는 분명치 않지만, 단지 남은 자들만 믿고 있는 현재 상황에 대한 극복을 의미하고 있음은 분명하다.

은 이스라엘의 역사 속에서 항상 효과를 미쳤고, 바울이 종말에 소망하는 것은 은혜의 풍성함(5:20-21), 하나님 자비의 위업(triumph, 11:32), 그리고 그리스도 안에 있는 하나님의 사랑으로 확정된 승리다(8:39).

결론

로마서 9-11장을 읽으면서 이 장들에 나타나는 내러티브의 전개를 추적했는데, 비일관적이지도 않았고 끝에 가서 무작위적인 비약이 나타나지도 않았다. 여기에서 발견할 수 있는 일관적인 내러티브 패턴은 신적인 선택의 비상응성, 즉 신적 자비와 수신자의 가치 사이에 있는 어울림의 부재다. 처음부터 끝까지 이스라엘은 가치와 상관없이 하나님의 부르심에 의해 형성되었고, 이방인들도 차별 없는 은혜에 의해 이 이스라엘의 특권 속으로 이끌려 들어오게 되었다. 이것이 바울에게 현재 이스라엘의 '불순종'을 넘어서는 확신을 주었는데, 이는 그들의 자격과는 상관없이 이스라엘을 부르신 하나님이 세상을 끌어 안으시는 자비와 이방인 선교에서 보여주신 특별한 '부요함'으로 이스라엘의 '불경건함'을 극복하기를 뜻하셨기 때문이다.

바울은 어디로부터 이 통합적인 주제를 유도해냈을까? 구약 읽기로부터일까? 여기에서의 바울의 구약 인용이 보여주듯이 확실히 그렇다. 이방인 선교에서의 그의 경험으로부터일까? 이 또한 중요한 역할을 한 것으로 보인다. 그리스도-사건의 충격으로부터일까? 이 장들에서(9:30-10:13), 그리고 로마서 전체에서 그리스도의 중심적 역할을 고려해보건대 확실히 그렇다. 이러한 요인들 각각을 다르게 해석할 수도 있지만, 이 모든 요인들은 함께 강력한 준거틀을 형성해서, 하나님의 무조건적인 자비를, 이스라엘과 그리스도 안에 있는 세상을 다루시는, 하나님의 전형적인 특징으로 두드러지게 나타나도록 해준다.

그리스도-사건은 단지 이러한 패턴의 **하나의** 사례가 아니다. 그것은 모든 면에서 하나님의 은혜의 확정적인 행위다. 즉, 최종적이고, 완전하고, 결정적이고, 포괄적이다. 그러나 그리스도-사건은 '난데없이' 나온 것이 아니고 자기-해석적(self-interpreting)인 것도 아니다. 그리스도-사건은 하나님의 자비에 의존하는 존재 방식을 가진 이스라엘에 대한 약속의 성취이다. 메시아는 이스라엘로부터 나오며(9:5), 그 구속자는 시온으로부터 올 것이다(11:26). 이 관점에서 보면, 그리스도-사건과 이방인 선교 속에 있는 은혜의 기이한 역사는 이스라엘을 향한 하나님 목적의 절정이다. 그와 동시에 바울은 로마서 9-11장에 있는 이스라엘의 이야기를 그리스도-사건에 비추어 읽어서, 이스라엘의 역사와 구약이 그리스도 안에 있는 하나님의 의를 증언하고 있음을 보여준다. 이는 복잡한 변증법을 창조한다. 그리스도는 이스라엘의 맥락에서 읽혀지지만, 이스라엘 역시 그리스도를 기반으로 하여 해석된다. 이어지는 바울 전통에서, 이와 유사한 변증법이 그리스도와 피조세계와의 관계에도 적용되는데, 그리스도-사건은 모든 피조 세계의 틀 안에 놓여지고, 이와 동시에 모든 피조물은 기독론적으로 정의된다(골 1:15-20; 엡 1:3-10). 그러나 여기서 바울의 초점은 인간의 이야기와 역사 속에서 이스라엘의 중심적 위치에 집중된다. 바울이 성취한 것은 이스라엘의 무조건적인 부르심에 대한 구약의 증언을 예수 그리스도에 관한 복음과 이방인 선교의 기이한 성공에 결합시킨 것이다. 이 모든 것을 단일한 설명의 틀이 하나로 묶어 주고 있는데, 그것이 바로 비상응적인 은혜다.

제10장
은혜의 문법과 그리스도의 선물

우리가 살펴보았듯이, 바울의 은혜 신학은 하나의 용어 '카리스'(*charis*)의 사용에만 제한되지 않는다. 바울의 은혜 신학은 다양한 어휘들을 포함하고, 이 용어들을 **비상응적인** 선물 개념을 전달하도록 특색 있게 사용함으로써 정형화된다. 우리는 개념에 대한 연구를 단어에 대한 연구와 혼동해서는 안 된다. 어떤 **개념은** 다양한 다른 용어들로 전달될 수 있으며, 용어의 의미는 고립된 채로 주어지는 것이 아니라 사용된 문맥 속에서 주어진다. '카리스'는 "선물"이라는 의미영역(semantic domain)에 속해 있기 때문에, 우리는 바울에 의해 배치된 다양한 선물 용어들을 살펴보면서, 더불어 바울의 선물 언어와 몇몇의 중요한 개념들 즉, 사랑(롬 5:6-8), 자비(롬 11:28-32), 환대(롬 14:3; 15:7), 부르심(갈 1:15; 롬 9:25-26), 선택(롬 11:5) 사이에 있는 깊은 관계에 대해서도 추적했었다. 더욱이, 바울의 이러한 용어 사용에 대해 관찰하면서 우리는 일관된 패턴을 발견했는데, 그것은 하나님의 자비로운 능력과 수신자들의 어울리지 않는 상태 사이의 부조화에 대한 반복된 강조였다. 이 비상응성은 단지 바울 안에 있는 하나의 모티프, 즉 여기저기에서 산발적으로 나타나는 어떤 하나의 개념이 아니다. 다음과 같은 더 큰 주장이 제기될 수 있다. 우리가 갈라디아서와 로마서의 탐구 속에서 식별하게 된 것은 바울에게 있어 개념을 주도하는 구조 혹은 패턴인데, 우리는 그것을 바울신학의 '문법'이라고 부를 수 있을 것이다.[1]

언어의 문법은 단어들, 어구들, 그리고 문장들이 뜻을 만들어내도록 결합되고, 정렬되는 구조화된 규칙과 연관된다(당신 자신의 언어 속에서는 이런 것들을 거의 의식하지 못할 수 있지만, 모국어와 아주 다른 언어를 배울 때 당신은 곧 어떻게 언어들이 고유한 패턴들과 구조들을 가지고 있는지에 대해 충분히 인지하게 된다). 바울의 헬라어 문법은 특별히 특이하지 않지만, 그 신학의 문법은 확실히 독특하다. 우선, 바울이 얼마나 자주 역설(paradox)을 사용하고, 또 얼마나 자주 놀라운 대조 형식을 사용해서 주장을 표현하는지 주목할 만하다: "내가 약한 그 때에, 오히려 내가 강합니다"(고후 12:10); "이제는 내가 사는 것이 아니라, 오직 내 안에 계신 그리스도가 사는 것입니다"(갈 2:20); "하나님의 어리석음이 사람의 지혜보다 더 지혜롭고, 하나님의 약함이 사람의 강함보다 더 강합니다"(고전 1:25). 이리저리 생각해보아도, 이것들은 참 기이한 표현들이

1. 이 개념에 대해서는 (바울신학의 '중심'에 대한 오래된 탐구와는 구별되는) Jonathan A. Linebaugh, "The Grammar of the Gospel: Justification as a Theological Criterion in the Reformation and in Galatians," *Scottish Journal of Theology* 71 (2018): 287-307을 보라.

지만, 단순히 바울이 역설적 표현을 아주 좋아했다는 사실 그 이상의 것을 암시한다. 곧, 이 표현들은 바울신학의 특별한 형태 혹은 '문법'을 가리킨다.

몇몇 신학은 확장이나 보충의 원리에 의해 작동한다. 누군가는 세상과 인간에 대해 참되고 선한 것으로부터 출발해서, 하나님에 대해 참되고 선한 것으로 이르기까지, 더 높은 차원 혹은 더 큰 정도로 추론할 수도 있다. 자연의 아름다움은 더 큰 하나님의 아름다움을 가리키고, 인간의 이성은 우주의 더 높은 합리성에 대한 신뢰할 만한 실마리를 제공해준다. 물론 하나님은 틀림없이 이보다 더 크신 분이시지만, 이러한 신학 개념에서는 같은 측정 범위 안에서 크신 분이 된다. 규모 안에 계시게 된다. 바울의 신학은 이런 확장의 원리를 거부한다. 하나님의 지혜는 단순히 인간의 지혜가 강화된 것이 아니고, 하나님의 능력은 인간 능력의 더 강력한 형태가 아니다. 은혜는 인간의 능력에 대한 보충으로 역사하는 것이 아니라 인간의 능력의 부재 속에서 역사하며, 가치를 보상하는 차원에서 역사하는 것이 아니라 가치가 전혀 없는 곳에서 역사한다. 여기서 모든 것은 부정과 반전에 의해, 잃음과 얻음에 의해, 죽음과 새 창조에 의해 작동한다. 하나님의 백성은 무로부터(*ex nihilo*) 창조하시는 하나님, "죽은 자들을 일으키시며 존재 하지 않는 것들을 존재하도록 부르시는"(롬 4:17) 하나님을 신뢰하는 사람들이다.

바울은 구원에 대한 다양한 은유들(metaphors)을 사용하는데, 대개 사회적 관계의 영역으로부터 가져온 것이다. 즉, 구원받는 것은 화해하는 것, 입양되는 것, 의롭다고 판결받는 것 내지 해방되는 것이다.

이 모든 것은 비상응성의 패턴, 즉 급격한 변화 혹은 완전한 반전의 패턴으로 형성된다. 우리는 "아들"이 점차 성숙해서 유산을 상속받게 될 것을 예상하겠지만, 바울의 내러티브에서는 아들이, 해방되어 양자로 입양되지 않는다면 상속받을 수 없는 노예로 낙인찍힌 채로 등장한다(갈 4:1-7). 우리는 하나님이 이런저런 기준으로 의롭거나 가치 있는 사람들을 옳게 여기실 것('칭의')을 예상하겠지만, 그분은 오히려 어떤 자격도 만족시키지 못하는 '불경건한 자들'을 은혜로 의롭다고 여겨주신다. 우리는 그리스도가 하나님의 원수들을 위해 죽으실 것을, 저주받은 사람들이 축복받는 것을, 혹은 불순종하는 사람들이 자비를 받게 될 것을 예상할 수 없다. 그러나 구원은 반대 지점으로부터 나와서 역사하는데, 곧 죄에서 의로, 죽음에서 생명으로 역사한다. 바울은 자신의 모든 신학적 문법을 예수님의 죽음과 부활의 형태로 향하게 하는 것처럼 보인다. 그래서 하나님의 구원하시는 능력의 모든 양상들은 십자가 죽음에서 시작해서 부활로, 재앙에서 시작해서 구원으로, 사망에서 시작해서 생명으로 나타난다.

이것이 바로 가능성, 이성, 또는 정의 같은 인간적인 척도를 무시하고, 어울리지 않고 능력이 없는 곳에서, 즉 무로부터 무언가를 창조해내는 은혜의 비상응성 패턴이다. (이스라엘, 족장들, 혹은 그 자신에 관한) 바울의 내러티브들조차도 독특한 방식으로 서술되는데, 이는 단순히 놀라운 순간들이 아니라, 가치와 생명의 부재 속에 그리고 죽음 가운데에 나타나는 은혜의 구조적 패턴으로 특징지어진다.[2] 앞에서

---

2. 바울의 자전적인 내러티브의 분석에 대해서는 나의 에세이인 "Paul's Story:

보았듯이, 세례받는 것은 그리스도의 “생명의 새로움”(롬 6:1-6)을 공유하기 위해 그리스도의 죽음에 참여하는 것이며 그와 함께 장사되는 것이다. 바울이 그 자신에 대해 “나는 죽어버렸습니다. 이는 내가 … 살려고 하는 것입니다”(갈 2:19)라고 썼던 것처럼 말이다.[3]

이 비상응성의 문법은 바울신학에 창조성을 부여해주며, 바울이 이런 혁신적인 방식으로 실재를 새롭게 구성하는 것을 가능케 한다. 하나님이 질서, 이성, 그리고 정의에 대한 전통적인 체계를 무시하신다면, 새로워진 실재를 상상하는 것이 가능해진다. 우리는 이미 이 현상을 갈라디아서와 로마서에서 추적했는데, 이제는 바울이 고린도에 보내는 편지들을 대략적으로 살펴보면서, 거기서도 역시 이 은혜의 패턴이 나타나는지 밝혀보려고 한다.

고린도에 보내는 편지들에 나오는 은혜와 능력

고린도에 있는 교회는 바울의 교회들 중에서 성장과 사회적 통합의 관점에서 보면 아마도 가장 '성공적'이었지만, 복음에 대한 이해에 대해서는 바울이 보기에 여전히 어린 아이와 같은 단계에 있었

Theology as Testimony," in *Narrative Dynamics in Paul: A Critical Assessment*, ed. Bruce W. Longenecker (Louisville: Westminster John Knox, 2002), 133–56을 참고하라.

3. Jonathan A. Linebaugh, "'The Speech of the Dead': Identifying the No Longer and Now Living 'I' of Galatians 2.20," *New Testament Studies* 66 (2020): 87–105을 보라.

다(고전 3:1-3). 고린도전서의 도입부에서 바울은 고린도 신자들의 당파주의를 비난하면서(고전 1:10-17), 그들의 명예를 향한 경쟁적인 추구는 그들이 로마 세계의 도시 문화의 핵심 가치인 권력과 지혜 같은 기준들에 사로잡혀 있음을 나타내는 것이라고 이해한다.[4] 이 문제는 아주 깊이 자리잡고 있었기에, 바울은 복음의 핵심으로 가서 한 가지 사실, 오직 한 가지 사실에만 초점을 맞춘다. 그것은 바로 "십자가에 못박히신 그리스도"였다(고전 2:2). 바울의 주장에는 날이 서 있다. 다른 곳에서 바울은 그리스도의 죽음에 대해 다양한 각도로 숙고했었다. 그것은 죄를 용서해주는 효과가 있는 속죄의 형태다(롬 3:21-26; 고전 15:3). 또한 그것은 그리스도가 인류에게 내려졌던 저주를 흡수하셨던(그리고 저주가 "되셨던") 순간이며(갈 3:13; 고후 5:21), 그가 죄의 능력을 이겨내셨던 순간이다(롬 6:1-10; 8:1-4). 그러나 고린도전서 1-2장에서 바울은 뭔가 다른 것을 강조한다. 여기서 그는 그리스도의 죽음을 어리석음과 약함의 전형(epitome)으로 묘사하고, 구원을 **바로 거기에** 둠으로써 통상 지혜나 권력과 연관되는 모든 것들을 전복하고 있다(1:18-25).

바울은 여기서 그리스도의 죽음을 반복적으로 **십자가 처형으로** 규정한다. 그가 설교하는 것은 단지 그리스도가 "죽으셨다"는 것이

4. 고린도전서에 나오는 '지혜'는 교육 수준과 수사법 모두를 가리키는데, 설득력 있는 대중 연설은 당시 고등 교육의 가장 중요한 목적들 중의 하나였기 때문이다. Bruce Winter, *Paul and Philo among the Sophists: Alexandrian and Corinthian Responses to a Julio-Claudian Movement*, 2nd ed. (Grand Rapids: Eerdmans, 2002)을 보라.

아니라 그가 **십자가에 못박히셨다는** 것이다(고전 1:17, 18, 23; 2:2, 8). 로마 세계에서, 모든 사람들이 알고 있었듯, 십자가 처형은 희생자에게 굴욕을 주기 위해 만들어진 것이었다. 극한의 고통과 최대의 수치를 유발하도록 오랫동안 늘여진 형태의 공개 고문이었다.[5] 로마 사람들은 십자가 처형을 특별히 주인의 말에 거역한 노예들이나 지역의 반역자들을 대상으로 집행했고, 처형당하는 희생자들을 의도적으로 높이 매달았는데, 이는 공개적인 전시효과를 가짐과 동시에 그들의 권력 주장을 모욕하기 위한 것이었다. 이런 높아짐에 대한 조롱 속에서, 십자가형을 받는 사람들은 아무 가망없이 벌거벗겨진 채로 못박혔다. 점차 신체적 기력을 잃어가면서, 그들은 수치스럽고, 모욕당한 채로, 인간 이하의 취급을 당하였고, 그 시체는 보통 독수리나 까마귀를 위한 고기로 남겨졌다. 십자가 처형이 예수님의 운명의 양상이 된 것을 공개적으로 드러내기를, 어느 누구도 원하지 않을 것이라고 생각하는 사람도 있을 것이다. 그러나 바울은 이렇게 주장한다. "우리는 십자가에 달리신 그리스도를 선포합니다"(고전 1:23). 바로 거기에서 하나님의 지혜와 하나님의 능력은 가장 깊이 역사했다(고전 1:24-25). 로마 세계의 '문명화된' 가치들과 권력 추구에 대해 다음 문장보다 더 큰 도전이 될 것은 거의 없었을 것이다. "왜냐하면 하나님의 어리석음이 사람의 지혜보다 더 지혜롭고, 하나님의 약함이 사람의 강

5. 이 주제에 대한 고전적 작품은 Martin Hengel, *Crucifixion* (London: SCM, 1977) [=『십자가 처형』, 감은사, 2020]이다. 참조, John G. Cook, *Crucifixion in the Mediterranean World* (Tübingen: Mohr Siebeck, 2014).

함보다 더 강하기 때문입니다"(고전 1:25).[6]

상식에 반하는(counterintuitive) 이러한 메시지는 사회적으로 놀라운 결과들을 창조한다. 고린도에 있는 신자 회중을 구성하는 사람들은 누구인가? 바울이 말하기를, 인간적인 기준을 따르자면, 그들 중 소수만 현명한 사람이었고, 소수만 권력을 가진 사람이었고, 소수만 가문이 좋은 사람이었다(고전 1:26). 교육 수준, 사회적 영향력, 그리고 좋은 가문은 로마 세계에서 표준적인 사회적 가치의 척도였다. 누군가는 하나님이 '존경받을 만하고' 권력이 있는 사람들을 선택하실 것이라고 예상하겠지만, 실제로 하나님은 그 반대로 행하셨다. "하나님은 지혜로운 사람들을 부끄럽게 하시려고 세상의 어리석은 사람들을 택하셨으며, 강한 사람들을 부끄럽게 하시려고 세상의 약한 사람들을 택하셨습니다. 하나님은 세상에서 비천한 사람들과 멸시받는 사람들, 즉 존재하지 않는 것들을 택하셔서 존재하는 것들이 없어지게 하셨습니다. 이는 하나님 앞에서 아무도 자랑하지 못하게 하기 위해서입니다"(고전 1:27-29). 이것은 십자가에 달리신 그리스도의 비범한 메시지와 어울리는 비범한 주장이다. 하나님은 그리스도 안에서 그리고 신자들을 향한 "부르심" 안에서(1:26) 행하셨는데, 이는 인간적 미덕을 강화시키거나 인간적 능력을 발전시키기 위해서가 아니라, 이러한 인간적 상징 자본의 유형들을 전복시키기 위해서다.[7] 하

6. 문명화된 엘리트들에 대한 거친 대조를 이루는 어리석은 사람들의 모습에 대해서는 Larry L. Welborn, *Paul, the Fool of Christ: A Study of 1 Corinthians 1–4 in the Comic-Philosophic Tradition* (London: T&T Clark, 2005)을 보라.

7. John M. G. Barclay, "Crucifixion as Wisdom: Exploring the Ideology of a

나님은 아무것도 없는 데서 무언가를 창조하시기 위해 가치의 부재 속에서 일하신다. 이는 우리가 다른 곳에서 이미 보았던 그 패턴과 정확히 일치하는데, 그것은 바로 은혜의 비상응성이다.

고린도인들의 가치 체계와 바울의 충돌은 고린도후서에서 더욱 더 분명해진다(고린도후서는 하나의 편지로 볼 수 있지만, 아마도 힘겨웠던 몇 달에 걸쳐 보내진 편지들의 모음일 것이다). 처음부터 이 회중의 몇몇 부유한 구성원들은 바울을 곤혹스러운 사람으로 여겨왔고, 더 '존경받을 만한' 지도자들은 바울의 영향력을 잠식해가기 시작했다. 바울은 자신의 삶과 사역이 인간적으로는 인상적이지 않다는 것을 기꺼이 인정하지만, 하나님이 으레 아무것도 없는 것에서부터 창조하시고 예수님의 죽으심과 부활의 패턴을 따라 사망으로부터 생명을 일으키시는 그 역설이 자신의 경험을 통해 나타났음을 밝힌다. 바울과 고린도 사람들은 모두 상처받았는데, 특히 그들 사이에 있었던 분열 때문에 그랬지만, 이에 대한 바울의 대처는 은혜의 역설로 주의를 환기시키는 것이었다. 바울은 우리가 그리스도의 고난을 서로 공유하고 있듯이(고후 1:3-7) 고난 가운데서도 하나님이 주시는 위로를 서로 공유하고 있음을 강조한다(고후 1:8-11). 조금 후에 바울은 자신의 사도적 사역을 (그리고 실은 모든 신자들의 삶도) 다음의 특별한 방식 속에서 형성된 것으로 간주한다. 즉, 우리는 그리스도를 아는 지식이라는 보물을 질그릇 안에 지니고 있는데, 이는 능력의 풍성함이 우리로부터 오는 것이

Disreputable Social Movement," in *The Wisdom and Foolishness of God: First Corinthians 1–2 in Theological Exploration*, ed. Christophe Chalamet and Hans-Christoph Askani (Minneapolis: Fortress, 2017), 15–32을 보라.

아니라, 하나님께로부터 올 수 있도록 (혹은 그렇게 나타날 수 있도록) 하기 위함이다(고후 4:7). 여기서 바울은 다시 한번 신적 능력과 인간의 연약함 사이의 어울리지 않음을 강조하고 있다. 그는 자신의 분투했던 경험 속에서 "예수님의 생명이 또한 우리의 죽을 몸에서도 나타나게 하기 위해서, 항상 예수님의 죽임 당하심을 우리 몸에 짊어지고 사는" 자신을 발견했다(고후 4:10-11).[8] 로마서에서처럼, 여기서도 몸은 하나님의 비상응적인 능력이 나타나는 장소다. 이것은 몸이 아름답거나 높여진다는 것이 아니라, 고통받는 몸이 그리스도의 부활 생명을 증언해주는 역할을 한다는 것이다. 바울은 은혜가 점점 더 많은 사람에게로 확장되고 있음을 이야기하며(고후 4:15), 다시 한번 은혜에 주의를 집중시킨다. 이는 바울이 추적하고 있는 그 패턴이 인간의 무능함을 하나님의 능력의 장소로 만드는 은혜의 또 다른 예이기 때문이다.

이 은혜의 역설(paradox)은 고린도후서 10-13장에서 감정에 호소하는 바울의 간청에서 더욱더 뚜렷하게 나타난다. 더 세련되게 보이는 사도들과 비교할 때, 바울은 고린도에서 호통치는 바보처럼 취급당하며 무시당하고 있었다. "그의 편지들은 엄중하고 힘이 있지만, 그를 몸으로 직접 대해 보면 약하고 언변도 변변치 못하다"(고후 10:10; 이는 고대식 '외모 비하'다). 바울은 곤경에 처해 있었다. 그는 고린도인들과 수사학적 게임을 하는 것을 원치 않았지만, 단지 개인에 관한

8. Timothy Savage, *Power through Weakness: Paul's Understanding of the Christian Ministry in 2 Corinthians* (Cambridge: Cambridge University Press, 1996)을 보라.

평판뿐 아니라, 복음의 본질 또한 위험에 처해 있었다. 그래서 바울은 고린도인들에게 자신의 '자랑'을 늘어놓고 있는데, 이것이 대단히 역설적이라는 것을 드러내기 위해 노력했다(고후 11:21). 자신의 명예들과 업적들을 열거하는 것이 아니라 삶의 약하고 수치스러운 면들을 부각시키는 일종의 반전(inverse) 이력서를 제공한다. 자신의 지식과 계시를 통해 받아왔던 좋은 평가가 무엇이든지 간에, 그것과 짝을 이루는 것은 지속적인 신체적인 결핍, 즉 "육체의 가시"였다(고후 12:7). 바울은 그것이 무엇인지 명확히 밝히지 않는데, 이는 스포트라이트를 받아야 할 요점이 그 자신이 아니라 하나님의 은혜에 있었기 때문이었다. "나는 이것이 나를 떠나게 해달라고, 주님께 세 번이나 간청하였습니다. 그러나 주님께서는 나에게 이렇게 말씀하셨습니다. '내 은혜가 네게 족하다. 내 능력은 약한 데서 완전하게 되기 때문이다.' 그러므로 그리스도의 능력이 내게 머무르게 하기 위하여 나는 더욱더 기쁘게 내 약함들을 자랑하려고 합니다"(고후 12:8-9). 다시 한 번 바울의 상징 자본('자랑')은 외부 중심적, 즉 그로부터 나오는 것이 아니라 인간적 가치의 부재 속에서 역사하시는 하나님의 능력으로부터 나온다는 것이 강조된다.

바로 이것이 인간의 약함 속에서 역사하시는 신적인 능력, 즉 은혜의 문법이다. 우리는 이 문법을 갈라디아서와 로마서에 나오는 불경건한 사람들에 대한 칭의 및 원수들과의 화해 속에서 추적해왔는데, 여기서는 약한 사람들에 대한 힘 주심(empowerment)의 형태로 나타나고 있다. 약함 속에서의 강함이라는 역설은 십자가 처형의 무력함 속에서 발현되는 하나님 능력의 역학(dynamic), 즉 바울이 여기서 적고 있듯이, 십자가의 약함과 부활의 능력을 반영한다(고후 13:4). 고린도에 보내는 편지들에서 해결되는 문제들은 갈라디아서와 로마서에서 나오는 문제들과 다르기 때문에, 여기서 사용하는 바울의 용어도 다르지만, 그 신학 패턴은 식별 가능할 정도로 동일하게 나타난다. 가치의 부재 속에서 주어지는 은혜는 약함 속에서 주어지는 능력이다. 그러므로 은혜는 신자들이 확신하는 인간적인 상징 자본('자랑')을 약화시키고, 신뢰 안에서, 그들에게 유일한 가치가 되는 것, 곧 그리스도 안에 있는 하나님의 선물에만 기대도록 한다.

선물이신 그리스도

선물 언어를 사용하면서 우리는 주어지는 **물건들**(심지어는 아마도 선물 포장지에 싸인 물건들)을 연상하는 경향이 있는데, 여기서 다음 질문이 제기된다. "하나님이 은혜 안에서 주시는 것이 정확히 **무엇인가?**" 바울에게 있어서 그리스도-선물은 가장 근원적으로 볼 때 어떤 것(thing)이 아니라 어떤 사람(person)이다. "하나님의 아들이 나를 사랑하셨고 **그 자신을** 나에게 **주셨습니다**"(갈 2:20; 참조, 갈 1:4). 선물은 다양한 용어들로 표현될 수 있다. 선물은 의, 지혜, 거룩함, 구속 등과 연관될 수 있는데, 바울은 이 모든 것들이 "그리스도 안에서" 주어진다고 말한다(고전 1:30). 그것들은 그리스도에 추가적으로 주어지거나 심지어 그리스도에 의해 주어지는 선물들이 아니라, 그리스도와의 유대를 통하여 그리고 그리스도 '안에' 참여함을 통하여 오는 구원의 양상들이다. 심지어 은혜를 활성화시키고 신자들의 "마음" 속에서 체험되는 성령조차도 "그리스도의 영"(롬 8:9) 혹은 "아들의 영"이므로(갈 4:6), 성령 역시도 그리스도 안에 참여하는 것의 한 형태다. 우리가 살펴보았듯이(본서 제8장), 바울은 세례를 그리스도와의 동일화(identification)를 통한 자아의 재형성으로 이해한다. 신자는 "그리스도 안으로(into)" 세례를 받으며(롬 6:3), 그리스도의 죽음과 장사를 공유함으로 그의 "생명의 새로움" 속에서 살아가는데, 이는 그리스도의 부활을 공유하는 것에 대한 전조가 된다(롬 6:1-5).

우리는 이러한 상황을 빌립보서 본문에서 다른 각도로 관찰할 수 있다. 빌립보서 3장에서 바울은 자신의 이야기로 그리스도-선물이 어떻게 가치와 자격의 완전한 재평가를 이끌어내는지를 보여주면서, 지금 중요한 것은 오직 '그리스도'뿐이라고 요약한다. 먼저는 자신이 "자랑"할 수 있는 삶의 요소들, 즉 인간적 관점에서("육신적으로") 상징 자본으로 여겨질 수 있는 것들을 열거한다(빌 3:4-6). 족보, 민족적 정체성, 유대적 교육, 율법에 대한 바리새인으로서의 헌신(바리새인들은 철저하기로 유명했다), 그리고 그리스도인 회중을 핍박했던 열심, 이 모든 것들이 "율법 안에서의 의"(3:6)라고 불리는 것에 보태어질 수 있었다. 그러나 바로 이어지는 구절들에서(빌 3:7-9), 바울은 급진적인 인지적 변화를 세 가지 다른 방식으로 분명하게 드러낸다. 지금 바울에게 오로지 중요한 것은 가치에 대한 유일한 동시에 최고의 근거가 되는 것이 그리스도라는 점이다. "나는 내게 이로웠던 것이 무엇이든지 그리스도 때문에 해로운 것으로 여기게 되었습니다 … 내 주 예수 그리스도를 아는 지식이 가장 고귀하므로, 나는 그 밖의 모든 것을 해로 여깁니다. 나는 그리스도 때문에 모든 것을 잃었고, 그 모든 것을 쓰레기로 취급하는데, 이는 내가 그리스도를 얻고, 그리스도 안에서 발견되도록 하기 위함입니다"(빌 3:7-9).[9] 그리스도와 비교했을 때, 그밖의 모든 것은 "해"(loss)이고, 심지어는 "쓰레기"(*skybala*, 3:8)다.[10] 바울은 새로운 가치 체계에서 한 가지, 오직 한 가지만이, 모든 상황 속에서 모든 사람들에게 항상 가치가 있음을 강조하기 위해 이 적나라한 수사적 대조를 사용했다. 그밖의 다른 것들은 유용할 수도 있고, (어떤 상황과 어떤 목적을 위해서는) 상대적 가치를 가질 수도 있겠지만, 그리스도 혹은 바울이 여기서 "그리스도 안에서 발견되는 것"(3:9)이라고 부르고 있는 것과는 같은 범주에 놓일 수 없다.

"그리스도 안에서 발견 되는 것"이 무엇을 의미하는가? 바울은 많은 경우에 "그리스도 안에서"라는 어구를 사용하고, 때로는 다른 공간적 언어와 연결하여 사용하기도 하는데, 예를 들어 "그리스도 안으로" 들어가는 세례(갈 3:27; 롬 6:3) 혹은 "그리스도로 옷 입는 것"(옷 입는 은유; 갈 3:27; 롬 13:14) 같은 경우가 있다.[11] 영어에서 우리는 공간적

---

9. 예전에 가치 있는 것으로 생각했던 것들에 대한 바울의 급진적인 재평가는 '선'으로 여겨질 수 있는 것이 오직 하나('미덕')밖에 없다는 스토아 철학과 유사한 면이 있다. Troels Engberg-Pedersen, *Paul and the Stoics* (Edinburgh: T&T Clark, 2000)을 보라.
10. 어떤 문맥에서, 이 용어는 '배설물'을 의미할 수도 있지만, 여기서 이 용어의 수사학적 용도는 더럽다는 의미보다는 절대적인 가치가 없다는 의미를 강조하는 것이다.
11. Michael J. Thate, Kevin J. Vanhoozer, and Constantine R. Campbell, eds., "In Christ" in *Paul: Explorations in Paul's Theology of Union and Participation* (Grand Rapids: Eerdmans, 2014)을 보라.

은유들을 존재의 상태를 표현하기 위해 사용한다. 우리는 '사랑 안에' 빠질 수도 있고, '사랑으로부터' 빠져나올 수도 있다. 마치 우리가 그 안에 들어갈 수도 있고, 나올 수도 있는 어떤 용기(container)인 것처럼 사랑을 취급한다는 것이다. 비슷한 무언가가 헬라어에서도 가능하지만, 여기서 '용기'는 어떤 상태가 아니라 어떤 사람이다. 사람에게 사용될 때, 헬라어 전치사 '엔'(*en*)은 "~에 의하여"(by means of)라는 뜻뿐만 아니라, "~와의 동일화 속에서"(in identification with), 혹은 "~의 능력 안에서"라는 뜻으로도 사용된다. 때때로 바울은 '그리스도 안에서'라는 어구를 "그리스도를 통하여"라는 의미로 사용하기도 하지만, 그보다 더 자주 이 어구는 "그리스도와의 동일화 속에서" 그리고 "그의 능력에 의해서" 신자들에게 무언가가 실제로 적용된다는 사실을 표현한다. "하나님의 선물이 그리스도 예수 우리 주 안에 있는 영원한 생명"이라면(롬 6:23), 이는 단순히 그리스도 **때문에** 그런 것이 아니라, 신자들이 그리스도의 부활 생명을 공유하기 때문인 것이다. 그래서 '그리스도 안에 발견되는 것'은 누군가의 자아가 그리스도와 완전히 동일화되는 것이며, 그의 이야기와 지위를 공유해서, 소위 그의 운명으로 둘러싸여지는 것이다. 그래서 빌립보서의 당면한 본문에서, 바울은 "그리스도의 죽음 안에서 그와 같이 됨으로써 그리스도의 고난을 공유하는 것"(3:10)에 대해, "죽은 자들의 부활을 얻기 위하여 … 그리스도와 그의 부활의 능력을 아는 것"(3:10-11; 참조, 3:21)에 대해 말하고 있는 것이다. 그리스도와의 연대(solidarity)는 그의

죽음과 (궁극적으로는) 그의 부활 모두를 공유하는 것을 의미한다.[12]

그래서 바울의 '그리스도 안에서' 언어는 "그리스도와의 동일화 속에서" 혹은 "그리스도와의 연대 속에서"의 압축된 표현이다. 이 어구는 하나님이 이미 행하신 일과 그리스도 안에서 하실 일과 자아가 완전히 결합되고, 의존하고, 새롭게 정렬되는 방식을 표현한다. 학자들은 보통 이 바울의 언어를 '그리스도와의 연합' 혹은 '그리스도에게로의 참여'와 같은 어구로 주석하는데, 사실 이 어구들을 사용하기는 쉽지만, 설명하기는 쉽지 않다. 하나님께로의 동화(assimilation)라는 (그리스) 철학적 개념에 영향을 받은 신학적 전통에서는 이러한 바울의 언어를, 신자들이 그리스도의 '본성' 혹은 '본질'을 공유하는 것으로 해석해왔고, 이는 종종 '테오시스'(*theōsis*, "신성화")라는 말로 묘사되어왔다.[13] 그러나 이를 본성이나 본질이라는 관점에서 보기보다는 관계의 관점에서 보는 것이 더 좋을 것 같다. 바울은 자아를 관계에 의해 정의되는 것으로 이해한다. 즉, 사람들은 관계들 안에서 형성되며, 자아는 어떤 독립적이거나 선재하는 본질로부터가 아니라 다른 사람들과의 관계, 그리고 다른 능력들과의 관계로부터 유래한다. 혼인 관계 속에 있는 사람은 자신의 배우자와의 관계를 통해 뭔가 다른 사람이 되듯이(바울은 이 유비를 롬 7:1-6에서 사용한다), 바울에게 자아는 그

12. Michael J. Gorman, *Inhabiting the Cruciform God: Kenosis, Justification, and Theosis in Paul's Narrative Soteriology* (Grand Rapids: Eerdmans, 2009)을 보라.

13. 이에 대한 고대 교부들의 해석들을 보려면, Ben C. Blackwell, *Christosis: Engaging Paul's Soteriology with His Patristic Interpreters* (Grand Rapids: Eerdmans, 2016)을 참고하라. 이 책의 제목은 보다 익숙한 언어인 '테오시스'(*theōsis*)를 기독론적으로 각색한 것이다.

리스도와의 관계, 그리고 그리스도의 몸 안에 있는 다른 사람들과의 관계에 의해 재형성된다. 그리스도와 완전히 하나가 된 '나'는 새로운 정체성, 새로운 태도와 성향, 새로운 가치와 목표, 새로운 감정과 소망, 하나님 앞에서의 새로운 지위, 그리고 하나님의 목적 안에서 새로운 운명을 가진, 또 다른 '나'이다.

그래서 은혜에 의해 주어진 것은 그리스도 자신, 즉 신자들과 관계하는 그리스도이며, 그 결과 신자들은 그리스도와 완전히 자기 동일화(self-identification)를 이룬 새로운 사람이 된다. 이것이 바로 바울이 신자들은 회심을 통해서 새롭게 "태어난다"고 말하는 이유이며(고전 4:15; 몬 10), "새 창조"라는 놀라운 표현을 두 번 사용하고 있는 이유이다: "누구든지 그리스도 안에 있으면, 그곳에는 새 창조(혹은, 새로운 피조물)가 있습니다. 예전의 것들은 지나갔습니다. 보십시오, 새것이 되었습니다"(고후 5:17); "할례나 무할례가 중요한 것이 아니라 오직 새 창조만이 중요합니다"(갈 6:15). '새 창조' 언어는 이 새로움이 하나님에 의해 영향받거나 주어진 것임을 분명히 보여준다. 어느 누구도 자기 자신을 재창조할 수는 없다. 우리에게 주어진 것은 그리스도이며, 또한 그로부터 나와서, 그리스도의 선물에 참여하는 새로운 자아다.

그러나 어떻게 이 참여가 가능하게 되었는가? 어떤 방식으로 이것이 주어졌는가? 여기서 우리는 바울이 그리스도에 관한 신조 같은 유명한 진술을 하는 빌립보서의 이전 장을 살펴볼 수 있다.

> 그는 하나님의 모습을 지니셨음에도 불구하고[혹은, 지니셨기 때문에],
>
> 하나님 같아지는 것을 힘에 의해 장악하는 것으로 여기지 않으시고,

오히려 자기를 비워서 종의 모습을 취하시고,
사람과 같이 되셨습니다.
그리고 그는 사람의 모양으로 나타나셔서, 자기를 낮추시고, 죽기까지
순종하셨으니, 곧 십자가에 죽기까지 하셨습니다.
그러므로 하나님은 그를 지극히 높이시고,
모든 이름 위에 뛰어난 이름을 그에게 주셨습니다.
그리하여 하늘과 땅 위와 땅 아래 있는 모든 것들이
예수님의 이름 앞에 무릎을 꿇고,
모두가 예수 그리스도는 주님이시라고 고백하여,
하나님 아버지께 영광을
돌리게 하셨습니다. (빌 2:6-11)

복잡한 것들을 차치하면, 이 본문에 나타난 기본적인 패턴은 명확하다. 그리스도는 하나님의 모습을 지니셨음에도 불구하고(혹은 더 나은 표현으로, "지니셨기 때문에")[14] 신화 속에서 신들이 명성을 얻으려 하는 것과는 정반대의 일을 행하셨다. 그는 힘으로 장악하거나 취하지 않으시고, 자신을 인간의 모습으로 내어주셨다. 거의 모든 학자들은 (갈 4:4, 고후 8:9, 롬 8:3과 함께) 이 본문이 성육신 행위를 암시한다는 것에 동의하는데, 그리스도는 이를 통해 인간 상태를 취하시고 인간 본성의 한계와 취약성에 참여하셨다. 그리스도가 죽음에 이르실 정도

14. 여기서 헬라어는 두 가지 번역 모두를 취할 수 있다. Gorman, *Inhabiting the Cruciform God*, 9-39을 보라.

로, 심지어 십자가 처형에까지 참여하신 것은, 이 참여가 그를 가장 낮은 형태의 약함과 어리석음에까지 이르게 한다는 것을 의미한다(참조, 고전 1:18-25). 또한 다른 곳에서 바울은 그리스도가 육체와 저주와 죄로 참여하셨다고 말한다(롬 8:3; 갈 3:13; 고후 5:21). 그러나 이것은 목적과 결과를 가지고 있다. 그리스도의 자아는 인간의 상태 **속으로 들어가** 주어지지만(given *into*), 궁극적으로 주어져서 **사라져버리는 것**(given *away*)은 아니다. 왜냐하면 그리스도의 부활과 높아지심 속에서 새로운 시대가 시작되고 새로운 생명이 활성화되어서, 다른 사람들이 믿음으로 그 생명에 참여할 수가 있게 되기 때문이다. 다시 말해, 그리스도가 죽음에 이르기까지 인간의 상태에 참여하신 것은, 다른 사람들이 영원한 생명에 이르기까지 **그의** 상태에 참여하도록 하기 위해서다. 그리스도가 이 "교환" 혹은 "상호 동화"로 자신을 주시는 선물은 인간의 상태를 변화시켜, 그 결과 "그리스도 안에" 있는 사람들은 높아지신 주님으로부터 비롯한 부활 생명, 새로운 생명의 삶을 살게 된다.[15] 우리가 보았듯이, 그들의 삶은 이제 그리스도의 생명을 통해 유지되는 외부 중심적 삶이기에(본서 제8장을 보라), 바울은 이렇게까지 말할 수 있는 것이다. "나는 그리스도와 함께 십자가에 못박혔습니다. 이제 더 이상 내가 사는 것이 아니라, 내 안에 계신 그리스도가 사는 것입니다. 내가 지금 살고 있는 삶은, 나를 사랑하셔서 나

15. '교환'의 언어에 대해서는 Morna D. Hooker, *From Adam to Christ* (Cambridge: Cambridge University Press, 1990)를 참고하라. '상호 동화'에 대해서는 Susan G. Eastman, *Paul and the Person: Reframing Paul's Anthropology* (Grand Rapids: Eerdmans, 2017)을 보라.

를 위하여 자기를 내어주신 하나님의 아들에 대한 신뢰 속에서 살아가는 것입니다"(갈 2:19-20). 이 재형성된 자아는 그 선물의 산물이며, 앞으로도 항상 그럴 것이다.

바울이 이 새로운 삶에 대해 말하고, 또한 이것이 외부로부터 기원한 것임을 강조할 때 나타나는 하나의 공통된 방식은, 성령을 언급함으로 이를 규정하는 것이다. 바울은 이것을 두 가지 보완적인 방식으로 표현할 수 있었다. 즉, 신자들 "안에"(in) 내주하는 하나님/그리스도의 성령으로 표현하든지(롬 8:9, 11), 성령 "안에"(in) 혹은 성령에 "의해"(by) 살아가는 신자들로 표현하는 것이다(롬 8:9; 갈 5:25). 각각은 자아의 재정의를 나타내는데, 새롭게 정의된 자아는 인간의 삶의 보통 상태보다 더 깊고 강력한 성령의 임재에 의해 새롭게 형성된 정체성, 목적, 가치를 소유한다. 성령은 선물로서, 그리스도-선물의 실존적 실재로서(롬 8:9), 실제 그리스도 자신의 영으로서 "수여된다"(갈 3:2, 5, 14). 우리가 바로 앞서 다루었던 상호 참여를 요약하는 본문에서, 바울은 성자의 보내심에 대해서 이렇게 썼다. "여자에게서 나게 하시고, 또한 율법 아래에 놓이게 하셨는데, 이는 율법 아래에 있는 사람들을 속량하시고, 우리로 하여금 아들로서 양자 됨을 받게 하시려는 것이었습니다"(갈 4:4-5). 성자(Son)는 인간의 상태에 참여하셔서 속량받은 사람들이 "아들들"로서[16] 그분의 상태에 참여하게 하셨는데, 이것은 성령의 임재 속에서 발생하고 증명된다. "여러분이 아들

16. 남성적 언어는 '성자'(아들)의 지위에 신자들의 지위를 연결시켜 준다. 그러나 바울은 남성과 여성 신자들을 동등하게 취급하는데, 이는 예를 들어 로마서 16장에서 분명히 나타난다.

이기 때문에, 하나님이 그의 아들의 영을 우리의 마음속으로 보내셔서 '아빠, 아버지'라고 외치게 하셨습니다"(갈 4:6). 어떤 이들은 바울이 "성령"(*pneuma*)을 물질적 현상으로 이해했다고 생각하지만,[17] 여기서 중요한 것은 그리스도-사건에 의해 형성된 새로운 관계 구조(matrix)다. 신자들은 성자와의 관계에 참여함으로써(참조, 롬 8:14-16, 29) 하나님과의 관계를 새롭게 자리매김하게 되어 새로운 자아를 가지게 되었는데, 이는 그들의 현재의 상태와 ('상속자'로서) 미래에 대한 기대를 모두 변화시킨다.

그래서 그 선물은 무엇인가? 누군가는 갈라디아서 4장으로부터, 양자 됨과 상속이라고 대답할 것이다. 그런데 어디로부터 그 선물이 나오는가? 갈라디아서 4장 본문은 이러한 지위상의 특권을 하나님이 성자를 '보내신' 사건으로 거슬러 올라가서 추적하고, 그것을 성령, 혹은 더 나은 표현으로 아들의 영과 연결한다. 결국 이 모든 경로들은 우리를 그리스도에게로 이끌어주는데, "때가 차서"(갈 4:4) 그리스도가 이 땅에 오심은, 바울에게는, 바로 **그 선물**을 형성한 사건이다. 이것은 '객관적인' 사건인 동시에 '주관적인' 현실이다. 말하자면, 이 선물은 그리스도의 성육신, 죽음, 그리고 부활 속에서 발생했지만, 이 선물은 자아의 완전한 재형성으로서 받아들여져 역사한다. 이것

---

17. Troels Engberg-Pedersen, *Cosmology and Self in the Apostle Paul: The Material Spirit* (Oxford: Oxford University Press, 2010)을 보라. 신자들의 도덕적 행위 주체성과 연관된 성령의 논의에 대해서는 Volker Rabens, *The Holy Spirit and Ethics in Paul: Transformation and Empowering for Religious-Ethical Life*, 2nd ed. (Minneapolis: Fortress, 2014)을 보라.

은 하나의 지식 정보나 다른 소유물들에 더할 수 있는 어떤 소유물이 아니라, 가장 깊은 단계와 모든 차원들에 있어서 자아를 변화시키는 포괄적인 관계를 뜻한다. 그리고 여기에는 사회적이고 윤리적인 실천이 포함되는데, 이제 우리는 이 내용을 살펴볼 것이다.

제11장
은혜의 실천

우리는 은혜가 바울서신 전체에 일관성 있게 비상응적인 선물로서 정의될 수 있음을 확인했다. 은혜는 사전 조건이 없고 가치나 능력과는 상관없이 주어진다는 의미에서 '값없이' 주어진다. 그러나 이것은 보답에 대한 기대 없이, 반응에 대한 희망 없이, '아무런 부대조건 없이' 주어진다는 의미는 결코 아니다. 선물은 한편으로는 (가치나 자격과는 상관없이 주어지는 의미에서) '값없이' 주어지는 것이지만, 다른 한편으로는(반응에 대한 기대 없이 주어지는 의미에서) 결코 그렇지 않다. 우리가 확인했듯이, 그리스도-선물은 강한 기대를 동반하는데, 이는 그 선물이 변혁적이기 때문이다. 이것은 자아를 새롭게 빚어내고 신자들의 공동체를 재창조한다. 그러므로 인간적 실천 속에서 나타나는 이 신적 선물의 사회적 효과는 은혜의 필수적인 구성 요소다. 이러한 효과들은 어떤 부가적이거나 최종적인 은혜의 선물을 획득하기 위한 도구적인 것이 아니라, 인간의 삶 속에서 나타나는 은혜에 대한 필연적인(피할 수 없고, 적절한) 표현이다.

우리가 보았듯이, 신자들은 "은혜 아래"에 있다(롬 6:14; 본서 제8장을 보라). 이 상태는 변하지 않은 옛 자아 위에 새로운 의무들을 추가적으로 감당하게 하는 것이 아니라, 새로운 생명의 원천 위에 세워진 새로운 자아의 표현을 수반한다. "우리가 성령에 의해서 살게 되었다면, 또한 성령에 따라 살아갑시다"(갈 5:25)라고 바울이 쓰고 있듯이 말이다. 바울은 그리스도 안에서 하나님의 은혜가 공동체의 삶을 통해 연쇄적으로 전달되어, 그 결과 받은 은혜가 신자들에 의해 다시 다른 사람에게 전해지고 그들 사이에서 공유되기를 기대한다. 이런 의미에서 하나님께 보답으로 드리는 선물(return-gift)은, 이와 동시에, 은혜가 다른 사람을 향하여(forward) 전달되는 것이기도 하다. '보답으로 드리는 것'(paying it back)이 '다른 사람과 선물을 나누는 것'(paying it forward: 은혜에 대한 보답이 당사자가 아닌 다른 사람에게 선행을 베풂을 통해 이뤄지는 것을 뜻함. 즉 '선행 나누기'의 의미로 해석 가능함—역주)을 통해 수행되는 것이다. 신자들은 선물 공유에 참여함으로써(고후 8:7), "자신을 주께 드리는 것"이다(고후 8:5). 이 장에서 우리는 이 역학 관계를 다음의 세 가지 단계로 추적한다. 먼저, 그리스도의 "몸" 안에서의 실천적인 선물들(gifts: 혹은 "은사들", 선물 용어의 용례들에서 이미 확인했듯이 헬라어나 영어에서 선물은 영적인 은사라는 뜻을 동시에 가지고 있다—역주)에 대해 알아보고(고전 12장), 그 다음으로 "은혜 안에서의 동역자 관계"로부터 발생하는 상호적 지지에 대해 살펴본 후(빌 1:7), 마지막으로 바울이 풍부한 신학적인 근거를 가지고 예루살렘을 위해 조성했던 연보-선물(collection-gift)에 대해 다루게 될 것이다(고후 8-9장).

몸 안에서의 선물들

바울은 고린도 사람들에게 편지를 쓰면서 다음과 같이 감사한다. “나는 여러분이 그리스도 예수 안에서 받은 하나님의 은혜(*charis*)와 그리스도 안에서 모든 면에 풍족하게 된 것에 대해 감사합니다. … 여러분은 어떠한 은사(*charisma*)에도 부족한 것이 없습니다”(고전 1:4-7). 은혜가 역사하는 방법들 중 하나는 신자 공동체의 ‘풍성함’ 안에 있으며, 공동체의 부요함이 분명히 나타나는 방법들 중 하나는 다양한 ‘은사들’—공동체를 하나로 묶어주는 기술, 능력, 섬김들—안에 있다. 바울은 고린도전서 12-14장에서 이 주제를 끄집어내면서 “영적인 현상들”(*ta pneumatika*)이라고 불리는 대표적인 “은사들”(*charismata*)을 나열하는데, 이는 그것들이 성령 속에서 역사하는 은혜의 현존을 드러내기 때문이다(고전 12:4-11, 28-30). 고린도전서에 나오는 이 목록은 고린도 교회의 체험에 의해 형성된 것이다. 다른 곳에서 바울은 꽤 다른 “은사들”의 목록을 제시하는데(롬 12:6-8), 이것은 또한 에베소서의 것과도 다르다(엡 4:11). 그래서 어떤 고정된 ‘메뉴’가 존재해서 거기로부터 신자들에게 이런저런 은사들을 배분해주는 것 같지는 않다. 그보다 바울이 실제로 염두에 두고 있었던 것은 다양한 공동체적 활동들을 북돋아주는 기술과 섬김으로, 이는 공동체 내부의 관계들 안에서, 또 그리스도와의 관계 안에서 공동체를 지원하고 발전시키기 위한 것이었다. 이러한 기능을 수행하기만 한다면 어떤 것도 은사(*charisma*)로 간주될 수 있었기에, 그리스도에게 전적으로 헌신하며 독신으로 남는 능력까지도 은사의 범주에 들어갈 수 있었다(고전 7:7).

이런 은사들은 개인적 향유를 위해서가 아니라 모두의 유익을 위해서 주어진다. "각 사람에게 성령이 나타나시는 것은 유익하게 하려 하심입니다"(고전 12:7). 이 구절을 통해서 바울이 의미하려 했던 것은 은사들이 전체 공동체에게 유익을 끼치기 위해 주어졌다는 것이다(참조, 고전 10:23). 이 지점에서, 잘 알려져 있다시피, 바울은 몸에 대한 확장된 은유를 사용한다. 몸에 대한 은유는 고대 사회에서 정치적인 공동체(혹은 우주 전체)가 내부적으로 다양하면서도 각 부분들이 다른 부분들에게 봉사함을 통해서 서로 묶여져 있는 방식을 표현하기 위해 널리 사용되었다.[1] 바울은 "한 성령 안에서 우리 모두 한 몸으로 세례를 받았습니다"(고전 12:13)라고 말한다. 이는 세례를 통해 세워진 공동체가 떼려야 뗄 수 없게 그리스도에게 묶여진 것처럼(실제로 '그리스도의 몸'이기 때문에, 고전 12:27), 서로에게 단단히 묶여진 새로운 사회적 단위를 만들어내고 있음을 의미한다. 이 성령의 은사들은 몸에 있는 개별적 지체들에게 배분되는데, 이는 어떠한 지체나 어떠한 은사도 최고로 취급되거나 독립적인 것으로 여겨지지 않도록 하며, 어떤 것도 불필요한 것이나 잉여적인 것으로 취급되지 않도록 하기 위함이다. "눈은 손에게 '나는 네가 필요하지 않아'라고 말할 수 없으며, 머리가 발에게 '나는 네가 필요하지 않아'라고 말할 수 없습니다"(고전 12:21). 여기서 '필요'의 언어에 주목하라. 그것은 취약성, 부족, 받아야 할 필요를 상징한다. 몸(그리고 그리스도 안에서의 공동체)은 모

1. Michelle V. Lee, *Paul, the Stoics, and the Body of Christ* (Cambridge: Cambridge University Press, 2006)을 보라.

두가 그 밖의 다른 모두에게 은사와 필요 안에서 서로 묶여 있는 것으로 보인다. 이 선물 관계는 확산될 수 있다. 곧, 몸에는 둘 이상의 여러 지체들이 있으므로, 선물은 서로 간의 직접적/간접적인 상호 관계 안에서 순환된다. 한 사람이 주면 공동체 안의 또 다른 곳으로부터 받음으로써 조화를 이루게 될 수 있다. 그러나 분명한 것은 선물들이 순환됨에 따라 모든 사람들이 이 주고받는 과정 가운데 계속해서 관여하게 된다는 사실이다.

고린도의 상황에서 바울은 이 회중 속에 있는 위험한 경향에 대응하기 위해, 몸의 한 가지 특징을 특별한 방식으로 강조한다. 몸의 어떤 부분은 다른 부분을 불필요한 것으로 비하할 수도 있지만, 바울은 '더 약해' 보이는 몸의 기관일수록 오히려 더 필요한 기관이기에, "우리가 덜 명예롭게 생각하는 지체에게 우리는 더 큰 명예로 덧입힙니다"라고 말한다(고전 12:22-23; 여기서 아마도 생식기를 지칭하고 있을 것이다). 바울은 여기서 명예나 권력의 위계 구조에 대해 저항하고 있는데, 이 발언들은 고린도 회중을 망가뜨리는 사회적 지위에 따른 분열을 겨냥하고 있다. 고린도 회중 가운데는 사회적으로, 경제적으로 더 강한 사람들이 공동체의 '약한' 구성원들을 비하하며, 그들의 의견과 필요를 무시하는 경향이 있었다.[2] '약한'이라는 용어는 바울이 다른 사람들의 거만한 태도에 의해 믿음이 비참하게 훼손될 수 있었던 공동체 구성원을 묘사하는 데 사용했던 바로 그 단어다. 동료 신자들이

---

2. Dale B. Martin, *The Corinthian Body* (New Haven: Yale University Press, 1995), 92-96을 보라.

대담하게 이방인 신전에서 먹는 것을 자신들이 더 많은 "지식"을 가진 것으로 주장할 때, 바울은 "약한" 사람들이 거기에 동조하여 결과적으로 그리스도께만 전적으로 헌신하던 것을 포기하게 될까봐 노심초사했다(고전 8:7-13). 유사하게 "주의 만찬"에 대한 논의에서(고전 11:17-34), 바울은 (아마도 각자가 직접 가져 온 음식을 나누는 것을 포함하는) 공동 모임에서 몇몇 구성원들이 가져온 음식과 음료를, 어떤 이유에서든 그 식사 자리에 아무것도 가져올 수 없었던 사람들과 나누지 않고, 자신들만 먹는다는 것을 듣고 충격을 받았다. "여러분 각자가 자신의 음식(*to idion deipnon*)을 먼저 먹어서, 어떤 사람은 배고프고 어떤 사람은 취했습니다"(고전 11:21).[3] 이에 대해 바울은 분개한다. "여러분은 하나님의 회중을 멸시하고, 가지지 못한 사람들을 수치스럽게 만듭니까?"(고전 11:22). 바울은 이 만찬을 통해서 신자들이 그리스도에게로 예전적으로(ritually) 결합되는 동시에, 서로서로에게 가장 완전히 결속되는 것으로, 즉 그들이 누구에게 속하는지를 궁극적으로 표현해주는 것으로 이해했다. 그리스도가 그 자신을 "여러분[각자]을 위해" 주셨다면(고전 11:24), 그들은 "그리스도가 위하여 죽으신"(고전 8:11; 롬 14:15) 서로를 위해 책임을 져야만 했다. 음식은 그들 자신(*idiom*)의 것이 되어서는 안 되고, 공동으로(*koinon*; 참조, 10:16-17) 나눠져야 했다. 이렇게 아주 상징적인 연합의 순간에, 필요에 맞게 서로서로를 지원해주는 완전한 헌신이 표현되어야 했다.[4]

---

3. Gerd Theissen, *The Social Setting of Pauline Christianity* (Philadelphia: Fortress, 1982), 145-74을 보라.
4. David G. Horrell, *The Social Ethos of the Corinthian Correspondence: Interests*

몸 안에서는 개인의 관심이 다른 사람들의 관심과 서로 경쟁적으로 대결해서는 안 된다. 실제로 몸 안에는 관심의 분열이 있을 수 없고, "지체들이 서로를 위해 같은 관심을 나누어야 한다"(고전 12:25). "만약 한 지체가 고통을 당하면, 모든 지체도 함께 고통당합니다"(고전 12:26). 이런 모습이 바로 관심을 공유하며 개별적인 '나'가 공동의 '우리'로 받아들여지는 공동체의 모습이다. 그렇다고 자아가 희생되거나 부정되는 것은 아니다. 개별적 자아는 자신을 위한 경쟁적인 관심을 제거하지만(고전 13:5) 이 공동체에 합류하면 공동의 유익을 위해 섬기게 된다. 공동체 속에서 각 개인은 인정받으며 각자는 발전한다. 하나님의 은혜는 인종과 성별, 사회적, 법적 지위와는 상관없이 사람들을 결합시킨다(고전 12:13). 그리하여 하나님의 은혜는 각 구성원이 그리스도의 사랑으로 인해 일치된 가치를 가지는 공동체, 옛 분열을 뛰어넘어 새로운 형태의 명예와 지지가 활성화된 공동체를 창조한다. 그리고 일반적으로 잘 드러나지 않거나 가치없이 여겨진 사람들에게 특별한 관심이 주어진다.

상호 지지

'자선' 내지 '박애'라는 현대적 개념에서, 주는 것은 하향적(top-

---

and Ideology from 1 Corinthians to 1 Clement (Edinburgh: T&T Clark, 1996)을 보라.

down)이거나 (이상적으로는) 단방향적이다. '부자들'이 '가난한 사람들'에게 주면서 어떤 것도 되돌려받지 않는 것을 예상하거나, 그러기를 원하기까지 한다. 그러나 바울의 모델은 다르다. 바울은 부유한 기부자가 자기 만족을 위한 후원자가 되어 공동체의 나머지 구성원들을 지원해주기를 바라지 않는다. 실제로, 고린도에 있는 회중 안에서만, 최저 생활 수준보다 여유가 있는 구성원들이 살았다는 증거가 있고, 거기서 바울은 경제적 권력이 사회적 관계를 망칠 수 있다는 것을 정확하게 인지하고 있었다. 또한 그는 한쪽은 항상 주기만 하고, 다른 한쪽은 항상 받기만 하는 그런 단방향적 관계를 바라지 않았다. 우리가 보았듯이, 사회적 관계에 대한 바울의 모델(몸)에서는 모든 사람들이 때로, 어떤 면에서, 수여자뿐만 아니라 동시에 수신자도 된다. 그래서 바울은 서로를 위해/서로에게(*allēlois*/*eis allēlous*) 섬김을 행하라는 말을 자주 하는 것이다. 이런 어구는 바울 저작권에 대해 논란의 여지가 없는 바울서신(undisputed letters)에서 32회나 나온다. 신자들은 **서로서로에게** 문안한다("거룩한 키스로", 롬 16:16; 고전 16:20). 그들은 **서로서로를** 환영하는데(롬 15:7), 그래서 접대자(host)로서의 역할은 한 사람에게만 주어지는 것이 아니라 모두에게 주어진다. 그들은 **서로서로를** 격려해야 했고(살전 4:18; 5:11), **서로서로에게** 경고하거나 권면해야 했는데(롬 15:14), 모두는 다른 사람을 위해 헌신해야 할 필요가 있기 때문이다. 바울은 어떤 영적인 선물(*charisma pneumatikon*)를 가지고 로마에 있는 신자들을 견고케 하기를 간절히 바란다고 말한 후에 곧바로 자신의 말을 정정한다. 즉, 자신과 로마의 신자들이 "서로의 믿음으로 **서로** 격려받게" 될 것이라는 말이다(롬 1:11-12). 이러한 정정은 단방향의 선물이 자칫 후원자처럼 행세하게 하여 우월한 능력에 대한 암묵적인 과시가 될 수 있음을, 바울이 의식하고 있었음을 보여준다. 그래서 바울은 약자와 강자 사이의 미묘한 관계 속에서 **서로서로를** 세워주어야 한다고 조심스럽게 주장한다(롬 14:19). 약자 역시 무언가 공헌할 점이 있다는 것이다.[5]

무엇보다도 바울은 신자들이 **서로서로를** 사랑해야 한다고 간청하는데(갈 5:13; 롬 12:10; 13:8), 이는 하나님의 사랑이 공동체 내부에서 단지 한 방향만이 아니라 모든 방향으로 흘러가기 때문이다. 사랑이 실천으로 옮겨지는 한 가지 방법은 "**서로서로의** 짐을 지는 것"이다(갈 6:2). 이 명령에 나타나는 상호성은 어떠한 개인도 혼자만의 힘으로 자신의 짐과 다른 사람의 짐을 함께 질 수 없음을 보여준다. 모든 사람은 자신의 짐을 지는 데 있어 다른 사람의 도움을 필요로 한다. "짐"(*baros*)은 여러가지 다른 것들을 의미할 수 있지만, 재정적인 필요를 가리킬 수 있다(참조, 살전 2:7, 9). 바울은 경제적으로 궁핍하게 사는 것이 무엇인지를 너무나도 잘 알고 있었다. 그는 이동하면서 살곤 했는데, 새로운 곳에 도착해서 생계를 벌기 위해서는 시간이 필요했을 수 있기에 배고프고 목마르고 제대로 입지 못하는 것에 익숙했다(고전 4:11; 빌 4:12).[6] 바울은 손으로 일하는 사람들이라고 부르면서(살전

5. 바울의 사회 윤리에 대해서는 David G. Horrell, *Solidarity and Difference: A Contemporary Reading of Paul's Ethics* (London: T&T Clark, 2005)을 참고하라.

6. 바울은 그의 손으로 일하는 것에 대해 말하지만(살전 2:9; 고전 4:12), 그가 무슨 일을 하는지에 대해서는 정확히 밝히지 않는다. 행 18:3에서 바울은 *skēnopoios*으로 묘사되는데, 이 용어는 너무 드물게 사용되기 때문에, 무엇을

4:11) 극심한 사회적 (아마도 경제적인) 압력에 의해 고통당하고 있던 데살로니가 사람들에게 편지를 쓰면서 서로를 사랑하고 지원하라고 간청한다(살전 4:9-12). 여기서 바울은 서로서로를 지원하기 위해서 포용적이고 흠잡을 데 없는 헌신을 요구하는 "형제애"(*philadelphia*, 4:9)라는 이상에 호소하고 있다. "가난한 사람들"을 지원하는 것에 대해서는 좀처럼 이야기하지 않는데, 이는 아마도 바울이 말하고 있는 사람들 대다수가 가난한 사람들이었고, 이 (거리를 두는) 호칭을 그들에게 사용하기를 원치 않았기 때문일 것이다.[7] 오히려 바울은 공동체 내부의 모든 사람들이 다른 이들을 보살피는 일에 헌신하기를 기대하고 있다. 우리들에게 밋밋해 보이는 언어인 "양선"(갈 5:22)과 "선을 행하는 것"(갈 6:9-10)은, 실제로는, 물질적이고 사회적인 혜택을 베푸는 것에 대한 고전적인 헬라 용어다. 바울의 회중들은 예루살렘 회중을 위한 연보라는 특별한 목적을 제외하고는(아래에서 다룬다), '구제 기금' 형식으로 돈을 모으지는 않았던 것 같다. 오히려 바울은 생존의 경계에서 살아가고 있는 사람들 사이에서 오늘날까지 계속 전해내려오는 나눔과 교환, 그리고 상호 지지 같은 것을 추구했다.[8] 필요가 발생할 때("여러분에게 기회가 있을 때", 갈 6:10), 신자들은 서로서로를 돕도록 기대되었고, "성도의 필요를 나누면서"(롬 12:13) 각자가 다른 모든 사

의미하는지는 확실치 않다(임시 거주지 건축자? 천막을 만드는 사람?).

7. Justin J. Meggitt, *Paul, Poverty and Survival* (Edinburgh: T&T Clark, 1998)을 보라.
8. Ryan S. Schellenberg, "Subsistence, Swapping, and Paul's Rhetoric of Generosity," *Journal of Biblical Literature* 137 (2018): 215–34.

람들에게 책임감을 느꼈다.[9]

"공유하다"라는 동사(*koinōneō*, 롬 12:13; 참조, 갈 6:6)는 바울이 결속(*koinōnia*)을 표현하기 위해 종종 사용하는 언어를 반향하는데, 이 단어는 신자 공동체의 특징을 나타내도록 기대된다(참조, 고후 13:13; 빌 2:1). 빌립보서는 바울과 빌립보 신자들 사이의 새로운 결속에 의해 기록되었는데, 이 결속은 지리적인 거리를 넘어서 현재 투옥되어 있는 바울의 처지를 개의치 않는다. 바울과 빌립보 신자들을 엮어주는 상호적 관심은 처음부터 "주고받는" 관계를 생성했지만(4:15), 에바브로디도의 손을 통해 감옥에 있는 바울에게 전해진 선물에 의해 더욱 활기를 띠게 되었다(빌 2:25-30; 4:10-20). 이 선물에 대해 이야기하면서 바울은 사업 협력(business partnership)의 용어를 사용하고 있지만, 자아에 대한 상호 헌신은 바울에게 돈 이상의 것을 의미했다(4:10-14).[10] 중요한 것은 빌립보 신자들이 **모두** 이 관계에 헌신하고 있다는 것이며("여러분 모두"라는 어구가 눈에 띄게 자주 나타난다; 빌 1:4, 7, 8, 25; 2:17, 26), 그들이 바울을 "그들의 마음속에" 품고 있다는 것이다(빌 1:7; 참조, 4:10). 그들은 바울과의 협력에 있어서 자신들의 자원만을 공급한 것이 아니라 자아 전체를 헌신했다. 바울이 고린도 사람들에게 "나는 여러분들이 가진 것을 원하는 것이 아니라 여러분을 원합니다"(고후 12:14)라

---

9. Bruce W. Longenecker, *Remember the Poor: Paul, Poverty, and the Greco-Roman World* (Grand Rapids: Eerdmans, 2010).

10. Julian Ogereau, *Paul's Koinōnia with the Philippians: A Socio-Historical Investigation of a Pauline Economic Partnership* (Tübingen: Mohr Siebeck, 2014).

고 말한 것처럼, 빌립보 신자들은 정말 그렇게 했다. 바울 입장에서는 믿음 안에서 그들의 진보와 기쁨을 더하기 위해(빌 1:25) 개인의 선호를 희생하며 그들과 함께 기쁜 시간을 보냈다(2:17). 바울의 목표는 그들이 **더불어** 즐거워하는 것이었고(2:18), 그는 그들과 함께 그들은 그와 함께 함으로 상호적으로 **서로서로를** 자랑스러워 하는 것이었다(1:26; 4:1). 이러한 자아의 연합은 양쪽 편에 희생이 수반되기도 하지만, 목표가 공유되고 유익이 합해지면서 각자가 다른 사람과 **함께** 번영하게 된다.[11]

더욱이 바울은 모든 인간 관계에 별도의 차원이 내재하고 있다고 본다. 에바브로디도는 단지 바울에게만 헌신했던 것이 아니라 "그리스도의 일"에도 헌신했다(빌 2:30). 또한 디모데는 빌립보 사람들의 형편에 관심을 가지고 돌보았지만, 무엇보다도 예수 그리스도의 일에 관심이 있었다(빌 2:20-21). 바울과 빌립보 신자들이 공통적으로 가지고 있는 것은 단지 우정이나 재정적인 협력이 아니라, 그리스도의 은혜에 대한 공통적인 의존이었다. 바울이 쓴 것처럼, 그들은 "은혜에 함께 참여한 동료"였다(빌 1:7).[12] 이는 그들 사이에서 순환되는 모든 선물이 자신들의 것이 아니라는 의미인데, 거기에는 어떤 강한 소유권 개념도 없었다. 곧, 그것은 은혜로부터 나온 선물이며, 하

11. 더 자세한 내용은 John M. G. Barclay, "Paul, Reciprocity, and Giving with the Poor," in *Practicing with Paul: Reflections on Paul and the Practices of Ministry in Honor of Susan G. Eastman*, ed. Presian R. Burroughs (Eugene: Cascade, 2018), 15-29을 참고하라.
12. David E. Briones, *Paul's Financial Policy: A Socio-Theological Approach* (London: T&T Clark, 2013)을 보라.

나님의 자비로운 자기-내어줌에 참여하는 수단으로 주어진 것이다. 그리스도에 의해 세워져 새로운 상황 속에 있는 이 공동체의 위치는 공동체 속의 모든 상호 관계가 이중적인 면모를 가지고 있음을 의미한다. 즉, 구성원 사이에서 서로 관계하는 것인 동시에, 그리스도와(그래서 하나님과도) 상호 관계를 맺는 것이다. 이것을 올바르게 인식하는 것이 중요하다. 하나님은 사람들과 **똑같은 수준 혹은 똑같은 종류에 있는** 제3의 존재가 아니시기 때문에—즉, 상호 관계에 있어서 똑같은 무대 위에 있는 제3의 행위 주체가 아니시기 때문에—하나님과 상호 관계를 맺거나 **또는** 사람들과 상호 관계를 맺거나 선택할 수 있는 것이 아니다. 또한 신자들이 서로에게 주는 동안에 '실제로' 혹은 더 '직접적으로' 하나님께 드려진다는 의미도 아니다. 확실히 하나님은 이 관계에 연관된 인간 행위 주체와 **동일하지도** 않고, 하나님과의 상호 관계가 동료 인간들과의 상호 관계로 단순히 **환원 가능한** 것도 아니다. 그럼에도 불구하고 신자들 사이의 선물 공유는 사람들 사이의 상호작용인 **동시에** 하나님과의 상호작용—둘 중 하나(either-or)가 아니라 둘 모두(both-and)—으로 볼 수 있다.

이 이중적 차원은 '~로부터 주는 것'(giving from)과 '~에게 주는 것'(giving to)에서 명백히 나타난다. 먼저 '~로부터 주는 것'에 대해서 바울은 빌립보 신자들로부터 받은 선물을 **하나님으로부터** 주어진 힘 주심과 견고하게 하심의 형태로 간주한다(빌 4:13). 다른 곳에서 그랬던 것처럼, 그는 마케도니아 사람들의 선물을 칭찬할 때도 먼저 그들의 베풂이 아니라 **하나님의** 베푸심에 대해 주의를 집중시킨다. "형제자매 여러분, 나는 여러분들에게 하나님의 은혜가 마케도니아에 있는 회중들에게 베풀어졌음을 알리기를 원합니다"(고후 8:1). 그래서 바울은 빌립보로부터 받은 선물을 인식하는 동안 그 선물 속에 그리고 그 배후에 하나님이 이미 시작하셨고 또 끝까지 완성시키실 "선한 일"(빌 1:6)이 자리잡고 있음을 의식하고 있었다. 선물과 선물을 주는 행위, 그리고 말하자면 수여자들 자체도 모두 하나님의 은혜의 산물로 볼 수 있었다. 하지만 이것은 인간의 행위 주체를 사라지게 하는 것이 아니다. 즉, 하나님의 행위 주체성이 더 커질수록 인간 수여자의 행위 주체성은 점점 더 줄어들게 되는 제로-섬(zero-sum) 계산법이 적용되는 것이 아니다. 인간 수여자는 꼭두각시 인형처럼 가리워지거나 축소되는 것도 아니며, 마치 두 행위 주체가 같은 종류인 것처럼(둘은 같은 종류가 아니다!) 하나님의 행위 주체성에 부가되는 행위 주체가 되는 것도 아니다. 하지만 그럼에도 불구하고 바울이 진리로 여기는 것은, 그리고 때때로는 강조할 만큼 중요하게 생각하는 것은, 그리스도 안에서 베푸는 행위가 [선물에] 내재적이면서 초월적인 하나님의 능력에 의해 공급받고 동력을 얻게 된다는 것이다. 그러므로 공동체 내부에서 발생하는 선물 공유는 그리스도 안에서 이차적인 차원, 그리고 더 깊은 차원이 된다.

그러면, '~에게 주는 것'에 대해서는 어떤가? 바울은 선물을 그리스도 안에서 인간적 차원에서 순환되는 것으로 이해하지만, 동시에 **하나님을 향한** 선물로도 이해한다. 이것이 바로 바울이 빌립보 신자들의 선물을 이해한 방식이다. 이는 그들 사이에 있는 교제(*koinōnia*)의 일부로서, 분명히 그에게 준 선물이었지만, 그와 동시에 "아름다운 향기, 즉 하나님이 받으실 만하고, 또 그를 기쁘시게 해드리는 제물"이었다(빌 4:18). 하나님을 향하는 선물의 이 방향성은 선물이 하나님에 의해 보답될 것임을 의미한다. "나의 하나님이 영광 속에 있는 그의 풍성함에 따라 여러분들의 모든 필요를 완전히 채워주실 것입니다"(빌 4:19). 바울은 선물의 인간적 행선지와 신적 행선지 둘을 서로 경쟁시키고 있는 것이 아니다. 즉, 빌립보 신자들은 바울 대신에 하나님께 드린 것도 아니고, 한쪽은 직접적으로, 또 다른 한쪽은 간접적으로 드린 것도 아니다. 그들은 하나님과 바울 모두에게 동시에, 전적으로 그리고 직접적으로 드렸는데, 이는 하나의 동일한 선물이 가진 두 가지 양상이기 때문이다. 따라서 공동체 내의 선물 관계들은, 베풂의 원천이자 그 안에 존재하고 있는 선물-역학과 관련이 된다.

예루살렘을 위한 연보-선물

바울은 실천신학자이기에 그의 신학은 신자들의 실천과 연관된 문제에 대한 해결을 중심으로 전개된다. 이는 바울이 "예루살렘에 사는 성도들 중 가난한 사람들"(롬 15:26)을 위해 자신의 회중들에게 모금했던 것과 연관해서 특히 잘 나타나는데, 이는 그의 심오한 선물 신학에 기초한 재정적·사회적 계획이였다. 바울은 안디옥에 기반을 둔 과거의 모금 기획(project)의 일원이었는데, 예루살렘 신자들을 위한 재정적인 지원은 안디옥에서의 이방인 선교가 예루살렘에 뿌리를 두고 있다는 사실을 확실히 해주었다(갈 2:6-10; 참조, 행 11:27-30). 이후에 서쪽으로 이동하고 나서 바울은, 재정에 관한 이 상징적 몸짓이 잘 받아들여질지 다소 걱정하고 있음에도 불구하고, 회중들 사이에서 또 다른 모금을 조성하여(고전 16:1-4), 궁극적으로는 이 돈들을 예루살렘으로 가져가고자 했다(롬 15:25-33).[13] 그러나 바울의 모든 회중들이 이 계획에 참여하는 데 열정적인 것은 아니었고, 고린도 신자들과의 관계가 악화되면서 그들이 이 프로젝트에 기여할 것인지는 아주 불확실했다. 그래서 바울은 고린도후서 8-9장에 나타나는 바 여러 가지 주장들과 요청들, 실천적인 계획들을 고심했다.[14] 이러한 혼란스러운 상황으로 인해 바울이 은혜의 신학을 발전시켜 그리스도-선물과 베풂의 실천 사이의 관계를 자세하게 설명할 수 있어야 했다는 점은, 우리에겐 참 행운이다.

고린도후서 8-9장에 있는 바울의 주장들은 '카리스'(*charis*)라는 단어로 가득 차 있는데, 때로는 신적인 은혜(8:1, 9)를, 때로는 호의(8:4)를, 때로는 연보-선물(8:7)을, 때로는 감사(9:15)를 의미한다(이것은 헬라

13. 이 계획들에 대한 역사와 그것들에 대한 신학적 뒷받침에 대해서는 David J. Downs, *The Offering of the Gentiles: Paul's Collection for Jerusalem in its Chronological, Cultural, and Cultic Contexts* (Grand Rapids: Eerdmans, 2016)을 참고하라. 이 주제의 신학적 근거에 대한 또 다른 저작으로는 Stephan Joubert, *Paul as Benefactor: Reciprocity, Strategy, and Theological Reflection in Paul's Collection* (Tübingen: Mohr Siebeck, 2000)을 보라.
14. 어떤 학자들은 고린도후서의 8장과 9장이 원래는 이 편지와 분리된 것이라고 제안해왔음에도 불구하고, 이 장들의 구조와 수사학적인 조화는 이 장들이 조심스럽게 쓰여진 하나의 편지임을 보여준다. Kieran J. O'Mahony, *Pauline Persuasion: A Sounding in 2 Corinthians 8–9* (Sheffield: Sheffield Academic, 2000)을 참고하라.

어 원어로 본문을 읽는 것이 해석에 엄청난 도움을 주는 경우들 중의 하나인데, 영어 번역은 불가피하게 '카리스'에 대한 다른 의미들에 대해 다른 단어들을 사용해야 하고, 따라서 이들 사이의 연결점들을 모호하게 만들어버리기 때문이다). 바울은 이 장들에서 인상적인 수사학적 기술들을 보여주는데, 이것은 단지 언어유희 차원이 아니다. '카리스'가 이렇게 다른 의미들로 사용되는 것은, 신적 은혜가 신자들을 **통해 흘러가고** 다른 사람들에게 나누어줌으로 표현되며 또한 이 흐름의 동력은 하나님께 대한 감사—이 선물의 근원을 인식한 가운데—를 생성해냄을 보여준다. 이것은, 뭐랄까, '카리스'의 순환이라고 말할 수 있겠다. 그리스도 안에서 하나님으로부터 나와서, 신자들을 통해서, 그리고 신자들 사이에서 유통된 다음, 다시 '카리스' 혹은 '유카리스티아'(*eucharistia*, "감사")의 형태로 하나님께로 다시 돌아가는 것이다.

바울은 고린도 사람들의 행동을 이끌어내기 위해(참조, 9:1-5) 마케도니아 신자들의 베풂에 대한 이야기로 자신의 주장을 시작한다(고후 8:1-6). 그러나 그는 우리가 흔히 예상할 수 있는 방식으로, "우리는 여러분들이 마케도니아 회중들의 베풂에 대해서 알기를 원합니다"라는 식으로 말하는 대신에, "우리는 여러분들이 마케도니아의 회중들에게 베풀어진 하나님의 은혜에 대해 알기를 원합니다"(고후 8:1)라고 말한다. 마케도니아 사람들의 (극도로 가난 속에서 나온) 베풂은 전적으로 자신들의 의지로부터 나온 것이었지만(고후 8:3), 바울은 그것을 궁극적으로는 그들로부터 나온 것이 아니라 하나님께로부터 나온 것으로 여겼다. 그래서 시작하자마자 바울은 인간적인 선물 주기를 신적 선물 주기의 산물, 즉 신적 '카리스'가 인간적인 '카리스'로 흘러가는 것으로 이해하고서 인간적 행위 주체를 신적 '카리스'의 배관이나 통로인 것처럼 여겼던 것이다. 이 후에, 바울은 베풂으로 인해 자원들이 고갈되는 것은 아닌지 노심초사하는 고린도 사람들의 걱정에 대응하여 이렇게 확신시켜 주었다. "하나님은 여러분에게 모든 은혜가 넘치게 하실 수 있습니다. 그러므로 여러분은 항상 모든 일에 쓸 것을 넉넉하게 가지게 되어서, 모든 선한 일들을 넘치도록 나눌 수가 있습니다"(고후 9:8). 이것은 다시금 하나님을 선물의 원천으로 이해하는 것이며, 동시에 고린도 사람들로 하여금 세상을 하나님이 자원을 더욱 증가시켜주실 가능성이 열려 있는—자원을 쌓아두지 않고 다른 사람들에게 나누어 줄 때—풍성한 원천으로 생각하기를 독려하고 있는 것이다(고후 9:10-12).

하나님의 은혜가 마케도니아 사람들과 고린도 사람들을 통하여 예루살렘으로 흘려주는 선물의 원천이라면, 우리는 이 모금 계획을 먼저, 그리고 가장 중요하게, 하나님과의 관계 속에서 바라보아야 한다. 바울은 예루살렘에 이 선물을 전달하는 것에 대해 묘사하면서 "이 섬김 속에서 표현된 예배는 성도들의 필요를 공급해 줄 뿐만 아니라 하나님께 대한 감사를 흘러 넘치게 할 것입니다"(고후 9:12)라고 말한다. 예루살렘에 있는 선물 수신자들은 의심의 여지 없이 감사하겠지만, 그들의 감사는 이 선물을 가능하게 했고, 그 원천이 되시는 하나님께 대하여 우선적으로 돌려질 것이다. 이 연보-선물은 바울의 회중들을 장거리 사랑(long-distance love)으로 예루살렘과 묶어주었지만, 이는 서로 간에 하나님의 선물 혹은 은혜를 인지하고 있었기 때문이다. 바울은 예루살렘에 있는 성도들이 "여러분[고린도 신자들]에게 주신 하나님의 넘치는 은혜 때문에, 여러분을 그리워하면서, 여러분을 위해 기도할 것입니다"(고후 9:14)라고 감사를 표할 것이라고 말한다.[15] 선물을 주는 것은 하나님께 대한 예배의 행위이며 선물을 받는 것은 하나님께 대한 감사를 만들어낸다. 다시 말해, 선물은 수여자와 수신자를 묶어줌과 동시에, 이 둘을 모두 하나님께로 묶어준다.

이 선물에 대해 최우선적으로 중요한 증거가 되며(고후 8:7) 그 신학적인 근거를 세우고 있는 고린도후서 8:9을 자세히 살펴봄으로써 이 점에 초점을 맞추어 볼 수 있다. 이 구절은 보통 다음과 같이 번역된다. "여러분은 우리 주 예수 그리스도의 베풀어 주신 행위를 압니다. 그가 부요하심에도 불구하고 여러분을 위하여 가난하게 되신 것은 그의 가난으로 인해 여러분을 부요케 하시기 위함입니다." 이것은 완벽하게 가능한 번역이지만 몇몇 어려움을 발생시키기도 한다. 이 번역은 수여자가 자신의 부를 포기하거나 다 양도해버려서 다른 사람들을 위해서 물질적으로 가난한 사람이 되는 듯한 선물 수여의 모델을 암시한다. 그러나 바울은 고린도 사람들에게 이 연보에 기여하기 위해 역경까지도 감수하라는 요구를 하는 것은 아님을 분명히 하려고 애쓰고 있는 것 같다(고후 8:13; 참조, 9:8-11). 그리고 이 번역은

15. 이 경우에도, 바울은 상호성에 대한 장기간의 관계를 그리고 있다. 그는 누군가의 여유분이 다른 사람의 필요를 채우기 위해서(혹은 그 반대도 가능하다) 미리 계획된 것임을 보여주기 위해서 만나 이야기(출 16장)를 사용한다(8:13-15). John M. G. Barclay, "Manna and the Circulation of Grace: A Study of 2 Corinthians 8:1-15," in *The Word Leaps the Gap: Essays on Scripture and Theology in Honor of Richard B. Hays*, ed. J. Ross Wagner, C. Kavin Rowe, and A. Katherine Grieb (Grand Rapids: Eerdmans, 2008), 409-26을 참고하라.

어떤 의미에서 고린도 사람들이 '부요하게' 되었다고 생각할 수 있는지, 혹은 이것이 어떻게 바울의 요청과 연관될 수 있는지에 대해서도 불명확하다. 보통 "그가 부요했음에도 불구하고"라고 번역되는 헬라어 어구 '플루시오스 온'(*plousios ōn*)는 "그가 부요했기 때문에"로도 (즉, 양보의 의미가 아닌 이유의 의미로) 번역될 수 있는데, 이 번역이 오히려 전체 구절을 고려했을 때 문맥에 더 잘 어울린다.[16] 그리고 이유의 의미로 번역하는 것은 '부요함'의 의미를, 당신이 무엇을 가지고 있느냐는 (그러고 나서 그것을 포기하는) 관점이 아니라, 당신이 어떻게 베푸냐는 관점에서 이해할 수 있도록 해준다. (베풀어주신다는 면에서의) 부요함 **때문에** 그리스도가 주시며, 바로 그 의미에서 우리도 역시 '부요해'질 수 있는 것이다.[17]

우리가 이런 방식으로 번역했을 때 어떤 일이 생기는지 살펴보자. "여러분은 우리 주 예수 그리스도의 은혜를 압니다. 그는 부요하시기 **때문에** 우리를 위하여 가난하게 되셨는데, 이는 그의 가난으로 인해 여러분을 부요케 하시기 위함입니다." 여기서 그리스도가 '부요하시다'는 의미와 신자들이 '부요케' 된다는 의미가 무엇인가? 가장 좋은 단서는 바로 직전의 구절들 속에 있는데, 거기서 바울은 마

---

16. ([빌 2:6의 어구가] "그는 하나님의 모습을 지니셨기 때문에"로 번역된다면) 제10장에서 논의했던 빌 2:6에 나오는 병행에 주목하라.
17. 더 자세한 내용은 John M. G. Barclay, "'Because He Was Rich He Became Poor': Translation, Exegesis, and Hermeneutics in the Reading of 2 Cor 8.9," in *Theologizing in the Corinthian Conflict: Studies in the Exegesis and Theology of 2 Corinthians*, ed. Reimund Bieringer et al. (Leuven: Peeters, 2013), 331-44을 보라.

케도니아 교회들의 베풂과 그들이 어떻게 "큰 환난의 시련 중에서도, 그들의 넘치는 기쁨과 극심한 가난이 베풂의 부요함(*ploutos tēs haplotētos*)을 흘러 넘치게" 했는지에 대해 말하고 있다. 바울은 같은 용어를 9장의 마지막 부분에서도 사용하는데, 거기서는 고린도 사람들의 "모든 '하플로테스'(*haplotēs*)에 있어 부요함"(고후 9:11)에 대해 말하고 있다(*haplotēs*는 종종 '후함'으로 번역되는데 양[quantity]을 뜻하기보다는 선물의 정신, 즉 전심으로, 아낌없이 주는 헌신을 뜻한다). 이 두 본문들은 바울이 '부요함'이라는 단어로 누군가 무엇을 가졌느냐(소유물의 부요함)가 아니라 어떻게 주느냐, 즉 베푸는 정신에 있어서의 부요함을 의미하고 있다는 것을 알려준다. 그래서 그리스도가 부요하다면, 그것은 그가 많이 소유했기 때문이 아니라, 자신을 내어주시는 하나님의 사랑으로 충만하기 때문이다. 마찬가지로, 신자들이 '부요케' 되거나 혹은 '넉넉해'졌다면, 그것은 그들이 많은 것을 소유했다는 것이 아니라(물질적으로나 영적인 의미로), 그들이 예수님처럼 진심으로, 아끼지 않는 방식으로 준다는 의미다. 그러므로 우리는 이 구절을 다음과 같이 이해할 수 있다. "여러분은 우리 주 예수 그리스도의 은혜를 압니다. 그는 부요하시기 때문에(즉, 신적인 자기 주심에 있어서 부요하시기 때문에) 우리를 위하여 가난하게 되셨는데(성육신하심으로, 전략적으로 자신의 능력을 제한하셨는데), 이는 그의 가난(인간의 상태에 대한 그의 참여)으로 인해서 여러분을 (그리스도의 전적인 자기 주심에 참여함으로) 부요케 하시기 위함입니다."

이 읽기에 따르면, 바울은 고후 8:9에 있는 그리스도-선물을 모방해야 할 모범으로서 제시하는 것이 아니라 참여해야 할 사건으로서 제시한다. 모범은 자아나 자아의 동기에 있어서 내부적인 것이 아니라, 존경하거나 모방해야 할 어떤 외부적인 이야기나 모델이다. 그러나 바울에게 신자들은 그리스도의 모범에 의해 단지 영감을 얻게 되는 것이 아니라, 그리스도와의 결속 혹은 그리스도 '안으로의' 참여에 의해서 재구성된다. 실제로, 이 구절은 우리가 제10장의 말미에서 추적했던 상호 참여의 패턴을 요약하고 있는 것으로 보인다. 즉, 그리스도는 자신에게로 인간의 참여가 가능해지도록 하기 위해서 인간의 상태 속으로 참여하셨다는 것이다. 여기서 신자들은 물질적으로 부유해지는 것이 아니며(이것은 번영 복음의 한 종류가 아니다), 영적인 축복을 누린다는 의미에서 부요해지는 것도 아니다. 그들은 정확히 그리스도가 부요했고, 또 지금도 부요하신 것처럼 부요한데, 다시 말해, 하나님의 삶의 핵심인 자기 희생적인 사랑이라는 의미에서 부요하다. 우리가 보았듯이, 은혜는 건네주거나 전달해주는 사물(*thing*)이 아니라, 자아를 새롭게 만들어주는 관계이자 하나님의 선물-수여 역학의 결정체다. 그러므로 인간의 선물-수여는 이 은혜 속으로 참여하는 한 유형이며, 신자들은 그들을 완전히 초월하며 그들이 하는 일에 전적으로 필수적인 어떤 관계 속으로 이끌려간다.

인간의 선물 주기가 이러한 틀 속에 자리 잡는다면, 이것은 소유 이해에도 영향을 미친다. 신자들이 자신이 가진 것을 받은 것으로 이해하게 된다면, 그리고 그 소유가 자신만을 위해 주어진 것이 아니라 다른 사람과 나누기 위해서 주어진 것이라면, 그들의 성향은 부를 축적하는 것이 아니라 나누는 것으로 바뀔 것이다. 실제로 소유물이라는 개념 자체가 모호한 것이 될 것이다. 한편으로 소유물은 다른 사람에게 주어질 수 있도록 소유자에게 충분한 정도로 반드시 속해 있어야 한다(소유하고 있지 않은 것을 줄 수는 없다). 그러나 다른 한편으로 소유물은 소유자가 정확히 원하는 방식으로 마음대로 처분할 권리를 가진다는 의미로 **점유되어서는** 안 된다. 흥미롭게도 바울은 신적 선물의 원리를 피조 세계 안에서도 추적한다. "심는 사람에게 씨와 먹을 빵을 공급해주시는 분이 여러분의 씨를 공급해주시고, 풍성하게 하시며, 여러분의 의의 열매를 더하게 해주실 것입니다"(고후 9:10). 이는 창조 세계가 단지 '영적인' 복에 대한 유비 그 이상임을 시사한다. 곧, 창조 세계는 우리가 하나님의 베풂의 풍성케 하는 능력을 이미 목격한 장소이다. 그리고 하나님의 베풂처럼 창조 세계의 풍성함은 착취당하는 것이 아니라 향유되어야 하는데, 단지 일부의 사람들만의 유익을 위해서가 아니라 모두의 유익을 위해서 공유되어야 하고, 수여자에 대한 의무감과 더불어, 선물로서 존중받아야 한다. 생태학적인 윤리와 '재산권'에 대한 급진적인 기독교적 관점의 구성 요소들이 이 지점에서 발견될 수 있다. 모든 창조 세계가 신적인 선물이라면, 우리는 그것을 착취할 권리도 없고 깊은 책임감 없이 사용할 권리도 없다. 자연을 '자원'으로 보는 현대의 도구적 견해는 우리를 재앙이 임박한 듯한 상황으로 몰아붙이는데, 이것은 우리의 유일한 관심이 자연의 경제적인 효용성에만 있기 때문이다. 이 문제에 대한 바울의 대답은 자연에 반신성화된(semideified) 지위를 부여하는 것이 아니라, 이 선물의 수여자이신 하나님께 대한 의무감을 가지게 하는 것이다. 우리는 우리 세대뿐만 아니라 앞으로 다가올 세대 속에서도 창조 세계라는 선물을 존중함을 통해, 그리고 이것을 다른 사람들과 공유함을 통해 우리의 감사를 하나님께 돌려드려야 한다. 그렇다면 우리는 우리의 돈과 소유물들을 마음대로 처분할 '권리'가 없게 된다. 아무도 '나의' 자원들을 내 방식대로, 자율적으로 사용할 수 있는 '권리'에 의문을 제기할 수 없다는 현대의 가정은 우리가 바울의 편지들에서 목격한 신학과 직접적으로 대치한다. 자연 환경에 대한 우리의 착취적인 관계를 반전시킬 유일한 첫걸음은 우리가 창조 세계를 감사로 받으며, 보살피며, 보존하며, 공유하는 선물로 대하는 것이다. 또한 이것은 우리가 세상 속에서 하나님의 풍성한 임재를 드러내주는 이 선물 속에서, 이 선물과 함께, 그리고 이 선물을 위해서 살아갈 수 있는 지속 가능한 방법을 발견하게 해준다.

제12장
은혜와 바울에 대한 다른 관점들

은혜의 관점에서 보는 우리의 바울 읽기는 단지 하나의 용어(*charis*)나 하나의 주제만 포함하는 것이 아니라 바울신학 전체의 모습 혹은 '문법'을 아우른다(제10장을 보라). 이 관점으로부터 우리는 갈라디아서와 로마서 전체를 살펴보았을 뿐만 아니라, 다른 바울서신에 있는 신학적 풍경의 중요한 특징들에 대해서도 살펴보았다. 신학과 윤리학 사이의 상관관계, 십자가와 성육신의 의미, 그리스도께 참여한다는 것의 의미, 선물의 사회적·경제적 실천들, 성령의 공동체 지향적인 은사들, 그리스도 안에서 자아의 재구성 등, 이 모든 것들이 바울의 은혜 신학에 의해 형성되고 통합되었음을 확인했다. 이런 의미에서 이 책은 바울신학 전체를 조망하는 '관점'에 대한 개요를 그려보는 책이다. 물론 더 자세히 다루어야 할 바울신학의 많은 특징들이 있지만 말이다. 최근 몇 년 동안, 바울신학자들 사이에서는 바울에 대한 '관점들', 즉 옛 관점과 새 관점에 대한 많은 논의가 있었다.[1] 그러면 이 책에서 설명된 접근 방식은 바울에 대한 전통적 관점 및 현대적인 다른 관점들과 어떻게 비교해 볼 수 있을까?

은혜에 대한 바울의 신학은 교회를 나뉘어지게 하기도 했고 신학 해석의 전체 흐름을 분리시키기도 했던, 논쟁의 중심적인 주제가 되어 왔다. 은혜와 자유의지 사이의 관계, 은혜와 행위, 칭의와 심판, 믿음과 사랑 등 은혜와 연관된 주제들은 서구 신학 전통 속에서 수 세기에 걸쳐 계속되어 온 논쟁의 폭풍의 중심이 되었는데, 이로 인해 아우구스티누스의 계승자들이 나뉘어졌고, 가톨릭으로부터 개신교가 분리되었으며, 개신교 내부에서도 격렬한 논쟁이 야기되었다. 하지만 은혜는 또한 기독교와 유대교의 관계에 있어서 중심적인 주제가 되기도 했는데, 이것은 종종 기독교의 '은혜'와 유대교의 '행위' 사이의 잘못된 대조로 표현되기도 했다. 우리가 보았듯이(본서 제3장), 샌더스(E. P. Sanders)의 작품은 이 주제에 대한 철저한 재구성을 이끌어 냈고, 그 결과 발생한 바울 학계의 동요는 바울과 그의 유대적 유산 사이의 관계를 구성하는 많은 새로운 방식을 낳기도 했다. 이 책에서 우리는 은혜 주제를 새롭게 살펴보면서, 은혜의 여러 의미와 극대화

---

1. 이에 대한 개요를 보려면, Stephen Westerholm, *Perspectives Old and New on Paul: The "Lutheran" Paul and His Critics* (Grand Rapids: Eerdmans, 2004)을 참고하라. 현재의 논쟁들에 대한 한 해석을 보려면, N. T. Wright, *Paul and His Recent Interpreters: Some Contemporary Debates* (London: SPCK, 2015)을 참고하라. 바울 해석사 속에 있는 핵심적인 궤적들에 대한 더 장기간에 걸친 조망을 보려면, 나의 책 *Paul and the Gift* (Grand Rapids: Eerdmans, 2015), 79-182 [=『바울과 선물』, 새물결플러스, 2019]을 참고하라.

에 대해 분석했고, 이를 근거로 해서 고착화된 주장들과 현재의 논쟁을 넘어서는 새로운 길을 제시했다. 그것이 어떻게 가능했는가? 이번 장에서는 개신교적 관점들,[2] 가톨릭적 관점들, '바울에 관한 새 관점', 그리고 '유대교 안의 바울'(바울에 관한 급진적인 새 관점[the Radical New Perspective on Paul]로 지칭되기도 한다—역주)로 지칭되는 영향력 있는 네 가지의 패러다임을 넘어서는 나의 바울 해석의 몇 가지 면모들을 요약하려 한다.[3] 각각의 경우에서, 나는 이 책에 제시된 바울 읽기가 어떻게 다른 노선에 있는 해석들의 약점들을 교정해주는지 밝혀낼 것이다.

개신교 관점들

은혜는 바울에 대한 아우구스티누스적-개신교(Augustinian-Protes-

2. 이 관점은 ('새' 관점과 대조해서) 바울에 대한 '옛' 관점이라는 별명으로 불려왔다. 그러나 이 별명은 오해를 사기 쉽다. 바울에 대한 가장 오래된 해석들 중의 일부는 '새' 관점의 특징들을 포함한다! Matthew J. Thomas, *Paul's 'Works of the Law' in the Perspective of Second-Century Reception* (Tübingen: Mohr Siebeck, 2018)을 보라. 또한, 개신교 종교개혁자들의 바울 해석 중 많은 부분은 아우구스티누스에 의존하는데, 아우구스티누스는 '개신교인'이 아니다! 그러나 여기서의 나의 초점은 아우구스티누스적 전통이 개신교 전통에서 굴절되고, 보충되어 온 방식에 있다.
3. 이 책에서 설명된 '선물 관점'은 다음의 책에서 다른 네 개의 관점과의 대화 속에서 하나의 관점으로 등장한다. Scot McKnight and B. J. Oropeza, eds., *Perspectives on Paul: Five Views* (Grand Rapids: Baker Academic, 2020) [=『바울에 관한 다섯 가지 관점들』(가제), 감은사, 2022 근간].

tant) 해석들에 있어서 중심적이었는데, 본서에서 탐구된 은혜 신학의 몇 가지 특징들은 이 전통과 겹쳐지기도 한다.[4] 공유되는 특징들은 다음과 같다. 곧, 그리스도-사건을 은혜와 동일시하는 것, '믿음'을 무언가를 받아들이는 신뢰로 이해하는 것, 그리고 (나의 용어로는 '비상응적으로' 주어지는) 본질적으로 자격이 없거나 사전 조건 없이 주어지는 은혜에 대한 강조다. 이 전통이 급진화된 것은 (칼 바르트[Karl Barth]에게 영감을 받은) 최근의 '묵시론적' 바울 해석인데, 거기서는 그리스도-선물의 '새로움', 즉 복음의 혁명적인 특징과 억압받는 인류를 해방시키는 하나님의 강력한 행위 주체를 강조한다.[5] 그러나 이 책에서 발전된 '선물 관점'은 다음의 서로 관련된 세 가지 지점에서 전통적인 개신교적 바울 해석과 결별한다.

---

4. 많은 신약학자들은 루터파 전통과 칼뱅주의적 전통에 대한 부적절한 이해를 보여주기도 한다. 이 전통을 신뢰성 있게 다루고 있는 최근의 작품에 대해서는 Stephen J. Chester, *Reading Paul with the Reformers: Reconciling Old and New Perspectives* (Grand Rapids: Eerdmans, 2017)을 보라. 참조, Michael Allen and Jonathan A. Linebaugh, eds., *Reformation Readings of Paul: Explorations in History and Exegesis* (Downers Grove, IL: InterVarsity Press, 2015).
5. 이 학파의 중대한 작품은 루이스 마틴(J. Louis Martyn)에 의해 쓰였다. 특히, 그의 *Galatians: A New Translation with Introduction and Commentary*, Anchor Yale Bible Commentary 33A (New York: Doubleday, 1997) [=『앵커바이블 갈라디아서』, 기독교문서선교회, 2018]를 보라. 더글라스 캠벨(Douglas Campbell)은 이 해석을 전통적인 개신교의 바울 해석과 충돌시키는 방식으로 발전시켰다. *The Deliverance of God: An Apocalyptic Reading of Justification in Paul* (Grand Rapids: Eerdmans, 2009)을 보라. 이 둘에 대한 분석을 보려면 내가 쓴 *Paul and the Gift*, 147-50, 171-73을 보라.

1. 나는 바울에게 **사전 조건 없는**(unconditioned) 선물—가치의 부재 속에서 가치와 상관없이 주어지는—이 보답에 대한 기대 없이 주어진다는 의미에서 **사후 조건 없는**(unconditional) 것은 아니라는 점을 강조했다. 우리는 은혜의 극대화들 중에서 (가치와 상관이 없는) 비상응성과 (보답에 대한 기대가 없는) 비순환성 사이의 중요한 차이를 주목했다. 이는 한편으로는 (공로나 자격과 상관이 없는) '값없는' 선물이, 다른 한편으로는 (어떠한 형태의 반응을 요구하거나 기대하지 않는다는 의미에서) 반드시 필연적으로 '값없는' 것은 아니라는 것을 나타낸다. 이 두 가지 '값없는'이라는 의미 사이의 혼동이 개신교 전통 속에서 나타나는 어려움의 중요한 이유가 되어왔고, 구원의 체계 속에서 그리스도인의 행함('행위')의 위치를 설명하거나 바울의 행위에 근거한 심판 묘사에 정당한 중요성을 부과하는 것을 어렵게 만들어 왔다. 루터파 전통에서, 율법과 복음 사이의 대조는 '의무'라는 언어를 둘러싸고 있는 염려를 고조시켰고, 신자들이 "은혜 아래"(롬 6:14) 있다는 바울의 표현이 의미하는 바에 대한 설명을 어렵게 만들었다.[6] 우리는 바울을 읽으면서 사전에 존재하는 가치와 상관없이 주어지는 신적 은혜가 변혁적이며 인간의 행위 주체를 재형성한다고 주장함으로써 이 문제를 교정하려 했다. 이렇게 신적 은혜에 의해 재형성된 인간의 행위 주체는

6. 이것은 개혁주의 전통(칼뱅주의)에서는 문제가 경감되는데, 개혁주의 전통에서는 이런 문제점에도 불구하고, 칭의와 성화 사이의 분명한 구별을 주장하기 때문이다. 이 두 개신교 전통에 대한 섬세한 분석을 보려면, Jonathan A. Linebaugh, ed., *God's Two Words: Law and Gospel in Lutheran and Reformed Traditions* (Grand Rapids: Eerdmans, 2018)을 보라.

그 안에 있는 '생명의 새로움'을 통해 필연적으로 이전과는 다른 방향 설정과 충성과 의무를 가진다. 이것은 행할 능력이 없는 옛 자아 위에 새롭게 부과되는 부담이 아니라, 그리스도를 향해 재설정되며 성령에 의해 새로운 능력을 공급받은 새로운 삶의 정당한 표현이다.[7] 확실히 바울은 '값싼 은혜'를 옹호하지 않았다. 은혜가 죄악 속에서 역사함에도 불구하고 은혜는 자아와 은혜 공동체에 대한 이러한 근원적인 재설정을 가져옴으로써, 불가피하고 필연으로 새로운 가치와 새로운 삶의 패턴을 표현하게 된다.

2. 우리는 바울이 칭의에 대한 근거가 될 수 없는 것에 대해 논의할 때, 어떨 때는 "율법의 행위들"에 대해서 말하고(예, 갈 2:16), 또 어떨 때는 전반적인 "행위"에 대해서 말하고 있음을 발견한다(예, 롬 11:6). 개신교 전통은 이것들을 같은 것으로 다루는 경향이 있으며, 이 둘을 모두 자기 의존적인 태도 혹은 자신이 만들어 내는 구원에 대한 상징으로 이해한다. 그러나 우리는 (유대교 율법에 대한 준수로서) "율법의 행위들"의 특수성을 주장하면서 이 표현을, 율법 준수하는 사람을 신적 은혜의 합당한 수신자로 가정하는 유대적 상징 자본을 가리키는 것으로 이해했다(본서 제3장과 제4장을 보라). 바울은 은혜를 비상응적

---

7. 나의 읽기는 이 부분에서 매튜 베이츠(Matthew W. Bates)의 해석과 유사한 점들이 있지만, 바울에게 있어 '피스티스'(*pistis*, "믿음")의 가장 중요한 의미가 "신실함"이나 "충성"이 아니라 "신뢰"라고 생각한다는 점에서 그와 다르다. Matthew W. Bates, *Salvation by Allegiance Alone* (Grand Rapids: Baker Academic, 2017) [=『오직 충성으로 받는 구원』, 새물결플러스, 2020]을 보라.

인 은혜로 극대화시키면서 인간의 이런저런 형태의 다른 가치들을 평가절하하며, 그 결과 (특수하든, 일반적이든, 어떤 의미든) '행위'는 이제 "그리스도 안에서 발견되는"(빌 3:6-9) 유일한 가치에 비해서 중요치 않은 가치의 형태를 상징하게 된다. 우리가 보았듯이 바울이 평가절하하는, 예를 들어, 인종, 가문, 사회적 지위, 성별 같은 다른 형태의 가치들도 있는데, 이것들은 왜 그가 이방인 선교의 과정 중에 은혜의 신학을 발전시키게 되었는지를 설명해준다. 이 해석은 개신교 전통 속에 있는 행위와 믿음이 모든 것을 아우르는 포괄적 대조로 자리 매김하는 경향에 도전한다. 믿음(혹은 신뢰)이 그리스도 안에 있는 하나님의 무조건적인 선물에 의존하는 새로운 삶의 핵심임에도 불구하고, '행위'라는 용어는 그 자체로서 인간의 자기 의존에 대한 신호가 아니다. 새로운 삶의 틀 속에서, "행하는 것"과 "선한 행위"는 정확하게, 이 신뢰가 활성화되도록 기대되는 표현 방식을 가리킨다(갈 5:6; 참조, 엡 2:9-10). 또한 바울은 은혜의 효과로 인해 마치 인간 행위자가 성령의 행위에 의해 **대체되어** 버리는 것처럼(실제로는 그렇지 않다), 인간적 행위 주체에 대항해서 신적 행위 주체를 경쟁시키지도 않는다. 확실히 신자들의 행위 주체성은 성령과 그리스도의 행위 주체성에 의해 동력을 공급받고 그 안에 감싸여지지만, 여기에 수동적인 것과 능동적인 것 사이 그리고 은혜와 행위 사이의 일반화된 대조를 상정하는 것은 잘못된 해석이다.[8]

---

8. 이 신학 전통은 '시너지즘'(synergism, 신인협력설: 두 행위 주체가 협력 관계에 있다는 것)과 '모너지즘'(monergism, 단동설: 인간의 행위 주체는 사라지고, 하나님/성령의 한 행위 주체만 있다는 것)에 대해 이야기해왔다. 바울

3. 개신교 전통은 전형적으로 유대교를 '행위'의 종교, '행위-의'(works-righteousness)의 형태(심지어 본질적인 형태, 즉 '행위-의'의 정수)로 이해해왔는데, 이런 이해 속에서는 율법적인 성취가 신적 은혜의 자리를 대신한다. 이 책에서 발전된 은혜 관점은 유대교에 관한 이런 잘못된 캐리커처에 대한 저항을 강화해주는 동시에 하나님의 자비/은혜의 일하심에 관한 당대의 다양한 유대적 견해의 스펙트럼 **안에** 바울을 더 바르게 자리 잡게 해준다. 기독교가 유일하게 '은혜의 종교'인 것은 아니다. 실제로 바울은 하나님의 은혜가 가치의 부재 속에서 비상응적으로 역사한다고 이해했던 당시의 유일한 유대인이 아니었다. 그의 이력(profile)을 특별하게 해주는 것은 그 혼자만이 '은혜를 믿었다'는 것이 아니라, 그리스도-사건이 하나님의 무조건적인 은혜의 결정적인 표현이라고 여겼고, 이 비상응성이 유대인과 비유대인 사이의 차별을 약화시킨다고 이해했으며, 그래서 이방인 선교를 정당화했다는 사실이다. 바울은 '유대교'를 '율법주의적' 종교로서 거부하지는 않았다. 사실 그는 이스라엘의 존재 자체를 하나님의 무조건적인 자비 위에 세워진 것으로 여겼다. 그러므로 그는 많은 유대인들이 지금까지 메시아의 선물을 인식하는 데 실패해왔음에도 불구하고, 유대 민족의 미래에 대해서 희망적으로 생각했다(제9장을 보라).

신학은 (그리고 빌 2:13에 있는 바울의 헬라어 사용은) 신적, 인간적 행위 주체 사이의 관계에 대한 비대립적 모델을 뜻하는 '에너지즘'(energism)이라는 용어를 사용하도록 격려해준다. 본서 제6장을 보라.

가톨릭 관점들

바울의 편지들은 물론 종교개혁 시기 이전에도 자세하게, 그리고 면밀하게 해석되어 왔는데, 이러한 해석들은 개신교 전통 밖에 있는 기독교 신학 속에서 중요한 역할을 이어오고 있다.[9] 가톨릭 전통이 다양함에도 불구하고, 이 전통 안에는 교부 해석자들로부터 아퀴나스(Aquinas)를 지나 현대의 가톨릭적 바울 해석에 이르기까지 흘러내려오는 어떤 특징들이 있는데, 우리는 이것을 '바울에 대한 가톨릭적 관점들'이라고 묶을 수 있다. 이를 이 책에서 발전시킨 관점과 비교해볼 만하다.[10]

물론 은혜는 모든 기독교 신학 속에서 중심적 주제이고, 가톨릭 전통 속에서도 중추적 역할을 한다. 가톨릭 전통 속에서는 공통적으로 은혜의 개념이 본성(nature)과 짝지워진다. 즉, '초자연적'(supernatural) 선물로서 은혜를 극대화시키지만 본성을 소멸시키지는 않는다.[11] 이

---

9. 지면상의 이유로, 나는 여기서 정교회 전통 속에 있는 바울 해석에 대한 논의를 생략하는데, 이 전통은 요한네스 크리소스토무스(John Chrysostom)의 바울서신에 대한 세밀한 해석으로부터 계속적으로 영감을 얻어 왔다. Athanasios Despotis, ed., *Participation, Justification, and Conversion: Eastern Orthodox Interpretation of Paul and the Debate Between Old and New Perspectives on Paul* (Tübingen: Mohr Siebeck, 2017)을 보라.

10. 바울에 대한 최근의 가톨릭적 해석을 참고하려면, Brant Pitre, Michael P. Barber, and John A. Kincaid, *Paul, a New Covenant Jew: Rethinking Pauline Theology* (Grand Rapids: Eerdmans, 2019)을 보라.

11. Edward T. Oakes, *A Theology of Grace in Six Controversies* (Grand Rapids: Eerdmans, 2016), 1-46. 개신교적 경향은 은혜와 '본성'과의 복잡한 관계를 탐구하기 보다는, 은혜를 죄와 대조시킨다. 이 중요한 차이에 대한 통

읽기에 의하면 은혜는 본성을, 그 '본성적인' 능력을 넘어서는 동시에 역설적으로 본성에 적합하고 본성이 지향하는 차원으로 끌어올린다. '본성'이라는 범주는, 내 견해로는, 바울신학에 있어 그렇게 중요한 역할을 하지 않지만, 이 책의 중심 주제는 가톨릭 전통과 일치하는 한 가지 중요한 요소를 포함한다. 그것은 그리스도 안에서의 하나님의 은혜가 **변혁적**(*transformative*)이라는 것이다. 신자들은 단지 하나님 앞에서 법정적 지위만 변화된 채로, 과거 모습 그대로 머물러 있지 않다. 그들은 은혜를 받아들임으로 재형성되고 새롭게 방향 설정되어서, 성령의 능력 속에서 사랑과 베풂을 실천하는 것이 구원을 표현하는 데 있어서 필수적인 것이 된다. 우리의 바울 읽기에서는 이 **비상응적인 선물이** 어떻게 신자와 하나님의 의/거룩함 사이에 있는 **상응성을 창조해내도록** 설계되었는지를 강조했다. 이것은 바울이 사용하는 행위에 의한 심판의 언어를 이해할 수 있게 돕는다(본서 제7장을 보라). 이 점에 대해서, 가톨릭 전통에 있는 해석자들은 기꺼이 우리의 해석에 동의할 것이다.[12]

그러나 이에 대한 내 견해를 더 분명히 하기 위해서 꼭 언급해야 할 두 가지 내용이 있다.

찰을 참고하려면, Karen Kilby, "Paradox and Paul: Catholic and Protestant Theologies of Grace," *International Journal of Systematic Theology* 22 (2020): 77-82을 보라.

12. 예를 들어 McKnight and Oropeza, *Perspectives on Paul*에 있는 '바울과 선물'에 대한 브랜트 피트리(Brant Pitre)의 반응을 보라. 또한 Nathan Eubank, "Configurations of Grace and Merit in Paul and His Interpreters," in *International Journal of Systematic Theology* 22 (2020): 7-17도 참고하라.

1. 바울은 은혜에 대한 두 가지 막(act)이나 단계를 구별하지 않는다. 즉, 칭의에 의한 초기의 은혜와 종말론적인 심판/칭의에서의 최종적인 은혜를 구별하지 않는다. 신자들은 처음부터 끝까지, 그리스도 안에서 단번에 주어진 생명의 선물에 의해 살아가며, '은혜 아래서의' 삶은 아직 주어지지 않은 구원 선물을 향해 도구적으로 작용하는, 영생을 얻기 위한 어떤 '공로'가 되는 것이 아니다. 신자들은 분명 "은혜로부터 떨어져 나갈" 가능성도 가지고 있으며(갈 5:4), "육체에다 심는" 사람은 썩어질 것을 거두게 된다고 경고받기도 한다(갈 6:8). 그러나 그들이 성령에 발맞춰 살아가면(갈 5:25) 하나님의 인자하심과 은혜 안에 머물게 되기 때문에(롬 11:22), 최종적인 은혜를 획득하게 되는 권리를 얻는 것이 아니라 새로운 존재 방식의 기초가 되는 선물 속에서의 삶을 이어가는 것이라 할 수 있다. 그렇다면 바울이 말하고 있는 미래의 심판은 은혜와 인간의 "협력"을 근거로 결정되는 것이 아니다.[13] 그것은 그리스도의 생명에 참여함을 통해 이미 주어진 단번의 선물이 신자의 행위 속에서 실제로 표현되고 활성화되었는지를 면밀히 살피는 것이다.

---

13. '협력'의 언어에 대해서는, 가톨릭의 교리문답을 참고하라. *Catechism of the Catholic Church* (London: Burns and Oates, 2010), §§2001, 2003, 2008, 2025. 더 넓은 의미의 요점에 대해서는 §2027을 참고하라. "누구도 회개의 기원이 되는 첫 은총에 대해 공로를 주장할 수 없습니다. 성령의 감화를 받음으로, 우리는 꼭 필요한 현세적 재화뿐만 아니라 영생을 얻는 데 필요한 모든 은총에 대해 우리 자신과 타인의 공로를 주장할 수 있게 됩니다."

2. 바울은 은혜를 신자에게 전송되는 물질로서 구체화하지는 않는데, 즉 바울에 따르면, 은혜가 그들 내에서 '습관적인 은혜'(habitual grace: 가톨릭에서는 '상존성총'으로 부름—편주)로 내재한다고 말할 수 없다. 이러한 언어들은 인간 존재를 형성시키는 물질 존재를 암시하는데, 인간 존재는 이제 신적인 물질인 은혜에 의해 보충되거나 주입된다는 것이다.[14] 우리는 부르디외의 '아비투스'(*habitus*)라는 개념을 사용하여 가치를 이해했지만, 이것이 '습관적인 은혜'(habitual grace) 신학과 같은 것은 아니다(프랑스어 아비투스[*habitus*]는 영어로는 '습관'이라는 뜻이다—역주). 습관적인 신학에서는 은혜를 인간의 본성적인 능력을 강화시켜 주는 어떤 물질처럼 이해한다. 나는 바울의 은혜 언어가 관계적인 용어로 더 잘 이해된다고 주장한 바 있다. 은혜는 관계 속에서 자아 정체성을 재정립함으로써 자아를 가장 깊은 차원에서 재형성시킨다. 신자들은 하나님과 다른 사람들과의 새로운 관계 구조(matrix) 속으로 이끌려 들어와 새롭게 창조된다. 이 새로운 관계는 모든 차원에서 변혁적이며, 신자들은 이제 예수님의 죽으심과 부활로 시작된 은혜의 새로운 역동성(dynamic)에 참여하게 된다. 내가 제10장에서 주장했듯이, 은혜로 주어지는 것은 어떤 '사물'이 아니라 그리스도 그 자신이며, 이는 변혁적인 선물로부터 나오는 새로운 자아와 함께 주어진다. 이것은 철학적·신학적 분석을 필요로 하지만, 물질에 대한 아리스토텔레스적인 개념이 그 작업에 대한 우리의 최상의 자료가 될 수 있을

14. 이것은 때때로 칭의를 '의롭게 만드는 것'으로 해석하는 것과 연결된다. Oakes, *Theology of Grace*, 47-91을 보라.

지에 대해서는 회의적이다.[15]

바울에 관한 새 관점

'바울에 관한 새 관점'은 제2성전기 유대교에 대한 E. P. 샌더스의 새로운 묘사 이후로 발생했다(본서 제3장을 보라).[16] 여기에는 다양한 견해들이 망라되어 있지만, 바울의 신학이 가진 주요 관심사가 (단지 개인들의 회심뿐만 아니라) 이방인 선교 및 이방인들에게 "율법의 행위들"을 통해 유대인이 되기를 요구하지 않는 새로운 공동체 형성이라고 강조하는 데에 공통분모가 있다. 여러 신학적인 전통들은 (믿음이나 은혜 같은) 신학적 개념들을 발굴하기 위해 바울서신을 연구하고 때로는 추상적으로 다루어왔던 반면, '새 관점'은 바울 작품들의 역사적인 맥락과 바울신학의 사회적 차원을 강조한다.[17] 제임스 던(James Dunn)과 N. T. 라이트(Wright)에게 있어서, 바울이 동료 유대인들을 반

15. 심리학적(이인칭 시점에서), 신경과학적인 분석을 사용하는 최근의 탐구에 대해서는 Susan G. Eastman, *Paul and the Person: Reframing Paul's Anthropology* (Grand Rapids: Eerdmans, 2017)을 보라.
16. 나는 '새 관점'에 대해서 『바울과 선물』에서 더 길게 논의했었다. *Paul and the Gift*, 151-65. 다음의 저작 역시 참고하라. Francis Watson, *Paul, Judaism and the Gentiles: Beyond the New Perspective*, 2nd ed. (Grand Rapids: Eerdmans, 2007).
17. 이는 웨인 믹스(Wayne Meeks)에 의해서 영감을 받은, 바울 공동체의 사회-역사적 혹은 사회학적 분석에 대한 새로운 관심과 잘 어울린다. Wayne Meeks, *The First Urban Christians: The Social World of the Apostle Paul* (New

대했던 내용은 구원의 체계에 대한 것이 아니었다. 이들에 따르면, 바울이 반대했던 점은 '민족중심주의' 혹은 '민족주의'였는데, 그리스도-사건이 구원을 모든 사람에게 열어 놓았기 때문이다.[18] 라이트의 내러티브 도식에서, 아브라함에 대한(아브라함의 자손과 '모든 민족'에 대한) 하나님의 약속은 언약 역사의 경로를 설정하는데, 이는 '유배'(exile)라는 교착 상태에 빠져 있었다. 이때 메시아로서의 예수님은 열방에게 복을 가져다주는 이스라엘의 (성취되지 않은) 사역을 대신 행하셨고, 그 자신을 중심으로 하나님의 백성을 새롭게 정의하셨다.[19]

나는 이 책에서 '새 관점'과 몇몇 특징들을 공유했는데, 그것은 또한 샌더스의 혁명 이후의 변화를 따른 것이기도 하다. 새 관점과 마찬가지로, 나는 유대교를 행위-의(works-righteousness)의 종교로 보는 캐리커처를 거부하며, 이방인 선교의 범위와 관점이 믿음, 칭의, 은혜에 대한 바울의 신학에 필수적이었다고 생각한다. 그리고 바울신

Haven: Yale University Press, 1983) [= 『1세기 기독교와 도시 문화』, IVP, 2021]을 보라.

18. 예를 들어, 제임스 던의 갈라디아서 주석, James D. G. Dunn, *The Epistle to the Galatians* (London: Black, 1993)이나 두 권짜리 로마서 주석을 보라(*Romans 1–8 and Romans 9–16*, Word Biblical Commentary 38A and 38B [Waco: Word, 1988] [= 『로마서(상/하)』, 솔로몬, 2003]). 바울에 대한 라이트의 읽기는 다음 책이 가장 접근성이 좋다. *Paul: Fresh Perspectives* (London: SPCK, 2005) [= 『톰 라이트의 바울: 내러티브 관점에서 본 바울신학』, 죠이선교회, 2012].

19. 자세한 설명을 보려면, N. T. Wright, *Paul and the Faithfulness of God*, 2 vols. (London: SPCK, 2013) [= 『바울과 하나님의 신실하심』, CH북스, 2015]을 참고하라. 나는 *Scottish Journal of Theology* 68 (2015): 235–43에 이 책에 대한 비판적인 서평을 썼다.

학의 역사적인 맥락과 바울의 역사적 특수성은, 반드시 공동체의 형성에 대한 바울신학의 중요한 관심과 함께 심각하게 고려되어야 한다.

그러나 '새 관점'은 종종 이러한 사회적 현상들을 바울이 그것들에 대한 기초로 삼았던 은혜 신학과 연결하는 것에 실패하곤 한다. 바울의 새로운 공동체들이 정당성을 갖게 되었던 것은 그것들이 단지 아브라함 언약의 성취였다는 사실에 있는 것이 아니다. 우리가 보았듯이, 바울의 대적자들 역시 그렇게 생각하고서 남성 할례를 주장했다(본서 제4장을 보라). 바울의 공동체들은 유대인과 비유대인 사이의 민족적 차별을 극복했는데, 이는 '민족주의'에 대한 어떤 원칙적인 반대 때문도 아니고, 바울이 '포괄주의'나 '평등한 권리'의 옹호자였기 때문도 아니었다.[20] 그보다도 바울이 가졌던 선교에 대한 급진적인 관점은 민족적 (혹은 그 외의 다른) 가치와는 상관없이 주어지는, 그리스도 안에 있는 하나님의 비상응적인 은혜에 기반한 것이었다. 바울이 이방인 회심자들에게 유대적 전통의 상징 자본("율법의 행위들")을 받아들이라고 요구하지 않았다는 사실은 이미 형성된 모든 가치 기준들에 의문을 제기하는, 무조건적인 은혜의 전복적인 능력에 의해 가장 잘 설명된다. 바울은 '민족중심주의'에 대한 일반적인 반감에 이끌렸던 것도 아니고, 이에 대응하는 '보편주의'를 향한 어떤 동기에 이끌렸던 것도 아니다. 바울의 신학을 재형성했던 것은 '본성적

---

20. 바울신학을 이런 방식으로 이해하는 것에 대해서는 Krister Stendahl, *Paul among Jews and Gentiles* (London: SCM, 1977), 2, 28-29, 130-31 [=『유대인과 이방인의 사도 바울』(가제), 감은사, 2021 근간]을 보라.

으로' 그리고 사회적으로 형성된 구별들을 약화시키는 (그러나 제거하는 것은 아닌) 무조건적인 그리스도-선물이었다. 이것이야말로 그를 강권하여 '복음'을 모두에게 전하게 만들었는데, 이는 그 복음이 아무에게도 독점된 것이 아니라는 바로 그 이유 때문이었다.[21]

바울의 신학이 구약 이야기와 이스라엘 역사라는 큰 틀 안에서 작동한다고 본 점에서 라이트는 옳다. 그러나 바울신학의 심오한 구조를 적절하게 평가하기 위해서는 폭넓은 화면(wide-screen)으로 보는 것만 필요한 것이 아니라, 삼차원적 시각(3D perspective)으로 보는 것도 필요하다. 바울은 인간(롬 5:12-21)과 이스라엘(롬 9:6-29)과 회심자들의 삶과(갈 4:8-10) 그 자신(갈 1:11-16)의 내러티브에 대해 말할 때마다 은혜의 문법으로 형성된 독창적인 패턴에 근거해서 말한다(본서 제10장을 보라). 바울은 단지 '언약 이야기'의 연대기 위에서 현재를 그리고 있기보다, 도리어 하나님의 은혜가 어떻게 불가능한 것들을 창조하고 재앙을 구원으로 바꾸며 오직 자비에 의해서만 역사하는지를 반복적으로 증명하는 것에 관심을 기울인다. 그래서 바울에게 있어서 아브라함은 단지 여러 민족의 조상일 뿐만 아니라 은혜의 능력, 즉 인간의 가치가 부재하고 인간 능력이 없는 곳에서 역사하는 능력에 의해 형성된 민족의 프로그램화된(programmatic) 기원이 되는 것이다(본서 제7장을 보라). 그리고 라이트에게는 미안하지만, 이것이야말로 바울이

21. '새 관점'은 바울을 '특수주의'를 넘어서는 '보편주의'의 옹호자로 해석하는 경향이 있는데, 이 대조는 계몽주의적 정치학으로부터 나온 것이고, 다음 저작에서 그 극단까지 치닫는다. Daniel Boyarin, *A Radical Jew: Paul and the Politics of Identity* (Berkeley: University of California Press, 1994).

여전히 이스라엘 민족의 미래에 대한 소망을 가지고 있는 이유이기도 하다(롬 11:11-32). 이스라엘은 자비에 의해 형성된 민족이기 때문에, 그리고 이 은혜의 부요함이 그리스도 안에서 모든 민족들에게 퍼졌기 때문에, 바울은 하나님의 은혜가 이스라엘의 현재의 불순종 안에서도 그리고 불순종을 초월하여, 이스라엘에 대한 구원을 증명하게 될 것을 확신하는 것이다(본서 제9장을 보라).

'유대교 안의 바울'

최근 몇 년 사이에, 많은 학자들은 바울이 분명하게 '유대교 안에' 자리 잡고 있었음을 단언하는 것과 연관된 학파의 일원으로 자신들을 인식하고 있다.[22] 바울신학이 유대교를 폄하하거나 '기독교'와 유대교를 분리시키는 데 사용되던 것에 반대하여, '유대교 안의 바울' 학파는 바울이 자신을 (단지 후대에 창조된 용어인 '그리스도인'이 아닌) 유대인으로 간주했고, 항상 자신의 민족과 유대교 율법(즉, 토라)에 충성되게 남아 있었다고 주장한다. 또한 유대 율법으로부터의 '자유'에 관한 진술들은 단지 바울의 이방인 선교에만 연관된 것이며, 이는 율

22. 이 그룹 안에는 상당한 다양성이 있지만, 일반적으로, 그들은 로이드 가스톤(Lloyd Gaston), 크리스터 스텐달(Krister Stendahl), 존 게이저(John Gager)에 의해 개척된 홀로코스트(Holocaust) 이후의 해석을 계승한다. 이에 대한 대표적인 에세이들을 보려면, Mark D. Nanos and Magnus Zetterholm, eds., *Paul within Judaism: Restoring the First-Century Context to the Apostle* (Minneapolis: Fortress, 2015)을 보라.

법이 이방인들에게는 부과되어서는 안 된다는 바울의 주장을 뒷받침하기 위한 것이라고 말한다. 바울은 이방인들을 이스라엘의 하나님 및 아브라함과의 관계 속으로 인도하기를 원했지만, 이스라엘이 하나님과 관계 맺는 것과는 구분되는 방식으로, 곧 이방인들은 그리스도에 의존하는 그들 고유의 방식으로 그렇게 하기를 원했다는 것이다.[23] 이들의 주장에 따르면, 바울의 편지는 유대인이 아닌 이방인들을 대상으로 쓰였기에 이 편지들(적어도 갈라디아서)을 유대인들과 유대교에 대해 말하는 것으로 해석하는 것은 범주적 오류로 간주된다.[24]

이 책에서 제시하고 있는 바울신학 해석에 있어서도 바울이 유대적 전통 안에 있다는 것을 스스로 자각하고 있었음을 단언했다. 바울은 스스로 "유대인"(갈 2:15) 혹은 "이스라엘 사람"(롬 11:1)이라고 인식하고 있었고, 구약, 이스라엘, 하나님의 자비에 대한 그의 진술들은 제2성전기 유대교의 논의와 논쟁 **안에서**(*within*) 가장 잘 이해된다(본서 제3장을 보라).[25] 바울 역시 유대 민족을 중요한 의미에서 하나님에

---

23. 다음 저작들을 참고하라. Caroline Johnson-Hodge, *If Sons, Then Heirs: A Study of Kinship and Ethnicity in the Letters of Paul* (Oxford: Oxford University Press, 2007); Paula Fredriksen, *Paul: The Pagans' Apostle* (New Haven: Yale University Press, 2017). 이 그룹 안에 있는 어떤 학자들에게는, 이스라엘의 구원이 그리스도와는 구분되게 모세 언약을 통해서 이미 확보되었다고 간주된다. 이 그룹 안의 또 다른 학자들에게는 바울이 예수님을 메시아('그리스도'), 즉 이스라엘을 위한 메시아로 이해한다는 것이 아주 중요하다.
24. 이 마지막 주장에 대해서는 다음을 참고하라. Matthew Thiessen, *Paul and the Gentile Problem* (Oxford: Oxford University Press, 2016).
25. 그러나 우리는 다음의 사실에 주의해야 한다. 제2성전기 유대교가 더욱 다채

게 특별하다고 생각했고, 하나님의 취소될 수 없는 "부르심"의 수신자라고 생각했다(롬 11:28; 본서 제9장을 보라). 그러나 이 부르심의 근거가 하나님의 무조건적인 자비라는 것을 인식하는 것은 아주 중요하다. 바울에게 있어서 이 자비는 이스라엘의 정체성과 소망의 "뿌리"를 형성한 것으로서(롬 11:17-24) 이스라엘의 메시아인 예수님 안에서 결정적인 방식으로 베풀어졌다(롬 9:4-5; 15:8). 로마서 9-11장에서 분명히 나타나듯이, 바울에게 있어 그리스도 안에 있는 하나님의 선물과 관련 짓지 않고 이스라엘의 정체성에 대해 생각하는 것은 불가능했고, 이스라엘의 운명과 관련 짓지 않고 이방인 선교에 대해 생각하는 것도 불가능했다. 바울은 그리스도에 대한 복음을 모두를 위한 것, 즉 "모든 믿는 사람들, 먼저는 유대인에게 그리고 헬라인에게도"(롬 1:16; 2:9-10; 3:22-23) 주어지는 것으로 이해했다. "유대인과 헬라인 사이에 차별이 없기 때문입니다. 똑같은 주님께서 모든 사람에게 주님이 되어 주시고, 그를 부르는 모든 사람에게 부요하십니다"(롬 10:12; 참조, 고전 1:22-24).

이것은 바울이 (갈라디아서와 로마서에서 일차적으로 중요한, 암시된 청중으로서의) 이방인들에게 말할 때 반드시 유대인에 대해서도 말해야 했다는 것을 의미한다. 왜냐하면 전체 세상의 구원이 이스라엘을 향한 하

롭다고(variegated) 인지할수록, 바울이 유대인이었기 때문에 어떤 특정한 방식으로 생각하거나 살았음이 틀림없다고 주장하는 것은 더 어려워진다. 그리고 바울은 유대인이긴 하지만 여전히 특이한(anomalous) 인물이었을 것이다. John M. G. Barclay, *Jews in the Mediterranean Diaspora from Alexander to Trajan* (323 BCE-117 CE) (Edinburgh: T&T Clark, 1996), 381-95.

나님의 자비 위에 세워졌기 때문이다.[26] 바울이 (선지자들이나 다른 제2성전기 유대인들처럼) 이스라엘의 불순종을 논의하는 것은 이스라엘의 죄가 다른 민족들의 죄보다 심각하다는 것을 나타내기 위해서가 아니라 죄의 능력을 강조하기 위해서인데, 그 죄의 능력은 가장 선한 인간의 의도마저 정복해버렸고 가장 훌륭했을 법까지도 좌절시켜버렸다(롬 2:17-29; 7:7-25). 이러한 본문들은 기독교인들에 의해 유대인들이 배타적인 교만이나 자기에게 의지하는 자랑과 같은 엄청난 죄를 범했음을 가리키는 것으로 오용되어 왔지만, 여기서 바울의 목적은, 죄에 대한 가장 위대한 방어책인 토라조차도 실패했고 오직 **불의한 자에게** 주어지는 은혜만이 인간의 깊은 문제와 겨룰 수 있다는 것을 보여주는 데에 있었다. 바울은 (롬 11:25-26의 "신비"[mystery]에 근거해서) 이스라엘의 미래의 회복에 대해 확신했는데, 이는 이스라엘이 죄에 영향을 받지 않았기 때문이 아니라 하나님이 은혜로 이스라엘을 창조하시고 보호해 오셨고 현재는 잘려나간 이 가지들을 다시 접붙이실 수 있기 때문이었다(롬 11:24, 28-32).

우리가 보았듯이, 바울의 관점에서 이스라엘은 자신들의 메시아이신 예수님을 신뢰할 때 진정한 이스라엘이 될 수 있다. 그리고 이러한 결정적인 선물은 바울이 자신의 모든 유대적 유산들을 궁극적인 가치인 "그리스도를 아는 것"을 위해 포기하고 종속시킬 수 있음을 의미한다(빌 3:4-11; 제10장을 보라). 만약 토라를 지켜서 주님이신 그

26. 여기서 청중(바울이 말을 하고 있는 대상)과 주제(그가 거기에 대해 말하고 있는 주제)의 구분에 주목하라.

리스도를 섬기는 데 사용할 수 있다면 그것은 좋은 일이다(롬 14:1-11; 본서 제8장을 보라). 그러나 만약 토라 준수가 신자들 사이의 결속을 파괴시키거나 이방인들이 예수님께 가는 데에 장애물이 된다면, 유대인들은 베드로나 바울처럼 차라리 "이방인들의 방식"으로 살아가는 것이 더 나을 것이다(갈 2:11-14; 본서 제4장을 보라). 바울은 그리스도 안에 있는 유대인으로서 말하면서(갈 2:15-17) 하나님께 대해 살기 위해 "율법에 대해 죽었다"고 하는데(갈 2:19), 이는 그리스도의 선물에 의해 재형성된 정체성과 충성을 가진 사람들에게 율법이 더 이상 최고의 기준이 될 수 없기 때문이다(갈 2:19-21). 여기서 바울의 입장은 율법에 대한 전적인 순종과 완전한 거절 중에 하나를 택하는 단순한 이분법보다도 훨씬 미묘하다. 바울은 그리스도의 권위에 복종해서 복음의 목적을 섬기는 것이라면 확실히 유대인처럼 살아갈 수 있었다(고전 9:19-23). 그러나 복음은 예전의 가치 기준과는 상관없이 주어지는 선물을 선포하기에 (유대적이든, 비유대적이든) 모든 문화적 전통은 최고의 가치 기준에 종속되어야 하고 모든 실천은 그리스도의 목적에 부합해야 했다.[27]

바울은 하나님과 은혜, 구약 해석에 대한 내부적 논쟁에 참여했다는 의미에서 정말로 '유대교 안에' 자리 잡고 있었다. 그러나 바울은 이 은혜를 그리스도 안에서 결정적으로 주어진 비상응적인 선물

27. 더 자세한 내용은 캐롤라인 존슨-핫지(Caroline Johnson-Hodge)와의 대화를 위해 쓴 글인 John M. G. Barclay, "An Identity Received from God: The Theological Configuration of Paul's Kinship Discourse," *Early Christianity* 8 (2017): 354-72을 참고하라.

로 해석했기 때문에, 그의 유대적 개념들은 급진적으로 그리고 간혹 은 역설적인 방식으로 재구성되었다. 우리는 유대교에 대한 잘못된 기독교적 캐리커처로 돌아가서도 안 되고, 바울이 내재적으로 결함이 있는 '유대교'를 맹비난한 것처럼 해석하는 데로 돌아가서도 안 된다. 그리스도-선물은 한때 상징 자본으로 여겨지던 모든 것을 재설정했는데(빌 3:8; 갈 6:14), 여기에는 이제 그리스도 안에서 성취되었고 그리스도에게 종속되어버린, 바울의 유대적 충성까지도 포함된다.

이렇게 이 책에서 제시된 바울 읽기는 오랫동안 세워진 전통적인 해석과 최근의 해석 사이를 교차한다. 이 해석은 은혜를 둘러싸고 있는 몇몇 신앙고백적 논쟁을 해결할 역량을 가지고 있을 뿐만 아니라, 최근의 해석들에 더 강력한 주해적 근거를 더해주고 몇몇 약점들을 수정해준다. 물론 모든 읽기는 그 대상 본문에 책임을 질 수 있어야 하며 또한 부단히 공들인 주해로만 세워질 수 있다.

그러나 나는 여기서, 은혜라는 익숙한 주제에 대한 신선한 접근을 통하여, 우리를 오래된 논쟁으로 다시 끌고가지 않고 오히려 바울 사상의 전모를 새로운 방법으로 구성하도록 해주는 최소한의 분명한 논거를 제시했다. 이제 이 해석이 현시대의 과제에 대하여 '바울과 함께 생각하기'를 시도할 때 어떤 자원을 공급해줄 수 있는지를 제시해볼 차례다.

제13장
바울과 오늘날 은혜의 역동성

오늘날 서구의 많은 사람들은 산타클로스를 생각하는 것과 유사한 방식으로 하나님에 대해 생각한다. 즉, 하나님을 다정한 인물로 여기면서 무언가 필요할 때만 찾고, 그래서 하나님이 생각하시기에 당신이 충분히 착한 사람이면, 친절하게 대해주시기를 희망하는 것이다. 나는 이 책에서 바울 복음의 패턴은 이와는 아주 다르며, 실제로, 하나님은 산타클로스의 이미지와는 정반대라고 주장했다. 잘 알려진 크리스마스 캐럴인 '산타 할아버지가 우리 마을에 오시네'(한국어 곡명은 '울면 안 돼'—역주)를 보면, 산타의 업무는 누가 착하고, 나쁜지에 대한 목록을 지니고 다니면서, 거기에 따라서 선물을 나누어 준다. 다시 말해서 산타 할아버지의 선물은 조건적이다. 산타는 착한 사람들에게 선물을 준다. 대부분의 책임감 있는 수여자들처럼 그는 가치 있는 수신자들에게만 주고, 누가 그런 사람들인지를 찾아낸다. 그러나 선물이 일단 주어지고 나서는, 거기에 아무런 관계도 생성되지 않으며, 감사 표현도 없고, 보답에 대한 아무런 기대도 없다(어린이들은 산타에게 선물을 요청하는 편지는 쓰지만, 한번이라도 산타에게 감사 편지를 쓰거나 그가 크리스마스 이후에 어떻게 지내는지를 묻는 어린이가 있는가?). 다시 말해, 산타의 선물은 상응적이지만 비순환적이다. 그것은 자격 있는 수신자들에게 주어지지만, 어떠한 '부대 조건'도 없다. 이는 현대의 도덕적 이상과 잘 어울리는데, 그것은 바로 서구의 개인주의이다.

은혜에 대한 바울의 메시지는 정반대다. 비상응적이며 순환적이다. 그리스도-선물은 '불경건한' 사람들에게 주어지고—가치의 부재 속에서—성별, 인종, 지위, 성공 같은, 사전에 이미 형성된 어떤 가치와는 상관없이 모두에게 주어진다. 거기에는 '목록'이 없으며, '누가 나쁘고, 착한지'에 의해서 결정되는 선택도 없다. 그러나 그것은 인간 수신자들을 변화시키기 위해서 주어지고, 영원한 관계를 세운다. 이 선물의 수신자는 필연적으로 감사, 순종, 변화된 행위를 그들의 삶을 통해서 표현해야 한다. 이 은혜는 값없는 것이지만(사전 조건이 없지만), 값싼 것은(기대나 의무가 없는) 아니다. 이 선물을 받은 사람들은 관계 속에 머무르게 되고, 그들의 삶은 새로운 습관, 새로운 성향, 그리고 새로운 은혜의 실천에 의해서 변화된다.

우리는 이 책에서 바울의 편지들(특히 바울의 저작권에 대해 논란이 없는 편지들)에 초점을 맞추었다. 다루는 범위를 신약 성경 전반으로 더 넓게 잡았더라도, 은혜의 패턴은 전체적으로 똑같이 나타났을 것이다. 복음서에서 예수님은 사회적으로 낙인찍힌 사람들, 잃어버린 사람들, 가치 없는 사람들과 교류했다. 즉, 예수님은 창녀들과 세리들과 문맹인 어부들과 어린이들과 질병과 민족성으로 인해 소외받는 여성들과 교류했다. 이들과 예수님의 교류는 하나님의 환대를 상징한다. 예수님은 가치에 대한 표준적인 기준과는 상관이 없는 "주의 은혜의 해"를 선포하시며(눅 4:18-19), 실제로는 종종 그 가치 기준들에 대해 도발적으로 반대하시기도 하셨다. 그는 민족적인 차별을 뛰어넘는 자비에 대한 이야기(선한 사마리아인의 비유, 눅 10:29-37), 절망적으로 빚진 사람이 빚을 탕감받는 이야기(마 18:23-35), 그리고 탕자의 귀환을 기다리는 신적 사랑에 대한 이야기(눅 15:11-32)를 해주셨다. 이는 비록 다른 형식으로 표현되었지만, 바울에 의해 선포된 것과 유사한, 자격 없는 사람에게 주어지는 비상응적인 자비이다. 그와 동시에 이 은혜는 결코 값싼 것이 아니다. 예수님은 하나님께 불순종하는 사람들을 격렬하게 비난하고 제자들에게는 무거운 요구를 하셨다. 이것은 '무엇이든 허용해주는' 그런 은혜가 아니다. 예수님은 하나님 나라로 들어온 것을 환영받은 사람들에 대한 강력한 기대를 되풀이하며 분명하게 보여주셨다. 용서받은 사람에게는 용서할 것을 기대하셨고(마 6:12), 무화과 나무에는 열매를 맺을 것을 기대하셨고(눅 13:6-9), 제자들은 섬기도록 부르셨고(막 10:41-45), 부자에게는 나누어 줄 것을 기대하셨고(눅 19:1-10), 사랑받은 사람에게는 사랑하라고 명령하셨다(요 13:34-35). 이것들은 추가적인 선물을 얻기 위한 것이 아니라, "구원이 이 집에 이르렀을 때"(눅 19:9) 나오는 자연스러운 반응이다.

바울 전통 속에 있으면서 (아마도) 바울 이후에 쓰여진 편지들도 값없는, 하지만 보답을 요구하는, 선물의 똑같은 패턴을 보여준다. 비유대인에 대한 아주 특별한 환대는 (바울서신에서) 계속 이어지는 환영의 문제다. 하나님에게서 멀리 떨어져 있던, 그래서 죄 가운데 "죽었던" 사람들이 이제는 무조건적인 선물에 의해서 하나님의 백성에 포함되었다(엡 2:1-21). 이 점은 다음과 같이 일반화될 수 있다. "그리스도 예수님이 죄인들을 구원하시려고 세상에 오셨다는 이 말은 확실하고, 전적으로 동의할 만한 말입니다"(딤전 1:15). 이 구원은 "우리의 행위에 근거한 것이 아니라 하나님 자신의 계획과 은혜에 근거해서"(딤후 1:9) 주어진 것이다. 그러나 이 은혜는 수신자들을 있는 그대로 내버려두지 않는다. "예수 그리스도는 우리를 위하여 그 자신을 내주셨는데, 이는 우리를 모든 불법에서 속량하시고, 깨끗하게 하셔서, 선한 행위에 열심을 내는 그의 백성으로 삼으시려는 것입니다"(딛 2:14). 이것은 때때로 주장되어왔던 것처럼, 은혜의 복음으로부터 나와서 '도덕주의'로 빠지는 것이 아니다. 이 '선한 행위'는 신자들의 공동체 속에서 순환되고, 그들로부터 나와서 다른 사람들에게 흘러가는 긍휼과 상호지지의 행위다. 다시 말해, 우리가 위에서 살펴보았던(본서 제11장을 보라) 베풂을 세워가는 공동체 속에서의 은혜의 실천이다. 여기서도 역시 하나님의 은혜는 변혁적이다. 즉, 하나님의 은혜는 수신자들을 새롭게 만들기 위해서 경계나 조건이 없이 주어진다.

그런데 이 같은 사실들이 오늘날의 우리들에게 함의하는 바는 무엇인가? 바울의 은혜 신학은 우리 자신의 시대와 장소에서 어떻게 재상황화될 수 있는가? 이 질문이 무엇을 수반하는지를 아는 것이 중요하다. 우리는 우리를 바울로부터 분리시키고 있는 시대와 문화의 거리를 뛰어넘어서, 단순히 본문과 개념을 그대로 우리에게로 옮겨올 수는 없다. 우리 자신의 문화적 맥락은 바울의 것과는 아주 다르며, 우리는 이 둘이 함께 공명하는 부분들을 식별하기 위해 해석상의 다양한 창조적인 기술이 필요하다. 신학적인 해석(theological interpretation)은 바울신학이 수 세기에 걸쳐서 수용되고 재적용되어온 방식으로부터 배우기를 시도한다. 그것은 바울의 편지들을 원래의 역사적 맥락 속에서 이해하는 것으로부터 영감을 얻으면서도 오늘날의 새로운 맥락에 맞게 그의 신학을 재해석하는 데 필요한 자유를 주장하는 것으로서, 다른 언어로, 추가적인 신학적 자료들의 도움을 받아서 수행된다. 이에 대한 예시로 나는 여기에서 바울의 은혜 신학이 오늘날의 상황과 공명할 수 있는 세 가지의 방법을 제시하려 한다. 첫째는 상속된 가치 체계에 도전하는 공동체를 준비시키는 것이고, 둘째는 개인 자존감의 위기를 해결하는 것이고, 셋째는 가난한 **사람에게**(to) 베풀어 주는 것이 아니라 **그들과 함께**(with) 베푸는 형식으로 상호적인 베풂의 실천을 조성하는 것이다.

도전하는 공동체

바울의 은혜 신학은 예전의 경계를 가로지르고 이전에 확립된 가치의 위계 구조에 도전하는 혁신적인 공동체 창조 속에서, 또 이를 위해서 발전되었다. 그것은 사회적 관점에서 표현을 요구하는데, 기존 문화에 대항하는 새로운 실천을 창조해낼 때만이 비로소 실현될 수 있다. 은혜 안에 있는 하나님의 부르심은 인종, 지위, 성별의 표준적인 분류 체계를 고려하지 않기 때문에, 은혜에 따라 세워진 공동체는 전통적인 관습에 얽매이지 않는 식사, 모임, 그리고 상호적인 돌봄의 양식을 통해 그 안에 은혜가 있음을 증명하는 것이 필요하다.

그렇다면 오늘날의 교회는 어느 정도까지, 그리고 어떤 방식으로 이 은혜로 형성된 정신을 드러내며, 문화적으로 지배하고 있는 가치에 대한 평가에 도전할 수 있는 역량을 입증해야 할까? 교회가 깊은 잠재의식적 단계까지 교회 밖의 사회적 표준에 의해 형성되는 것, 그리고 그리스도의 복음이 민족성, 인종, 계급, 지위, 성별에 관한 표준적인 문화적 가정들(cultural assumptions)을 지지한다고 상정하는 것은 깜짝 놀랄 정도로 쉽게 발생한다. 암묵적으로 (그리고 때로는 아예 드러내놓고), '우리와 같은 사람들'과 '다른 사람들' 사이에 장벽이—경멸적인 태도이든지 아니면 후원해주는 태도이든지 간에—세워진다.[1] 어떤 종류의 사람들은 한 교회에 출석하고 다른 종류의 사람들은 또 다른 교회에 출석하는 식으로, 교회는 동종의 문화집단으로 쉽게 안주하게 되고, 이에 따라 깊게 뿌리내린 문화적 가정들은 더욱 고착화되는데, 이는 그들의 공동체가 섞이지 않기 때문이다.[2] 심지어 한 교회 안에서도 다른 '유형'의 사람들에 대한 차별화된(different) 섬김은 각

1. J. Louis Martyn, "From Paul to Flannery O'Connor with the Power of Grace," in his *Theological Issues in the Letters of Paul* (Edinburgh: T&T Clark, 1997), 279-96을 보라. 그는 여기서 플래너리 오코너(Flannery O'Connor)에 의해 쓰인 강력한 단편 소설('계시')에 대해 말하는데, 이는 낮은 사회적 지위를 가진 사람들에 대한 깊은 편견에 대한 것이다.

2. 이 논의와 연관해서 '아파르트헤이트'(예전에 있었던 남아프리카 공화국의 인종차별 정책—역주)에 있어서 그리스도인들의 역할에 대한 논의를 보려면, Richard Burridge, *Imitating Jesus: An Inclusive Approach to New Testament Ethics* (Grand Rapids: Eerdmans, 2007), 347-409을 참고하라.

교회의 사회적 문화를 굳어지게 한다. 바울이 깨달았듯, 문화의 '아비투스' 속에 깊이 뿌리내린, 상속받은 사회적 기준들을 깨트려 나가는 것은 쉬운 일이 아니다. 그러나 바울은 이러한 가정들을 전복시키는 십자가의 신학을, 그리고 가치의 모든 표준을 재조정하는 은혜의 신학을 주장했다. 이 은혜의 신학은 계층적 장벽을 깨트리는 사람들에 의해서(예, 초기 감리교 운동), 인종적 차별에 도전하는 사람들에 의해서(예, 마틴 루터 킹[Martin Luther King]), 장애인과 비장애인 모두의 가치를 분명히 보여준 사람들에 의해서(예, 라르쉬 공동체[the L'Arche communities]: 장 바니에가 시작한 지적 장애인들을 중심으로 한 생활 공동체다—역주) 가장 분명히 나타났다. 이 모든 것들은 은혜의 전복적인 능력을 증명해주는 것이며, '엘리트' 가문이나 '우월한' 교육 수준이나 피부색이나 우리 몸의 능력을 더 중히 여기지 않는 것이다. 바울의 은혜 신학은 실제로 그리스도인들이 인종차별, 남녀차별, 그리고 모든 종류의 부정적인 고정관념에 도전하는 데 있어서 풍성한 자원이 된다.

우리 사회의 문화적 가정들을 뛰어넘는 공동체를 창조하고 유지시키는 일은 쉬운 작업이 아니며, 은혜의 이름으로 이를 어떻게 해낼 것인가에 대한 간단한 공식은 존재하지 않는다. 바울은 "유대인도 헬라인도 없으며, 종도 자유인도 없으며, 남자와 여자가 없는"(갈 3:28), 그런 차별 없는 공동체를 세우고 지원했다. 이는 그러한 범주들의 완전한 제거를 의미하는 것이 아니라, 이 공동체가 그들에 의해 전달되는 가치의 위계 구조를 약화시키며 모든 정체성이 그리스도를 아는 "더 우월한 가치"(빌 3:8)로 새롭게 방향 설정될 것을 정말로 요구한다는 것이다. 이것은 우선적으로, 그리고 가장 중요하게, 모든 신자들이 종이든지, 해방된 노예든지, 자유인이든지(몬 16; 고전 7:21-24), 그리스도 안에 있는 형제요 자매로서 존중받으며, 사랑받아야 한다는 것을 의미한다. 종들은 자유인들보다 가치가 부족하지 않은데, 이는 그들의 법적인 지위가 하나님 앞에서의 가치와는 상관이 없기 때문이다. 바울은 노예제도를 없애는 어떤 경제적 구조를 상상하지 않았고, 아마도 상상할 수도 없었기에, 신자들이 형제로 여기는 종들을 여전히 소유하는 것이 무엇을 의미하는지에 대해서는 모호한 입장으로 남아 있다. 바울 당시와는 달리, 인간에 대한 소유권을 거부하는 신학적 윤리를 갖춘 경제적·사회적 조건 속에서 우리는 바울의 자원들을 사회 정의에 대한 더 포괄적인 윤리로 발전시킬 수 있을 것이다.[3] 젠더 이슈와 연관해서, 바울은 성과 결혼에 대한 가정들을 뒤집어 독신의 유익을 장려하는 정도까지(고전 7장) 젠더 정체성을 급진적으로 재고할 수 있었다. 또한 전통적인 젠더와 지위에 대한 기준들과 어울리지 않는 여성의 리더십에 대해서도 가능성을 열어 두었다(예, 롬 16:1-5에 있는 뵈뵈와 브리스가, 그리고 롬 16:7에 있는 유니아).[4] 바울과 다른 역사적 맥락 속에서 그리고 추가적인 신학적 도구를 가지고, 우리

3. 바울의 자유와 평등의 개념과 계몽주의로부터 상속받은 이에 대한 우리의 개념 사이의 부분적인—오로지 부분적인—겹침에 대한 논의에 대해서는, John M. G. Barclay, "What Makes Paul Challenging Today?" in *The New Cambridge Companion to St. Paul,* ed. Bruce W. Longenecker (Cambridge: Cambridge University Press, 2020), 299-318을 보라.
4. 바울과 젠더에 대한 방대한 문헌들 중에서, 충실한 자료로 뵈뵈의 삶을 재구성한 작품을 보려면, Paula Gooder, *Phoebe: A Story* (London: Hodder & Stoughton, 2018) [=『이야기 뵈뵈』, 에클레시아북스, 2021]을 참고하라.

는 바울의 이 자원을 그가 상상할 수 있었던 것보다 더 깊이 발전시킬 수 있고, 또 그래야만 한다. 그러나 본질적인 요점은 여전히 바울에게서 나온 것이다. 즉, 은혜는 젠더나 나이나 부나 지위나 인종과 관련해서 차별적으로 주어지지 않는다. 이를 근거로 할 때, 어떠한 차별, 어떠한 불평등한 처우, 별로 중요하지 않은 지위를 가진 것으로의 취급은 그리스도 안에 있는 하나님의 은혜의 복음을 모욕하는 것이 된다.

바울은 안디옥(갈 2:11-14)과 고린도(고전 11:17-34)와 로마(롬 14:1-15:6)에 있었던 공동식사의 맥락에서 은혜의 실천을 주장한다. 이 식사에서, 특히 “주의 만찬”에서(고전 11:20), 공동체는 구성원 간의 상호 환대와 그리스도로부터 받는 환대로 형성된다. (지금은 ‘성찬’, ‘주의 만찬’, 혹은 ‘미사’ 등의 다양한 이름으로 불리는) 이 식사에서 교회는 차별하지 않는 은혜로 창조된 공동체로서의 지위를 가장 분명하게 회상하게 된다. 그리스도가 ‘우리를 위해’ 몸을 드리신 곳에서, 공동체는 각 구성원들—그리스도는 이들을 위하여 죽으셨다(고전 8:11; 롬 14:15)—의 가치에 대해 듣게 되고, 신자들은 육체적으로/정신적으로 오직 은혜에 의해 하나님의 자녀가 되었다는 사실을 상기하게 된다. 바로 그 순간에 인종적 기원이나 교육적 성취나, 나이나, 계층에 대한 문화적 편견은 사라지고, 신자들은 은혜의 수신자가 되며, 그래서 가장 진정한 자신들을 발견하게 된다.

바울에게 있어서 각 사람의 가치는 그리스도 안에서 하나님의 사랑에 의해 받게 된 가치 속에 존재한다. 신자들은 “그리스도께서 위하여 죽으신”(고전 8:11) 다른 사람들을 돌보기를 요구받는다. 이는 우리가 모든 사람을 무조건적인 은혜의 그 유일한 행위에 의해 부여받은, 똑같은 가치를 지닌 존재로 여기게 하기 위해서, 바울이 말한 것처럼 그리스도께서 모두를 위해 죽으셨기 때문이다(고후 5:14-15). 이것은 인권의 기초와 개인의 가치에 대한 현대의 논의에 독특한 기독교적 공헌을 할 수 있는 출발점을 마련해준다. 미국의 독립선언문은 다음과 같이 진술한다. "우리는 다음의 진리를 자명한 사실로 받아들인다. 모든 사람은 평등하게 창조되었고, 창조주에 의해서 어떤 양도할 수 없는 권리를 부여받았는데, 그 권리들 중에 생명과 자유와 행복의 추구가 있다." 오늘날에는 이런 주장이 어떻게 '자명한' 사실로 간주될 수 있는지 전혀 확신할 수가 없고, 이것을 당연한 것으로 받아들일 수 있는 사람은 거의 없다. 국제연합(UN)의 세계인권선언에는, '창조주'에 대한 언급이 사라지고, 단지 다음의 주장만이 나타난다. "모든 인간은 태어날 때부터 자유로우며 그 존엄과 권리에 있어 동등하다. 인간은 천부적으로 이성과 양심을 부여받았으며 서로 형제애의 정신으로 행동하여야 한다." 이것의 초안이 작성된 이래로, "그 존엄과 권리에 있어" 평등하다는 것의 기초에 대해서는 아무런 합의가 이루어지지 않았다. 실제에 있어서는 권력, 부, 그리고 자국중심주의의 영향이, 어떤 생명들이 다른 생명보다 더 중요하며 어떤 사람들의 존엄은 거부된다는 것을 확인시켜줄 뿐이다. 전통적으로 기독교 신학은 "하나님의 형상"(*imago Dei*)으로 창조되었다는 사실을 기초로 하여 각 개인의 존엄성을 단언해왔지만, 이 모티프가 무엇을 함의하는지 혹은 실제로 이런 비중을 가질 수 있는지에 대해서는 전적으로 분명한 것은 아니다. 바울신학은 다른 방향으로 접근할 수 있는데, 각 사람의 가치를 (단지) 본성이 아니라 은혜에 두게 하는 것이다.[5] 이를 근거로 볼 때, 인종적, 젠더적, 사회적 차별은 그리스도 안에서 차별하지 않는 하나님의 은혜를 선포하는 '복음의 진리'를 모욕하는 것이다.

당신이 그만한 가치가 있기 때문에

우리는 특히 청년들 사이에서 자존감이나 자아 가치감(self-worth)이 심한 압박을 받는 시대에 살고 있다. 실제로 서구 사회에서의 연구는 자아 가치감의 위기가 급속한 확산 단계에 이르렀음을 보여준다. 학교와 대학과 상담가들과 교회와 의료계 종사자들은 근심과 자기 회의와 우울증과 자존감 상실로 고통받고 있는 사람들의 숫자가 급격하고도 충격적으로 증가하고 있음을 보고한다. 이러한 질병들은 여러 증세로 나타난다. 즉, 자해, 공황장애, 식사장애, 수면장애, 강박행동, 자살 충동, 그리고 참 비극적이게도, 자살로 말이다. 이 문제는 다양한 원인을 가지고 있지만, SNS에 의해 가중되고 있는 것으로 보이는데, 이는 SNS가 인기, 용모, 체형, 그리고 성공에 있어서 매력적

---

5. 골 1:15-20에서 그리스도는 '하나님의 형상'으로서, 또한 모든 피조물을 통일시키는 능력으로서 찬양받는다. 이 틀 안에서, 모든 존재하는 것들의 가치는 기독론적인 기초를 부여받음으로 창조와 은혜가 결합된다. 그러므로 각 개인의 가치는 그들의 창조와 그들의 화해 둘 다에 존재하고, 이 둘 모두 '그리스도 안에서' 유효하게 된다.

인 자아상을 투영하기를 요구하기 때문이다. 달성 불가능한 높은 기대와 깨어지기 쉬운 자아의 조합은 고통을 만들어내는 원인이 된다. 사람들이 하나님의 심판보다 자신들의 동료들의 심판을 더 두려워하는 이 시대에 우리는 점점 더 신경질적이고 비판적이며 잔인하게끔 변해왔으며, 그리고 이것들이 해결하기 힘든 문제임은 계속해서 증명되고 있다.

바울의 복음 속에서 인간의 가치는 (태어날 때부터) 부여받거나, 스스로가 성취한 어떠한 형태의 상징 자본에도 의존하지 않는, 오직 하나님의 은혜에 근거하여 세워진다. 어느 누구도 자신을 모두의 가장 중요한 무대에서 '그만한 가치가 있는' 사람으로 만들 수도 없고, 또 그렇게 만들 필요도 없다. 여기서 우리는 "은혜의 심리학"에 대해 말할 수 있다.[6] 현대의 자존감 위기에 대한 응답으로, 많은 이들은 "그렇게 되어야 한다고 기대하며 당신에 대해 생각하는 것을 내려놓고 당신을 있는 그대로 받아들이라"고 간청해왔다.[7] 그러나 오늘날의 많은 사람들에게서 발생하듯이, 당신의 받아들임 속에서 '있는 그대로의 당신'이 허물어져버린다면, 이 방법은 도움이 되지 않는다. 이 받아들임이 우리 자신들의 바깥에서부터 온 것이 아니라면, 그리고 전적으로 권위가 있고 완전히 믿을 만한 것이 아니라면, 우리는 스스로 가치가 있다고 생각하기보다는 여전히 가치 있게 되기를 바라는

---

6. 심리치료사이자 신학자인 Dorothy W. Martyn, *Beyond Deserving: Children, Parents, and Responsibility Revisited* (Grand Rapids: Eerdmans, 2007)을 보라.
7. 이것은 유명한 책인 Brené Brown, *Gifts of Imperfection* (Center City, MN: Hazelden, 2010) [=『불완전함의 선물』, 청하출판사, 2011]의 부제이다.

채로 남겨지게 될 것이다.

마르틴 루터(Martin Luther)는 1518년에 있었던 하이델베르크 논쟁에서 자신의 마지막 명제(§28)를 다음과 같이 분명히 했다. "하나님의 사랑은 자신에게 기쁨이 되는 대상을 찾아다니지 않고, 오히려 그것을 창조한다. 인간의 사랑은 자신에게 기쁨이 되는 대상을 찾음을 통해서 생성된다"(나의 번역). 이 대조의 요점은 간단하지만 심오하다. 인간의 사랑은 매혹적인 이끌림에 의한 것이다. 우리는 선하고, 아름답고, 유용한 무엇, 즉 그 대상 안에 이미 존재하는 무엇에 의해 이끌리게 된다. 우리는 우리가 볼 수 없거나 상상할 수 없는 무엇을 사랑할 수 없고, 악하고 추한 것으로부터는 돌아서게 되는데 이는 그들이 우리에게 매혹적이지 않기 때문이다. 우리를 매혹하거나 혐오하게 하는 것은, 물론 우리 자신의 가치 기준에 달려 있다. 우리는 우리에게 사랑받을 만하다고 여겨지는 것을 사랑한다. 이와는 대조적으로, 복음에 근거하여, 그러나 지배적인 철학적 전통에 반대하여 루터는, 하나님의 사랑은 자신에게 기쁨이 되는 무엇, 즉 하나님의 사랑이 향하도록 이끄는 무엇을 찾지 않는다고 주장한다. 오히려 하나님의 사랑은 기쁨이 되고 선한 것을 창조하고, 수여하고, 없는 것으로부터 만들어낸다. 이 명제에 대해서 루터가 설명했듯이, "그러므로 죄인들은 [하나님께] 매혹적인데, 이는 그들이 사랑받기 때문이다. 그들은 그들이 매혹적이기 때문에 사랑받는 것이 아니다. … 이것이 십자가에서 생성되는 십자가의 사랑인데, 이 사랑은 즐길 만한 선이 발견되지 않는 곳으로 향하고, 나쁘고 궁핍한 사람에게 선을 베풀 수 있는 곳으로 향한다."[8] 다시 말해, 은혜는 무조건적이다. 그것은 가치에 대한 인간적 고려에 의존하지 않고, 오히려 가치를 주는데, 그 가치는 유일하게 중요한 가치인 하나님께 사랑받는 가치이다.

물론 하나님께 사랑받음이라는 가치는 긍정하기는 쉬워도 느끼기란 쉽지 않다. 우리 자신으로부터 이를 알고 느끼려는 우리의 개인주의적 열망에 대항해서, 바울은 각자가 다른 사람들을 존경하고 긍정해주는 공동체의 사회적 비전을 제시한다. "서로에게 존경을 표하는 일을 앞서 하십시오"(롬 12:10). 이것은 강력한 명령이다. 곧, 이것은 자신이 스스로에게 말할 수 없는 것을 다른 사람들에게 확실히 들려주라는 책임감을 각 사람에게 부여해준다. 그리고 물론 이 말은 실천이 동반되어야 한다. 우리가 보았듯이, 바울은 신자들이 수치를 당하거나 굴욕을 당했을 때 분노했다(고전 11:22). 그는 식사 자리나 그 외의 장소에서 "그리스도가 위하여 죽으신" 각 사람의 가치를 표현해주는 실천을 기대했다(롬 14:15). 그래서 결국 인내심 있고 회복력 있는 장기간의 관계가 서로서로의 진정한 가치를 표현해주는 유일한 방법이 된다. 친밀한 관계들이 깨지기 쉽고 그 수효가 적다면 그것만으로는 충분하지 않다는 것을 증명한 셈이고, 교회처럼 다양한 공동체가 여러 어려움에도 불구하고 장기적으로 보았을 때 단일하거나 제한된 지지 기반보다 회복력이 크다는 것을 증명할 수 있을 것이다. 더욱이 교회는 각 사람의 가치가, 자체의 오류에 빠지기 쉬운 자원들보다 더

8. Martin Luther, *Heidelberg Disputation*, in *Luther's Works* (St. Louis: Concordia; Philadelphia: Fortress, 1955-1986), 31:39-70, Thesis 28.

위대한 실재에 의존하고 있음—즉, 다른 모든 것이 실패할 때에도 하나님의 사랑은 실패하지 않는다—을 분명히 해줄 수 있다.[9] 우리가 필요로 하는 것은 이 메시지를 확실하고 실제적으로 만들어 주는 더 좋고, 더 완전하고, 더 현실적인 방법들이며, 많은 청년들의 현재 심리 상태를 고려해볼 때 이보다 실존적으로 더 시급해 보이는 일은 거의 없다.

선물, 호혜성, '자선'

우리가 제11장에서 보았듯이 바울의 은혜 신학은 베풂의 실천을 강조하는데, 이는 은혜가 신자들로 하여금 하나님이 자비롭게 자신을 내어주신 것에 참여하도록 이끌기 때문이다. 그러나 우리가 가진 모든 것이 선물로 받은 것이라면, 그리고 그것이 우리가 다른 사람들과 나누도록 주어진 것이라면, 이것은 우리가 소유권과 소유물에 대해 지금껏 생각해 오던 틀을 변화시키고 우리가 가진 것을 마음대로 사용할 수 있는 '권리'를 가진다는 가정에 이의를 제기하게 한다. 근대 역사 속에서, 사유 재산권에 대한 주장은 지주들과 국가의 탐욕스러운 경향에 대항해서 개인과 가족을 보호하기 위해 발생했다. 그러나 이런 권리는 더 넓은 사회적 책임으로부터 결별하여 그 자체로서

---

9. Philip Yancey, *What's So Amazing about Grace?* (Grand Rapids: Zondervan, 1997) [=『놀라운 하나님의 은혜』, IVP, 2003]을 보라.

목적이 되어버렸고, 그 결과 국가는 이제 상호적인 돌봄의 틀을 제공해주기보다는 사유재산권 자체를 보호해주기 위해 존재하는 것으로 이해되고 있다. 우리는 '우리의' 자원을 마음대로 사용할 수 있는 권리를 점점 더 소중히 여김에 따라, 삶의 터전과 미래의 지속 가능성에 대해 점점 더 치명적인 위협을 가하고 있다. 이런 상황에서, 다른 사람들을 위해 위탁받게 된 신적 선물을 말하는 바울의 신학은 소유권에 대한 대안적인 개념을 생성시켜 줄 수 있는 역량을 가지고 있으며, 수여자(즉, 하나님)와 미래 세대들을 포함한 다른 사람들에 대한 우리의 책임감을 특히 중시한다.[10] 자치권, 선택권과 같은 서구의 중심적인 가치는 그것이 더 큰 사회적 목적을 섬기지 못할 때 그 한계를 보이기 시작하는데, 선물 공유와 공동체와 호혜성에 대한 바울의 신학은 더 균형 잡히고, 더 지속 가능한 정치경제학에 대한 자원들을 제공해 줄 수 있다.

제11장에서 우리는 바울의 선물 윤리 속에 있는 호혜성의 중요성에 대해 살펴보았다. 바울은 단방향의 선물을 이상적인 것으로 여기지 않으며, 몸을 주고받는 관계의 역동적인 공동체로서 이해한다. 사랑에 대한 기독교적 개념이 종종 자기 희생 및 자기 부정과 연관되어 왔음에도 불구하고, 바울신학은 더 미묘한 묘사를 위한 자원들을 제

---

10. 이 문제에 대한 신학적인 통찰을 위해서는 Kathryn Tanner, *Economy of Grace* (Minneapolis: Fortress, 2005) 을 보라. 그리고 금융자본주의의 위험에 대한 동저자의 통찰력 있는 분석을 보려면, *Christianity and the New Spirit of Capitalism* (New Haven: Yale University Press, 2019) [=『기독교와 새로운 자본주의 정신』, IVP, 2021]을 참고하라.

공한다.[11] 바울은 자아에 대한 관심과 다른 사람에 대한 관심이 반드시 경쟁관계에 있는 것으로 생각하지 않았다. 즉, 한 사람에게 이익이 되는 것이 반드시 다른 사람에게 손해가 되는 제로-섬 계산법이 적용된다고 생각하지 않았다. 자아가 집단적인 '우리' 안으로 들어올 때, 자아에 대한 관심이 사라지는 것이 아니라 공동의 장소에 저장되며, 그 이익은 공유된다. 이는 현대의 '이타주의' 개념, 즉 '나의' 관심(이기주의)과 다른 사람의 관심(이타주의) 사이의 이분법적인 대립 속에서 작동하는 전형적인 이타주의 개념에 중요한 의문을 제기한다. 일부 그리스도인들이 이러한 이타주의 모델을 사용하기를 간절히 바라왔지만, 우리는 바울의 편지들이 이와는 다른 방향을 가리키고 있다는 것을 발견했다. 자신의 이익을 위해서 다른 사람들을 희생시키는 일이라면 무엇이든 막론하고 포기되어야 하겠지만, 자아는 자신의 이익이 다른 사람들의 이익과 협력해서 성취되는 공동의 유익 속에서 번영할 수 있고, 또 그렇게 되어야만 한다.

그러므로 바울의 호혜성에 대한 모델은 하향식(top-down) 혹은 단방향으로 주어지는 개념에 어떠한 공헌도 하지 않는다. 많은 분석가들이 이제 인지하고 있듯이, 단방향 방식으로 동작하는 "자선", "섬김", "박애"의 양식들은 종종 유해한 것이 될 수 있음이 판명되었다.[12]

---

11. 기독교적 사랑에 대한 신학적 논의에 대해서는 Gene Outka, *Agape: An Ethical Analysis* (New Haven: Yale University Press, 1972)을 보라.
12. 최근의 논의를 보려면 다음 저작들을 참고하라. Steve Corbett and Brian Fikkert, *When Helping Hurts* (Chicago: Moody, 2009); Robert D. Lupton, *Toxic Charity: How Churches and Charities Hurt Those They Help (And How to Reverse It)* (New York: HarperCollins, 2011).

국제적인 수준(국제 '원조')에서, 그리고 더 자주는 지역적 수준의 자선 사업에서 단방향의 선물은 흔히 거들먹거리고, 모욕적이고, 권한을 빼앗는 형태로 나타난다. 이 단방향식 모델에서, 선의로 시작된 베풂이 동반자관계, 성장, 상호 존중보다는 분노나 지속적인 의존을 만들어내는 역효과를 초래할 수도 있다. 바울의 호혜성과 상호 의존의 윤리는 선물에 대한 대안적인 모델을 발전시킬 수 있는 자원을 공급해주며, 신학적인 근거 위에서 교회 안 뿐만 아니라 교회 밖에서도 적용가능하다. 실제로 이 대안적인 모델과 '공공선'에 대한 사회적 비전 사이에는 강한 공명이 있고, 지역적 수준에서는 '자산 기반 공동체 발전'으로 알려진 공동체 발전의 유형과도 공명한다. 이 관점의 철학적이고 실용적인 뿌리는 파울로 프레이리(Paulo Freire)의 해방적 통찰과 사울 알린스키(Saul Alinsky)의 공동체 조직 원리와 같은 다양한 자료들에 존재하지만,[13] 그 주요한 원리는 다음을 포함한다: 첫째, 공동체 자체가 이미 발견되고 발전될 준비가 된 다양한 선물을 이미 지니고 있다는 것에 대한 기대; 둘째, 오직 공동체 내부의 선물을 발전시키고 강화시킬 요량으로만, 외부의 재정적/인적 자원을 끌어오겠다는 결정; 셋째, 지역 공동체 안에서와, 적절한 경우에는 다른 단체와도 동반자 관계, 협력, 결속을 창출하겠다는 열망. 바울의 공동체 신학은 많은 점에서 이 비전과 긴밀하게 연결되는데, 특히 모든 몸의

13. Paulo Freire, *Pedagogy of the Oppressed* (Harmondsworth: Penguin Books, 1972) [= 『페다고지』, 그린비, 2018]; Saul Alinsky, *Rules for Radicals: A Pragmatic Primer for Realistic Radicals* (New York: Vintage Books, 1989) [=『급진주의자를 위한 규칙』, 아르케, 2016].

구성원이 공동체에 기여할 무언가를 가지고 있고, 아무도 다른 사람에게 "나는 네가 필요없어"(고전 12:21)라고 말할 수 없는, 상호 의존적인 공동체의 형성 속에서 그렇다.[14] 이런 점에서 '가난' 혹은 '빈곤'에 대해 단지 결핍이 존재한다는 것만 암시하는 것은 유익하지 않다(심지어 해롭다). 몸에 대한 바울의 모델에 의하면, 모든 사람은 다른 사람에게 줄 수 있는 무언가를 가지고 있기에, 가난한 사람들**에게**(*to*) 주는 것이 아니라 가난한 사람들과 **함께**(*with*) 주는 것을 기대해야 한다.[15]

* * *

이상은 이 책에서 우리가 탐구한 신학이 우리의 현대 세계와 연관해서 어떻게 자원을 공급해 줄 수 있는지를 보여주는 단지 몇 가지 방식들이다. 전통적으로 은혜의 주제가 개인들에게 우선적으로 적용되어 왔음에도 불구하고("나는 한때 길을 잃었지만, 이제는 찾았네": 찬송가 "나 같은 죄인 살리신"의 직역—편주), 나는 여기서, 바울이 은혜의 신학을 이방인 선교의 맥락에서 단지 개인의 회심뿐만 아니라 공동체의 형성과 연관시켜서 발전시켰던 사실에 따라, 은혜의 사회적 차원들을 강조하려고 애썼다. 확실히 은혜의 함의는 공동체적일 뿐만 아니라 개인

---

14. 더 깊은 논의를 위해서는 John M. G. Barclay, "Paul, Reciprocity, and Giving with the Poor," in *Practicing with Paul: Reflections on Paul and the Practices of Ministry in Honor of Susan G. Eastman*, ed. Presian R. Burroughs (Eugene, OR: Cascade, 2018), 15-29을 보라.
15. 전치사 'with'의 중요성에 대해서는 Samuel Wells, *A Nazareth Manifesto: Being with God* (Chichester: Wiley-Blackwell, 2015)을 보라.

적이고, 사회적일 뿐만 아니라 심리학적이기도 하지만, 바울에게 있어서 개인들은 우선적으로 다른 사람들과의 관계 속에서 복음을 듣고 경험했다. 우리가 확인했듯이, 바울에게 '신학'은 '윤리학'으로부터 분리시킬 수 없는 것이기에, 복음이 변화된 삶 속에서 표현되지 않는다면, 헛되이 받아들여진 것이다. 선물이나 은혜의 관점으로부터 바울에 새롭게 접근함으로, 우리는 그의 신학 전체를 새로운 빛 아래에서 볼 수 있게 된다. 그것은 바울 연구에 있어서 오랫동안 난제로 남아 있던 몇 가지 문제들을 해결해주고, 다양한 차원에서 현시대와 공명하게 해준다. 이런 점에서, 바울의 편지들을 면밀히 주해하면서 충분한 근거들을 가지고 역사적 맥락 안에서 이해하는 것은, 바울이 우리로부터 멀리 떨어져 있는 것이 아니라 우리에게 새로운 도전들과 신선한 가능성을 제시해 준다는 것을 밝혀준다. 우리가 처한 현재의 지성적/정치적 상황 속에서 이는 크게 환영받을 일이며, 최근 기독교 전통 밖에 있었던 몇몇을 포함한 일부 철학자들이 바울을 재발견하고 현시대를 바울의 "새로운 순간"으로 맞이한 것은 주목할 만한 일이다.[16] 과연 그렇다면, 바울이 우리의 현재 세계에 공헌한 가장 위대한 것들 중 하나는 그의 은혜 신학임이 틀림없다.

---

16. John Milbank, Slavoj Žižek, and Creston Davis, *Paul's New Moment: Continental Philosophy and the Future of Christian Theology* (Grand Rapids: Brazos, 2010).

『바울과 선물』 서평: 바클레이는 어떻게 샌더스를 넘어섰는가?*

김형태

“샌더스의 ‘언약적 율법주의’를 대체한 분석”(Francis Watson), “신약학계에 있어 기념비적인 책”(Beverly Gaventa), “지난 20년간 나온 바울 신학에 대한 책들 중 가장 뛰어난 책들 중의 하나”(Douglas Moo), “초충만한 학문적인 선물”(Douglas Campbell), “바울학계에서 샌더스 이후에 나타난 가장 중요한 책”(Markus Bockmuehl), “흥미진진하면서도, 바울의 은혜 신학에 대한 판도를 바꾸는 책”(Thomas Schreiner). 주류 학계와 복음주의 계열을 망라해서, 현시대의 주도적인 신약학자들이 『바울과 선물』에 대해 쏟아낸 찬사들이다. 이들의 찬사가 결코 과장이 아닌 것은, 이 책이 출판된 2015년 이후 열린 국제적인 신약학회의 바울 분과에 참석해 본 사람들은 바로 알 수 있을 것이다. 2015년 이후에 바울 분과에서 논문을 발표하는 사람들이 가장 많이 인용하고, 대화하는 책이 바로 존 바클레이의[1] 『바울과 선물』이기 때문이다. 또한, 이 책의 핵심을 담고 있는 문장인 "은혜는 모든 곳에 있다. 하지만, 은혜가 모든 곳에서 다 같은 뜻은 아니다"는 어느덧 신약학계에서 일종의 경구가 된 느낌이다.

왜 이렇게 야단법석일까? 본 서평자는, 이 책의 가치를 객관적으로 평가하기 위하여, 먼저 이 책의 내용을 요약하고 주된 내용을 설명한 후(본 서평에서 가장 중점을 두는 부분이다), 이 책의 특징과 바울학계에 미친 파장 및 기여, 그리고 논란이 되는 부분과 향후의 전망까지 다루는 일반적인 서평의 논의 순서를 그대로 따르고자 한다.

---

* 이 서평은, 『신약연구』, 18/4, 251-68에 기고되었던 것으로, 이 서평에서 "이 책"이라고 지칭하는 것은 『바울과 선물』을 가리킨다.

1. 이 책의 저자인 존 바클레이(John M. G. Barclay)에 대해서 간략히 소개해 보자면, 그는 케임브리지에서 모나 후커(Morna Hooker)의 지도로 갈라디아서에서 나타난 바울의 윤리학에 대한 논문인 *Obeying the Truth* [=『진리에 대한 복종』, 감은사, 2020]로 박사학위를 취득했고(1986년), 그 후 글라스고 대학교에서 가르치던 중, 40대 초중반의 나이로(2003년) 제임스 던이 가지고 있던 더럼대학교의 라이트풋 교수직(Lightfoot Professor)을 승계해서 지금까지 더럼대학교에서 가르치고 있다. 그는 다작하는 스타일은 아니지만, 『바울과 선물』이 나오기 전에 이미, *Jews in the Mediterranean Diaspora* (1996), *Against Apion* (Flavius Josephus: Translation and Commentary 10, 2006), *Pauline Churches and Diaspora Jews* (2011) 등 바울과 유대교에 대한 중요한 책들을 잇달아 발표하면서, 세계 바울신학계의 논의에 중심에 있던 학자였다. 특히, 2007년 SBL에서 바울과 제국에 대한 주제로 그가 톰 라이트와의 공개토론을 가졌던 일은 지금도 많은 학자들 사이에서 회자되고 있고, 그때 그들이 했던 공개 토론은 *Pauline Churches and Diaspora Jews*, 2nd ed. (2014)에 수록되어 있다.

1. 내용 요약 및 해설

이 책은 크게 4부로 구성되어 있는데, 제1부에서는 문화 인류학을 사용하여 바울과 그의 은혜 신학을 진단하기 위한 방법론적인 기초를 확립하고, 이를 바탕으로 바울의 은혜 개념이 고대 교회로부터 현재에 이르기까지 중요한 바울 해석자들에 의해서 어떻게 이해되어 왔는지를 살펴본 후, 제2부에서는 제2성전기 유대 문헌에서 은혜의 개념이 어떻게 다양하게 사용되었는지를 논증한다. 제3부와 제4부에서는 제1부와 제2부에서 도출된 결론을 가지고, 바울이 실제로 은혜의 개념을 어떻게 사용하고 있는지를 갈라디아서(3부)와 로마서(4부)의 중요 본문들에 대한 주해를 통해서 살펴본다. 1-4부까지의 중심되는 내용들을 좀 더 세밀하게 설명해보면 다음과 같다.

제1부: 선물과 은혜의 다양한 의미

제1장(선물의 인류학과 역사)에서 저자는 모스의 증여론에서 강조된 "선물" 인류학에 대해 소개한 다음, 문화 인류학적인 관점에서 선물 주고받기는 실제로 사회적 관계 속에서 모종의 중요한 역할(관계 형성, 친밀감, 충성 표시 등)을 하고 있으며, 대부분의 경우 일방적인 수여가 아니라 "상호 교환"이 일어날 가능성이 높음을 강조한다. 그래서 실제 고대 그리스-로마 세계에서 상호적인 관계를 촉진시키며, 대가를 기대하며 주던 선물 주고받기 문화가 종교개혁 시대와 칸트, 데리다 등을 거쳐서, 또한 도시화, 대량생산, 중앙집권적인 정부 등 사회의 구조적 변화를 통해서 어떻게 서서히 "일방적인", "대가 없는", "순수한" 등

의 개념이 결합된 현대 서구의 선물 개념으로 변화되었는지 추적한다.

제2장에서는, 이 책의 전체를 관통하고 있는 핵심 개념인, 은혜 개념의 여섯 가지 극대화에 대해서 다룬다. 극대화(perfection)란[2] 케네스 버크(Kenneth Burke)의 책에서 차용한 개념으로 "정의상의 명료함이나 수사적 또는 이념적 이점을 얻기 위해 어떤 개념을 그 말단이나 극단까지 끌고 가는 경향"(the tendency to draw out a concept to its endpoint or extreme, whether for definitional clarity or for rhetorical or ideological advantage, 127쪽)을[3] 가리킨다. 예를 들어, "한량없는 은혜"라는 표현은 수여받는 은혜의 가치나 양을 극대화시킨 것이며, "이 벌레보다 못한 죄인을 살리신 은혜"라는 표현은 수혜자의 자격 없음을 극대화시킨 것이다. 이런 식으로 저자는 은혜 개념의 여섯 가지 극대화를 소개하는데, 그것은 (1) 초충만성(superabundance: 은혜가 양적으로 흘러넘침), (2) 단일성(singularity: 은혜는 수여자의 무조건적인 선한 속성만을 나타냄), (3) 우선성(priority: 수여자의 은혜 행위가 시간상으로 우선적으로 발생함), (4) 비상응성(incongruity: 은혜가 수혜자의 자격이나 가치와는 상관없이 주어짐), (5) 유효성(efficacy: 은혜는 수혜자에게 끝까지 효력을 미치는 일종의 행위 주체로서 작동함),[4] (6) 비순환성(noncir-

2. "perfection"을 "극대화"라고 번역한 것은, 이 단어에 대한 문자적인 번역은 아니지만, 본 개념어의 정의가 가지는 뜻을 잘 살린 좋은 번역으로 생각된다. 본 개념에 대한 더 자세한 내용은, K. Burke, *Language a Symbolic Action: Essays on Life, Literature, and Method* (Berkeley: University of California Press, 1966), 16-20을 참고하라.
3. 본 서평은 국내 독자들의 편의를 위하여, *Paul and the Gift*의 국내 번역본인 『바울과 선물』 (서울: 새물결플러스, 2019)을 참고하여 쪽수를 기록하였다.
4. 이 여섯 가지 개념 중에서 사실 가장 이해하기 힘든 개념이 유효성이다. 유효성은 하나님의 은혜가 실제로 우리의 삶에 간섭하여, 우리의 삶을 이끌어

cularity: 은혜는 수혜자에게 아무런 대가를 기대하지 않고 일방적으로 주어짐)이다.

이렇게 정의된 은혜에 대한 여섯 가지 극대화를 가지고, 저자는 제3장에서 고대에서 현대에 걸쳐 중요한 바울 해석자들의 은혜에 대한 수용사(reception history)를 다룬다. 핵심은 이 바울 해석자들이 이해했던 은혜의 개념이 조금씩 다르다는 것이다. 예를 들어, 마르키온은 특징적으로 은혜의 "단일성"을 극대화시켰다. 하나님은 심판의 하나님이 아니라, 무조건적으로 자비를 베푸시는 사랑의 하나님이시기에 그는 구약의 하나님을 하나님으로 받아들일 수 없었다. 마찬가지로, 저자는 펠라기우스 논쟁에서 펠라기우스와 아우구스티누스의 결정적인 차이점을 바로 은혜의 유효성을 인정했는지의 여부로 설명한다. 펠라기우스도 비록 하나님의 은혜를 믿기는 했지만, 그가 이해한 은혜는 우선성과 초충만성만 극대화되었을 뿐, 아우구스티누스처럼 은혜의 유효성을 인정하지는 않았다는 것이다. 즉, 인간의 의지를 강조하여, 신자들 스스로가 자신의 의지로 선한 삶을 살아가는 것이 가능하다고 주장했던 펠라기우스에 반대하여, 아우구스티누스는 원죄의 흔적을 가진 모든 인간들은 매일매일 신자들의 삶을 이끌어 주시는 하나님의 은혜가 행위 주체로 동작하지 않으면, 인간 스스로 선한 삶을 살아가는 것이 불가능하다고 주장했다는 것이다. 이런 식으로 저자는 주요 바울 해석자들이 어떤 은혜의 개념을 특별히 강조했는지를 분석해 나가는데, 대표적인 인물들은 아우구스티누스(우선성, 비

나가는 행위 주체(agency)로까지 작동한다는 것으로, 현재 바울학계의 중요한 이슈 중의 하나인 신적 행위 주체와 인간적 행위 주체 개념과 연관된다.

상응성, 유효성),[5] 루터(우선성, 단일성, 비상응성, 비순환성),[6] 칼뱅(우선성, 비상응성, 유효성),[7] 칼 바르트(비상응성, 유효성),[8] 불트만(우선성, 비상응성),[9] 케제만

---

5. 저자에 따르면, 아우구스티누스의 은혜 신학의 핵심은 비상응성이며, 우선성과 유효성도 같이 강조하였다(159-160쪽). 또한 저자는 많은 신학자들에게 "은혜"가 이 세 가지 극대화를 의미하게 된 것은 아우구스티누스의 영향 때문으로 본다.
6. 저자는 루터가 "율법"과 "복음"을 대비시켜서, 그리스도는 율법 수여자 혹은 심판자보다는 오로지 베풀어 주시는 구원자로서 우리에게 다가오신다고 강조한다는 점에서 은혜의 단일성을 극대화하는 경향이 있다고 본다(201쪽). 또한 저자는 개신교 전통에서 "선물 주고받기"의 개념이 점차 대가를 기대하지 않는 "무조건적"인 은혜의 개념으로 바뀌는 과정을 루터의 "선물" 신학에서 찾는다. 루터는 오랜 가톨릭 전통에 반대해서, 미사를 하나님으로부터의 유익을 얻기 위해 반복적으로 행해지는 제사가 아니라, 말씀과 성례 가운데 은혜를 받아들이는 예전으로 재정립했다는 것이다. 저자에 의하면, 이 과정에서 고대부터 내려오던 "선물 주고받기" 개념은 점차 보상이나 답례를 기대하지 않는 "순전한" 은혜의 개념으로 변하게 된다(108-110쪽). 이런 의미에서 저자는 루터의 신학에서 은혜의 비순환성이 강조된다고 본다.
7. 아우구스티누스의 신학에 가장 큰 영향을 받은 칼뱅은 아우구스티누스가 은혜를 극대화했던 내용과 똑같은 패턴을 따른다. 루터와는 달리, 택자와 불택자의 이중예정을 강조했던 칼뱅의 신학에 은혜의 단일성이 끼어들 자리는 없다. 또한, 저자는 칼뱅의 예를 들어서 가톨릭의 "호혜성" 개념과 개신교의 "무대가성" 개념을 대조하고자 했던 제몬 데이비스의 주장이 잘못되었다고 비판한다(108-109쪽; 231쪽 각주 125번). 실제 칼뱅은 하나님에 대한 감사의 보답을 아주 강조했고, 순종과 거룩의 삶을 그리스도의 측량할 수 없는 선물에 대한 보답으로, 하나님께 빚진 것을 보답하는 것으로 특징지었다는 것이다. 이 지점(비순환성)에서 루터와 칼뱅의 은혜 이해는 다시 한번 구분된다.
8. 바르트는 신적 은혜와 인간의 내재적 가능성 사이의 절대적인 불일치로부터 아무것도 감하지 않는다는 점에서 은혜의 비상응성을 극대화시킨다. 또한 바르트의 후기 신학은 은혜가 하나님과의 언약적 협력 가운데 믿는 자의 자유, 온전함, 더 나아가 "자율성"의 토대가 되거나 심지어, 이것들을 생성해 낸다고 말함으로써, 은혜의 유효성을 극대화시킨다(239쪽).

(비상응성),[10] 루이스 마틴(우선성, 유효성)[11] 등이다.

유대교에 대한 새 관점을 주창했던 샌더스는, 제2성전기 유대 문헌에 대한 연구를 통하여, 종교개혁전통에서 유대교를 행위 구원의 종교로만 이해하던 잘못을 지적하며, 유대교는 "언약적 율법주의"(covenantal nomism)를 따르는 은혜의 종교라고 주장했다. 즉, 하나님의 은혜가 우선하여, 이스라엘은 언약백성에 속하게 되며(getting in) 이에 대한 반응으로 율법을 준수하여 언약백성으로 머무르게 된다는(staying in) 것이다. 그러나 샌더스가 말했던 은혜의 개념은 은혜의 우선성이었으며, 마치 은혜의 우선성이 있으면 은혜의 비상응성은 자동적으로 수반되는 것처럼 생각하였다(274-75쪽). 저자에 의하면, 제2성전기 유대교에 대한 이 같은 은혜 이해는 두 가지 치명적인 오류를 가져오게 된다. 첫째, 샌더스는 제2성전기 유대교가 가지는 다양성을

9. 루터와 바르트의 영향을 받은 불트만은 은혜의 비상응성을 바울신학의 핵심으로 삼지만, 능력에 대한 바울의 언어를 조심스럽게 다루고, 인간의 자유, 결단, 순종을 강조하는 그의 인간론은 은혜의 유효성을 극대화시키는 것에는 주저했음을 보여준다(247쪽).

10. 불트만과 함께 독일 루터 전통의 부흥을 이끌었던 케제만은 "경건치 않은 자의 칭의"(롬 4:5)를 핵심으로 내세우며, 은혜의 비상응성을 바울신학의 특징으로 삼는다. 케제만은 유대교의 "묵시사상이 기독교 신학의 어머니"라고 주장하면서 "하나님의 의"와 "그리스도의 주 되심"을 강조했지만, 그와 동시에 믿는 자들이 주를 섬기는 가운데 적극적으로 행하는 순종도 강조했기에, 그의 신학에서 은혜의 유효성과 비순환성은 극대화되지 않는다.

11. 바울을 "묵시적" 신학자로 보는 케제만의 해석을 계승하면서도, "묵시"를 그리스도 안에서 일어난 은혜의 강력한 침투를 가리키는 것으로 보았던 마틴은, 신적인 행위 주체를 강조하여, 은혜의 우선성과 그것이 믿는 자들의 행위에 미치는 지속되는 유효성을 극대화시킨다(260-63쪽).

인식하지 못하고, "언약적 율법주의"라는 하나의 공통된 개념을 공유한다고 오해했다. 둘째, 그는 은혜의 우선성과 비상응성을 구별하지 못하고, 은혜의 우선성이 있으면, 은혜의 비상응성은 저절로 따라오는 것처럼 생각했다. 그 결과 샌더스는 종교개혁자들의 은혜 이해(우선성, 비상응성)와 랍비들의 은혜 이해(우선성, 상응성—자격이 있는 사람이 은혜를 받는다)가 마치 같은 것인 양 잘못 이해했다.

마찬가지로 저자는 샌더스 이후의 학자들, 즉 바울에 관한 새 관점을 주창한 학자들(던, 라이트)과 샌더스와 바울에 관한 새 관점을 비판했던 학자들(카슨, 개더콜, 에스콜라 등)이 가졌던 동일한 문제점은 "은혜"에 대한 다양한 의미들을 구분하려는 시도가 거의 없었다는 것이었다고 지적한다. 예를 들어, 던은 유대교의 언약적 율법주의가 은혜에 대한 "훌륭한 개신교 교리"라고까지 추켜세웠지만(277쪽), 그럼에도 불구하고 바울이 왜 유대교를 비판했는지에 대한 이유를 찾던 중, 그것이 유대인들의 민족적 배타주의 때문이었다고 다소 모순적으로 주장했다. 만약 던이 유대교와 아우구스티누스 전통에 있는 개신교의 은혜 이해가 우선성이라는 극대화에 있어서는 동일하지만, 비상응성이라는 극대화의 부분에서는 다르다는 것을 인식했다면, 그의 주장은 더 명확해졌을 것이다. 마찬가지로 카슨은 샌더스의 유대교 이해가 잘못되었다는 것을 밝히기 위해, 제2성전기 유대교 문헌들이 은혜를 주변적인 것으로 만들었고, 은혜를 희석시켰다고 주장했지만, 이는 실은 유대교의 은혜 이해가 카슨 자신이 믿고 있는 아우구스티누스 전통의 비상응적인 선물로서 극대화되지 않았음을 가리키는 것이다(293쪽). 다시 말해, 제2성전기 유대교 문헌과 바울서신에 나타나고 있는 "은혜"의 다양성을 올바르게 구분한다면, 샌더스 이후에 수십 년 동안 바울학계가 겪고 있는 새 관점 대 옛 관점 사이의 지나친 대립 구도나 서로에 대한 오해로 인해 나타난 학계의 난맥상이 해결될 수 있다는 것이다.

제2부: 제2성전 시대 유대교에서 하나님의 선물

제2부에서 저자는 실제로 제2성전기 유대 문헌에 대한 분석을 통해서, 바울 당시의 유대교의 은혜 이해가 다양하게 나타나고 있음을 밝힌다. 그가 살펴보는 제2성전기 유대교 문헌들은, 솔로몬의 지혜서와 필론의 저작들, 쿰란 공동체의 감사찬송인 호다요트(1QH[a]), 위필론의 성서고대사, 에스라4서이다.

솔로몬의 지혜서에서는 공정하고 질서 있는 우주를 강조하기 때문에 하나님의 선물은 선물을 받을 자격이 있는 사람에게 공정하게 배분됨을 묘사한다. 따라서 솔로몬의 지혜서에서는 은혜의 우선성과 초충만성은 강조되지만, 비상응성은 강조되지 않고, 유효성, 단일성, 비순환성 등은 전혀 나타나지 않는다.

알렉산드리아의 유대교 공동체 지도자였던 필론의 철학적 중심에는 하나님을 모든 좋은 것의 원인으로 보는 관점이 놓여 있다. 또한 현대인의 관점에서는 양립불가한 원리인 "선물"과 "보상"이 고대의 선물 주고받기 문화에 익숙한 필론에게는 당연한 것으로 여겨져서, 하나님은 자신의 선물을 "합당한" 자에게 베풀어 주실 것으로 이해한다. 따라서 필론의 저작들에 나타난 은혜의 극대화는 우선성과 단일성, 유효성, 초충만성이며, 비상응성과 비순환성은 나타나지 않는다.

호다요트는 더럽고 무지한 세상 속에서 하나님의 택하심을 받은 소수의 공동체의 실존을 설명하기 위해 고안된 신학을 반영한다. 즉, 하나님의 선하심과 인자하심을 강조하고, 육체적으로나 도덕적으로 완전히 무가치한 비관적인 인간론을 주장하며, 하나님의 선택의 은혜로 말미암아 아담의 영광을 회복하게 된 감사와 찬송이 호다요트의 신학이다. 이에 따라, 호다요트에서 강조된 은혜의 속성은 비상응성이며, 하나님의 선하심만이 공동체에 선택받은 무리들에게 특별한 변화를 가져올 수 있으므로, 유효성도 강조된다. 반면에 호다요트에 나타난 하나님의 선하심은 죄에 대한 하나님의 가차없는 처벌의 이면인 동시에, 선택받은 자와 선택받지 못한 자 사이의 우주적 구별도 예정되므로, 은혜의 우선성은 강조되되, 단일성은 극대화되지 않는다.

위 필론의 성서고대사의 핵심 관심사는 이스라엘의 반복된 실패에도 불구하고, 선택받은 백성인 이스라엘과의 언약에 끝까지 신실한 "하나님의 긍휼"이기 때문에, 은혜의 우선성과 비상응성이 강조된다.

에스라4서는 기원후 70년, 예루살렘 성전 파괴 이후 이스라엘의 절망적인 분위기를 반영하며, 하나님의 심판이 임박한 비관적인 현세와 다가올 세상에 대한 소망이 교차하는 작품이다. 이러한 세계관은 에스라와 우리엘의 대화를 통해서 표현되는데, 에스라가 아무 자격 없는 자에게 자비와 연민을 베풀어 주시는 하나님의 은혜에 대한 비상응성을 주장하는 반면, 우리엘은 이런 비상응적인 하나님의 자비가 지금은 필수적이더라도, 다가올 세상으로 이끄는 최후 심판에서는 그렇지 않다고 주장한다. 이 대화를 통해 에스라는 우리엘의 이두 시대 관점(two-age perspective)을 공유하게 되고, 하나님의 심판을 통해서 인류의 대부분은 벌을 받게 되며, 소수의 자격있는 사람들만 하나님의 은혜를 받게 될 것이라고 인정하게 된다. 따라서 에스라4서에서 하나님의 은혜는 제한된 방식으로, 초충만성에 대해서만 분명하게 극대화된다.

결론적으로 이 다섯 유대 문헌에서 하나님의 은혜는 초충만성만 공통적으로 극대화되고, 비순환성은 다섯 작품 모두에서 극대화되지 않으며, 다른 개념들은 각 작품의 주제와 세계관에 따라 다양한 방식으로 극대화된다. 이와 같이 제2성전기 유대 문헌에서 나타나고 있는 은혜 개념의 다양성은 앞에서 언급했듯이 샌더스의 언약적 율법주의가 가지고 있는 한계를 밝혀준다. 샌더스가 종교개혁자들의 은혜 이해를 넘어서서, 유대교에 나타난 은혜의 우선성을 강조했던 것은 옳았다. 하지만, 은혜에 대한 제2성전기 유대교의 이해는 획일적인 것이 아니였으며, 은혜의 우선성이 나타난다고 해서, 자동적으로 은혜의 비상응성까지 함께 나타나는 것은 아니다. 저자는 이것을 이렇게 요약한다. "은혜가 [제2성전기 유대 문헌에서] 모든 곳에 있다는 샌더스의 말은 옳다. 그러나 이 말은 은혜가 어디에서나 똑같다는 것을 의미하지 않는다"(543쪽).

마찬가지로, 종교개혁자들의 전통에 서서 샌더스를 비판하는 학자들이 범하기 쉬운 잘못은, 그들은 은혜를 "비상응적"인 것으로만 이해해서, 제2성전기 유대 문헌에 나오는 "상응적인 은혜"(예, 솔로몬의 지혜서, 필론, 에스라4서의 우리엘)에 대해서는 "은혜"가 아니라고 간주한다는 것이다. 그러나 고대 사회의 선물 주고받기 문화와 제2성전기 유대교에 나타난 다양한 은혜 이해를 정확히 구분한다면, 이 같은 주장은 수정될 필요가 있음을 알 수 있다(545쪽).

제3부: 갈라디아서 주해—"그리스도-선물"과 가치의 재조정

제2부에서 제2성전기 유대 문헌에 나타난 다양한 은혜 개념에 대해서 살펴본 후, 저자는 제3부에서 갈라디아서의 주해를 통해 실제로 바울이 은혜 개념을 어떻게 이해하고 있는지 면밀히 살핀다. 그의 주장대로 갈라디아서는 선물 언어로 가득 차 있는 편지이며, 첫 인사말부터 "은혜"(χάρις)라는 말과 함께 시작해서(갈 1:3), 마지막 인사는 "은혜"를 비는 축복 기도로 끝난다(갈 6:18). 갈라디아서에서 은혜에 대해서 가장 핵심적인 부분은 바울이 예수 그리스도 자체를 하나님이 죄인된 우리들에게 주시는 선물, "그리스도-선물"(the Christ-gift)로 묘사한다는 것이다. 즉, 갈라디아서 2:20에서 바울은 "나를 사랑하사 나를 위하여 자기 자신을 '내어주신'[12] 하나님의 아들"(τοῦ ἀγαπήσαντός με καὶ παραδόντος ἑαυτὸν ὑπὲρ ἐμοῦ)이라고 말한 후, 곧바로 "내가 하나님의 은혜를 폐하지 아니하노니, 만일 의롭게 되는 것이 율법으로 말미암으면 그리스도가 헛되이 죽으셨느니라"(갈 2:21) 라고 덧붙인다. 즉 바울은 그리스도의 십자가에서의 죽음을 그리스도가 자

---

12. 개역개정판에서는 "버리신"으로 번역되었으나, 해당 단어인 παραδίδωμι에는 "주다"의 뜻이 포함되어 있으므로, 본 서평자는 이를 "선물"의 의미를 포함해서 "내어주신"으로 사역했다.

기 자신을 수여하신 사건으로 이해하고 있으며, 또한 그것을 "하나님의 은혜"와 동일시하고 있다는 것이다(565-66쪽).

저자가 갈라디아서 주해를 통해서 주로 대화하는 학자들은 루터, 던, 마틴(Louis Martyn), 그리고 칼(Brigitte Kahl)이다. 이들은 각각 종교개혁자들의 바울 해석, 새 관점학파의 바울 해석, 묵시론적 바울 해석, 반제국주의적 바울 해석의 대표자들로 보인다. 저자가 이들의 바울 해석에서 특히 관심을 기울이는 부분은, 갈라디아서에 나타난 "율법의 행위"(갈 2:16)라는 어구를 이들이 어떻게 해석하고 있느냐는 것이다. 이들은 갈라디아서 해석의 핵심이라고도 볼 수 있는 "율법의 행위"에 대해서, 각각 "행위를 통해 구원을 받으려는 시도"(루터), "음식법, 할례, 안식일 준수를 통해 이방인들과의 구별을 취하려는 유대인들의 민족적 배타주의"(던), "하나님의 묵시적 구원행위에 반립하는 인간적인 시도"(마틴), "로마제국의 법에 강제로 예속되어 있는 유대교의 율법"(칼)으로 해석한다(577-94쪽).

저자는 갈라디아서 2:16에 나오는 "율법의 행위"를 주해하면서, 이 어구의 강조점은 "행위"에 있기보다는 "율법"에 있다고 주장한다. 그에 의하면, 갈라디아서에서 "율법의 행위"라는 표현과 단순한 "율법"이라는 표현에는 뜻의 차이가 전혀 없기 때문이다(632쪽). 행위 자체에 문제점을 두기보다는, 율법에 방점을 두는 그의 해석은 새 관점에 가깝지만, 다른 한편으로는 던이나 라이트처럼 이 어구를 율법 중에서 유대인의 특수성을 나타내는 의식법들로 좁게 한정 짓기보다는 전반적인 율법 전체를 뜻하는 것으로 넓게 해석한다는 점에서 옛 관점에 보다 가깝다고도 볼 수 있다. 저자는 바울이 "율법의 행위"라는 어구를 통해 반대하고자 했던 것은 율법 자체의 어떤 행위나 행위자의 주관적인 동기를 뜻한다기보다는, 율법을 통해 발생하는 일종의 객관적인 "가치 체계"라고 본다(743쪽). 비상응적으로 주어지는 그리스도-선물은 모든 가치 체계들을 무너뜨렸고(갈 3:28), 그리스도 안에 있는 자들에게는 복음의 진리만이 최고의 가치가 되었으므로, 갈라디아 신자들은 이미 무용화된 율법의 가치 분류체계로 다시 돌아갈 수 없다는 것이다. 저자는 바울이 그리스도 안에서 할례뿐만 아니라 무할례도 효력이 없어졌다고(갈 5:6; 6:15) 말한 이유가 바로 여기에 있다고 주장한다(664-65쪽). 이처럼 저자는 갈라디아서에서 극대화된 은혜의 개념이, 기존의 모든 가치 체계를 허물어뜨리는 비상응성과 그리스도 사건(the Christ event)을 통한 하나님의 묵시적인 개입—이 점에 있어서는 그리스도 사건의 구속사적, 언약적 연속성을 강조하는 던이나 라이트보다, 그리스도 사건으로 대표되는 하나님의 불연속적인 개입을 강조하는 마틴에 동조하여—에서 드러나는 우선성이라고 주장한다(745-46쪽).

제4부: 로마서 주해—이스라엘, 이방인, 그리고 하나님의 창조적 선물

제4부에서 저자는 로마서 전체를 세 부분으로 나누어서—(1) 로마서 1:1-5:11; (2) 로마서 5:12-8:39; 12:1-15:13; (3) 로마서 9-11장—하나님의 은혜라는 해석학적 렌즈를 가지고, 로마서 전체를 주해한다. 제4부의 제목(이스라엘, 이방인, 그리고 하나님의 창조적 선물)과 로마서 9-11장의 주해를 제일 마지막에 배치한 사실로부터 알 수 있듯이, 저자의 로마서 주해의 주된 목적은 하나님의 은혜의 비상응성이 로마서에

나타난 유대인과 이방인의 관계에서도 잘 드러난다는 것이다. 갈라디아서에 비해서 로마서에서는 이방인들과는 별도로 유대인들만 가지고 있는 특별한 언약적인 지위를 암시하는 구절들이 등장한다(예, 롬 1:16; 2:9-10; 3:1-2; 9:4-5). 로마서에 암시된 이런 유대인들의 특권적 지위가 자칫 은혜의 비상응성과 상충되는 것은 아닌가? 저자는 이에 대해 이스라엘 자체가 처음부터 하나님의 비상응적인 은혜로 "창조"된 백성이었으며, 이스라엘과 이방인들 모두에게 비상응적으로 적용되는 하나님의 은혜가 로마서 9-11장의 핵심적 내용이라고 주장한다.

이러한 틀을 가지고, 저자는 바울이 로마서 1:16-3:20에 나타난 인간의 죄와 하나님의 창조 능력의 비상응적인 대비를 부각시켰고, 이어지는 로마서 3:21-26에서는 그리스도 안에 나타난 은혜의 비상응적인 색채를 강조하고 있다고 주장한다. 로마서 4장에 나오는 아브라함의 이야기에 대해서, 저자는 이를 이신칭의 교리의 증거로 보는 전통적인 해석과 아브라함을 통해 시작된 이방인과 유대인으로 함께 구성된 "아브라함의 언약 가족"(라이트, 헤이즈) 이야기로 보는 새 관점적인 해석 둘을 통합하여, 이 두 주제가 서로 대립하는 것이 아니라 하나님의 비상응적인 은혜라는 해석의 빛 아래 양립가능한 것임을 보인다. 또한 저자는 4:17에 나오는 "죽은 자를 살리시며 없는 것을 있는 것으로 부르시는 이"라는 표현에 대해 하나님이 처음부터 이스라엘을 무로부터 비상응적인 은혜로 창조하신 사실을 가리킨다고 본다.

저자는 은혜와 기독교적 습관의 형성을 강조하는 제16장(롬 5:12-

8:39; 12:1-15:13에 대한 주해)에서, 은혜가 "왕 노릇한다"(롬 5:21)는 표현이 암시하듯이, 바울은 그리스도-선물로 인해 새로운 삶을 살게 된 신자들의 삶 속에 나타나는 실제적인 변화를 강조하고 있다고 주장한다. 특히 로마서 5장 6-10절에서 나타나는, "우리가 아직 연약할 때에", "우리가 아직 죄인되었을 때에", "우리가 원수되었을 때에" 받게 된 그리스도-선물은 은혜의 비상응성을 극대화시킨다. 그러나 바울은 다른 제2성전기 유대교 문헌들이 그랬던 것처럼 은혜의 비순환성은 극대화시키지 않는다. 저자는 바울서신에 나타난 은혜의 비상응성의 강조와 비순환성의 부재를 다음과 같은 문장으로 표현한다: "그리스도 안에서 주어진 하나님의 선물은 무제약적인 것(어떤 사전 조건에 기반을 두고 있지 않는 것)이지만 무조건적인 것(후속적 요구가 없는 것)은 아니다"(834쪽).

저자의 갈라디아서와 로마서의 주해를 종합해보면, 은혜의 여섯 가지 극대화 중에서, 단일성(예를 들어, 롬 2:1-16에서는 심판하시는 하나님의 모습이 그대로 드러난다)과 비순환성을 제외한 다른 네 가지 극대화가 나타나고 있으며, 이 중에서 비상응성이 가장 극적으로 강조된다.[13] 또한 저자는 갈라디아서에서와 마찬가지로 로마서에서도, 바울의 비상응적인 은혜의 신학은 그의 이방인 선교를 정당화해주는 기초를 마련해 주는 것으로 보았다. 이 점에서 저자의 주장은 이신칭의의 교리

13. 갈라디아서와 로마서에서 유효성은 그렇게 강조되어 나타나는 것은 아니지만, 유효성은 다른 바울서신(예, 고전 15:10; 빌 2:13)에서 분명히 드러난다. 따라서 바울은 단일성과 비순환성을 제외한 모든 은혜의 극대화를 사용하고 있다고 볼 수 있다.

를 이방인 선교라는 역사적 상황과 연관시킨 새 관점 학파의 주장과 일면 유사한 지점이 있다.

2. 이 책의 공헌 및 장점

위에서 요약 해설한 내용을 바탕으로, 본 서평자가 생각하는 이 책의 학문적 기여 및 두드러진 장점들은 다음과 같다.

첫째, 이 책은 샌더스 이후에 "새 관점"과 "옛 관점"으로 나뉘어져 교착상태에 빠져 있던 바울학계에 은혜 개념을 중심으로 새로운 중도의 길(via media)을 제시해주는 큰 공헌을 하였다. 바클레이는 이 같은 입장이 두 진영 사이의 조화를 추구하는 것이 아니라, 각각을 새롭게 교정하는 것이며—"아우구스티누스-루터파 전통의 재상황화"(recontextualization) 혹은 "새 관점에 대한 재구성"(reconfiguration)—현재의 잘못된 이분법적인 구도를 초월한 새로운 길을 여는 것이라고 주장한다(951쪽). 그의 주장이 결코 지나치지 않은 것은, 위에서 살펴보았듯 저자는 제2성전기 유대교와 바울서신에서의 은혜 개념의 다양성을 세밀하게 분석함으로, 샌더스의 언약적 율법주의가 가지는 한계를 극복했을 뿐만 아니라, 유대교를 행위 구원의 종교로 획일적으로 이해하던 종교개혁 전통을 따르는 옛 관점의 오해도 더 체계적으로 교정해주었기 때문이다. 또한, 두 진영 사이에서의 대립이 사실은 "은혜"라는 같은 단어를 서로 다른 의미로 사용하고 있는 데서 일정부분 기인함을 보여줌으로, 두 진영 사이에서의 불필요한 논쟁을

해소시켜주는 데에도 기여하고 있다.[14]

둘째, 이 책의 또 다른 가치는 신약학 관련 연구자들에게 현대 신약학 연구서의 모범적인 샘플로 삼을 수 있을 정도로, 방법론 사용이나 논지의 전개 방법에 있어서 교과서적으로 잘 쓰였다는 것이다. 저자는 제1부에서 문화 인류학의 연구 결과들을 신약학 연구에 접목시키는 간학문적인(interdisciplinary) 연구의 모범을 보여주며, 제2부에서는 바울이 이해한 은혜의 개념을 보다 명확히 밝히기 위해서 동시대의 제2성전기 문헌에서의 은혜 개념을 살피는데, 그 과정 속에서 해당 유대 문헌에 대한 최신의 연구 결과들을 잘 반영하고 있을 뿐만 아니라, 이들 문헌과의 비교를 실제 바울서신의 해석에 어떻게 사용해야 하는지를 합리적인 방법으로 설득력있게 제시하고 있다. 또한 제3부와 제4부는 갈라디아서와 로마서에 대한 작은 주석책으로도

14. 저자의 입장이 완전한 옛 관점도 아니고, 새 관점도 아닌 중도적인 것이긴 하지만, 사실 책 속에 드러난 그의 입장은 옛 관점에 보다 동정적인 입장을 취하고 있음을 알 수 있다. 저자는 서언에서 바울 해석의 수용사를 다루는 제3장을 소개하면서, 그 장의 목적을 "아우구스티누스와 루터에 대한 부정확하고 폄하하는 투의 비평들이 신약학 분야 안에서 통용되고 있는 현실"(28쪽) 속에서 이 거목들의 바울 해석을 더 정확하게 이해하는 것이라고 말한다. 여기서 "아우구스티누스와 루터에 대한 부정확하고 폄하하는 투의 비평"은 제임스 던이나 톰 라이트가 주창한 새 관점 학파를 암시한다. 던이나 라이트가 "율법의 행위"나 "칭의"에 대한 자신들의 새로운 해석을 주장하면서 주로 사용했던 레토릭(rhetoric)이 종교개혁자들이 바울을 완전히 잘못 이해했다는 식의 과장된 표현이었기 때문이다. 또한 28쪽 각주 6번에 보면, 저자는 자신의 의도가 루터파적 바울 이해를 변호했던 웨스터홀름의 주장과 비슷하다고 말하고 있다. 사실, 아우구스티누스가 강조했던 "은혜" 신학을 다시 재조명하는 것 자체가 이 책의 기본적인 입장이 아우구스티누스나 루터의 전통적인 해석에 보다 동정적임을 암시하고 있다.

볼 수 있을 만큼, 최신의 연구 결과들과 대화하면서도 충실하게 은혜의 의미를 밝혀주는 건전한 주해의 모범을 보여주고 있다.

셋째, 이 책은 치밀한 주해 작업을 하는 전문적인 성서학 연구서이지만, 또 다른 한편으로는 교회사(2부에 나오는 바울 해석의 수용사와 연관하여)나 조직신학적 연구 결과도 적극 활용하며, 이런 면에서 다른 신학분과에서도 이 책의 연구 결과를 유용하게 사용할 수 있다. 이 책의 이러한 특징은, 지나치게 신학분과가 세밀화되고, 파편화된 경향이 있는 현대 신학계의 흐름에 역행하여, 각 분과 간의 교류와 협력에 도움을 주리라 생각한다. 예를 들어, 저자가 은혜의 유효성과 상관하여 소개하고 제안하는 세 가지의 개념어인 '모너지즘'(monergism), '시너지즘'(synergism), '에너지즘'(energism)은 조직신학적인 개념인 신적/인간적 행위 주체(divine/human agency) 모델과 연관되어 있다.[15]

---

15. '모너지즘'(단동설)이란, 신적인 행위 주체(divine agency)를 강조하여, 믿는 자의 행위 주체성을 무로 만드는 것을 말한다. 이런 행위 주체 모델은 신적 행위 주체와 인간적 행위 주체를 서로 경쟁하는(competitive) 것으로 이해하여, 한쪽이 커지면, 다른 한쪽은 축소되는 제로-섬 게임을 하는 것으로 간주한다. 즉, 모너지즘은 신적 행위 주체가 100이고, 인간적 행위 주체는 0인 것으로 이해한다. '시너지즘'은 신인협력설인데, 구원에 이르는 인간의 행동은 각각의 독립된 행위 주체자인 하나님과 인간이 협력해서 결정된다는 것이다. 마지막으로 '에너지즘'이라는 말은 바클레이가 모너지즘과 시너지즘과 대비해서, 새롭게 창조한 신조어인데(빌 2:13, 갈 2:8, 고전 12:6 등에 나오는 동사 "에네르게오"-활동하게 하다-에서 착안하여), 신자의 행동은 전적으로 하나님의 행위인 동시에 전적으로 믿는 자들 자신의 행위도 된다는 것이다(non-competitive 모델). 다시 말해서, 인간은 성령을 통해서 활동할 수 있는 힘을 공급받아 활동하며, 이런 활동 가운데 선한 행위가 발생할 경우, 그 원인을 전적으로 하나님께 돌릴 수 있음을 인정한다는 것이다. 이 논의와 관련해서 바클레이는 조직신학자인 캐서린 터너(Kathryn Tanner)의 이론을 참고

넷째, 이 책은 그동안 그 중요성에도 불구하고(실제로 은혜라는 단어는 바울서신에서 100번 이상 사용된다), 바울신학의 다른 중요한 주제들인 칭의나 그리스도와의 연합 등, 다른 주제들에 비해서 소외되어 온 "은혜"라는 주제를 바울신학의 중심부로 불러오는 공헌을 하였다.

마지막으로, 이 책이 주는 목회적인 유익도 상당하다. 예를 들어 은혜의 비순환성이 고대에는 없는 개념이고, 바울서신에도 나타나지 않는다는 주장은 "값싼 은혜"가 만연한 한국교회의 현실에 신선한 충격을 주리라 생각한다. 또한 바울서신에 나오는 은혜의 개념에는 단일성이 없다는 점, 즉 하나님의 은혜는 심판하시는 하나님의 공의를 배제하지 않는다는 점은, 교회가 이 땅의 정의와 공평을 바로 세우는 일에 보다 관심을 기울여야 함을 일깨워 준다.

3. 논란이 될 수 있는 부분

모든 성서학의 주제들이 그렇듯이, 이 책의 내용 중에도 논란이 될 수 있는 부분이 있는데, 크게 방법론적인 이슈와 주해적인 이슈로 나누어볼 수 있다.

먼저, 방법론적인 이슈가 될 만한 내용은 저자는 하나님의 은혜라는 추상적인 개념을 설명하기 위하여, 다양한 선물 용어들이 이를

한다 (John M. G. Barclay and Simon J. Gathercole, *Divine and Human Agency in Paul and His Cultural Environment*, Library of New Testament Studies 335 [London: T & T Clark, 2008], 7).

나타낸다고 가정한다는 점이다. 이 중 가장 중요한 단어는 '카리스'(χάρις)이고, 그 외에도 '카리스마'(χάρισμα), '도론'(δῶρον), '엘레오스'(ἔλεος) 등의 단어들이 그의 논의에 사용된다. 물론, 이 단어들이 모두 하나님의 선물, 호의, 은혜 등의 뜻을 내포하고 있는 것은 사실이지만, 이 단어들을 원래 가지는 의미의 정확한 구별없이 모두 "은혜"라는 개념으로 한데 묶을 수 있을지는 의문이다. 예를 들어, 가장 중심되는 단어인 '카리스'만 해도, BDAG(*A Greek-English Lexicon of theNew Testament and Other Early Christian Literature*)에서의 첫 번째 뜻은, "은혜"가 아닌 "인간적인 매력"이다. 또한 '카리스마'는 바울서신에서 주로 영적인 "은사"의 의미로 쓰이는 말이고(예, 롬 12:6; 고전 12:4, 9, 28, 30, 31), '도론'은 선물을 뜻하는 가장 일반적인 단어이지만, 이 단어에는 "제의적인" 의미도 내포되어 있다(예, 마 5:23; 8:4; 히 5:1; 8:3; 9:9; 11:4; 참조 LXX 창 4:4). 또한, '엘레오스'를 "은혜"의 범주에 포함시킬 수 있다면, 신적인 사랑을 나타내는 '아가페'(ἀγάπη)는 왜 같은 은혜의 범주에 포함시키지 않는가? 더 나아가서, 은혜라는 개념이 히브리어 등의 다른 고대 언어에서 어떤 단어로 치환될 수 있는지에 대해서도 보다 면밀한 검토가 필요해 보인다. 예를 들어, 그리스어로 기록되지 않은, 많은 제2성전기 유대 문헌에서는 과연 어떤 단어를 "은혜" 개념에 포함시킬 수 있을 것인가 하는 질문에 저자는 보다 정당한 답변을 제시할 수 있어야 할 것 같다.

사실 모든 주해 작업이 그렇듯이, 난해 구절에 대하여 논란이 없는 주해를 제시한다는 것은 불가능하다. 갈라디아서와 로마서에 무수히 산재한 주해적인 이슈들에 대하여, 어떤 저자가 어떻게 완전히 논란이 없는 해석을 내어놓을 수 있겠는가? 하지만 본 서평자가 느끼기에 가장 논란이 될 만한 그의 해석을 한 가지만 들자면, 갈라디아서의 "율법의 행위"를 "율법을 통해 발생하는 객관적인 가치 체계"로 해석한 것이다. 물론 갈라디아서의 전체 문맥을 고려했을 때, 충분히 개연성을 가지는 해석으로 볼 수 있지만 "행위"라는 단어로부터 전혀 사전적인 연관성이 없는 "체계"(system)라는 의미를 어떻게 도출해 낼 수 있었는지 의문이다. 또한 그는 "율법의 행위"라는 표현이 행위를 통한 자기 의를 구하려는 태도와는 상관이 없는 것으로 해석하고 있는데, 본 서평자는 어떻게 그렇게까지 행위 자체가 가지는 부정적인 뉘앙스를 희석시킬 수 있는지 납득되지 않는다. 예를 들어, 롬 9:32에서 바울이 "어찌 그러하냐 이는 그들이 믿음을 의지하지 않고 행위를 의지함이라"라고 말할 때, 바울은 분명 행위를 통한 자기 의에 대해서 이야기하고 있다.

4. 결론 및 향후 전망

본 서평을 마무리하면서, 본 서평의 제목에서 서평자가 던졌던 질문에 대해 대답해 보려고 한다. "바클레이는 어떻게 샌더스를 넘어섰는가?" 위에서 살펴보았듯이, 바클레이는 샌더스의 언약적 율법주의가 가지는 한계를 제2성전기 유대 문헌과 바울서신에 나타난 은혜 개념의 다양성에 대해서 보여줌으로써(특히 비상응적 은혜를 강조하면서), 탁월하게 극복했다고 생각한다. 따라서 적어도 향후 몇 년간은 이 책이 바울학계에 가져온 커다란 파장이 계속될 것으로 보인다. 이 책의 후속편으로 나오는, 하나님의 은혜가 공동체 안에서 구성원 사이의 상호 관계(reciprocity)를 통해 어떤 식으로 작용하는지에 대한 책—갈라디아서와 로마서 외의 바울서신들도 많이 다루게 되리라 생각한다—과 이 책의 대중판으로 나오는 책—『바울과 선물』의 핵심적 내용을 쉽게 요약하면서, 몇 가지 새로운 내용도 추가된다고 한다(*Paul and the Power of Grace*, 2020년 11월 출간 예정: 본서 『바울과 은혜의 능력』를 지칭함—편주)—이 더 기대되는 이유이다.

『바울과 은혜의 능력』
추천 단평

『바울과 은혜의 능력』은 『바울과 선물』을 1/3 분량으로 가독성을 높여 요약할 뿐 아니라 '은혜'의 문법이 어떻게 변혁적 '능력'으로 실천될 수 있는지 목회-사회적 관점으로 논증한다. 이 책은 갈라디아서와 로마서의 주해를 선물하고 '은혜'의 성경신학을 전개한다. '은혜'에 대한 배경 연구와 성경신학적 접근은 복음서의 '은혜'를 위해서도 소중한 선물이다. 자격 없는 사람에게 임한 '은혜'의 능력이 바울과 고린도 교회를 통해 실천되는 것을 보여주는 저자의 사례 연구는 복음을 '값싼 은혜'로 오해하는 우리 시대에 적지 않는 영향을 미칠 것이다.

강대훈 | 개신대학원대학교 신약학 교수

카리스! 수많은 성경 구절과 찬양, 설교와 성도들의 고백 속에서 등장하는 은혜! 하지만 정확하게 그 은혜란 무엇인가? 솔직히 말해서

나는 저자의 전작인 『바울과 선물』을 읽고 혼란스러웠고 실망도 밀려왔다. 하지만 다시금 용기 내어 후속작인 『바울과 은혜의 능력』을 읽고서 참된 성경적 은혜의 깊음 속에서 분명해졌고 진정으로 바울이 말한 은혜의 넓음 속에서 소망을 품게 되었다. 확신하건대, 어떤 방식으로든 이 책은 당신이 말하고 정의해 온 은혜의 얇음에 대해 회개하게 만들 것이고, 당신이 믿고 살아온 은혜의 좁음에 대해 도전할 것이다!

강산 | 십자가교회 담임목사

『바울과 은혜의 능력』은 말하자면 『바울과 선물』의 감독확장판이다. 우선 고맙게도 자신의 치밀한 논의를 보다 잘 이해할 수 있도록 직접 친절한 해설을 제공한다. 물론 그러면서 자신의 주장은 더욱 선명해진다. (개인적으로 "은혜"와 "능력"을 붙인 제목이 특히 반갑다.) 독자들의 가려움을 긁어주는 '애프터서비스'도 있다. 자신의 시선과 다른 시선들 사이의 같고 다름을 깔끔한 요점정리로 제공하기도 하고, 자신의 눈길이 고린도전서처럼 결과 굴곡이 다른 문서에는 어떻게 와닿는지 실연(實演)해 보이기도 한다. (나의 석사과정 제자 하나가 바로 이 주제로 논문을 준비하고 있었는데, 한 마디로 망했다.) 또한 경제적 나눔과 같은 현실적 사안을 두고 이 은혜의 함의를 탐구하기도 하고, 그 은혜가 오늘 우리의 삶에 와 닿는 모습을 살피기도 한다. 이 책의 주제와 어울리게, 독자들이 자신의 주장을 충분히 이해하고 그 함의를 보다 풍성하게 이해할 수 있게끔 그야말로 최선의 '선물'을 제공한 셈이다. 이 선물에 합당한 응답을 보임으로써, 우리 독자들은 바울 복음에 대한 더 깊은 이해라는 알찬 열매를 거둘 수 있을 것이다.

권연경 | 숭실대학교 기독교학과 교수

신약성경에 그토록 빈번히 등장하는 은혜의 개념을 우리는 너무나 잘 아는 개념이라고 전제하고 있었다. 그러나 존 바클레이의 책은 우리가 가진 전제의 가벼움을 가차 없이 드러내 보여준다. 바클레이의 이 책은 그의 이전 책 『바울과 선물』에서 보여준 학문적 무게감과 두께감을 친절하게 덜어내어 접근성과 가독성을 높이면서도, 그 핵심 진수를 그대로 담고 있다. 은혜 개념을 염가 판매하는 도떼기시장의 풍토에서 이 책은 바울서신에 나타난 은혜 개념의 놀라운 가치를 역사적 맥락에서 제대로 보게 한다. '이방인의 사도'가 가르친 은혜 신학의 깊이와 너비 그리고 높이를 측정하고자 하는 이들이 그 어떤 책보다 먼저 읽어야 할 보물이다.

김경식 | 웨스트민스터신학대학원대학교 신약학 교수, 한국복음주의신약학회 총무 역임

바클레이는 하나님의 은혜는 한 사람이 가진 삶의 조건과 가치를 고려하지 않고 주어진다는 전통적인 은혜에 대한 이해와 개념을 존중하면서도, 성경에서 말하는 은혜에 대한 개념을 더 풍성하게 설명하고 있다. 쉽게 말해, 하나님께서 우리에게 베푸신 은혜는 그 은혜의 수혜자들로 하여금 감사와 순종의 반응을 일으킨다는 것이다. 이 책의 중요한 가치는 『바울과 선물』에 담긴 이러한 핵심적인 메시지를 누구나 이해할 수 있는 언어와 부담 없는 분량으로 제대로 요약한 데에 있다. 이 책을 접한 사람은 하나님의 은혜가 무제약적이지만 무조

건적이지는 않다는 사실을 제대로 이해하게 될 것이다. 은혜에 대한 균형 있는 메시지를 붙잡기 원하는 독자나 설교자에게 이 책을 추천한다. 특히, 시간이 부족한 사람들에게!

김관성 | 행신침례교회 담임목사

이 책은 동시대의 교회와 현재와 미래의 독자들을 위한 존 바클레이의 선물이다. 바클레이의 대작 『바울과 선물』의 복잡한 논의를 보다 쉬운 언어로 축약했을 뿐 아니라 동시대 교회를 위한 실천적인 논의를 적절하게 제공해준다. 『바울과 선물』을 아직 읽지 않은 독자들은 이 책 『바울과 은혜의 능력』을 먼저 읽기를 권유한다.

김규섭 | 아세아연합신학대학교 신약학 교수

하나님의 은혜는 오늘날 우리 사회의 지배적 이념과 맞서 있다. 특히, 그 이념을 고스란히 체화한 이 땅의 교회들과는 더욱 대립한다. 한국의 그리스도인들이 은혜의 복음을 알고 믿기를 바라는 마음에서 그것을 명료하고 풍부하게 설명한 이 책을 추천한다.

김학철 | 연세대학교 학부대학 교수

하나님의 은혜를 맛보고, 이해하고, 누리는 것은 기독교 영성의 전부이다. 그리고 신학의 핵심주제이다. E. P. 샌더스 이후 이 은혜에 대한 이해에 기초하여 유대교 사상과 바울의 가르침에 대한 논쟁이 촉발되었고, 새관점 학파와 그들에 대응하는 학자들의 논쟁이 신학계의 논의를 풍성하게 만들기는 하였다. 지난 40여 년간의 논의가 교착상태에 빠져가는듯 했는데, 바클레이의 저술들은 이 심오한 주제에 대한 통합적 이해는 물론 통합적 방법론까지 제시하고 있다. 전작 '바울과 선물'에 비해 일반 독자에게 좀 더 친절하고, 교회 공동체의 맥락까지 읽어낸 이 책은 '값싼 은혜'를 넘어서 '샤머니즘적 은혜'에 중독된 한국교회에 매우 유효한 치료제와 백신이 될 것이다. 다만 이런 신학적 논의가 학문적 영역에 머물지 않고, 실제 제자의 삶에 연결시키는 시도가 용이치만은 않은 현실이 안타깝다. 그럼에도 불구하고 이 심오하고 중심적 주제, 하나님의 은혜에 대한 균형 있는 연구와 진실한 성찰, 그리고 실제적 누림이, 이 책을 공부하는 모든 독자와 그들의 공동체 속에, 그리고 이러한 은혜의 변혁을 일으켜야 할 목회자들에게 풍성하게 되기를 기대한다.

김형국 목사 | 나들목교회 담임목사, 하나복DNA네트워크 대표

이 책은 바클레이의 화제작 "바울과 선물"의 주요 내용을 쉽게 풀어쓴 축약본과 같다. 거기에 4장에 걸쳐 새로운 내용이 첨가되었다. 복잡한 논의를 걸러내서 그런지 책의 핵심 포인트가 훨씬 더 선명하게 포착된다. 그래서 무거운 책이 부담이 되는 이들이 읽기에는 딱 좋다. 바울에게 있어 은혜는 우리 자아를 온전히 새롭게 형성하여 복음에 합당한 삶의 반응을 불러일으키는 능력이라는 이 책의 핵심 메시지는 우리 가슴에 큰 울림과 확신으로 다가온다.

박영돈 | 작은목자들교회 담임목사, 고려신학대학원 교의학 명예교수

'값싼 은혜'를 경계하는 본회퍼의 문제의식과 하나님 은혜의 파격성

을 강조하는 필립 얀시의 영적 감수성이 만날 수 있는 지점이 있다면 여기쯤이 아닐까 생각하게 하는 작품! 수십 년간 치열하게 전개된 바울신학의 논쟁을 산고(産苦)라 할 수 있다면 바클레이의 연구는 마침내 탄생한 옥동자라 해도 과언이 아닐 것이다.

박영호 | 포항제일교회 담임목사, 전 한일장신대 신약학 교수

이 책은 하나님의 은혜(선물)가 가진 '창조적' 능력을 바울서신을 통해 놀라울 정도로 명료하고 설득력 있게 논증하고 있다. 그동안 바클레이의 입장에 동의해온 독자든 그렇지 않은 독자든 이 책을 펼치는 순간 그의 명료한 논증이 일으키고 있는 바울의 신학과 윤리 이해의 지각 변동을 이제 목격하지 않을 수 없게 될 것이다.

박윤만 | 대신대학교 신약학 교수

이 책은 신약학 연구의 핵심 주제인 은혜에 관하여 새로운 통찰을 제공함으로써 E. P. 샌더스 이후에 언약적 율법주의 도식에 물든 바울 연구에 패러다임 전환을 가져왔다. 현대 기독교에 코로나 바이러스처럼 세계적으로 만연하여 교회를 죽이고 있던 영지주의적 은혜/믿음 왜곡을 물리칠 좋은 품질의 백신을 이 책은 담고 있다. 이 작품은 획기적 신학 발전인 동시에 우리 시대의 교회를 위한 절실한 필요를 채우는 좌우에 날선 신학의 모범이기도 하다.

신현우 | 총신대학교 신학대학원 신약학 교수

루터 이후 지난 500년 바울 신학의 역사에서 가장 논쟁적인 학자는

단연코 샌더스였다. 샌더스를 넘어서려는 의미 있는 시도가 나왔다. 그것이 우리가 존 바클레이에 주목해야하는 이유다. 『바울과 선물』과 더불어 바울신학에 관심 있는 사람의 서재에 반드시 꼽혀 있어야 할 책이다.

이강택 | 뉴잉글랜드은혜장로교회 담임목사, 전 국제신학대학원대학교 신약학 교수

새 관점과 옛 관점의 진영 싸움이 한창인 바울 신학계에 존 M. G. 바클레이는 '은혜 개념 연구'라는 재료로 이 두 진영의 한계를 극복하고 장점을 살리는 제3지대의 다리를 건설 중이다. 바클레이의 『바울과 은혜의 능력』은 이 다리가 어떻게 설계되고 어떤 방식으로 지어지는지를 간략히 보여준다. 이 책은 두 진영 논리에 식상한 사람들의 머리를 식혀주고 마음을 뜨겁게 해줄 것이다.

이진섭 | 에스라성경대학원대학교 신약학 교수

바울 연구에 여러 신학 이론들이 논쟁하는 중심에 서 있는 바클레이의 『바울과 선물』은 이미 출간부터 주목을 받았다. 또한 감은사에서 좋은 번역으로 출간된 이 저서는 예수 그리스도의 사도인 바울의 사역과 서신들의 근저에 놓인 사도의 사유를 바르게 깨우치도록 만드는 뛰어난 바울신학자의 글이다.

최순봉 | 서울성경신학대학원대학교 신약학 교수

Bravo Barclay! 그가 노래하는 공연장에 초대받았다면 틀림없이 이렇게 외쳤을 것이다. 그의 글은 더 듣고 싶게 만드는 음악처럼 긴장감

이 있고 시원함이 있으며, 그래서 무척 매력 있다.

최승락 | 고려신학대학원 신약학 교수

'유대인은 이야기를 시작하려고 성경을 펴고, 우리는 교인 입을 틀어 막으려고 성경을 편다'는 웃지 못할 말이 있다. 이 책은 어떨까하며 읽어내려간다. 바클레이는 바울 이야기를 건네며 그리스도의 '은혜'가 어떤 것인지 다양한 각도로 보여준다. 그가 설명하는 '은혜' 개념은 쉽고 편안하지만, 그 의미는 묵직하게 남는다. 여기서 '은혜'는 교회와 개인 그리고 사회 곳곳에서 공동체를 회복시키는 강한 힘이며 선물이다. 이게 정말일까 싶어 성경을 펼쳐 확인하게 하고, 즐거운 마음으로 이야기를 시작하게 하는 그런 '선물' 같은 책이다.

최주훈 | 중앙루터교회 담임목사

현대 성서학이 나아가야 할 길을 보여주는 존 바클레이의 연구는 현대 사회에서 교회 공동체의 소명을 확인하는 데 큰 도움을 줄 것이다!

한수현 | 감리교신학대학교 신약학 객원교수

| 참고문헌 |

고대문헌 역본

Hesiod, *Works and Days*. Translated by Dorothea Wender. London: Penguin, 1973.

John Chrysostom, *Homilies on Romans*. Translated in A Select Library of the Nicene and Post-Nicene Fathers of the Church. Edited by Philip Schaff. Vol. 11. Edinburgh: T&T Clark, 1996.

Pelagius, *Commentary on St Paul's Epistle to the Romans*. Edited and translated by Theodore de Bruyn. Oxford: Clarendon, 1993.

Seneca, *On Benefits*. Translated by Miriam Griffin and Brad Inwood. Chicago: University of Chicago Press, 2011.

Tertullian, *Against Marcion*. Edited and translated by Ernest Evans. 2 vols. Oxford: Clarendon, 1972.

인용된 다른 책들

Alinsky, *Saul. Rules for Radicals: A Pragmatic Primer for Realistic Radicals*. New York: Vintage Books, 1989.

Allen, Michael and Jonathan A. Linebaugh eds. *Reformation Readings of Paul: Explorations in History and Exegesis*. Downers Grove, IL: InterVarsity Press, 2015.

Anderson, Gary A. *Charity: The Place of the Poor in the Biblical Tradition*. New Haven: Yale University Press, 2013.

Atkins, Margaret, and Robin Osborne, eds. *Poverty in the Roman World*. Cambridge: Cambridge University Press, 2006.

Badiou, Alain. *Saint Paul: The Foundation of Universalism*. Translated by Ray Brassier. Stanford: Stanford University Press, 2003.

Barclay, John M. G. "'Because He Was Rich He Became Poor': Translation, Exegesis, and Hermeneutics in the Reading of 2 Cor 8.9." Pages 331–44 in *Theologizing in the Corinthian Conflict: Studies in the Exegesis and Theology of 2 Corinthians*.

Edited by Reimund Bieringer, Ma. Marilou S. Ibita, Dominika A. Kurek-Chomycz, and Thomas A. Vollmer. Leuven: Peeters, 2013.

———. "Crucifixion as Wisdom: Exploring the Ideology of a Disreputable Social Movement." Pages 15–32 in *The Wisdom and Foolishness of God: First Corinthians 1–2 in Theological Exploration*. Edited by Christophe Chalamet and Hans-Christoph Askani. Minneapolis: Fortress, 2017.

———. "Faith and Self-Detachment from Cultural Norms: A Study of Romans 14–15." *Zeitschrift für neutestamentliche Wissenschaft* 104 (2013): 192–208.

———. "'I Will Have Mercy on Whom I Have Mercy': The Golden Calf and Divine Mercy in Romans 9–11 and Second Temple Judaism." *Early Christianity* 1 (2010): 82–106.

———. "An Identity Received from God: The Theological Configuration of Paul's Kinship Discourse." Early Christianity 8 (2017): 354–72.

———. *Jews in the Mediterranean Diaspora from Alexander to Trajan* (323 BCE–117 CE). Edinburgh: T&T Clark, 1996.

———. "Manna and the Circulation of Grace: A Study of 2 Corinthians 8:1–15." Pages 409–26 in *The Word Leaps the Gap: Essays on Scripture and Theology in Honor of Richard B. Hays*. Edited by J. Ross Wagner, C. Kavin Rowe, and A. Katherine Grieb. Grand Rapids: Eerdmans, 2008.

———. *Obeying the Truth: A Study of Paul's Ethics in Galatians*. Edinburgh: T&T Clark, 1988.

———. *Paul and the Gift*. Grand Rapids: Eerdmans, 2015.

———. "Paul, Reciprocity, and Giving with the Poor." Pages 15–29 in *Practicing with Paul: Reflections on Paul and the Practices of Ministry in Honor of Susan G. Eastman*. Edited by Presian R. Burroughs. Eugene: Cascade, 2018.

———. *Pauline Churches and Diaspora Jews*. Grand Rapids: Eerdmans, 2016.

———. "Paul's Story: Theology as Testimony." Pages 133–56 in *Narrative Dynamics in Paul: A Critical Assessment*. Edited by Bruce W. Longenecker. Louisville: Westminster John Knox, 2002.

———. "What Makes Paul Challenging Today?" Pages 299–318 in *The New Cambridge Companion to St. Paul*. Edited by Bruce W. Longenecker. Cambridge: Cambridge University Press, 2020.

Barclay, John M. G., and Simon J. Gathercole, eds. *Divine and Human Agency in Paul and His Cultural Environment*. London: T&T Clark, 2006.

Barton, Carlin A. *Roman Honor: The Fire in the Bones*. Berkeley: University of California Press, 2001.

Bates, Matthew W. *Salvation by Allegiance Alone*. Grand Rapids: Baker Academic, 2017.

Bird, Michael, and Preston M. Sprinkle, eds. *The Faith of Jesus Christ: Exegetical, Biblical, and Theological Studies*. Milton Keynes: Paternoster, 2009.

Blackwell, Ben C. *Christosis: Engaging Paul's Soteriology with His Patristic Interpreters*. Grand Rapids: Eerdmans, 2016.

Bonhoeffer, Dietrich. *The Cost of Discipleship*. London: SCM, 1948.

Bonner, Gerald. *St. Augustine of Hippo: Life and Controversies*. Norwich: Canterbury, 1963.

Bourdieu, Pierre. *Outline of a Theory of Practice*. Translated by Richard Nice. Cambridge: Cambridge University Press, 1977.

Boyarin, Daniel. *A Radical Jew: Paul and the Politics of Identity*. Berkeley: University of California Press, 1994.

Breytenbach, Cilliers. *Grace, Reconciliation, Concord: The Death of Christ in Graeco-Roman Metaphors*. Leiden: Brill, 2010.

Briones, David E. *Paul's Financial Policy: A Socio-Theological Approach*. London: T&T Clark, 2013.

Brown, Brené. *Gifts of Imperfection*. Center City, MN: Hazelden, 2010.

Brown, Michael L. *Hyper-Grace*. Lake Mary, FL: Charisma House, 2014.

Brown, Peter. *Augustine of Hippo*. New York: Dorset, 1967.

Burke, Kenneth. *Language as Symbolic Action: Essays on Life, Literature, and Method*. Berkeley: University of California Press, 1966.

———. *Permanence and Change: An Anatomy of Purpose*. Berkeley: University of California Press, 1954.

Burridge, Richard. *Imitating Jesus: An Inclusive Approach to New Testament Ethics*. Grand Rapids: Eerdmans, 2007.

Campbell, Douglas. *The Deliverance of God: An Apocalyptic Reading of Justification in Paul*. Grand Rapids: Eerdmans, 2009.

———. *The Rhetoric of Righteousness in Romans 3:21–26*. Sheffield: JSOT Press, 1992.

Carson, D. A., Peter T. O'Brien, and Mark A. Seifrid, eds. *The Complexities of Second Temple Judaism*. Vol. 1 of Justification and Variegated Nomism. Tübingen: Mohr Siebeck, 2001.

Catechism of the Catholic Church. London: Burns and Oates, 2010.

Chester, Stephen J. *Conversion at Corinth: Perspectives on Conversion in Paul's Theology and the Corinthian Church*. Edinburgh: T&T Clark, 2003.

———. *Reading Paul with the Reformers: Reconciling Old and New Perspectives*. Grand Rapids: Eerdmans, 2017.

Cook, John G. *Crucifixion in the Mediterranean World*. Tübingen: Mohr Siebeck, 2014.

Corbett, Steve, and Brian Fikkert. *When Helping Hurts*. Chicago: Moody, 2009.

Croasmun, Matthew. *The Emergence of Sin: The Cosmic Tyrant in Romans*. Oxford: Oxford University Press, 2017.

Dahl, Nils. "The Future of Israel." Pages 137–58 in *Studies in Paul*. Minneapolis: Fortress, 1977.

Das, Andrew A. *Solving the Romans Debate*. Minneapolis: Fortress, 2007.

Dawson, J. David. *Christian Figural Reading and the Fashioning of Identity*. Berkeley: University of California Press, 2002.

de Boer, Martinus C. *The Defeat of Death: Apocalyptic Eschatology in 1 Corinthians 15 and Romans 5*. Sheffield: Sheffield Academic, 1988.

———. *Galatians: A Commentary*. New Testament Library. Louisville: Westminster

John Knox, 2011.

———. "Paul's Quotation of Isa 54.1 in Gal 4.27." *New Testament Studies* 50 (2004): 370–89.

Derrida, Jacques. *Counterfeit Money*. Vol. 1 of Given Time. Translated by Peggy Kamuf. Chicago: University of Chicago Press, 1992.

deSilva, David A. Honor, *Patronage, Kinship, and Purity: Unlocking New Testament Culture*. Downers Grove, IL: InterVarsity Press, 2000.

Despotis, Athanasios, ed. *Participation, Justification, and Conversion: Eastern Orthodox Interpretation of Paul and the Debate Between Old and New Perspectives on Paul*. Tübingen: Mohr Siebeck, 2017.

Donfried, Karl P., ed. *The Romans Debate: Revised and Expanded Edition*. Grand Rapids: Baker Academic, 2011.

Downs, David J. *The Offering of the Gentiles: Paul's Collection for Jerusalem in its Chronological, Cultural, and Cultic Contexts*. Grand Rapids: Eerdmans, 2016.

Dunn, James D. G. *Romans 1–8*. Word Biblical Commentary 38A. Waco: Word, 1988.

———. *Romans 9–16*. Word Biblical Commentary 38B. Waco: Word, 1988.

———. *Jesus, Paul, and the Law*. London: SPCK, 1990.

———. *The Epistle to the Galatians*. London: Black, 1993.

———. *The New Perspective on Paul: Collected Essays*. Tübingen: Mohr Siebeck, 2005.

Eastman, Susan. "Israel and the Mercy of God: A Re-Reading of Galatians 6.16 and Romans 9–11." *New Testament Studies* 56 (2010): 367–95.

———. *Paul and the Person: Reframing Paul's Anthropology*. Grand Rapids: Eerdmans, 2017.

———. *Recovering Paul's Mother Tongue: Language and Theology in Galatians*. Grand Rapids: Eerdmans, 2007.

Ellis, Paul. *The Hyper-Grace Gospel*. Birkenhead, New Zealand: KingsPress, 2014.

Engberg-Pedersen, Troels. *Cosmology and Self in the Apostle Paul: The Material*

Spirit. Oxford: Oxford University Press, 2010.

———. *Paul and the Stoics*. Edinburgh: T&T Clark, 2000.

Esler, Philip F. *Galatians*. London: Routledge, 1998.

Eubank, Nathan. "Configurations of Grace and Merit in Paul and His Interpreters." *International Journal of Systematic Theology* 22 (2020): 7–17.

Fee, Gordon D. *God's Empowering Spirit: The Holy Spirit in the Letters of Paul*. Grand Rapids: Baker Academic, 2011.

Fredriksen, Paula. *Paul, the Pagans' Apostle*. New Haven: Yale University Press, 2017.

Freire, Paulo. *Pedagogy of the Oppressed*. Harmondsworth: Penguin Books, 1972.

Gager, John. *Reinventing Paul*. Oxford: Oxford University Press, 2000.

Gathercole, Simon J. "A Law unto Themselves: The Gentiles in Romans 2:14–15 Revisited." *Journal for the Study of the New Testament* 85 (2002): 27–49.

———. *Where is Boasting? Early Jewish Soteriology and Paul's Response in Romans 1–5*. Grand Rapids: Eerdmans, 2002.

Gaventa, Beverly R. ed., *Apocalyptic Paul: Cosmos and Anthropos in Romans 5–8*. Waco: Baylor University Press, 2013.

———. "Galatians 1 and 2: Autobiography as Paradigm." *New Testament Studies* 28 (1986): 309–26.

———. "On the Calling-into-Being of Israel: Romans 9:6–29." Pages 255–69 in *Between Gospel and Election: Explorations in the Interpretation of Romans 9–11*. Edited by Florian Wilk and J. Ross Wagner. Tübingen: Mohr Siebeck, 2010.

———. *Our Mother Saint Paul*. Louisville: Westminster John Knox, 2007.

———. *When in Romans: An Invitation to Linger with the Gospel According to Paul*. Grand Rapids: Baker Academic, 2016.

Gill, Christopher, Norman Postlethwaite, and Richard Seaford, eds. *Reciprocity in Ancient Greece*. Oxford: Oxford University Press, 1998.

Givens, Tommy. *We the People: Israel and the Catholicity of Jesus*. Minneapolis: Fortress, 2014.

Godelier, Maurice. *The Enigma of the Gift*. Translated by Nora Scott. Chicago: University of Chicago Press, 1999.

Gooder, Paula. *Phoebe: A Story*. London: Hodder & Stoughton, 2018.

Gorman, Michael J. *Cruciformity: Paul's Narrative Spirituality of the Cross*. Grand Rapids: Eerdmans, 2001.

———. *Inhabiting the Cruciform God: Kenosis, Justification, and Theosis in Paul's Narrative Soteriology*. Grand Rapids: Eerdmans, 2009.

Gruen, Erich. *Diaspora*. Berkeley: University of California Press, 2002.

Hampson, Daphne. *Christian Contradictions: The Structures of Lutheran and Catholic Thought*. Cambridge: Cambridge University Press, 2001.

Harrison, Carol. *Rethinking Augustine's Early Theology: An Argument for Continuity*. Oxford: Oxford University Press, 2006.

Harrison, James R. *Paul's Language of Grace in its Graeco-Roman Context*. Tübingen: Mohr Siebeck, 2003.

Hayes, Christine. *What's Divine about Divine Law? Early Perspectives*. Princeton: Princeton University Press, 2015.

Hays, Richard B. "Christology and Ethics in Galatians: The Law of Christ." *Catholic Biblical Quarterly* 49 (1987): 268–90.

———. *Echoes of Scripture in the Letters of Paul*. New Haven: Yale University Press, 1989.

———. *The Faith of Jesus Christ: The Narrative Substructure of Galatians 3:1–4:11*. 2nd ed. Grand Rapids: Eerdmans, 2002.

Heilig, Christoph. *Hidden Criticism? The Methodology and Plausibility of the Search for a Counter-Imperial Subtext in Paul*. Minneapolis: Fortress, 2017.

Hengel, Martin. *Crucifixion*. London: SCM, 1977.

Hooker, Morna D. *From Adam to Christ*. Cambridge: Cambridge University Press, 1990.

Horrell, David G. *The Social Ethos of the Corinthian Correspondence: Interests and Ideology from 1 Corinthians to 1 Clement*. Edinburgh: T&T Clark, 1996.

———. *Solidarity and Difference: A Contemporary Reading of Paul's Ethics*. London: T&T Clark, 2005.

Hubbard, Moyer V. *New Creation in Paul's Letters and Thought*. Cambridge: Cambridge University Press, 2002.

Jackson, T. Ryan. *New Creation in Paul's Letters: A Study of the Historical and Social Setting of a Pauline Concept*. Tübingen: Mohr Siebeck, 2010.

Johnson-Hodge, Caroline. *If Sons, Then Heirs: A Study of Kinship and Ethnicity in the Letters of Paul*. Oxford: Oxford University Press, 2007.

Joubert, Stephan. *Paul as Benefactor: Reciprocity, Strategy, and Theological Reflection in Paul's Collection*. Tübingen: Mohr Siebeck, 2000.

Käsemann, Ernst. *Commentary on Romans*. Translated by Geoffrey W. Bromiley. London: SCM Press, 1980.

———. "'The Righteousness of God' in Paul." Pages 168–82 in *New Testament Questions of Today*. Translated by W. J. Montague. Philadelphia: Fortress, 1969.

———. "On Paul's Anthropology." Pages 1–31 in *Perspectives on Paul*. Translated by Margaret Kohl. London: SCM, 1971.

Kilby, Karen. "Paradox and Paul: Catholic and Protestant Theologies of Grace." *International Journal of Systematic Theology* 22 (2020): 77–82.

Kirk, J. R. Daniel. *Unlocking Romans: Resurrection and the Justification of God*. Grand Rapids: Eerdmans, 2008.

Lee, Michelle V. *Paul, the Stoics, and the Body of Christ*. Cambridge: Cambridge University Press, 2006.

Levenson, Jon D. *The Love of God: Divine Gift, Human Gratitude, and Mutual Faithfulness in Judaism*. Princeton: Princeton University Press, 2016.

Lieu, Judith M. *Marcion and the Making of a Heretic: God and Scripture in the Second Century*. Cambridge: Cambridge University Press, 2014.

Linebaugh, Jonathan A. *God, Grace, and Righteousness in Wisdom of Solomon and Paul's Letter to the Romans: Texts in Conversation*. Leiden: Brill, 2013.

———, ed. *God's Two Words: Law and Gospel in Lutheran and Reformed Traditions*. Grand Rapids: Eerdmans, 2018.

———. "The Grammar of the Gospel: Justification as a Theological Criterion in the Reformation and in Galatians." *Scottish Journal of Theology* 71 (2018): 287–307.

———. "Not the End: The History and Hope of the Unfailing Word." Pages 141–63 in *God and Israel: Providence and Purpose in Romans 9–11*. Edited by Todd D. Still. Waco: Baylor University Press, 2017.

———. "'The Speech of the Dead': Identifying the No Longer and Now Living 'I' of Galatians 2.20." *New Testament Studies* 66 (2020): 87–105.

Longenecker, Bruce W. *Remember the Poor: Paul, Poverty, and the Greco-Roman World*. Grand Rapids: Eerdmans, 2010.

Lupton, Robert D. *Toxic Charity: How Churches and Charities Hurt Those They Help (And How to Reverse It)*. New York: HarperCollins, 2011.

Macaskill, Grant. *Living in Union with Christ: Paul's Gospel and Christian Moral Identity*. Grand Rapids: Baker Academic, 2019.

Mannermaa, Tuomo. *Christ Present in Faith: Luther's View of Justification. Edited and translated by Kirsi Irmeli Stjerna*. Minneapolis: Augsburg Fortress, 2005.

Martin, Dale B. *The Corinthian Body*. New Haven: Yale University Press, 1995.

Martyn, Dorothy W. *Beyond Deserving: Children, Parents, and Responsibility Revisited*. Grand Rapids: Eerdmans, 2007.

Martyn, J. Louis. "Apocalyptic Antinomies in Paul's Letter to the Galatians." *New Testament Studies* 31 (1985): 410–24.

———. *Galatians: A New Translation with Introduction and Commentary*. Anchor Yale Bible Commentary 33A. New York: Doubleday, 1997.

———. *Theological Issues in the Letters of Paul*. Edinburgh: T&T Clark, 1997.

Maston, Jason. *Divine and Human Agency in Second Temple Judaism and Paul*. Tübingen: Mohr Siebeck, 2010.

Matlock, R. Barry. "The Rhetoric of πίστις in Paul: Galatians 2.16, 3.22, Romans

3.22 and Philippians 3.9." *Journal for the Study of the New Testament* 30 (2007): 173–203.

Mauss, Marcel. *The Gift*. Translated by W. D. Halls. London: Routledge, 1990.

McCosker, Philip. "Grace." Pages 206–21 in *The Cambridge Companion to the Summa Theologiae*. Edited by Philip McCosker and Denys Turner. Cambridge: Cambridge University Press, 2016.

McFarland, Orrey. *God and Grace in Philo and Paul*. Leiden: Brill, 2015.

McKnight, Scot and B. J. Oropeza, eds. *Perspectives on Paul: Five Views*. Grand Rapids: Baker Academic, 2020.

Meeks, Wayne. *The First Urban Christians: The Social World of the Apostle Paul*. New Haven: Yale University Press, 1983.

Meggitt, Justin J. *Paul, Poverty and Survival*. Edinburgh: T&T Clark, 1998.

Meyer, Paul W. "Romans 10:4 and the 'End' of the Law." Pages 78–94 in *The Word in this World*. Louisville: Westminster John Knox, 2004.

Milbank, John, Slavoj Žižek, and Creston Davis. *Paul's New Moment: Continen- tal Philosophy and the Future of Christian Theology*. Grand Rapids: Brazos, 2010.

Moll, Sebastian P. *The Arch-Heretic Marcion*. Tübingen: Mohr Siebeck, 2010.

Morales, Rodrigo J. *The Spirit and the Restoration of Israel*. Tübingen: Mohr Siebeck, 2010.

Morgan, Teresa. *Popular Morality in the Early Roman Empire*. Cambridge: Cambridge University Press, 2007.

———. *Roman Faith and Christian Faith: Pistis and Fides in the Early Roman Empire and Early Churches*. Oxford: Oxford University Press, 2017.

Nanos, Mark D., and Magnus Zetterholm, eds. *Paul within Judaism: Restoring the First-Century Context to the Apostle*. Minneapolis: Fortress, 2015.

Newsom, Carol. *The Self as Symbolic Space: Constructing Identity and Community at Qumran*. Leiden: Brill, 2004.

Nussbaum, Martha. *The Fragility of Goodness: Luck and Ethics in Greek Tragedy and Philosophy*. Second edition. Cambridge: Cambridge University Press, 2001.

Oakes, Edward T. *A Theology of Grace in Six Controversies*. Grand Rapids: Eermans, 2016.

Ogereau, Julian. *Paul's Koinōnia with the Philippians: A Socio-Historical Investigation of a Pauline Economic Partnership*. Tübingen: Mohr Siebeck, 2014.

O'Mahony, Kieran J. *Pauline Persuasion: A Sounding in 2 Corinthians 8–9*. Sheffield: Sheffield Academic, 2000.

Outka, Gene. *Agape: An Ethical Analysis*. New Haven: Yale University Press, 1972.

Parker, Robert T. "Pleasing Thighs: Reciprocity in Greek Religion," Pages 105–22 in *Reciprocity in Ancient Greece*. Edited by Christopher Gill, Norman Postlethwaite, and Richard Seaford. Oxford: Oxford University Press, 1998.

Parry, Jonathan. "The Gift, the Indian Gift, and the 'Indian Gift.'" *Man* 21 (1986): 453–73.

Patout Burns, J. *The Development of Augustine's Doctrine of Operative Grace*. Paris: Études Augustiniennes, 1980.

Peterman, Gerald W. Paul's Gift from Philippi: Conventions of Gift Exchange and Christian Giving. Cambridge: Cambridge University Press, 1997.

Piper, John. *The Justification of God: An Exegetical and Theological Study of Romans 9:1–23*. 2nd ed. Grand Rapids: Baker Academic, 1993.

Pitre, Brant, Michael P. Barber, and John A. Kincaid. *Paul, a New Covenant Jew: Rethinking Pauline Theology*. Grand Rapids: Eerdmans, 2019.

Prothro, James B. *Both Judge and Justifier: Biblical Legal Language and the Act of Justifying in Paul*. Tübingen: Mohr Siebeck, 2018.

Rabens, Volker. *The Holy Spirit and Ethics in Paul: Transformation and Empowering for Religious-Ethical Life*. 2nd ed. Minneapolis: Fortress, 2014.

Räisänen, Heikki. "Paul, God, and Israel: Romans 9–11 in Recent Research." Pages 127–208 in *The Social World of Formative Christianity and Judaism*. Edited by Jacob Neusner et al. Philadelphia: Fortress, 1988.

Riches, John K. *Galatians through the Centuries*. Oxford: Blackwell, 2008.

Sahlins, Marshall. *Stone Age Economics*. 2nd ed. London: Routledge, 2004.

Saller, Richard P. *Personal Patronage under the Early Empire*. Cambridge: Cambridge University Press, 1982.

Sanders, E. P. *Judaism: Practice and Belief, 63 BCE–66 CE*. London: SCM, 1992.

———. *Paul and Palestinian Judaism*. London: SCM, 1977.

———. *Paul: The Apostle's Life, Letters, and Thought*. London: SCM, 2016.

———. *Paul, the Law, and the Jewish People*. Philadelphia: Fortress, 1983.

Savage, Timothy. *Power through Weakness: Paul's Understanding of the Christian Ministry in 2 Corinthians*. Cambridge: Cambridge University Press, 1996.

Schellenberg, Ryan S. "Subsistence, Swapping, and Paul's Rhetoric of Generosity." *Journal of Biblical Literature* 137 (2018): 215–34.

Schliesser, Benjamin. *Abraham's Faith in Romans 4*. Tübingen: Mohr Siebeck, 2007.

Schrift, Alan D., ed. *The Logic of the Gift*. London: Routledge, 1997.

Schüssler Fiorenza, Elisabeth. *In Memory of Her: A Feminist Theological Reconstruction of Christian Origins*. New York: Crossroad, 1992.

Schütz, John H. *Paul and the Anatomy of Apostolic Authority*. Cambridge: Cambridge University Press, 1975.

Schwartz, Seth. *Were the Jews a Mediterranean Society?* Princeton: Princeton University Press, 2010.

Stegemann, Hartmut, with Eileen Schuller (with translation of texts by Carol Newsom). *1QHodayota with incorporation of 1QHodayot[b] and 4QHodayot[a-f]* DJD XL. Oxford: Clarendon, 2009.

Stendahl, Krister. *Paul among Jews and Gentiles*. London: SCM, 1977.

Stone, Michael E. *Fourth Ezra*. Hermeneia. Philadelphia: Fortress, 1990.

Stowers, Stanley. *A Rereading of Romans: Justice, Jews, and Gentiles*. New Haven: Yale University Press, 1994.

Tanner, Kathryn. *Christianity and the New Spirit of Capitalism*. New Haven: Yale University Press, 2019.

———. *Economy of Grace*. Minneapolis: Fortress, 2005.

Thate, Michael J., Kevin J. Vanhoozer, and Constantine R. Campbell, eds. "In Christ" in *Paul: Explorations in Paul's Theology of Union and Participation*. Grand Rapids: Eerdmans, 2014.

Theissen, Gerd. *The Social Setting of Pauline Christianity*. Philadelphia: Fortress, 1982.

Thiessen, Matthew. *Paul and the Gentile Problem*. Oxford: Oxford University Press, 2016.

Thomas, Matthew J. *Paul's 'Works of the Law' in the Perspective of Second-Century Reception*. Tübingen: Mohr Siebeck, 2018.

Timmins, Will. *Romans 7 and Christian Identity: A Study of the "I" in Its Literary Context*. Cambridge: Cambridge University Press, 2017.

Veyne, Paul. *Bread and Circuses*. Abbreviated and translated by Brian Pearce. London: Penguin Books, 1990.

von Reden, Sitta. *Exchange in Ancient Greece*. London: Routledge, 1995.

Wagner, J. Ross. *Heralds of the Good News: Isaiah and Paul in Concert in the Letter to the Romans*. Leiden: Brill, 2002.

Wallace-Hadrill, Andrew, ed. *Patronage in Ancient Society*. London: Routledge, 1989.

Watson, Francis. *Paul and the Hermeneutics of Faith*. Grand Rapids: Eerdmans, 2004.

———. *Paul, Judaism and the Gentiles: Beyond the New Perspective*. 2nd ed. Grand Rapids: Eerdmans, 2007.

Wawrykow, Joseph P. *God's Grace and Human Action: "Merit" in the Theology of Thomas Aquinas*. Notre Dame: University of Notre Dame Press, 1995.

Webster, John. *Barth's Ethics of Reconciliation*. Cambridge: Cambridge University Press, 1995.

Wedderburn, Alexander J. M. *The Reasons for Romans*. Edinburgh: T&T Clark, 1988.

Welborn, Larry L. *Paul, the Fool of Christ: A Study of 1 Corinthians 1–4 in the*

Comic-Philosophic Tradition. London: T&T Clark, 2005.

Wells, Samuel. *A Nazareth Manifesto: Being with God*. Chichester: Wiley-Blackwell, 2015.

Westerholm, Stephen. *Perspectives Old and New on Paul: The "Lutheran" Paul and His Critics*. Grand Rapids: Eerdmans, 2004.

Winter, Bruce. *Paul and Philo among the Sophists: Alexandrian and Corinthian Responses to a Julio-Claudian Movement*. 2nd ed. Grand Rapids: Eerd- mans, 2002.

Wright, N. T. *The Climax of the Covenant*. Edinburgh: T&T Clark, 1991.

———. *Justification*. London: SPCK, 2009.

———. *Paul: Fresh Perspectives*. London: SPCK, 2005.

———. *Paul and His Recent Interpreters: Some Contemporary Debates*. London: SPCK, 2015.

———. *Paul and the Faithfulness of God*. 2 vols. London: SPCK, 2013.

———. "Paul and the Patriarch." Pages 554–92 in *Pauline Perspectives: Essays on Paul 1978–2013*. London: SPCK, 2013.

Yancey, Philip. *What's So Amazing about Grace?* Grand Rapids: Zondervan, 1997.

Yinger, Kent L. *Paul, Judaism, and Judgment According to Deeds*. Cambridge: Cambridge University Press, 1999.

Zahl, Paul. *Gift in Practice: A Theology of Everyday Life*. Grand Rapids: Eerdmans, 2007.

Zetterholm, Magnus. *The Formation of Christianity at Antioch*. London: Routledge, 2003.

Zoccali, Christopher. "And So All Israel Will Be Saved: Competing Interpretations of Romans 11:26 in Pauline Scholarship." *Journal for the Study of the New Testament* 30 (2008): 289–318.